# '적대적 두 국가'의 스포츠 교류와 평화

남북, 적대에서 평화 협력으로

**'적대적 두 국가'의 스포츠 교류와 평화**
남북, 적대에서 평화 협력으로

초판 1쇄 인쇄  2025년 10월 17일
초판 1쇄 발행  2025년 10월 24일

지은이   이조영
펴낸이   윤관백
펴낸곳   도서출판 선인
등록     제5-77호(1998.11.4)
주소     서울시 양천구 남부순환로 48길 1, 1층
전화     02)718-6252/6257
팩스     02)718-6253
이메일   suninbook@naver.com

ISBN    979-11-6068-901-3  93340
정가    24,000원

# '적대적 두 국가'의 스포츠 교류와 평화

### 남북, 적대에서 평화 협력으로

이조영 지음

## 책을 내면서

저자는 1970년대 학교에 다닌 '국민학교' 세대이고, 반공교육 세대이다. 한때는 '반공(反共)'을 넘어 '멸공(滅共)'이 구호인 때도 있었다. 당시에 북한은 '북한 괴뢰'였고, 교과서에서 북한 주민들과 공산당은 뿔 달린 도깨비나 사나운 늑대로 묘사되었다. 그리고 김일성 일가의 독재를 위해 주민들을 세뇌교육시킨다고 배웠다. 하지만 성장해 가면서 뿔 달린 도깨비나 늑대가 아니고 사람이라는 것을 점차 알아가게 되었다. 그리고 내가 배운 것도 역시나 똑같은 세뇌교육이 아닌가 하는 생각도 갖게 되었다. 그렇게 남과 북은 서로를 비난하고 있었지만, 동시에 서로 닮은 방식으로 국민들을 선동하고 존중과 배려보다 증오를 키우는 교육을 실시했다.

1980년대 대학 시절은 그 이전부터 이어져 온 독재와의 투쟁으로 대학은 물론 온 사회가 격동의 시기였다. 하지만 용기가 부족한 저자는 치열하게 독재의 현실과 싸우는 친구들을 항상 두어 걸음 뒤에서 지켜보는 방관자였다. 그렇게 대학을 졸업하고 은행에서 시작된 사회생활은 또 다른 한국 사회의 격변기였고, 혼란과 극복이 연속되는 과정에서 발전을 거듭해 나갔지만, 분단으로 인한 갈등이 항상 한국 사회의 발목을 잡고 있는 현실을 지켜봐야 했다.

1990년대 중반에 처음 유럽을 여행할 기회가 있었다. 그 당시 유레일 패스 하나로 유럽 어느 나라든 갈 수 있다는 것과 열차 안에서 잠이 들었는데 깨어보니 다른 나라에 와있다는 것이 정말 신기하고 부러웠다. 심지어 당시에 막 개방된 동구권 국가도 열차를 탄 채로 국경을 넘는 것은 상상할 수 없던 일이었기에 그 부러움은 더욱 컸고, 하루빨리 서울에서부터 기차를 타고 올 수 있기를 바라는 마음이 간절해졌다. 하지만 아직도 남북이 갈등하고 관계가 단절되어 섬나라로 남아있는 남한에서는 요원한 일이라는 것이 답답하고 안타깝다.

일제의 식민 지배를 이겨내고, 한국전쟁의 폐허를 딛고 수많은 위기와 어려움에도 불구하고 지난 80년간 우리는 글로벌 TOP10의 경제 대국, 전 세계를 감동시키는 문화 강국으로 성장하였다. 게다가 세계 5위권의 군사력까지 보유하고 있는 글로벌 강국이 되어 있다. 그러나 개발도상국들의 성공 모델이 되고, 우리보다 앞섰던 선진국들에게도 민주주의의 모범을 보여주었지만, 우리는 아직도 남북이 갈등하고 주변국들의 이해관계에 휘둘리는 한계에서 벗어나지 못하고 있다. 80년 전 외세에 의해 시작된 분단을 극복하지 못한 것이 남북한 모두에게 국민들이 좀더 행복할 수 있는 기회를 박탈하고, 우리가 글로벌 리더 국가로 한 단계 더 성장할 수 있는 길을 가로막고 있는 것이다.

정도의 차이는 있을지 몰라도 오랜기간 남북의 통치자들은 외세에 의한 분단을 권력강화의 수단으로 적절히 활용하였다, 그리고 그로 인한 증오심은 점점 더 깊고 강하게 자라서 남북 관계의 단절은 물론 남남갈등마저 더욱 극심해지며 개인의 행복과 국가 발전을 모두 가로막고 있는 안타까운 상황이다.

또한 남북 갈등은 한반도의 긴장뿐만 아니라 동아시아 전체의 평화에도 장애가 되고 있다. 남북이 평화롭게 교류하고 협력하여야 한반도 문제를 스스로 해결하고, 미국, 중국, 일본, 러시아 등 주변국들의 이해가 복잡한 동아시아의 평화를 우리가 이끌고 선도할 수 있다. 이는 남북이 서로를 인정하고 신뢰할 때 가능하다.

1차, 2차 세계대전에서 독일과 프랑스는 적으로 수천만명의 사상자를 내며 치열하게 싸웠다. 그런데 지금 프랑스가 핵을 가졌다고 독일이 프랑스를 두려워하거나 안보를 걱정하지 않는다. 그들은 평화롭게 지내는데 왜 우리는 평화롭지 못할까? 그들은 서로를 적으로 대하지 않기 때문이다. 나는 상대를 증오하고 적으로 대하면서 상대방은 나에게 선의와 호혜로 대해주기를 기대하는 것은 염치도 없고 가능하지도 않은 일이다.

　북한 내부의 국가전략 변화에서 기인한 것이 더 크겠지만, 지난 몇 년간 강경 일변도의 대북정책은 북한이 '적대적 두 국가'론으로 나아가게 하는 결정적인 원인 중 하나가 되었다. 그리고 북한은 이러한 전략을 바탕으로 남한과의 대화는 거절하며 중국, 러시아와 협력을 바탕으로 국제사회 정상국가의 길로 걸어나오고 있다. 남한이 끼어들 자리는 점점 좁아져 가고 있다.

　시간이 흐를수록 남북 갈등과 대립이 남한에게 더 불리한 여건으로 작용할 가능성이 훨씬 크기에 더 늦기 전에 남북 관계 개선이 절실히 요구된다. 사회적 갈등 해결에 서로에 대한 인정과 존중이 필요하듯이 남북 관계 개선도 마찬가지다. '적대적 두 국가' 상황에서는 그동안 남북을 이어주며 관계 개선에 기여했던 남북 스포츠 교류도 쉬운 일은 아니다. 하지만 상대를 인정하고 이제는 남북관계 특수성보다는 국제적 보편성에서 북한이 대화에 응할 수 있는 방법을 찾으려는 현명한 노력이 뒷받침된다면 충분히 돌파구를 찾을 수 있을 것이다.

　지난 2018년에 저자는 남북체육교류협회에서 오랫동안 추진해 왔던 유소년축구 교류를 근무했던 은행에서 후원하게 되면서 실무자로서 9박 10일 간 북한을 방문하며 잠시지만 북한의 속 모습을 직접 볼 수 있었다. 이전에도 남북 문제에 관심을 가지고 있었기에 북한을 다녀온 이후에는 북한을 좀 더 깊숙이 연구해 보게 되었고 유소년축구 경험으로 남북 스포츠 교류 역사도 살펴보게 되었다. 그리고 한반도 문제 해결은 남북이 상대는 물론 스스로도 객관적으로 바라보고 판단할 수 있어야 가능하다는 것을 알게 되었다.

　이 책은 저자의 박사학위 논문 "남북한 스포츠 교류 인식과 협력 방안에 관한 연구"를 이후 변화된 국제정세와 스포츠 교류 해외 사례를 보충하고 대표적인 민간교류로 저자가 직접 경험한 남북 유소년축구 교류 사례를 추가하여 집필하였다. 단행본으로 나오기까지 처음 논문 방향을 제안해 주셨던 박상철 교수님, 지도교수로서 꼼꼼히 지도해 주셨던 강진웅 교수님 그리고 논문 심사에 참여하고 단행본으로 제안해 주신 정일영 교수님께 감사드린다. 그리고 유소년축구 교류를 함께 했고 많은 조언을 해주신 남북체육교류협회의 김경성 이사장님, 축구와 관련된 북한 경험을 들려주신 허정무 전 국가대표팀 감독님, 1991년 세계청소년축구 단일팀의 자료를 제공해 주신 이재영 형님, 태권도 남북 교류 자료에 도움을 준 태권도진흥재단 이종갑 전 이사장 직무대행께도 감사드린다. 또한 남북 유소년축구 교류 후원으로 이 책을 쓸 동기가 되었으며 저자가 몸담았던 하나금융그룹에 대한 감사는 무엇보다 당연한 일이다. 아울러 책이 발간되도록 함께 수고해 주신 도서출판 선인의 윤관백 대표님과 김나희 선생님께도 감사드린다.

　이 책이 냉각되고 단절된 남북관계를 개선하여 평화 협력으로 나아가게 하고, 한반도 남단이 대륙에서 떨어진 섬나라가 아니라 언제든 차를 몰고 나가거나 기차에 몸을 실어 유럽 어느 도시에서 머물다 올 수 있도록 동아시아 국가들이 평화 공존하는데 기여하기를 희망한다. 아울러 증오와 혐오가 아닌 상대에 대한 존중과 배려로 남남갈등을 해소하는 데에도 힘이 되길 기대한다.

2025년 10월
이조영 드림

## 차례

책을 내면서     4
Prologue     10

## I. 스포츠, 평화의 메신저

1. 스포츠와 평화의 조화     29
2. 동서독 통일과 스포츠 교류     49
3. 38mm가 만든 데탕트: 미중 핑퐁외교     63

## II. 냉전 시대 체제대결 수단으로서 스포츠 교류

1. 남북 NOC의 분단     77
2. 전두환의 3S 정책과 단일팀 실패     89
3. 88서울올림픽 반쪽의 성공     101

## III. 탈냉전 시대 북방정책과 스포츠 교류의 서막

1. 「7·7선언」, 「남북기본합의서」와 북방정책     119
2. 최초의 남북단일팀: 제41회 세계탁구선수권대회     135
3. 남북통일축구와 세계청소년축구대회 단일팀     145

## IV. 평화의 시대 햇볕정책과 남북 스포츠 교류

1. 햇볕정책과 최초의 남북정상회담  161
2. 정주영의 소 떼 방북과 민간 스포츠 교류  173
3. 화제를 몰고 다닌 미녀응원단 부산에 오다  178

## V. 다극화 시대 남북 스포츠 교류의 명과 암

1. 2018년 평창동계올림픽  191
2. 태권도 남북 합동 시범단  215
3. 하노이 회담 결렬과 단절  223
4. '가치' 외교와 '적대적 두 국가'  235

## VI. 못다 한 이야기, 남북 유소년축구

1. 남북 유소년축구 교류의 시작  253
2. 다시 한반도로 돌아온 남북 유소년축구 교류  281
3. 또다시 아이들의 축구를 기다리며  299

Epilogue  317
찾아보기  333

# Prologue

 지난 2024년 5월 27일 자정 무렵 경기도 주민들은 요란한 사이렌 소리와 함께 '북한 대남 전단 추정 미상물체 식별, 야외활동 자제 및 식별 시 군부대 신고'하라는 재난문자에 깜짝 놀라 잠에서 깨야 했다. 전례없는 문자에 주민들은 불안과 공포에 휩싸였다. 그 '미상물체'는 실제로 북에서 보낸 것이었는데 수도권을 지나 전국으로 퍼져나갔고, 안에는 거름과 담배꽁초 등 오물이 담긴 '오물풍선'이었다. 그리고 5월 29일 북한 김여정 부부장은 담화를 통하여 "한국 것들이 우리에게 살포하는 오물량의 몇십배로 대응"하겠다고 선언하였고,[1] 이에 대해 통일부와 외교부에서는 북한의 주장은 자가당착이며 일고의 가치도 없는 궤변이라고 대응하였다.[2] 2024년 남북은 남한의 대북전단과 이에 대응한 북한의 오물풍선, '9·19 남북 군사합의' 효력정지 선언과 확성기 방송 재개 등으로 군사적 긴장상태가 고조되고 있었다. 그리고 대북 전단을 날리려는 단체와 대북

---

1 조선중앙통신, 2024.05.29.,"대한민국은 조선민주주의인민공화국 인민의 표현의 자유를 비판할 자격이 없다. - 김여정 조선로동당 중앙위원회 부부장 담화", 세계일보, 2024.05.29., "北 김여정, 대남 '오물 풍선' 입장 발표 "우리도 '표현의 자유'… 앞으로 몇십배 보낼 것" [전문] 재인용, https://www.segye.com/newsView/20240529520102?OutUrl=naver

2 연합뉴스, 2024.05.30., "정부, '오물풍선이 표현의 자유' 김여정 담화에 "궤변" 비판(종합)", https://www.yna.co.kr/view/AKR20240530083251504?section=nk/news/all

전단 살포를 막으려는 민간단체 및 접경지역 주민들 간에 남남갈등도 발생하였다.

이렇듯 대북 전단과 오물풍선이 국민의 생명과 재산의 안전을 위협하며 한반도 안보위험을 키우고, 국민 생활의 불편을 초래하였다. 더 큰 문제는 산업화와 민주화를 함께 이룬 국제사회 발전모델이며, 한류로 전 세계인에게 선망의 대상인 대한민국이 유치하게 북한과 전단과 오물 풍선이나 날리며 국제사회에 부끄러운 모습을 보여주었다는 현실이다. 더구나 정부나 정치권 모두 이것을 해결할 노력을 보이지 않자, 보다 못한 주한미국 대사가 "물론 우리는 표현의 자유를 믿지만 긴장을 높이는 게 아니라 줄여야 한다는 점도 이해한다"[3]며 사태 진정을 위해 나서는 답답하고 부끄러운 상황까지 연출되었다.

그런데 여기에서 상황이 개선되기는커녕 오히려 한발 더 나아가 실제로 전쟁이 발발할 수 있는 심각한 사태까지 발생하였다. 지난 2024년 10월 11일 북한은 외무성 발표를 통해 한국이 10월 3일, 9일, 10일 무인기를 평양에 침투시켜 전단을 살포했다고 주장하였다. 그러면서 추락한 무인기 사진을 공개하기도 하였고 이 소식을 들은 북한 주민들의 분노가 들끓고 있다는 보도도 함께 나왔다.

이에 대해 당시 윤석열 정부 국방부는 확인해 줄 수 없다고 했지만, 이후 진행된 내란 특검 등의 조사에 따르면 윤석열 정부에서 계엄 선포의 명분과 정당성을 확보하기 위해 무인기 평양 침투 등의 방법으로 북한의 공격을 유도해 전쟁 또는 무력 충돌을 일으키려 했다는 사실이 밝혀지고 있다. 국민의 생명을 담보로 벌인 너무나 어처구니 없고 위험천만한 행위였다.

---

[3] 한겨레신문, 2024.06.14., "주한미대사 "표현의 자유 믿지만 긴장 줄여야"…대북 전단 자제 촉구", https://www.hani.co.kr/arti/international/america/1144449.html

다행히 윤석열 정부의 의도를 간파했는지 몰랐는지는 알 수 없지만, 북한에서 10월 12일 김여정 노동당 부부장의 담화로 "우리 수도의 상공에서 대한민국의 무인기가 다시 한번 발견되는 순간 끔찍한 참변은 반드시 일어날 것"[4]이라 경고하였지만, 10월 15일 경의선·동해선 남북 연결도로를 폭파하는 정도 수준에서 반응을 멈추었다. 만약 북한이 대응 사격이라도 했다면 한반도가 한순간에 엄청난 전쟁 속으로 휘말려 들어 갈뻔한 아찔한 상황이었다. 한순간의 불장난으로 한민족 전체가 지구상에서 멸종할 수도 있었던 끔찍한 사건이었기에, 수차례 도발에도 반응하지 않은 북한 정권의 인내심에 감사라도 해야 할 지경이다.

우리 민족은 1945년 제2차 세계대전의 종료와 함께 일제로부터 해방되었으나, 남북으로 분단된 이후 80년 가까이 제대로 된 대화와 교류없이 오늘날에 이르렀다. 하지만 남과 북 모두에게 '통일'은 항상 우리 민족이 언젠가는 이루어야 할 숙명의 과제였다. 그런데 어느 순간부터 이러한 가치관에 변화가 생겼다. 남한의 젊은 층에서 통일의 필요성에 대한 부정적인 생각이 늘어나기 시작하였고, 교류협력과 통일에 대한 민간의 분위기 또한 부정적인 의견이 점차 늘어가고 있다. 여기에 북한도 김정은 정권이 2023년 말 공식적으로 남북 관계를 '적대적 두 국가'로 규정하고 남한과 결별을 선언하면서 관계 회복이 더 어려운 상황으로 치닫고 있다.

남한은 대륙으로 연결될 수 없는 섬나라의 한계를 가지고 분단과 남북 갈등으로 국제 무대에서 코리아 리스크를 안고 경쟁해야 하는 불리한 위치에 있다. 그렇기 때문에 남북 교류 협력을 통해 평화공존의 방법을 찾아야 하는 것이 중요한 과제이다. 남북 교류 협력이 없어도 우리가 글로벌 환경 변화와 경쟁에서 지속적인 발전이 가능하고 안보 위험 없이 평화

---

[4] 『아주경제』, 2024.10.13., "북한, '南무인기 침투' 주장 내세워 대남 적개심 고취…"피 끓이며 노호"", https://www.ajunews.com/view/20241013101239632

를 유지할 수 있다면 많은 노력과 비용을 감수하며 남북 교류를 이야기할 필요가 없을 것이다. 하지만 지정학적으로 우리는 남북 교류 협력 없이는 안보와 평화를 유지할 수 없고, 글로벌 경쟁 속에서 지속 가능한 발전을 기대하기 어려운 것이 현실이다. 한반도는 글로벌 패권국가 미국과 G2인 중국 그리고 중요 강대국인 일본과 러시아의 이해와 관심이 집중되어 있는 군사적·지정학적 요충지이다. 더구나 남북한을 비롯한 주변국들은 경제력뿐만 아니라 군사력에서도 전 세계 다른 어떤 분쟁지역보다 훨씬 위험한 지역이다.

지난 수십 년간 산업화, 민주화 그리고 세계화를 성공적으로 겪으며 성장해 온 남한은 세계 10위권의 경제력을 가지게 되었다. 그러나 대외적으로는 미중 갈등과 국제질서의 변화 속에서 치열한 글로벌 경쟁을 펼쳐야 하고, 대내적으로는 출산율 급감에 따른 인구 감소로 국가 소멸을 걱정해야 하는 심각한 위기 상황에 직면하였다. 한편 북한은 국제적 고립과 경제난을 타개하기 위하여 핵 무장과 자력갱생을 전략으로 생존을 모색하고 있지만, 이러한 과정에서 경제의 중국 의존은 점점 더 심각한 수준에 이를 정도로 높아지고 있는데, 여기에 러시아-우크라이나 전쟁을 계기로 국제사회 대북 제재를 회피하기 위한 러시아 의존도 한층 강화되고 있다. 북한과 러시아는 2024년 6월 19일 정상회담을 통해 "포괄적인 전략적 동반자 관계에 관한 조약"을 체결하고 달냉전 이후 최고 수준의 협력관계를 만들어 가고 있다.[5] 국제사회 제재를 무력화시키는 북러의 밀착과 협력은 거침이 없으며, 남한이나 미국과 협력을 통한 발전을 포기한 북한이 '적대적 두 국가' 선언으로 이미 남한과 거리를 두기 시작하였다. 게다가 도널드 트럼프 대통령이 김정은 국무위원장에게 보내는 서한마

---

5 『연합뉴스』, 2024.06.20., "[북러 회담] 북러 '포괄적인 전략적 동반자 관계에 관한 조약' 전문", https://www.yna.co.kr/view/AKR20240620114000504?input=1195m

저 북한 외교관들이 수령을 거부한 상황에서 남한이 설 자리는 쉽게 보이지 않는다.

우리가 경쟁력을 잃지 않고 이 전의 눈부신 발전을 지속하기 위해서는 이제는 새로운 성장 동력과 전략이 필요한 시점이다. 이제까지 성장이 앞선 경쟁자들을 따라잡는 것이었다면, 이제부터는 우리의 발전 단계에 맞는 새로운 전략으로 발전을 모색해 나가야 하는 상황이다. 새로운 발전 전략을 위해서는 경쟁자들보다 앞선 신기술을 통해 경쟁력을 확보하는 것도 중요하지만, 남들보다 앞서 새로운 시장, 새로운 투자 대상을 확보하는 것도 더없이 중요하다. 그 새로운 투자 대상, 시장으로서 북한이 가진 매력과 장점을 결코 소홀히 할 수 없다는 점에서도 우리에게 북한과의 교류 협력이 필수적인 이유이다.

또한 북한과는 투자 시장 확보뿐만 아니라, 인구 급감에 따른 국가소멸 위기 극복을 위해서도 교류와 협력이 필요하다. 우리나라 출산율은 OECD 최하위이며, 남한 인구도 이미 2020년 5,184명으로 정점을 찍은 이후 급격히 감소하고 있어, 이런 추세라면 2072년에 3,622만명으로 줄어들 것이라고 통계청이 전망하였다.[6] 인구 감소는 곧 생산연령인구 감소로 이어지며 부양비 부담, 소비위축 등으로 심각한 경제위기를 초래하여 국가 경쟁력을 추락시킨다. 인구 위기는 이미 많은 선진국들에서 경험하였고, 이를 해결하기 위해 이민을 받아들이기도 하지만 그에 따른 부작용도 만만치 않은 상황이다. 트럼프 정부에서 강력한 이민정책으로 미국 사회에 커다란 갈등과 분쟁이 발생하고 있는 것도 그러한 이유이다.

그런데 우리는 다행스럽게도 같은 언어와 문화를 가진 북한 주민들이 바로 옆에 있다. 물론 북한도 출산율이 낮은 편이긴 하지만, 남북이 자유

---

6  통계청, 2025.03.25., "2024 한국의 사회지표", 통계청 사회통계국 보도자료

롭게 교류할 수 있다면 남한의 급격한 인구 감소 문제를 완화시키는데 도움이 될 것이다. 더구나 북한 주민들은 동남아시아나 다른 어느 지역 노동자들보다 교육 수준이 높은 양질의 인력이라는 것이다. 북한과 같이 1인당 GDP 1,500달러 수준의 저개발국가 중에서 12년의 의무교육을 실시하고 있는 나라는 전 세계 어디에서도 찾아보기 어렵다.

생산가능인구 부족과 고품질의 고급 인력 문제를 해결해 줄 시장이 바로 옆에 있는데, 냉전 시대 이념에 갇혀 그 시장을 무시하고 방치하는 것이 과연 우리에게 도움이 될지 잘 생각해 봐야 할 것이다. 우리가 방치하는 사이 이미 수많은 북한 주민들이 중국이나 러시아에 파견되어 일하고 있고, 그중에는 상당수의 첨단 과학기술 분야 인력도 포함되어 있다. 이들 중에는 해킹이나 암호화폐 탈취 등 불법적인 방법을 통한 외화벌이에 이용되는 경우도 있는데, 높은 수준의 교육열과 교육과정을 통해 배출된 첨단 과학기술 분야 고급 인력들이 그런 식으로 이용된다는 것은 안타까운 일이다.

북한의 첨단 과학기술에 대한 관심이나 연구 수준 등은 저자가 2018년 북한을 방문했을 때 거리에 걸린 구호들이나 정책 등을 통해 간접적으로 알 수 있었다. 거리, 학교, 공장 등에는 과거에 알던 정치 구호 대신, '교육중시, 과학중시, 인재중시', '최첨단을 돌파하라', '세계적인 경쟁력을 가진 명제품, 명상품을 더 많이!', '세계와 경쟁하라, 세계에 도전하라, 세계를 앞서나가라!', '자기 땅에 발을 붙이고, 눈은 세계를 보라!', '과학기술의 위력으로 경제강국건설의 대통로를 열어나가자!' 등과 같은 과학기술을 중시하는 구호들이 많이 보였고, 교수, 과학자들의 주거를 위해 조성된 첨단 아파트 거리 '미래과학자거리' 등에서 과학자를 어떻게 우대하는지 엿볼 수 있었다.

과학기술을 중시하는 구호들
(평양교원대학 '자기 땅에 발을 붙이고 눈은 세계를 보라!' 등)

그 당시 평양교원대학을 방문했을 때도, 음성인식을 통한 온라인 교육 프로그램이나 자율주행 로봇을 설계하고 만드는 교육프로그램 등을 자신있게 소개하는 것을 보며 북한이 컴퓨터 교육을 매우 중요시한다는 인상을 받았는데, 여러 연구에 따르면 역시 북한 IT 인재들의 수준이 상당히 높은 것으로 알려졌다. 북한이 2012년 12년제 의무교육으로 개편하면서 컴퓨터 정보기술을 정규교육과정에 편성하여 IT 인재 양성에 적극 노력한 결과이다. 북한의 과학기술 수준은 여러 국제 프로그래밍 대회에서 북한 IT 인재들의 성과로도 나타나는데, 지난 2022년에는 인도 소프트웨어 기업이 개최하고 매달 전 세계 80여개국 1만~3만명의 대학생이 참가하는 국제 프로그래밍 대회 코드쉐프(codechef)에서 김일성종합대학 학생들이 2022년 6월부터 11월까지 7회 연속 우승 행진을 이어가고 있다는 언론 보도도 있었다.[7]

반면 국제사회 첨단과학기술 경쟁이 하루하루 치열해지는 상황에서도 남한은 이공계 기피와 지나친 의대 선호로 조만간 과학기술 인력 부족 사태를 걱정해야 하는 상황에 직면했다. 최근 KBS는 다큐 프로그램 '인재 전쟁: 공대에 미친 중국, 의대에 미친 한국'에서 과학기술 인력 부족의 위험을 경고하였는데, 이런 현상이 단기간에 개선될 조짐이 보이지 않는 것이 답답하다. 우리가 AI 시대 첨단과학기술 경쟁에서 탈락하지 않고 미국이나 중국과 경쟁하기 위해서는 남북 협력를 통해 북한의 과학기술 인재들을 활용하는 것이 반드시 필요한 상황이다.

저자가 만나본 북한이탈주민 중에는 평양의 대학에서 전자공학부를 졸업하고 중국 베이징에서 IT 분야 프로그래머로 일하면서 남한 기업이

---

[7] 『SBS NEWS』, 2022.12.31., "북 김일성대 국제 프로그래밍 대회 7회 연속 우승…배경은?", https://news.sbs.co.kr/news/endPage.do?news_id=N1007027849&plink=ORI&cooper=NAVER&plink=COPYPASTE&cooper=SBSNEWSEND

발주한 프로그램 개발을 맡아 수행한 경험을 가진 경우도 있다. 그에 따르면 남한 기업들이 프로젝트를 발주하면 프로그램 개발비가 낮은 곳을 찾아 몇 단계 재하청을 거쳐 국경을 넘어가게 되고, 가장 가격이 싼 북한 개발자에게까지 연결된다는 것이다. 아이러니하게도 장기간 남북 관계가 냉각되고 교류가 단절되어 있었지만, 수면 밑 저 깊은 어딘가에서는 끊임없이 남북 경제협력(?)이 이루어지고 있었던 것이다.

우리가 북한과 협력하며 과학기술 인력을 제대로 활용할 수 있으려면 먼저 북한을 '원수'나 타도해야 할 '적'으로 보는 생각에서 벗어나야 한다. 이념에서 벗어나야 평화롭게 남북이 교류 협력할 수 있고, 그것이 남북 모두의 발전에 도움이 되고 필요한 상황으로 되고 있다. 그리고 남북 교류 협력은 남북의 발전과 한반도 평화를 넘어 동아시아 전체의 평화공존에 기여하며 주변국들과 함께하는 것이 되어야 한다. 한반도 평화는 주변국들이 협조 없이는 불가능한데, 그렇게 할 때 만이 주변국들의 동의와 지지를 받을 수 있기 때문이다. 우리가 이념에서 벗어난 과감한 사고의 전환을 통해 적극적인 자세로 주도권을 가지고 북한은 물론 주변국들의 이해를 조정하며 협력하겠다는 자세를 가질 때 한반도와 동아시아 평화공존이 가능할 것이다.

물론 동아시아를 아우르는 평화공동체를 만드는 것이 식민지배 역사, 영토분쟁, 체제문제 그리고 미중갈등까지 복잡하게 얽힌 동아시아 정세를 고려하면 쉬운 일은 아니다. 이것은 패권 경쟁과 다극화로 어지러운 국제 질서를 평화공존의 질서로 전환하는 새로운 모델을 제시하는 중요하고 필요하지만 어려운 일이다. 하지만 식민지 독립투쟁을 겪은 최빈국에서, 분단과 전쟁을 이겨내고 글로벌 TOP10의 성공을 이뤄낸 저력을 가진 우리에게 불가능한 일도 아니다. 적극적인 사고의 전환으로 북한을 바라보고, 북한을 대화와 교류의 장으로 이끌어 낸다면 충분히 가능한 일이다.

  그런데 북한은 이미 2023년 말 남한과의 단절을 선언한 상태이다. 내부 안정과 체제 유지를 위한 김정은 정권의 선택이라는 측면도 있지만, 이념에 집착하여 한반도 주변의 신냉전 구도를 추구하며 제재와 압박을 가하고 대화를 단절했던 남한의 정책 오류도 절대 무시할 수 없을 것이다. 이미 남한이나 미국의 도움이 필요 없다고 생각하게 된 북한이 남한의 대화 요구에 쉽게 응하지 않는 것이 문제다.

  다행스럽게도 남한에도 새로 이재명 정부가 들어서 실용주의 외교를 기치로 북한과의 신뢰 회복을 통한 관계 개선에 적극 나서고 있다. 또한 도무지 정책의 방향을 가늠하기 어려운 미국 트럼프 정부이지만, 트럼프 대통령의 북한과의 대화 의지는 후보 시절부터 현재까지 변함이 없는 것으로 보이며, 실제로 대화를 위한 시도가 진행되고 있다. 여기에 미국과 러시아의 관계, 남한과 러시아의 관계를 고려할 때 북러의 밀착에서 오히려 남북 관계 개선에 러시아의 역할 가능성도 기대되는 상황이다. 다만 아직은 과거의 대화 시도에서 커다란 실패를 맛본 북한을 대화의 장으로 이끌어 낼 실마리를 찾지 못하여 서로 예의주시하는 상황이다.

  그런 짐에서 대화가 단절되고 경색된 남북 관계를 스포츠 교류를 통해 남북 관계 개선을 모색해 보는 것도 좋은 방법이라 생각된다. 스포츠는 비정치적인 분야이면서 가장 정치적인 도구로 유용하게 활용된다. 스포츠는 정치적 부담을 줄여주면서 작고 다양한 방법으로도 실천이 가능하기 때문이다. 그래서 외교관계가 없거나 갈등 중인 국가 간에도 정치·군사 등 상위정치 영역의 교류에 앞서 스포츠가 먼저 대화와 교류의 장을 마련하는데 유용하게 활용되었고, 많은 성공 사례들이 이를 증명해 준다.

  스포츠는 또한 활동에 참여하는 참여자들 간 접촉과 상호작용을 통하여 연대감과 일체감을 형성하여 사회통합에 기여한다는 점에서 동질성이 희박해지고 있는 남북 관계에서 더욱 필요한 분야이다. 지금과 같이 오랜 기간 단절되고 냉각되어 해결 방안이 보이지 않는 남북 관계에서는 몇 마디 말이나 선언보다 스포츠 교류를 통해 상호작용하며 형성된 신뢰가 남북 교류 협력의 물꼬를 트는데 더 중요하고 유용하게 역할을 할 것이다. 그래서 스포츠 교류를 통해서 '적대적 두 국가'로까지 멀어진 남북 관계를 회복하고 한반도 평화를 이루는 방안을 모색해 보고자 한다.

먼저 1장에서는 평화의 메신저로서 스포츠의 역할을 국제적인 사례들과 함께 알아보았다. 동서독 통일 과정에서 스포츠 교류의 역할, 그리고 스포츠 외교의 대표적 사례인 미국과 중국의 핑퐁외교는 남북 스포츠 교류가 참고하고 연구해야 할 중요한 사례들이다. 동서독의 지속적인 스포츠 교류와 이 과정에서 동독에 대한 서독의 진정성 있는 배려는 민족의 이질성을 극복하고 동질성을 회복하는데 중요한 역할을 하였다. 미중 핑퐁외교는 동서냉전을 한순간에 데탕트 분위기로 바꿨다는 의미를 넘어, 이후 중국을 개혁개방으로 이끌어 세계사의 흐름을 바꿔 놓았다.

2장부터 5장에서는 분단 이후 지난 80년간 남북 스포츠 교류 역사를 되돌아 보았는데, 2장은 분단에서 전두환 정부까지 냉전시대 남북 체제 대결 수단으로 이용된 스포츠 교류에 대해 분석하였다. 해방 이후 국제올림픽위원회(IOC) 가입을 둘러싼 남북의 갈등과 NOC 분단, 박정희 정부의 남북 회담, 전두환 정부의 스포츠 정책과 서울올림픽 단일팀 실패를 살펴보았다. 이 시기는 남북 모두 실질적인 스포츠 교류보다는 정권의 안정이나 집권 연장을 위한 목적으로 스포츠가 이용되었던 시기였다.

3장에서는 탈냉전 시대 북방정책으로 드디어 시작된 남북 스포츠 교류에 대해 알아보았다. 특히 노태우 정부 시기에는 실질적인 남북 대화가 진행되면서 최초로 남북단일팀이 성사되었다. 제41회 세계탁구선수권대회에서 남북단일팀은 여자단체전에서 당시 세계 최강이었던 중국을 꺾고 우승하며 남북은 물론 한민족 전체에 뜨거운 동포애와 감동을 심어주었다. 이어진 세계청소년축구대회 단일팀도 짧은 준비 기간에도 불구하고 8강에 오르며 남북한 주민은 물론 대회가 열렸던 포르투갈 교민들에게 잊지못할 감동을 선사하였다, 하지만 이후 북방정책 쇠퇴로 민족을 하나로 묶어 주며 활발하게 진행되던 스포츠 교류가 냉각되고 이어지지 못하는 아쉬움도 남겼다.

4장에서는 햇볕정책으로 남북 스포츠 교류가 활발해진 평화의 시대에 대해 분석하였다. 김대중 정부는 적극적으로 남북 교류 협력을 추진하면서 민간 차원의 남북 경협과 스포츠 교류도 활발하게 시작되었고, 이것은 분단 이후 최초의 남북정상회담을 가능하게 만들었다. 그리고 6·15 남북공동선언은 경제, 사회, 문화, 체육, 보건, 환경 등 다양한 분야의 남북 교류를 더욱 활성화시켰다.

햇볕정책으로 남북노동자축구대회, 통일농구대회 등 다양한 민간 스포츠 교류가 시작되었는데, 특히 현대그룹 정주영 회장의 소떼 방북은 닫혀있던 북한의 마음을 열게 하여 남북 교류가 활발해지는 계기가 되었다. 소떼 방북 이후 정주영 회장은 평양에 체육관을 건설하고 남녀 농구팀 교류를 통해 스포츠 교류 활성화를 지원했다.

이 시기 활발해진 남북 스포츠 교류로 북한이 2002년 부산에서 열리는 아시아경기대회에 참가하는 역사적인 사건이 발생하였다. 북한이 남한에서 열리는 국제 스포츠 대회에 대규모 선수단과 함께 응원단까지 파견하여 민족 동질성을 확인하는 중요한 계기가 되었다. 이때 파견된 300여명의 북한 응원단은 '미녀응원단'이라는 수식어가 붙으며 관중을 구름떼처럼 몰고 다니고 팬클럽이 생길 정도로 남한 주민들이 관심과 시선을 사로잡았는데, 경기장에서 직접 북한 선수들을 응원하고, 미녀응원단과 함께 남북 선수들을 응원한 체험으로 동포애를 새롭게 느끼게 하는 계기가 되었다. 북한 미녀응원단은 2003년 대구 유니버시아드대회, 2005년 인천 아시아육상선수권대회에도 참가하며 많은 화재를 남기며 민족애를 되살리고, 남한 주민들이 북한을 새롭게 바라보는 기회를 만들어 주며 남북 스포츠 교류를 활성화하는데 크게 기여하였다.

5장의 다극화 시대는 남북 스포츠 교류의 명암이 극명하게 엇갈리는 시기이다. 탈냉전 이후 30년 가까이 지속된 미국 유일 패권이 약화되며 미중 무역갈등이 격화되고, 세계화가 후퇴하면서 국제정세는 미국을 선두로 모든 나라들이 자국 이익을 우선하며 경쟁하는 다극화 시대로 전환되었다. 하지만 아직 새로운 질서가 정립되지 못한 글로벌 정세는 혼돈의 시기를 겪고 있고, 남북을 포함한 한반도 주변 정세도 하루가 다르게 변화하고 있다.

이명박 정부 이후 남북 관계는 급격히 냉각되어 대화와 협력이 줄어들었다. 문재인 정부 시기 2018 평창동계올림픽을 계기로 다시 활발해졌던 남북 스포츠 교류는 다시 한번 남북정상회담을 이끌며 전쟁 위기의 한반도 상황을 한순간에 평화 분위기로 전환하였다. 그러나 하노이 북미정상회담 결렬로 남북 및 북미 관계가 냉각되어 스포츠 교류도 위축되고 끝내 중단되었다. 윤석열 정부 들어서는 '자유의 북진'을 외치며 북한을 '주적'으로 규정한 강경일변도의 대북정책으로 1970년대 이후 역대 정부를 통틀어 유일하게 단 한 차례의 남북 대화도 열리지 않았고, 스포츠는 물론 인도적 지원을 포함한 모든 남북 교류가 완전히 중단된 채 한반도는 다시 전쟁 위험에 빠졌다.

새롭게 취임한 이재명 정부가 실용주의 외교를 선언하며 남북 관계 회복을 추진하고 있고, 미국의 트럼프 2기 정부도 북한과의 대화를 다시 시도하고 있으나, 하노이회담 결렬 이후 자력갱생을 통한 생존전략을 모색하며 남북 관계를 '적대적 두 국가'로 선언한 북한은 쉽게 대화에 나설 기미가 보이지 않는다. 여기에 러-우전쟁을 계기로 북한과 러시아가 국제사회 대북제재를 무력화시키며 급속히 밀착하고 있는 상황은 남북 대화와 교류에 더 많은 고민과 노력이 필요하게 만들고 있다.

6장에서는 남북 스포츠 교류에서 그 비중은 작았지만 중요한 민간 교류 사례인 남북 유소년축구 교류의 역사와 경험을 정리하였다. 남북노동자통일축구 등 몇 가지를 제외하고 대부분의 민간 교류가 일회성 행사에 머무르고 지속되지 못하였다. 반면 남북 유소년축구 교류는 남북체육교류협회의 오랜 노력으로 2006년부터 2018년까지 22회나 남북을 오가며 계속된 유일한 남북 민간 교류 사례로서 중요한 의미를 가진다.

유소년축구 교류는 남북체육교류협회가 2006년 북한의 4·25체육단과 스포츠 교류 계약을 맺고 통일부의 승인을 받고 정부 지원을 받으며 시작되었다. 그러나 22회를 이어오는 동안 정부의 지원 중단으로 곤란을 겪기도 하였고, 이것을 지자체와 민간기업, 프로구단 등의 도움으로 교류를 지속할 수 있었다. 지자체와 민간의 지원은 특히 북핵과 미사일 문제, 금강산 총격 사건, 목함지뢰 사건, 천안함 사건 등으로 군사적 긴장 상태가 고조되는 상황에서도 축구 꿈나무들의 교류를 포기하지 않고 이어오는 원동력이 되었다. 그리고 유소년축구로 쌓인 신뢰를 바탕으로, 2017년 북한의 핵실험과 ICBM 시험발사로 한반도가 전쟁 위험에 직면한 상황에서 부득이 중국 쿤밍에서 개최된 유소년축구 교류에서 북한의 평창동계올림픽 참가가 논의되었고, 마침내 2018 평창동계올림픽에 북한 선수단과 응원단 참가와 그리고 고위급 방남이 이루어지는 성과를 내기도 하였다.

유소년축구도 2018년에는 대규모 참가단이 남북을 육로로 오가면 평양과 춘천에서 대회를 이어갔으나, 하노이 북미정상회담 결렬과 이후 냉각된 남북 관계로 아쉽게 중단되고 말았다. 하지만 최악의 군사적 긴장

상태에서도 지속되었던 경험을 잘 살린다면 현재와 같이 대화조차 중단된 남북 관계 회복에 중요한 역할을 할 수 있을 것으로 기대된다.

역대 정부를 통틀어 유일하게 단 한 차례의 남북 대화조차 없이 단절된 윤석열 정부 기간 동안 남북의 갈등과 대립은 한반도에 군사적 긴장만 더 키워왔다. 남북이 대립과 갈등으로 전쟁 위험과 안보 불안을 키우며 서로의 발목을 잡는 것은 다극화 시대 혼란과 위기 극복에 써야 할 에너지와 경쟁력을 헛되이 낭비하게 만드는 우매한 짓이다. 이것은 남북 모두를 미국, 중국, 일본, 러시아 등 주변국들의 이해관계에 휘둘리며 끌려다니는 분단의 희생양으로 만들고 있는데, 특히 남한의 글로벌 경쟁에 더 큰 부담으로 작용하고 있다. 이제는 고정관념과 이념에서 탈피하여 과감한 사고의 전환으로 21세기 혼란한 국제질서 변화 속에서 새로운 성장 동력을 찾아야 할 때이다. 이것은 우리가 먼저 북한에 대해 손을 내밀고 양보하고 배려할 때 가능할 것이고 우리는 이미 그럴 수 있는 충분한 능력을 갖추고 있다.

우리는 경제적으로 식민지와 빈곤을 극복하고 글로벌 TOP10 대열에 올랐고, 군사력으로도 세계 5위권의 막강한 경쟁력을 가진 국가로 성장하였다. 정치적으로도 수차례 과거로 회귀를 반복하기도 하고 최근까지도 어처구니없는 계엄을 겪었지만, 그럴 때마다 국민 스스로 독재를 이겨낸 민주화의 모델 국가이다. 게다가 문화면에서는 아무도 알아주지 않았던 K-pop, K-movie, K-culture 등으로 과감하게 세계 시장에 도전하여 '한류'로 전 세계 수많은 국가, 수많은 사람들을 감동시키며 사로잡고 있다. 이제는 그 저력을 남북 협력과 한반도 평화는 물론 복잡한 갈등관계로 얽힌 동아시아를 서로 협력하며 공존하는 새로운 평화지역으로 만들어 나가는 원대한 꿈과 전략으로 발전시켜 나가야 할 것이다.

다만, 지금은 이재명 정부가 남북 관계 회복을 위한 정책을 추진하더라도, 북한과 쉽게 대화하기는 어려운 상황이다. 북한이 이미 남북 관계를 '적대적 두 국가'로 규정하고 결별을 선언한 상태이기 때문이며 정치적 부담이 적은 스포츠 교류라 하더라도 가까운 시일 내 남북의 직접적인 교류가 성사되기는 매우 어려울 전망이다. 혹시 경주에서 개최되는 2025 APEC 정상회의에 가입국들의 동의를 얻어 북한을 회원국으로 가입시키면서 정식으로 초청한다면 대화와 교류가 가능할지 모르겠다. 스포츠 교류도 북한을 대화와 교류의 장으로 이끌어 낼 새로운 방안을 찾아 주변국들이나 국제스포츠 단체와 협력하고 국제스포츠 대회를 적극 활용하는 등 남북만이 아닌 글로벌로 시야를 넓혀 북한을 대화로 이끌어 낼 유연하고 현명한 교류 방법을 모색해야 할 것이다.

그동안 스포츠 교류는 남북 관계 개선의 돌파구로 많은 역할을 해왔다. 하지만 북한이 남한과의 대화를 거부하고 '적대적 두 국가'를 선언한 새로운 환경에서는 스포츠 교류도 이전과 같이 역할하는 것이 쉽지 않을 수 있다. 변화된 또 다른 환경에서는 북한을 대화와 협력으로 이끌어 낼 새로운 접근 방식이 필요하기 때문이다. 그리고 그 방식에는 남북을 넘어 동아시아 또는 혼란한 글로벌 질서에 평화를 가져올 수 있는 것이 포함되어야 할 것이다.

서독은 동방정책을 통해 '접촉을 통한 변화'를 추구했지만, 모든 것이 단절된 현재의 남북 관계에서는 남북 모두 '변화를 통한 접촉'만이 가능할 수도 있다. 남북한 모두가 코페르니쿠스적인 사고의 전환과 현명한 전략을 바탕으로 '적대적 두 국가' 관계를 평화와 협력의 관계로 바꾸어 남북이 다극화 시대 혼란과 국가 소멸 위기를 이겨내고 다시 한번 도약하여, 동아시아 평화공존을 이끌어가는 진정한 글로벌 리더 국가로 발전하기를 희망한다. 남과 북이 서로를 적으로 대하는데 주변 국가들이 한반도 평화를 만들어 주지 않는다. 남북의 평화 협력이 한반도 번영과 동아시아 평화 체제 구축을 이끌 수 있다. 그리고 그 희망을 더욱 앞당겨 실현하는 마중물로서 스포츠 교류가 중요한 역할을 하기를 기대한다.

# I.
# 스포츠,
# 평화의 메신저

# 1. 스포츠와 평화의 조화

스포츠는 같은 공간에 동시에 가장 많은 사람의 이목을 집중시키는 이벤트다. 2022년 카타르 월드컵 결승전은 역대 최고의 명경기로 꼽힌다. 리오넬 메시의 아르헨티나와 킬리안 음바페의 프랑스가 120분의 혈투에도 승자를 가리지 못하고 승부차기 끝에 아르헨티나의 우승으로 끝났는데, FIFA의 공식 집계에 따르면 8만 8,966명의 관중을 포함해 약 15억 명의 시청자가 관람하였다.[1] 2008년 베이징 올림픽경기는 47억 명이 시청했는데 이는 전 세계 인구의 70%에 달하는 것이고, 2018년 평창 동계올림픽 참가국 92개는 1976년 몬트리올 올림픽 참가국과 같은 숫자다. 이미 스포츠는 우리 삶에 확고하게 자리 잡은 하나의 관습이자 사회 구성원들 개인적·조직적 행위이면서 동시에 거대한 산업을 이루고 있다.[2]

현대 사회에서 스포츠는 단순한 오락을 넘어 사회적, 문화적으로 우리 사회 구조의 일부로서 좋든 나쁘든 세상에서 가장 강력한 힘을 가지게 되었다. 우리 생활에서 스포츠를 제외하고 현대 사회와 문화를 완전히 이해하는 것이 불가능하기에 대부분의 국가들은 스포츠를 국가의 전략 산업 중의 하나로 육성하고 있다. 스포츠가 이렇게 현대 사회에서 중요한 위치를 차지하게 된 것은 스포츠가 정치성을 배제하고 인간 본연의 모습으로

---

[1] 『한국일보』, 2023.01.19., "'결승전 몇 명이 봤을까?' FIFA가 공개한 카타르 월드컵의 기록들", https://www.hankookilbo.com/News/Read/A2023011913250004520

[2] 유상건, "스포츠 커뮤니케이션 연구: 주요 개념과 주제, 그리고 미래를 위한 제언", 김기한·유상건 역음, 강진호 외, 『스포츠 커뮤니케이션 인사이트』, 한국소통학회, 한울아카데미, 2022, pp.11~12.

상대와 교류를 할 수 있다는 점 때문이다.

그렇지만 다른 한편에서 스포츠는 19세기 후반부터 조직화되고 민족주의 성향을 띠게 되면서 이러한 비정치적인 특징이 약화되었다.[3] 스포츠가 일반적으로 비정치적, 비이데올로기적인 것이라고 알려져 있지만, 오히려 외교, 이데올로기, 국가 통제, 국제사회 진출 등 국내외 정치, 외교적 목적을 위한 유용한 수단으로 그 활용이 점차 확대되는 것이다. 동서독 교류에서도 스포츠는 중요한 항목이었다. 올림픽 등 국제스포츠 대회를 둘러싼 국제사회 치열한 외교전은 스포츠가 국제사회에서 정치, 외교적 문제를 해결하는데 중요한 수단이라는 점을 보여 주는 중요한 증거이다.

오랫동안 스포츠와 정치란 전혀 상관이 없고 모순적인 것으로 간주 되기도 하였다. 전 IOC 위원장 에이버리 브런디지[4]는 50년 전에 스포츠는 정치와 관련이 없고 정치와 거래할 것도 없다는 유명한 말을 남겼다. 그리고 그는 스포츠는 음악이나 미술처럼 정치를 초월한다고 말하며 올림픽은 정치나 경제가 아닌 스포츠에 관심이 있다고 말했다. 그러나 불행히도 이러한 관점은 얼마 지나지 못하고 좌절되었으며 더 이상 유효하지도 않게 되었다. 동서냉전에 따른 미국과 소련 양 진영의 1980년 모스크바 올림픽과 1984년 LA 올림픽 보이콧, 이스라엘과 팔레스타인 갈등으로 인한 1972년 뮌헨 올림픽의 비극, 헝가리 민주화 봉기와 소련의 무력 진압이라는 정치적 투쟁을 반영한 1956년 멜버른 올림픽에서 헝가리와 소련의 수구 경기의 사례들은 스포츠가 정치와 떼려야 뗄 수 없는 불가분의 관계에 있다는 것을 보여주는 사례들이다.[5]

---

3   이우태·성문정·허정필, "남북 사회문화교류 활성화를 위한 교류거버넌스 구축방안: 체육교류를 중심으로", 『KINU연구총서』 19-12, 통일연구원, 2019, p.27.
4   제5대(1952년~1972년) IOC 위원장
5   Jonathan Grix, "Sport Politics: an Introduction", Bloomsbury Publishing, 2017, p.1. 그 외에도 스포츠의 정치성에 대한 논의는 Sheldon Anderson, "The Politics

스포츠는 정치의 간접적인 수단이 되기도 하지만 그 자체로 적지 않은 정치적 기능을 행하기도 한다. 또한 체제 간의 대결에서부터 사소한 개인의 경쟁에 이르기까지 스포츠 경쟁의 메커니즘은 특정 집단이나 개인을 집단적 정체성의 규범으로 통합해 내는 역할을 한다. 이러한 사례는 우리 역사에서도 전형적으로 나타나는데, 군부 쿠데타로 집권한 전두환 정권이 1986년 아시안게임과 1988년 서울올림픽 유치에 심혈을 기울인 것은 대규모 국제스포츠 이벤트를 권력의 정당성을 확보하고 국민 정서를 통합하기 위한 수단으로 이용하고자 한 것이었다. 또한 유럽에서 최고 인기 스포츠인 축구는 노동계급의 통제되지 않은 에너지를 축구장이라는 테두리 안에 가두어 줌으로써 그 폭력적 에너지가 축구장 바깥의 사회체제를 위협하지 않도록 숨통을 터주는 일종의 완충장치 역할을 하고 있는 것이다.[6]

하지만 스포츠가 지나치게 정치적 목적을 위한 수단으로 작동하거나 정치성을 띠게되면 스포츠의 순수성을 잃고 팬들로부터도 외면받게 될 수 있다. 그래서 스포츠가 지나치게 정치와 밀착하는 것을 경계하여 현대 스포츠가 정치와 거리를 두려고 애쓰기도 했지만, 그러한 노력이 그다지 성공을 거두지 못하였다. 스포츠를 이용하고자 하는 정치적 유혹이 워낙 컸기 때문이다. 스포츠가 정치적 목적에 종속된 대표적인 사례로는 히틀러가 아리안 민족과 독일 제3제국 체제의 우수성을 전 세계에 과시하기 위해 철저한 계획에서 마련한 1936년 베를린 올림픽을 들 수 있다. 스포츠를 정치적으로 이용하는 사례가 빈번하게 발생하는 것은 현대 사회에

---

and culture of modern sports", Lexington books, 2015.(스포츠와 정치, 외교의 관계), Richard Parrish, "The politics of sports regulation in the European Union", *Journal of European public policy 10*, 2003.(정책 목표를 위한 스포츠 활용 방법)등 다양하다.

6   김창남, 『대중문화의 이해』, 한울아카데미, 2022, pp.310~311.

서 스포츠가 차지하고 있는 사회적 위상 때문이다. 스포츠가 거대한 미디어 이벤트로 변모하면서 주요 스포츠 행사들은 대중 매체의 집중 조명을 받는 몇 안 되는 중요 영역으로 변모하였다.[7]

오늘날 스포츠는 사회의 한 부분으로서 정치적 영향으로부터 좀더 자유롭게 고유의 영역을 확보하려고 노력한다. 하지만 법령과 제도를 통해 국가의 지원과 규제를 받고 있기 때문에 국가가 스포츠를 정치적으로 이용하려는 시도에서 여전히 자유롭지 못한 것이 현실이다. 스포츠가 국가 정치 수준에서 사회통합,[8] 민족주의의 강화, 사회적 안전판 및 사회복지 수단 등 다양한 기능을 수행[9]하기에 오히려 스포츠의 정치성은 현대에 들어 더욱 활용도가 높아지고 있다.

스포츠가 정치로부터 자유롭기 위하여 올림픽이나 월드컵 경기는 순수한 스포츠 정신, 선의의 경쟁, 정치적 중립성을 강조하고 대회를 국가가 아닌 IOC와 각국의 올림픽 조직위원회, FIFA와 각 나라의 축구협회가 주관하고 있다. 하지만, 대회 주최국 정부의 정치·외교 정책으로부터 완전히 벗어나 독립적인 경우는 없었으며, 오히려 정치·외교적 목적을 위해 자주 이용되어 왔고, 그 정도도 더 강해지는 추세다.

스포츠가 가지는 비정치성과 중립성이 오히려 역설적으로 스포츠가 정치적 수단이나 도구로서의 유용성을 확보하게 하는 것을 더 수월하게 만들어 버린 것이다. 여기에 더하여 스포츠는 정치적 도구로 사용되었을 때 책임에서도 상대적으로 매우 자유롭다. 어떠한 정치적 도구 사용될 때 전달되는 정치적 의도에 필히 수반되는 책임에서 공식적 정치활동에 비

---

7 정준영, 『열광하는 스포츠 은폐된 이데올로기』, 책세상, 2020, pp.85~89.
8 Kevin Hylton, "Sport and social integration", *Routledge handbook of sports development*, 2010, pp.100~113.
9 이혁기, 신석민 공저, 『개념중심 스포츠 사회학』, 레인보우북스, 2018, p.178

해 스포츠가 훨씬 자유스럽게 작동할 수 있기 때문에 더욱더 정치적 수단으로서 유용성을 크게 갖는 것이다.[10] 즉, 정치적 책임에서 자유로운 이러한 장점이 실패했을 경우의 부담을 줄여주기 때문에 국제관계 개선이나 갈등 해소를 위한 도구로 스포츠가 매우 유용하게 활용된다. 이러한 점은 특히 남북한과 같이 서로 조심스럽고 민감한 관계에 있어 더욱 그 효용성이 있을 것이다.

스포츠의 정치성은 어느 한 국가 내에만 한정되지 않고 외교적으로도 더욱 확장된다. 1980년대 후반부터 시작된 냉전 종식과 사회주의권 붕괴로 자본주의가 국제사회를 지배하는 체제로 자리매김하게 되었고, 세계화 흐름은 전 지구를 국가와 이념보다는 시장과 자본이 우선시되는 세상으로 만들었다. 또한 세계화로 인하여 세계정치 무대에서 국가뿐만 아니라 국제기구나 비정부 기구 등도 중요한 비국가 행위자로 등장하였다. 그리고 국제관계에서 정치와 외교의 그늘에 가려져 있던 문화, 스포츠와 같은 이슈들도 주목받고 전면에 나서게 되었다. 특히 20세기 말과 21세기 초반에 소프트 파워 개념이 각광을 받으면서 문화 영역 또한 정치·안보만큼이나 중요한 영역으로 취급받게 되었는데, 경제, 사회, 문화의 영역은 국가 행위자들뿐만이 아닌 비국가 행위자들도 주도성을 훌륭히 발휘할 수 있는 영역이다.[11]

이렇게 세계화와 함께 국제관계에서 주목을 받게 된 스포츠는 사회적 정체성을 구축하고 대중문화 형성에 중요한 역할을 함으로써, 특히 상업화된 스포츠 메가 이벤트는 사회정치적, 국제정치 영역에서 갈수록 스포

---

10　정기웅, "평창 동계올림픽의 정치·외교: 스포츠는 여전히 유용한 도구인가?", 『국제관계연구』 2017년 겨울호 제22권 제2호, 고려대학교 일민국제관계연구원, 2017, p.179.
11　정기웅, 『스포츠 외교의 신화: 성공과 실패, 그리고 그 밖의 이야기들』, 박영사, 2018, p.44.

트라이트를 받고 있다. 이러한 스포츠 문화의 정치적 효과 특히 스포츠를 통해 강화되는 지역 사회적 정체성과 국제적 가치 변화는 아래로부터 세계화 진전을 더 빠르게 하였다. 그리고 시간이 흐를수록 스포츠가 가지는 국가의 안과 밖을 넘나드는 복합적 사회현상으로 인하여 스포츠는 세계화 시대에 그 중요성이 더욱 부각되었으며[12] 스포츠와 정치사회는 더 밀접한 상관관계를 맺게 되었다.

또한 스포츠는 정치뿐만 아니라 국제관계 외교 영역에서도 유용한 수단으로 중요하게 활용된다. '스포츠 외교'란 용어가 대중 미디어 등 여러 분야에서 빈번하게 사용되고 있지만, 명확히 개념 정의가 이루어진 것은 아니다. 개념의 모호함에도 불구하고 스포츠가 외교의 여러 방법 중 하나로 활용되는 것은 스포츠가 공식적인 외교활동에 비하여 훨씬 자유롭고 부드럽게 국제법이나 국제적 관행에서 벗어나 활용될 수 있기 때문이다. 따라서 오늘날 스포츠를 활용하여 국위를 선양하고자 하는 것은 세계적으로 공통된 스포츠 정책의 중요한 목표가 되었다. 국제관계에서 스포츠 외교가 활용되는 이유는 스포츠가 대결이나 갈등보다는 협력과 평화를 지향하는데 매우 유용하기 때문이다.

이는 외교관계가 없는 국가나 갈등 구도의 국가 간에 정치·군사 등의 상위정치(high-politics) 영역의 교류가 없더라도 하위정치(low-politics) 영역의 스포츠 교류가 이루어지는 것을 종종 볼 수 있는 것에서 증명된다. 그만큼 스포츠는 국가의 외교적 수단으로 효과가 뛰어나며, 교류를 통해 상호 불신을 해소하고 협력의 기반을 다지는데 매우 효율적이다. 그리고 스포츠 외교는 다른 외교적 방법들에 비하여 위험부담이 적고 비용이 적게 들

---

12   Lars Rensmann, "Sports, Global Poitics and Social Value Change: A Rearch Agenda", *Other Modernities* Vol. 14, 2014, pp.114~133.

며, 국제법이나 국제규범의 제약을 덜 받는 이점도 있다.[13]

세계화의 진전으로 한 국가의 정치적 목적을 달성하는데 군사력이나 경제력과 같은 하드 파워 못지않게 의식, 문화 등으로 대표되는 소프트 파워가 매우 중요하게 여겨지고 있는데, 스포츠는 그런 소프트 파워의 중요한 요소 중 하나이다. 이는 스포츠가 가지는 국제적 노출 효과, 문화에 대한 집중, 평화적 가치로 인하여 국가가 소프트 파워를 사용하여 국제적 목표를 달성하고 공공 외교를 개선하는데 유용한 도구가 되기 때문이다.[14] 방탄소년단이 UN총회에서 연설을 하고, 중요한 외교 행사에 한류가수들이나 각 분야 글로벌 스타들이 초대받거나, 유명한 스포츠 스타들이 국가적 행사에 등장하는 것들 그리고 대규모 국제스포츠 이벤트를 통해 자국의 스포츠는 물론 과학기술, 문화 등의 총체적 우수성을 보려 주려는 시도들이 그것이다.

스포츠가 정치·외교적 수단으로 활용되지만 또 한편으로는 스포츠 자체가 외교적 목표로 작용하기도 한다. 스포츠는 이념, 민족, 국경에 상관없이 전 세계 어느 곳에서 누구나 쉽게 향유할 수 있는 특징을 가지고 있다. 그리고 거대한 글로벌 기업 구단의 등장으로 출신 국가와 상관없이 국경을 넘어 선수들이 경기를 하고, ICT 발달은 전 세계 어느 곳에서나 경기가 중계되며, 전 세계를 대상으로 팬을 확보하고 마케팅을 하고 있다.

지난 2022년 카타르 월드컵은 석유, 사막, 분쟁과 전쟁의 이미지가 먼저 떠오르는 아랍권 국가들의 이미지를 완전히 바꿔놓는 사건이었다. 세

---

[13] 이우태·성문정·허정필, "남북 사회문화교류 활성화를 위한 교류거버넌스 구축방안: 체육교류를 중심으로", 『KINU연구총서』 19-12, 통일연구원, 2019, p.32.

[14] Yoav Dubinsky, "From soft power to sports diplomacy: A theoritical and conceptual discussion", *Place Branding and Public Diplomacy* Vol.15, 2019, pp.156~164.

계 2위 천연가스 수출국인 카타르는 단순히 에너지 부국을 넘어 정치·경제적으로 다양한 역할을 원하며 아랍권을 넘어 세계적으로 존재감을 드러내는데 중요한 '소프트 파워'로 스포츠를 활용한 것이다. 카타르 월드컵을 통해 국가 인지도를 높이고, 외국 자본을 유치해 첨단 미래 도시로 거듭나려는 전략을 추진했고 상당한 성공을 거두었다.

카타르뿐만 아니라 사우디아라비아 등 아랍권 국가들의 메가 스포츠에 대한 관심은 상상을 초월한다. 사우디아라비아는 호날두, 벤제마, 네이마르 등 유럽 축구 리그 최상급 선수들을 엄청난 연봉과 이적료를 부담하며 데려오고 있고 2023-24시즌 선수 이적료로만 6억 유로 이상(8,750억 원)을 쏟아부은 것으로 알려졌다. 그뿐만 아니라 사우디아라비아는 야심차게 건설하고 있는 네옴시티에 2029년 동계아시안게임, 리야드에 2034년 하계 아시안게임 유치를 확정하였고, 2036년 하계올림픽 유치에 카타르와 경쟁하고 있는 것으로 알려졌다. 이러한 사례들이 메가 스포츠 이벤트가 국가의 위상과 이미지를 제고하며 스포츠 자체가 외교의 목표로 작용하는 현실을 여실히 보여주고 있다.

또한 스포츠는 국가적 차원에서 정치나 외교와 연관된 것만이 아니다. 소프트 파워로서 사회 공동체와 개인의 생활에도 깊숙이 관여되어 있다. 스포츠는 국가의 기후, 역사적 전통, 경제 질서, 군사 및 국제적 환경 등과 분리될 수 없으며, 스포츠는 이미 대다수 사람들의 삶에서 가장 중요한 공동 활동이 되었다.[15] 스포츠는 공동 활동을 통해 사회적 응집력과 소속감을 제고하고 지역적, 국가적 단결을 촉진하게 한다.

스포츠는 직접 참여하지 않더라도 대리 체험을 통하여 자신과 경기자를 일체화시키는 경험을 하게 한다. 스포츠 경기에 몰두한 관람객은 경기

---

15  James Riordan, *Sports, Politics, and Communism*, Manchester University Press, 1991, p.9.

의 승리와 패배, 경기자가 느끼는 용기와 좌절, 기쁨과 슬픔 등을 마치 자신의 체험처럼 받아들이며, 경기자뿐만 아니라 같이 참여한 관람객들 사이에 정서적인 유대가 일체감 있게 형성됨을 느낀다. 이는 스포츠 경기뿐만 아니라 국기게양이나 국가 연주 등과 같은 스포츠 의식을 통해서도 나타난다.[16] 스포츠의 이러한 특성은 사회통합 기능과 함께 민족주의나 애국주의의 기초가 되기도 하는데 남북단일팀 경기나 국제스포츠 경기대회에서 공동 입장 등이 남북 주민들에게 민족 공동체감이나 통일의식을 고취시켜 주는 것 그리고 지난 2002년 월드컵에서 온 국민이 붉은 악마가 되었던 것들이 그러한 예이다.

또한 스포츠는 선수나 팀이 소속된 국가나 단체를 대표하는 상징적 기능을 수행하고 동일화 감정을 고조시켜 흩어진 개인을 모아주고 분단된 사회를 이어줌으로써 사회적·정치적 통합의 기능을 수행할 수 있다. 스포츠 선수 개인의 우수한 성취가 그가 속한 팀, 집단, 지역사회, 국가의 우수함을 표현하는 것으로 간주되는 것이 그러한 사례이다. 또한 스포츠 스타 선수들의 모범적이고 도덕적, 윤리적 행동이 이를 지켜보는 수백만 명의 공동체에 영향을 주어 긍정적인 사회 성격을 형성하는데 중요한 역할을 하기도 한다.[17] 이러한 유용성으로 스포츠 메가 이벤트의 중요성이 점점 더 커지고, 스포츠 외교의 부패한 정치가 폭로된 이후에도 이러한 행사의 문화적, 정치적, 경제적 중요성은 전혀 줄어들지 않고 있다. 오히려 미디어 행사로서의 올림픽과 월드컵은 계속해서 그러한 행사를 개최할 권리를 두고 국가 간 경쟁이 치열해지고, 성공의 드라마에 열광한다.[18]

---

[16] 박호성, "국제 스포츠 활동과 사회통합의 상관성, 가능성과 한계", 『국제정치논총』 제42집 제2호, 한국국제정치학회, 2002, pp.105~106.

[17] Yarasheva Dilnoza, "Sports, Culture and Society", *American Journal of Social Sciences and Humanity Research 3(11),* 2023, pp.152~163.

[18] Alan Tomlinson and Christopher Young, *National Identity and Global Sports*

분단 이후 80년 가까이 갈등과 대립을 지속해 온 남북 관계에서 북한은 아직은 정치·군사적으로 경계하여야 할 대상이지만 또 한편 한반도 평화와 번영을 함께 만들어 나가야 할 동반자이다. 그런데 분단 상황이 길어지면서 남북 주민들 간의 이질감은 커지고 국력의 차이에서 오는 북한 주민들의 박탈감은 더욱 심화될 것이다. 여기에 남북이 같은 민족이라는 동질감조차 희박한 20, 30대에게는 남북 협력이나 통일이 더욱더 공감하기 어려운 문제로 자리하고 있다.

따라서 남북의 이질감 해소는 80년 가까운 긴 세월 동안 단절된 두 사회에서 축적된 차이를 현실적으로 인정하는 기반 위에서 통합된 새로운 공동체를 만들어 가는 과정이 되어야 할 것이다. 즉 '이전 상태로의 복귀'가 아니라 이질적인 두 사회를 결합하는 쉽지 않은 과정인데, 여기에는 서로 다른 차이와 특수성을 인정하며 참여와 동의를 이끌어내려는 부단한 노력이 필요하다.[19] 그러한 노력은 서로에 대한 이해에서 시작되어야 하는데, 스포츠가 갈등을 해소하고 사회통합을 이루는 효과적인 매개체로서 남북한 주민들의 얼어붙은 정서를 녹여 참여와 동의를 이끌어 교류와 협력으로 나아가는 원동력으로서 큰 역할을 해 낼 수 있을 것이다.

남북한 간의 이질감 해소뿐만 아니라 남한 내에서 이념 갈등을 극복하고 교류와 협력, 통일에 대한 공감대를 형성하는 것 또한 중요한 문제이다. 남한 내 이념 갈등을 극복하지 못하고 서로 동의하지 않는다면 교류와 협력은 이루어지기도 어렵지만 지속될 수도 없을 것이다. 또한 함께 살아가고 있는 남한 안에서 발생하는 갈등조차 극복하지 못하면서, 체제

---

*Events: Culture, Politics, and Spectacle in the Olympics and the Football World Cup,* State University of New York Press, 2006, p.3.

[19] 윤영관, "총론: 독일의 통합 경험과 한국", 윤영관 편, 강원택 외, 『독일 통합과 한국』, 서울대학교 국제문제연구소 총서 31, 사회평론아카데미, 2019, p.14.

를 달리하며 80년을 살아온 북한과 대화하고 신뢰를 쌓겠다는 것도 맞지 않는 일이다.

이념 갈등을 극복하기 위해서는 진보든 보수든 나의 가치관만이 옳다는 아집에서 벗어나야 하며 역지사지의 입장에서 상대방의 의견을 들으려는 노력이 필요하다. 상대방의 말은 듣지 않는 분위기가 남남갈등을 더욱 키워왔고, 그것이 대북정책이 정부가 바뀔 때마다 급격하게 바뀌며 신뢰를 잃게 만드는 원인이 되었다. 이제는 서로 생각이 다르더라도 상대방의 의견을 듣고 나의 입장을 솔직히 이야기할 수 있는 대화 분위기가 마련되어야 할 것이다. 건전하고 활발한 논의와 공감이 바탕이 되어야 남북 교류와 협력 그리고 통일과 민족의 번영을 위한 올바른 정책이 수립되고 추진될 수 있기 때문이다.

이념 갈등 극복과 함께 남북 관계와 통일에 대한 인식을 바꾸는 것도 중요한 일이다. 1945년 남과 북으로 분단이 된 이후 현재까지 통일은 항상 우리 민족에게 숙명의 과제였다. 하지만 최근 들어 통일에 대한 관심과 필요성에 대한 인식이 상당히 부정적으로 변화하고 있다. 통일을 부정적으로 생각하는 가장 중요한 이유는 재정적인 부담 때문으로 나타난다. KBS공영미디어 연구소에서 2022년에 실시한 여론 조사에 따르면 통일비용 부담이 53.6%로 압도적으로 높았으며, 최근 3년간 그 비중도 증가하는 추세를 보여주고 있다.[20]

그런데 비용 때문에 통일에 부정적이라면, 우리가 간과하는 것은 분단과 대립으로 인하여 상실되는 기회비용과 막대한 안보비용은 괜찮은 것인지 함께 냉철히 분석해 보아야 한다. 한 예로 우리는 최근에 대북전단과 오물풍선으로 남북갈등을 경험했는데, OECD 선진국으로서 국격 추

---

20　KBS공영미디어연구소 조사팀, "2022년 국민 통일의식 조사" 요약보고서, KBS공영미디어연구소, 2022, p.6.

락으로 인해 발생할 손실은 계산조차 안된다. 대화와 협력으로 평화가 지속되었다면 부담하지 않아도 될 비용을 불필요하게 부담하고 있는 것이다. 분단과 대립으로 인한 기회비용과 안보비용은 치열한 국제 경쟁에서 코리아 디스카운트를 가져와 국가나 기업의 경쟁력을 위축시키는데 그 비용과 규모는 가늠조차 어렵다.

그리고 비용을 따지기에 앞서 한반도에서 전쟁은 민족의 공멸을 가져온다는 것을 명심해야 한다. 우리는 이미 70여년 전에 한국전쟁의 비극을 경험하였다. 또한 최근에는 러시아-우크라이나 전쟁, 이스라엘-하마스 분쟁 등에서 전쟁의 참혹한 비극을 지켜보고 있다. 전쟁은 지금까지 우리가 일으켜 세운 모든 것을 한순간에 물거품으로 만들 수 있다. 지금까지 우리가 누려온 자유와 행복을 유지하기 위해서도 남북의 평화로운 교류와 협력이 필요하다는 사실을 잊지 말아야 할 것이다.

남과 북의 단절과 대립의 기간이 길어지면 길수록 교류와 통합의 과정에서 우리가 부담해야 할 비용은 더 커질 것이다. 남북의 경제발전 격차는 통일 전 동서독 간 격차와 비교할 수 없을 정도로 커져 있다. 그 격차를 줄이는 비용은 필연적으로 소요될 수밖에 없다. 하지만 누군가는 그것을 부담하고라도 북한에 투자하려고 할 것이고, 그것을 부담하는 쪽이 북한을 개혁·개방으로 이끌고 통합하게 될 것이다. 우리가 통일비용을 계산하며 이해득실을 따지고 있을 때 중국은 물론 러시아까지 이미 북한의 경제에 깊숙이 스며들고 있는 중이다. 북한이 중국이나 러시아 경제에 종속되거나 통합이 되고 나면 훨씬 더 큰 비용을 들여도 남한 경제권으로 끌어들이기 어려워진다. 남북 교류협력과 통일이 단순히 남북이 같은 민족이기에 해야만 하는 시기는 지났다. 오히려 교류 협력을 통해 우리의 성장을 가로막고 있는 문제들을 해결하여야 새롭게 도약할 수 있는 기회를 창출할 수 있기 때문에 필요한 것이다.

남북의 대화와 교류는 물론 북미 대화도 단절된 채 지나는 동안, 2022년 4월 북한이 핵무기를 국가의 근본 이익이 침탈되는 상황에서는 선제적으로 사용할 수도 있다는 의중을 드러냈고,[21] 2023년 7월에는 남한에 대하여 이전과 달리 '남조선' 대신 '대한민국'이라고 호칭하기 시작하였으며,[22] 급기야 2023년 12월 당중앙위 제8기 제9차 전원회의에서 남북관계를 '교전 중인 적대적 두 국가'로 규정[23]하기까지 한 상황은 역설적으로 더욱더 대화와 교류가 시급한 상황임을 나타내고 있다.

안보 위기가 커질수록 주변국들의 이해관계 충돌이 많아질수록 남북한의 교류 협력의 필요성은 더 커진다. 이제는 우리 스스로 분단의 희생양에서 벗어나야 한다. 우리의 안보와 발전뿐만 아니라 동아시아 지역의 평화와 공동 발전을 위해서도 남북 교류 협력이 활성화 되어야 하며, 여기에서 가장 우선적으로 필요한 것이 서로에 대한 이해와 이질성 극복이다.

우리는 분단을 딛고 세계 최빈국에서 GDP 세계 10권 안에 올라섰고, 4차 산업혁명 시대를 이끌어갈 첨단산업 분야에서 세계 최고 수준의 경쟁력을 갖추었다. 하지만 지금은 미중 패권경쟁과 다극화 시대로의 국제질서 변화와 치열한 글로벌 경쟁 그리고 대내적으로는 인구 감소로 인한 국가 소멸 위기, 부의 양극화, 세대 갈등 및 분단에 따른 안보 문제 등으로 경쟁력이 급속히 약화 되며 지속 가능한 발전을 장담하기 어려운 위기에 봉착해 있다. 우리가 이러한 위기를 극복하고 앞으로도 발전을 이어가

---

21 『로동신문』, 2022년 9월 9일, "조선민주주의인민공화국 최고인민회의 법령 조선민주주의인민공화국 핵무력정책에 대하여", (선제적 사용을 법령화함)
22 『연합뉴스』, 2023.07.11., '김여정 입에서 나온 '대한민국'…'투 코리아' 본격화하나(종합)', https://www.yna.co.kr/view/AKR20230711030951504
23 『연합뉴스』, 2023.12.31., '김정은, 남북 '동족 아닌 두 국가' 규정…"언제 가도 통일 성사 안돼"(종합2보)', https://www.yna.co.kr/view/AKR20231231010352504?section=search

기 위해서는 새로운 성장 패러다임이 요구되고 있다.

우리가 새로운 성장 패러다임을 수립하고 추진하는 데는 남북 관계 개선과 동아시아 평화가 더없이 중요한 조건이다. 동아시아 국가들 간의 협력과 평화가 유지되어야, 남한의 경제 영향권을 더욱 키우고, 섬 아닌 섬나라의 한계를 벗어날 수 있는 것이다. 이를 위해서는 먼저 북한을 대화의 장으로 이끌어내고 개방시켜 남한 경제권으로 끌어안을 수 있어야 한다.

하지만 그동안 우리는 북한에 대한 정보가 차단되어 북한을 제대로 바라볼 기회를 갖지 못했다. 여기에 더하여 부족한 정보로나마 북한에 대해 사실적이고 객관적으로 보려는 교육도 받지 못했다. 오랜 기간 반공·안보 교육의 결과 냉전 시대 이념 중심의 사고가 더욱더 우리 눈을 멀게 하고, 북한을 객관적으로 볼 수 없게 만들었다.

이념, 고정관념, 그리고 감정을 제거하고 본다면 북한은 투자 대상으로서 우리에게 상당히 매력적인 국가이다. 북한의 소프트웨어 기술은 하드웨어에 비해 상당한 수준에 이르는 것으로 평가되고 있다. 북한의 IT 기술 수준을 대략이나마 확인할 수 있는 것은 북한에서 개최되는 각종 전람회나 전시회로서, 전람회의 참가자와 제품 정도를 통해 부분적으로 그 수준을 확인할 수 있다. 소프트웨어의 기술력뿐만 아니라 첨단 기술인 머신러닝이나 음성인식 등의 기술력도 상당한 것으로 평가된다. 아직 개발되지 않은 수많은 국가들 중에서 북한만큼 높은 수준의 교육을 받고 첨단 과학 기술에까지 훈련된 인력을 갖춘 나라는 흔치 않다.[24] 또한 80년 가까이 분단을 겪으며 이질성이 많아진 것은 사실이나, 역사와 문화를 공유

---

24  김유향, "북한 IT현황과 남북 IT협력의 과제", 김상배 역음, 김상배 외, 『4차 산업혁명과 남북관계: 글로벌 정보화에 비춘 새로운 지평』 서울대학교 국제문제연구소 총서 20, 사회평론아카데미, 2018, pp.146~149.

하며 같은 언어를 사용하는 시장은 지구상 어디에도 존재하지 않는다.

북한은 가장 저렴한 비용으로 가장 높은 효율성을 제공할 수 있는 투자 대상이다. 또한 북한은 중국이 추구하고 있는 일대일로(一帶一路)의 동쪽 끝에 위치하고 있다. 아시아와 유럽을 하나의 시장으로 연결하려는 중국의 신(新)실크로드 전략으로 북한이 여기에 포함된다면 중국은 태평양부터 대서양을 대륙으로 연결할 수 있게 된다. 중국 동북3성에서 태평양으로 출구가 없는 중국으로서는 절실한 문제이다. 미국을 비롯한 국제사회 제재에도 불구하고 중국이 북한을 극단적인 상황까지 방치하지 않고 끊임없이 북한을 우회 지원하는 이유이다.

한편 러시아는 상대적으로 낙후되고 인구가 희박한 러시아 극동지역 개발을 중요한 국가사업으로 추진하고 있다. 지금은 러시아-우크라이나 전쟁으로 사정이 여의치 않지만 푸틴 대통령은 중장기적으로 이 지역에 대한 개발 프로젝트를 진행 중이며, 이를 위한 투자 유치와 주변국과의 경제협력 활성화를 위해 2015년부터 매년 동방경제포럼을 개최하고 있다. 이 사업을 위해 러시아에서도 북한의 협력이 필요한 상황이다.

또한 지구 온난화의 결과로 북극항로가 새롭게 열리고 있다. 전 세계 무역 대국들이 북극항로 개발에 초미의 관심을 갖고 있는데, 북한은 북극항로와 태평양, 아시아 대륙을 연결하는 중요한 길목에 위치해 있다. 더구나 러시아-우크라이나 전쟁이 길어지면서 러시아에게 북한의 중요성이 더욱 급증하는 상황이다.

북한과 러시아는 무기와 우주개발을 위한 첨단기술 협력에 나섰고, 2024년 3월 유엔 안보리 이사회에서 러시아는 대북 제재 위반을 추적·감시하고 보고하던 전문가 패널 활동기간 연장안에 거부권을 행사하기에 이르렀다. 이로 인해 국제사회 대북 제재 이행 상태를 감시하는 전문가 패널은 2024년 4월 말로 활동을 종료하게 되었으며, 결과적으로 그동안 북한을 압박했던 국제사회 대북 제재는 무력화되기에 이르렀다.

국제사회 제재가 해제되면 북한은 남한과의 협력이 필요 없을 수도 있다. 아니 이미 국제사회 대북 제재가 무력화되었기에 남한과 결별을 선언한 상황이다. 높은 수준의 교육을 받은 양질의 인력이 존재하면서도 가장 저개발된 국가로서 북한은 모든 선진국들에게 아주 매력적인 시장으로서 치열한 투자 경쟁의 장이 되고 있다.

최근에 북한과 중국 정부 간에는 다소 불편함이 흐르지만, 북한 경제의 중국 의존도 심화는 김정은 집권 전 기간에 걸쳐 진행되었으며, 대북 제재로 남한과 일본이 북한과 무역을 중단하였는데 이것이 북중 무역으로 대체된 것이다. 여기에 무역뿐만 아니라 북한에 투자한 외국인 기업 300개 중 288개가 중국기업일 정도로 중국기업의 투자가 대폭 증가하는 등 경제 밑바닥부터 이미 중국은 상당 부분 북한 시장을 선점하였고, 기득권을 갖고 있다.[25]

또한 북한과 러시아는 2024년 6월 19일 김정은과 푸틴의 정상회담을 통해 "포괄적인 전략적 동반자 관계에 관한 조약"을 체결하고 국제사회 대북제제에도 아랑곳하지 않고 급속히 협력 관계를 넓혀가고 있다. 김정은 정권이 남북관계를 '적대적 두 국가'로 규정하고 남한과 결별을 선언한 것도 북한에게 이제는 남한의 도움이나 협력이 필요 없어진 것도 중요한 이유일 것이다. 우리가 도와주지 않으면 북한은 망할 것이라는 '우물 안 개구리'의 생각에서 빨리 벗어나야 한다.

더 심각한 것은 이러한 결별이 단지 북한 정권 차원에서만 진행되리라는 보장이 없다는 것이다. 짧은 기간이지만 북한을 방문해 보았던 저자의 경험으로 볼 때, 통일에 대한 열망과 의식이 남한에 비교하면 아직은 북

---

[25] 최장호·김다울, 외 『김정은 시대 북한의 대외관계 10년: 평가와 전망』, "대외경제정책연구원 연구보고서 22-12", 2022, p.39.

한 주민들에게는 많이 살아있고 상당히 크다는 것을 느꼈다. 하지만 남한의 통일의식이 변하였듯이 북한 주민들의 동족 의식이나 통일에 대한 열망도 변하지 않기를 기대할 수는 없을 것이다. 그렇기 때문에 더 이상 같은 민족이라는 감정만으로 북한 시장이 개방되었을 때 남한의 자리를 요구하기는 어려울 것이다. 우리의 노력으로 북한을 국제사회 정상국가로 되는데 지원하고 발전시켜 남한 경제권으로 품어 안을 때, 북한 주민들의 동족 의식과 통일에 대한 열망이 유지될 수 있고 남한의 기득권을 주장할 수 있을 것이다. 우리가 주저한다면 그 기회는 중국, 러시아, 미국, 일본 등 다른 나라에 먼저 넘어갈 것이다.

남북한의 불안정한 상황과 전쟁 위험 등은 우리뿐만 아니라 한반도를 둘러싼 주변국들에게도 부담을 주고 있다. 남북의 갈등은 동아시아에서 EU와 같은 지역 내 협력과 통합을 저해하는 중요한 요인이 되고 있다. 남북은 1970년대 이후 가장 오랜 기간 대화와 교류가 단절된 채 대립하고, 미중 갈등으로 중국과 대만의 안보 불안도 증가되는 상황은 동아시아 지역에 언제 전쟁이 발발하더라도 전혀 이상하지 않을 정도이다.

이러한 동아시아 위기 상황을 평화 국면으로 전환하기 위해서도 남북의 대화와 교류가 필요하다. 남북 관계에서는 무엇보다도 불신을 해소하고 신뢰를 회복하는 것이 가장 필요한데 오랫동안 쌓여온 불신을 씻고 신뢰를 형성하는 것이 결코 쉬운 일은 아니다. 남북 교류가 다양한 분야에서 폭넓고 깊이 있게 진행될 수 있다면 더없이 좋겠지만 처음부터 그런 교류를 기대하기는 쉽지 않다. 특히 현재와 같이 교착상태에 빠져있고, 북한이 대화와 교류에 응답할지 불확실한 상황에서는 더욱더 어려운 일이다. 따라서 신뢰 관계 회복도 북측 입장에서 부담 없이 대화와 교류의 장으로 나올 수 있는 분야부터 시작하여 확대해 나가는 전략이 필요한데, 그것이 스포츠 교류가 우선적으로 고려되어야 하는 이유이다.

더구나 북한이 남북 관계를 적대적 두 국가로까지 표현하며 민족의식을 지우려는 상황에서는 남북한 이질성을 해소하고 민족공동체 의식을 회복하고 강화하는 것이 무엇보다 중요하다. 스포츠 교류는 정부 차원의 접촉이나 경제적 이윤이 뒷받침되어야 하는 경제 협력의 한계를 벗어나 남북한 사회의 이질화를 극복하고 궁극적으로 통일을 지향하는 하나의 물꼬 역할을 하며 정치와 경제 논리의 영향을 벗어나 평화로운 남북 관계 형성과 남북한 사회통합의 기초가 될 것이다.[26]

그리고 남북 스포츠 교류는 남한이 분단국가의 한계를 뛰어넘어 글로벌 중추 국가로 역할을 하는데 기여하게 될 것이다. 남북 스포츠 교류가 남북한 주민들뿐만 아니라 이를 지켜보는 국제사회에 남북 관계의 진전 효과를 대외적으로 과시할 수 있는 중요한 수단이 되기 때문이다. 올림픽 등 국제경기대회에서 남북한 단일팀이나 공동 입장 등은 분단으로 인한 갈등 지역으로 인식되어 있는 남북 관계를 외국인들에게 새롭게 인식시킬 수 있는 중요한 기회가 된다.

아울러 그러한 인식의 전환과 안보 불안의 해소는 대한민국이 글로벌 외교나 비즈니스를 펼치는데 걸림돌로 작용했던 리스크 프리미엄을 제거하는데도 중요하게 작용 할 것이다. 그래서 갈등과 긴장이 고조된 남북 관계를 개선하여 함께 발전하고 동아시아 평화 체제를 구축하는 첫단추로 남북 스포츠 교류가 중요한 이유이다.

인류 역사에서 갈등과 대립이 지속되어 전쟁과 같은 더 큰 비극을 초래한 경우도 있지만, 그런 위기를 극복하여 새로운 발전의 기회를 만든 사례들도 수없이 있어 왔다. 그런 과정에는 직접적인 정치, 외교보다는 스포츠나 문화, 예술 분야의 다양한 교류 협력이 갈등과 대립을 해소하

---

26  김동선, "역대 정부의 남북스포츠교류정책 평가", 『한국체육학회지』 제44권 제6호, 한국체육학회, 2005, p.4.

는데 더 크게 기여하였다. 남북 관계에서도 스포츠 교류로 협력의 환경을 조성하고, 민족 동질감을 회복하고 공동체 의식을 형성해 나가는 성과를 기대할 수 있을 것이다.

오늘날 세계는 2024년 말 미국 대선에서 트럼프 후보가 승리하며, 미국에서는 트럼프 2기 정부가 들어서 미국 우선주의(MAGA)를 앞세운 무차별적 관세 정책을 펼치면서 국제관계는 극심한 혼란에 빠져있다. 그리고 아직 제대로 질서를 잡지 못한 다극화 시대에 모든 나라들이 예상치 못한 혼란 속에서 각자의 이익을 위해 고민하며 협력과 경쟁을 펼치고 있는 상황이다.

패권국가로서 국제사회 공공재 공급을 외면한 트럼프 정부는 미국 우선주의 정책을 펼치며 Pax Americana로 표현되던 세계 유일 패권국 지위를 포기하였다. 하지만 부상하는 중국과 미국의 갈등은 더욱 심화되고, 중국뿐만 아니라 러시아, 인도, 브라질 등 지역 강대국의 재등장과 BRICS, Global South 등 국제사회 블록화로 글로벌 질서는 다극화 시대로 접어들었다.

이런 상황 속에서 우리나라는 지난 수년간 '가치' 외교를 주장하며 한반도 상황을 전쟁 직전까지 몰아가며 안보 위기를 자초해 왔다. 다행히 전 정부가 어처구니없게 비상계엄을 선포했다 탄핵으로 물러나고, 실용주의 외교를 주장하는 새로운 정부가 들어섰다. 새롭게 출범한 이재명 정부가 실용주의 외교를 추구하지만, 자국 이익을 위한 경쟁이 더욱 치열해지고 있는 다극화 시대의 혼란한 글로벌 질서에서 우리에게 가장 유리한 외교 전략을 수립하고 추진하는 것이 결코 쉽지는 않은 상황이다.

하지만 이념의 굴레에 갇힌 사고에서 벗어나 한반도 평화와 안정, 지속 가능한 발전을 위해 무엇이 필요한지 객관적이고 실용적인 자세로 고민하며 신뢰를 쌓아간다면, 북한을 대화의 장으로 이끌어 남북은 물론 동아시아 주변국들과 함께 평화롭게 번영하며 발전할 방안을 찾을 수 있을 것이다. 그리고 북한을 대화의 장으로 이끌어 교류하고 협력하는 것은 먼저 서로에 대해 잘 알고 서로를 인정하며 무너진 신뢰를 회복하는 것에서 시작되는데, 신뢰 회복을 위한 마중물로 스포츠 교류가 가장 유용한 역할을 할 수 있을 것이다.

# 2. 동서독 통일과 스포츠 교류

독일은 우리와 같이 제2차 세계대전 이후 분단이 되었지만, 동서독 스스로의 노력으로 분단을 극복하고 통일을 이루었다. 독일 통일에 결정적인 역할을 한 것은 1989년 베를린 장벽 붕괴였지만, 근본적인 원인은 1949년 분단된 이후 1990년까지 41년 분단 기간에도 끊이지 않고 이어진 동서독 간의 교류와 협력이 바탕에 있었다. 특히 1971년 빌리 브란트 정부의 동방정책과 동서독 기본조약 체결 후 약 20년간 동서독은 지속적으로 교류 협력을 확대하였고, 이후 통일이 되었다.

동서독은 분단 직후인 1949년 프랑크푸르트협정, 1951년 9월 베를린 협정(Berliner Abkommen) 등 준 국제법적인 무역협정을 맺어 동서독 간의 거래를 '내독거래(內獨交易, Innerdeutscher Handel)로 간주하여 국제사회 거래와는 다른 특수관계의 거래로 통일 직전까지 유지하였다. 이러한 교류 협력이 예기치 못한 시기에 찾아온 기회를 통일로 이끄는 데 결정적인 영향을 주었다. 1989년 베를린 장벽 붕괴의 혼란 속에서 동독 주민들의 통일에 대한 뜨거운 열망과 이를 행동에 옮긴 용기와 행동은 서독 정부가 과감하게 통일 정책을 추진할 수 있었던 가장 큰 요인이었다. 그 결과 미국, 소련, 영국, 프랑스 등 동서독을 둘러싼 국제사회도 동서독 통일을 지원하게 되었던 것이다.

독일 통일의 원동력이 되었던 동서독의 지속적인 교류에는 스포츠 교류도 중요한 역할을 하였다. 독일 통일의 완성은 동서독 정부 간 정치체제의 통합으로 달성되었지만, 민족의 이질성을 극복하고 동질성을 회복하는 데는 동서독 스포츠 교류가 중요한 역할을 한 것이다. 동서독의 스포츠 교류는 정부 차원뿐만 아니라 민간 차원에서도 매우 활발히 이루어졌으며 제도적 장치를 통해 지속적으로 교류를 추진할 수 있었다. 특히 스포츠 분야 의정서 채택은 스포츠 교류가 민간 교류로 확대되는 중요한 계기가 되었다. 독일 통일 과정에서 스포츠 교류는 상대적으로 쉽게 추진되었고 정부 간 협정까지도 큰 걸림돌 없이 진행될 수 있었으며, 스포츠 분야의 교류 경험은 타 분야의 교류 확대로까지 전이되었다.[27]

동서독 스포츠 교류 중에서도 민간 차원의 교류가 매우 중요하였다. 통일을 이루기까지 크고 작은 민간 교류가 중단되지 않고 꾸준히 추진되었던 것이 동서독 주민 간의 이질감을 극복하고 통일의 의지를 다지고 키우는데 매우 중요한 역할을 하였다. 동서독 관계에서 스포츠는 정치적 진전이 정체될 때 앞서서 이를 이끌어 주었고, 정치 또한 스포츠 교류 진전을 위한 결정적인 순간에 도움을 주며 상호작용하였다.

물론 동서독 스포츠 교류가 순탄하게만 진행된 것은 아니었다. 동서독 민간 교류는 장벽과 국경선을 통하여 40년 동안 줄곧 방해를 받아왔고, 또한 어렵게 합의된 교류 일정이 여러 가지 이유에서 빈번하게 취소되기도 하였다. 그때마다 스포츠는 잘못된 동서독 상호 간의 민간 교류를 정상화시키는데 기여하였으며 양독 간의 관계가 전체적으로 새로운 생명을 얻는데 중요한 역할을 하였다. 활성화된 민간 교류가 스포츠 교류를 자극했고 자극을 통하여 활성화된 스포츠 교류는 또 다시 민간 교류를 자극했다. 특히 통일 전인 80년대에 동서독의 민간 교류는 스포츠 교류를 통하여 보다 확대될 수 있었고 활성화될 수 있었다.[28]

---

27  이우태·성문정·허정필, "남북 사회문화교류 활성화를 위한 교류거버넌스 구축방안: 체육교류를 중심으로", 『KINU 연구총서』 19-12, 통일연구원, 2019, p.38.
28  송형석·안민석, "동서독 스포츠 교류가 독일 통일에 미친 영향", 『한국사회체육학회

1950년대 양독 간의 스포츠 단체는 동독은 1940년대 말에 '독일스포츠위원회(Deutscher Sportausschuß)'란 이름으로 발족되었다가 이 단체는 1957년에 '독일체조스포츠연맹(Deutscher Turn und Sportbund)'으로 명칭이 바뀌면서 조직이 재구성되었고, 서독은 1950년 12월에 '독일스포츠연맹(Deutscher Sportbund)'으로 발족되었다. 독일의 국가올림픽위원회는 1949년 발족되어 서독을 중심으로 활동하기 시작하여 1951년부터는 활동 영역을 동독으로까지 확장시켰다.[29]

초기에 양독 간의 교류는 많은 어려움이 있었는데 이는 동독 정부가 주민들이 스포츠 교류를 위해 서독을 방문하거나 서독 주민이 동독을 방문하는 것을 원천적으로 봉쇄하는 정책을 폈기 때문이다. 그러나 동서독 주민들은 아직 법적 지위가 불명확했던 베를린을 통하여 민간 차원의 스포츠 교류를 꾸준히 추진하였다. 결국 1951년 초 동독 정부는 약 1년 반 동안 견지해 왔던 교류 금지 태도를 버리고 서독과의 스포츠 교류를 적극적으로 지원하기에 이르게 된다.

여기에 동독 정부가 대서독 스포츠정책을 바꾼 이유로는 스포츠를 정치적으로 이용할 수 있을 것이라고 믿었던 영향도 있다. 서독도 초기에 정치계에서는 동독과의 접촉을 원칙적으로 금하고 동독과의 스포츠 교류를 봉쇄하려는 것은 마찬가지였다. 그러나 이에 대하여 대책을 수립한 서독의 스포츠계는 정치계와는 달리 동독과의 스포츠 교류를 적극적으로 추진했다. 그 결과 동서독 간 스포츠 교류는 계속 이어질 수 있었고 50년대 후반에 이르러서는 확고한 틀을 갖추게 되었다.[30]

---

지』제11호, 한국사회체육학회, 1999, p.80.
29 송형석·안민석, "동서독 스포츠 교류가 독일 통일에 미친 영향", 『한국사회체육학회지』제11호, 한국사회체육학회, 1999, p.81.
30 김화복, "남북스포츠 민간교류 활성화 연구", 『한국체육과학회지』Vol.20 No.1, 한국체육과학회, 2011, p.639.

스포츠계의 이러한 노력에도 불구하고 1961년 베를린 장벽의 건립으로 동서독 스포츠 교류는 1966년까지 전면적으로 중단되게 되었다. 하지만 이 상황에서도 IOC로부터 공식적으로 인가받은 서독 국가올림픽위원회와 승인받지 못한 동독의 국가올림픽위원회 간의 동서독 올림픽 단일팀 참가를 매개로 한 동서독 스포츠 교류는 지속되었다. 그러한 노력의 결과로 1956년 멜버른과 코르티나드 올림픽대회, 1960년 로마와 스쿠버 발리 올림픽대회 및 1964년 동경과 인스부르크 올림픽대회에 'Germany'라는 국호로 단일팀을 구성하여 참가하였다.[31]

**올림픽 개최 주기(하계, 동계)**
올림픽은 1992년 올림픽(하계: 바르셀로나, 동계: 알베르빌)까지는 하계와 동계가 같은 해에 열렸으나, 1994년 릴레함메르 동계올림픽부터는 하계와 2년 주기로 개최하여 동계올림픽은 월드컵, 아시안게임과 같은 해에 열리고 있다.

장기간 침체되었던 스포츠 교류에 새로운 전환점이 된 것은 1974년 양독 체육연맹 간에 체결한 '스포츠 관계 규정에 관한 의정서'였다. 이에 앞서 동서독은 1972년 12월 동서독 간 기본조약을 체결하였고 1973년 7월에 효력이 발생되었다, 이를 계기로 동서독 스포츠계가 합의를 통하여 1974년 5월 8일 '스포츠 관계 규정에 관한 의정서'를 비준하면서 스포츠 교류는 다시 활력을 되찾기 시작하였다.[32]

의정서가 체결된 이후 동서독 스포츠 교류는 기대만큼 많은 교류가 이루어지지는 않았다. 매년 국제 경기를 포함하여 약 80~100회 정도의 체

---

31  김화복, "남북스포츠 민간교류 활성화 연구", 『한국체육과학회지』 Vol.20 No.1, 한국체육과학회, 2011, pp.639~640. (다만, 동서독 단일팀은 1968년 동독이 IOC 가입이 이루어짐으로서 1972년 뮌헨 대회부터는 양독이 각각 참가하게 되었다.

32  송형석·안민석, "동서독 스포츠 교류가 독일 통일에 미친 영향", 『한국사회체육학회지』 제11호, 한국사회체육학회, 1999, pp.85~86.

육 교류가 이루어졌는데 이는 양 체육연맹의 회원이 2백 50만 명에 이른다는 사실에 비추어 보면 아주 미약한 수준이었다. 그리고 1980년 모스크바올림픽 보이코트로 동서독 간에 스포츠 교류는 급속도로 냉각되었으며 이로 인한 불신감은 동서독 간의 스포츠 교류에 퇴조를 가져왔다. 교류가 축소된 데에는 서독의 관심은 동서독 스포츠 교류를 보다 활성화시키는데 있던 반면에 동독은 스포츠 교류를 통한 체제 비교에 목적이 있었기 때문에 동독 측은 인도적 차원의 대중 스포츠 교류를 허가 하지 않은 것도 이유였다.[33]

이런 상황에서 순수한 개인적 스포츠 교류는 동서독 스포츠 교류 활성화의 새로운 기회가 되었다. 동서독 기본 조약의 체결로 새로운 여행과 접촉의 기회를 가졌던 동서독 주민들 가운데 스포츠를 즐기는 사람들이 주축이 되어 개인적 스포츠 교류가 전개되었다. 그리고 이러한 교류는 눈에 띄게 줄어들고 있던 서독인들의 동독에 대한 관심을 고조시키는 결과를 가져왔다.

여행과 접촉의 기회가 확대되면서 스포츠 교류 프로그램도 전혀 새로운 양상을 보였다. 양독 연맹 주도의 교류, 국제 스포츠 행사의 공동 참여 등에서 수영, 펜싱, 복싱 등 다양한 종목의 지역 간 교류전이 전개되었고, 트레이너와 스포츠 전문가들이 공동세미나, 그리고 스포츠 전문가들의 상호 방문들이 전개되었다. 그리고 이러한 교류는 도시 간의 자매결연을 통해 더욱 활성화되었다.

서로 자매결연을 맺은 도시들은 상호 간의 접촉을 지속적으로 유지하기 위하여 각종 행사를 마련하였는데, 가장 대표적인 행사는 친선경기의 형식을 띤 스포츠 행사였다. 스포츠는 양 독일 도시 간의 관계를 개선시

---

[33] 김화복, "남북스포츠 민간교류 활성화 연구", 『한국체육과학회지』 Vol.20 No.1, 한국체육과학회, 2011, pp.639~640

커 주는 통로로 매우 중요한 역할을 수행하였고, 스포츠 교류로 인해 도시 간의 자매결연 횟수도 크게 증가하였다. 1986년까지 동서독 간 연평균 스포츠 회동 수를 100으로 본다면 1987년에는 110으로 1988년에는 141로 늘었다. 그리고 1989년 11월 9일 마침내 베를린 장벽을 포함한 동서독 간의 국경이 허물어졌다.[34]

스포츠 교류를 통해 동독 정부는 동독의 우월성을 드러내고 동독 고유의 민족의식을 확립하고자 하였으나 오히려 동독 주민들에게도 서독을 이해하는 중요한 기회가 되었다. 동서독 스포츠 교류는 이를 계기로 일부 동독 주민들이 서독 여행을 할 수 있었다는 점에서 조금이나마 내독 간 인적교류에서 숨통을 열어주는 역할을 하였다. 많은 동독인들이 동서독 경기에 지대한 관심을 보였으며, 서독팀을 '우리팀'이라 지칭하는가 하면 서독과 사회주의 우방국팀과의 시합에서는 서독을 응원하는 등 동독 관중들에게 체제와 이념을 초월한 민족적 유대감을 발견할 수 있었다.[35]

독일 통일의 원동력에 대해서는 여러 분석이 있다. 그러나 무엇보다도 40여 년 간 지속된 동서독 간의 교류 협력, 특히 인적교류의 영향이 가장 중요한 것으로 평가된다. 그중에서도 스포츠 교류는 그 인적 교류 과정에서 수많은 동서독 주민들이 직접 접촉하고 소통하도록 만들었고, 그런 교류를 통해 서로를 이해하고 이질감을 극복함으로써 통일을 가능케 하는 원동력이었다.

물론 남북한과 동서독은 분단의 원인 다르고 역사적, 사회적, 국제적 상황이 다르기 때문에 독일의 경험을 그대로 적용하는데 무리가 있을 수

---

[34] 송형석·안민석, "동서독 스포츠 교류가 독일 통일에 미친 영향", 『한국사회체육학회지』 제11호, 한국사회체육학회, 1999, pp.88~91.
[35] 주독 한국대사관, "독일통일연구: 스포츠 교류", 『통일한국』 sep 01, 1994, 평화문제연구소, 1994, p.98.

있다. 하지만 무력이 아닌 교류와 협력, 소통을 통해 서로를 이해하고 동질성을 회복하며 평화적인 방법으로 통일을 이루는 방안을 찾는데는 매우 유용한 사례가 될 것이다.

앞서 보았지만, 독일 통일의 근본 원인은 장기간에 걸친 양독 간의 신뢰와 평화구축을 위한 조치와 끈기있고 조화된 교류 정책이 존재했다는 점이다. 이 정책은 '유럽석탄철강공동체'(ECSC, European Coal and Steel Community)가 EU로 발전하는 과정과 궤를 같이하다시피 하여 발전하였다. 독일 통일은 유럽의 평화와 정치통합 모델을 교훈으로 삼았고, 서독의 평화정책과 통합정책에는 경제교류, 인적교류, 문화교류, 기술교류로 이어지는 양독의 동질성 증진정책이 든든하게 그 밑바탕을 이루고 있었다.

서독과 동독은 베를린협정에 의하여 양독 간의 교역을 내독교역으로 규정한 '특수관계'로 취급하여 왔다. 이 협정의 이행은 동독의 대외교역성과 서베를린의 지역간교역신탁처(Treuhandstelle Fur den Interzonenhandel)가 각 지역을 관장하는 형태로 이루어졌다. 그런 이유로 로마조약(1956)에서도 EEC(유럽경제공동체)를 설립하면서 동서독 간의 교역을 국제무역으로 보지 않고 국내거래로 처리하였는데, 로마조약의 양독 간의 거래에 관한 규정(227조)은 당시 GATT의 회원국 대우와 관련된 분쟁을 차단하는데 큰 몫을 하였다.[36]

베를린협정을 체결할 당시만 하여도 서독은 일방직인 힘의 '우위정책'으로 동독이 서독의 민주주의 체제로 합병되는 통합정책을 추구하였다. 심지어 1955년에는 '할슈타인 원칙(Hallstein Doctrine)'을 선포하여 동독을 국가로 인정하는 국가와는 외교관계를 단절하는 고자세 정책을 고수하기도 하였다. 그러나 서독은 기민당이 집권하고 있던 이 시기 동안(1950년

---

[36] 구영록, 『한국과 햇볕정책: 기능주의와 남북한 관계』, 법문사, 2000, pp.142~143.

~1960년)에도 경제, 인적, 문화적 교류와 통신 왕래를 조용히 확대해 나가는 정책을 끊임없이 지속적으로 추구하고 있었다. 그리고 이를 이어 보다 적극적이고 본격적인 동서독의 접촉과 교류 정책은 브란트 수상이 이끄는 사민당 연립정부의 동방정책(Ostpolitik)에서 비롯되었다.

'접촉을 통한 변화'를 추구하는 동방정책의 단기적인 목표는 양독 관계를 활성화하여 신뢰를 구축하고 관계를 정상화하는 것이었다. 이 목표를 달성하기 위하여 1970년도에는 2차에 걸쳐 정상회담이 개최되었고, 2년이라는 짧은 기간 동안에 차관급회의는 70회 그리고 국·실장회의는 무려 200회나 열렸다. 그 결과 1972년 12월 21일 기본조약이 체결되었고, 다음 해인 1973년에는 UN 동시 가입이 이루어졌으며 2년 후인 1974년에는 동서독의 상주대표부가 설치되었다. 브란트의 동방정책은 이후 기민당 정권에 계승되어 양독 간에 체육, 보건, 우편, 전화, 통행, 경제, 문화, 환경, 과학기술 등 모든 분야에 걸쳐 교류와 협력이 확대되었고, 1986년에는 동독 수상 호네커(Honecker)의 서독 방문이 이루어졌다.[37]

동서독 교류 협력의 확대와 지속의 결과로 1989년~1990년 급격한 국제정세 변화와 동유럽의 체제 전환이 이루어지던 시기에 동서독 통일논의가 짧은 시기에 무리없이 진행될 수 있었다. 그리고 이를 통해 1989~1990년의 짧은 기간에 동서독 통일이 이루어졌고, 동시에 미국, 영국, 프랑스, 소련 등 주변 4개국의 승인을 받으며 독일은 유럽으로 통합이 될 수 있었다.

동서독 간의 교류에 있어서 우리가 주목해야 할 점은 경제 규모면에서 엄청나고 현격한 양독 간의 격차로 서독이 우위를 점하고 있음에도 불구하고, 상호 교류의 장을 인위적으로 조정하여 거의 동등한 수준으로 유지

---

[37] 권태영·김수영, "독일통일의 교훈과 한반도 통일", 『국방논집』 20호, 한국국방연구원, 1992, pp.5~6.

하려고 노력하였다는 점이다. 즉 서독이 동독을 배려하여 교류량의 균형을 유지하려 노력했던 것이다. 그뿐만 아니라 서독이 동독에 차관을 지불함으로써 다른 서방국가들도 차관을 공여하고 국제기구들이 동독을 돕는데 중요한 역할을 하였다.

서독의 기여는 인적 교류와 이주 정책에도 획기적인 전기를 마련하게 되었다. 그 결과 동서독인들의 상호 방문이 1987년에는 1천만 명을 상회한 것으로 추정되고 있으며, 동독 정부의 허가를 받아 서독으로 이주한 동독인이 연간 약 1만명에 이르는 것으로 집계되었다.[38]

남북 관계 개선에서도 동서독이 통일 과정에서 보여준 교류 협력을 통한 신뢰와 평화 구축 과정이 이상적이지만, 남북한 관계에 그대로 접목하기는 여러 이유로 쉽지 않을 수 있기에 우리 상황에 맞는 새로운 접근 모델을 찾아내는 것도 중요하다. 당시 동서독과 현재 남북한의 발전 단계나 체제 상황 그리고 국제정세도 많이 다르기 때문이다.

그리고 동서독 관계와 남북한 관계에는 엄청난 차이가 있다. 남북한은 동족상잔의 비극인 한국전쟁으로 말미암아 상호 간에 누적된 증오와 불신은 극한상황으로 치달아 왔으며, 오늘날까지 이를 해소하거나 해결할 수 있는 아무런 방안도 마련되어 있지 않다. 이러한 장기간의 극심한 불신과 반목으로 인해 남북 교류협력과 한반도 평화 체제 구축은 동서독 통일의 경우보다 훨씬 어렵고 험난한 길을 걸을 수밖에 없다.

이러한 한계에도 불구하고 동서독 통일과 스포츠 교류 사례는 우리에게 시사하는 바는 매우 크다. 우선 동서독 교류에서 서독은 국력과 경제 규모 면에서 엄청난 우위를 점하였음에도 불구하고 교류량이 동등하도록 인위적으로 조정하여 서방 국가들이 동독을 지원하는데 문제가 될 수

---

[38] 구영록, 『한국의 국가이익:외교정치의 현실과 이상』, 법문사, 1995. p.288.

있는 걸림돌을 제거해 주었다. 이러한 배려는 서독에 대한 동독 주민들의 선호와 통일의 열망을 일깨우고 한층 높이는데 결정적인 역할을 하였다. 북한에 비하여 경제적으로 50배 넘는 GDP 격차와 세계 5위권의 군사력 등 절대적 우위를 가진 우리가 대북 포용 정책을 두고 남남 갈등을 벌이고 있는 상황에서는 반드시 참고하고 배워야 할 점이다.

동서독 스포츠 교류는 스포츠가 갖는 사회통합과 공동체 형성의 기능을 두드러지게 보여주었다. 동서독 스포츠 교류는 크고 작은 규모의 민간 교류를 꾸준히 추진하여 동서독 주민들이 마음의 벽을 허물고 서로 이해를 증진하며 통일의 의지를 제고하는데 매우 중요한 요인이 되었기 때문이다.

동서독 통일에서 스포츠 교류의 영향을 단정하는 것이 쉽지는 않지만, 분단 이후 통일에 이르기까지 40년 가까운 교류와 협력 과정에서 스포츠 교류는 정치와 상호작용을 통하여 확대되거나 위축되면서도 지속적으로 발전하였다. 동독이 스포츠를 정치적 수단이나 선전 도구화하려는 시도로 갈등을 빚기도 하였으나 서독 또한 국내 정치나 국제 정세로부터 완전히 자유롭지는 못했다.

1951년 서독의 독일체육연맹과 동독의 독일체육위원회 교류로 시작된 스포츠 교류는 한때 올림픽 단일팀 구성을 계기로 확대되었으나 1961년 베를린 장벽 설치를 계기로 급격히 냉각되고 중단되기도 하였다. 그리고 대전환의 계기가 된 것인 빌리 브란트의 동방정책(Ostopolitik)이었다. 1972년 체결된 동서독 기본조약의 영향으로 1974년 5월 '스포츠관계의 규정에 관한 의정서'가 서독 스포츠연맹과 동독 독일체조연맹 간에 체결되어 스포츠 교류의 제도적 틀이 마련되었다.

하지만 기대와 달리 동서냉전과 올림픽 보이코트 등 정치적 현실에 의해 기대만큼 활성화되지 못하였다. 그러나 이후 지자체와 민간 주도로 스포츠 교류가 활성화되었고, 이러한 교류를 통해 동서독 주민들의 상호 이해와 이질감 극복에 기여하면서 활성화되었다. 동서독 초기 교류 과정은 한 영역에서 확보한 기능적 교류 협력의 사례를 타 영역으로 점증적으로 확산시키면서 교류 협력의 폭을 넓혀가는 기능주의적 성격의 전략에 의존하였지만, 통합의 중요한 진전은 정부 간 논의를 통해 해결해 나갔다. 동서독 정상회담을 통해 1972년 동서독 기본조약을 체결한 이후, 1974년 서독 스포츠연맹과 동독 동일체조연맹의 '스포츠관계의 구정에 관한 의정서'를 체결하여 제도적 틀을 갖추었고, 양독 간의 스포츠 부문 등의 교류 협력은 다른 사회 문화 분야로의 교류 협력으로 이어져 1986년 문화협정이 체결되는 계기가 되었다. 그리고 이를 통해 교류 협력이 더욱 증대되어 민족 이질화의 우려를 상당 부분 불식시켜 민족 공동체 형성을 전망케 하는 중요한 기회를 제공하였다.[39]

남북한은 80년 가까이 서로 다른 체제와 이념 속에서 갈등과 대립으로 불신을 키워왔다. 이러한 상황에서 통합을 이루기 위해서는 먼저 다양한 분야의 이질감을 해소하고 신뢰를 형성하는 중간 과정이 매우 중요한데, 그러한 측면에서 독일 스포츠 교류의 사례는 우리에게 중요한 시사점을 던져준다.

우리가 독일의 통일 과정에서 스포츠 교류가 보여준 역할과 의미에서 중요하게 볼 것은 첫 번째로 스포츠 교류가 정치적 영향을 받을 수밖에 없지만 스포츠계 차원의 적극적인 교류 의지가 갖추어져야 한다는 것이다. 동서독 분단 직후 아데나워 정부가 분단을 기정사실화하기 위해 스포츠 교류를 억제할 때에도 서독 스포츠단체는 정부의 저항을 무릅쓰고 스포츠 교류를 추진하였고, 스포츠를 정치적 수단으로 활용하려는 동독의

---

[39] 유호근, "스포츠교류의 국제정치: 동, 서독의 사례를 중심으로", 『글로벌정치연구』 제4권 제2호, 한국외국어대학교 글로벌정치연구, 2011, p.83.

시도에도 반대하였다. 정권이 바뀔 때마다 교류 재개와 중단이 반복되는 현상을 바라만 보고 있는 우리 스포츠계에서는 충분히 반성하고 참고하여야 할 부분이다.

두 번째는 스포츠 단체뿐만 아니라 다양한 수준의 민간 교류가 중요하다는 것을 잘 보아야 한다. 분단 직후부터 지속되던 동서독 스포츠 교류가 베를린 장벽 설치로 중단되었으나 이후 1979년대 들어 신동방정책을 계기로 스포츠 의정서를 체결하며 다시 활성화의 계기가 마련되었다. 그러나 기대와 달리 확대되지 못하고 있을 때 도시 간 자매결연을 통한 민간 스포츠 교류가 활성화되었고, 다양한 종목에서 교류가 진행되었으며 이를 통해 또다시 도시 간 자매결연을 확대하는 선순환이 이루어졌다.

반면에 남북 스포츠 교류에서는 동서독에 비하여 민간 차원의 스포츠 교류가 거의 미미한 수준이다. 민간 차원의 스포츠 교류가 활성화되어야 더 많은 종목의 다양한 교류가 가능하고, 교류 참여자들에게 더 직접적인 공감과 유대감 형성이 가능하다는 점에서 남북 스포츠 교류에서 민간 교류 확대를 중요하게 고민해야 할 것이다.

스포츠 분야의 민간 교류뿐만 아니라 동서독 통일 과정에서 민간 차원의 교류 협력은 우리가 중요하게 보아야 할 분야이다. 동서독 교류 협력은 인적 교류, 우편과 통신, 교통 분야 협력으로 시작하여 경제 분야로 확대되었는데 비정치적, 비영리적 건강·보건 분야, 청소년 교류, 환경 보호, 문화교류, 학문교류, 도시 간 교류 등 시민사회 차원의 다양한 교류 협력이 동시에 활성화되었다. 모든 분야에서 민간의 다양한 교류 협력이 사회 통합의 튼튼한 기반이 된다는 것이다.

세 번째는 스포츠와 정치의 협력이 필요함을 보여주었다는 점이다. 앞서 본 바와 같이 스포츠 교류가 교착 상태에 빠졌을 때 서독 정부의 신동방정책에 의해 전환기를 맞이하였고, 다시 스포츠를 통해 교류 협력이 활성화되는 과정을 볼 수 있었다. 아울러 동서독의 교류 협력은 범유럽 차원의 화해와 공동 안보, 협력과 병행되어 추진되었고 독일 통일 과정도 유럽의 지역통합 과정과 함께 이루어졌다.

네 번째는 동서독 스포츠 의정서와 같은 상호 합의된 제도화 과정이 필요함을 보여준다. 양독 간의 스포츠의정서가 곧바로 스포츠 교류 활성화로 이어지지는 않았지만, 이는 교류를 위한 신뢰를 지속적으로 유지하고 발전시키는 중요한 좌표가 되었다. 분단 80년이 가까운 우리로서는 아직까지 남북 스포츠 교류에 관한 기본적인 합의서나 의정서 조차 없다는 점은 남북이 모두 깊이 반성해야 할 점이다.

마지막으로는 비교 우위에 있는 쪽에서 적극적인 노력과 배려가 필요하다는 점을 보여주었다. 동서독 스포츠 교류에서 정치적 수단으로 활용할 수 있는 범위에서 참여하려는 동독을 끊임없이 교류의 장으로 이끌어 낸 것은 독일스포츠연맹 등 서독의 스포츠 단체들이었다. 그리고 경제교류에서 전형적인 모습을 보여주고 있지만, 근본적으로 서독의 정책에 동독인들이 호감을 갖고 동참하게 한 것은 월등한 우위에 있으면서도 동등하게 배려하여 교류를 지속한 서독의 배려와 노력이 있었기에 가능하였다.

남북은 동서독보다 훨씬 긴 기간 동안 분단이 진행되고 있다. 그리고 분단된 기간 동안 교류 협력이 지속되었기에 갈등의 수준도 낮았던 동서독과 비교할 때, 남북은 분단 기간의 장기화뿐만 아니라 갈등의 수준에서도 전쟁까지 경험하였기에 훨씬 심각한 수준이다.

더구나 상황을 예측할 수 없는 돌발적인 교류의 단절과 때로는 대화조차 이루어지지 않는 극단적 대립이 반복되는 상황은 남북 관계가 갈등 완화와 신뢰 회복으로 나아가는 것을 어렵게 만들었다. 이런 우리에게 동서독의 부단하고 꾸준한 노력은 많은 시사점을 던져주었다. 교류 협력을 통해 신뢰를 구축하고 동질성을 회복하여 통일을 이루는데 기여한 독일 스포츠 교류의 사례는 교착상태에 빠진 남북한 관계를 개선하고 평화 체제를 구축하기 위한 전략을 수립하는데 반드시 교훈으로 삼아 살펴보고 필요한 것은 배워야 할 사례이다.

# 3. 38mm가 만든 데탕트
## :미중 핑퐁외교

  지금은 서로에게 가장 강력한 라이벌로 치열한 패권 경쟁을 벌이고 있는 미국과 중국이지만, 탈냉전 시대 40년 이상 둘도 없는 동반자로 세계화를 이끌어왔다. 그러나 그 이전에 미국과 중국은 한국전쟁에서 서로 적으로 제2차 세계대전 이후 가장 큰 전쟁을 치렀던 관계였다. 그랬던 미국과 중국이 1972년 전 세계를 놀라게 하며 한순간에 손을 잡고 소련을 견제하는 협력자가 되었다.

  무엇이 자본주의와 공산주의 이념대결이 치열했던 냉전 시대에 미국과 중국이 손을 맞잡게 만들었을까? 전 세계를 깜짝 놀라게 하며 미국과 중국 관계를 급변시킨 계기는 38mm작은 탁구공에서 시작되었다. 미중 간 '핑퐁외교'가 시작된 지 불과 10개월 만인 1972년 2월 리처드 닉슨의 중국 방문[40]을 계기로 양국은 화해와 협력의 시대로 접어들게 되었다. 이전까지 상대방을 적대시해 오면서 어떠한 사회 문화적 교류도 허용되지 않았는데 스포츠 경기가 양국 간의 긴장 관계의 물꼬를 트는 역할을 하였던 것이다.[41] 핑퐁외교는 스포츠 외교에 있어 가장 대표적인 사례이며, 동서냉전을 한순간에 데탕트로 전환하여 세계사의 흐름을 한순간에 바꿔

---

40  씨아야펑(夏亞峰), "중국의 엘리트 정치와 중미 관계 회복. 1969년 1월~1972년 2월", 『新亞細亞』 제19권 제1호, 신아시아연구소, 2012, pp.148~150.
41  문화체육관광부, 『2008 체육백서』, 문화체육관광부, 2008, p.502.

놓은 가장 유명한 스포츠 교류의 사례이다.

제2차 세계대전 이후 세계는 미국과 소련이라는 두 개의 초강대국이 주도하는 양극화된 냉전체제가 형성되어 대립하였다. 양극체제에서 동서 양 진영은 미국과 소련을 중심으로 이데올로기와 체제를 달리하며 정치, 경제, 군사 안보 등 모든 면에서 완전히 분리된 별개의 블록을 형성하였다. 유럽에서는 북대서양조약기구(NATO, North Atlantic Treaty Organization)와 바르샤바조약기구(Warsaw Pact)로 나뉘어 대립하였다. 아시아에서는 중국의 국공내전, 한국전쟁, 베트남전쟁 등 냉전 시대에도 직접적인 전쟁 상황이 전개되었으며, 아메리카대륙에서는 쿠바 미사일 위기로 미국과 소련이 제3차 세계대전 직전의 위기까지 경험하였다.

절대로 무너지지 않을 것 같았던 양극체제에도 변화가 시작되었는데, 그 조짐은 양 진영 내부에서 먼저 나타나기 시작하였다. 소련이 주도하던 공산주의 내부에서는 1956년 소련의 헝가리 침공과 1968년 체코슬로바키아 침공, 소련과 중국의 주도권 다툼과 사상논쟁 등이 그것이다. 이러한 공산 진영 내부의 마찰음 증가는 엄혹히 대치하는 동과 서 두 개 진영의 세력균형이 어떤 변화의 가능성을 보여줄 수 있음을 알리는 전주곡이었다.[42] 또한 자본주의 진영 내에서도 패전국이었던 독일과 일본이 또다시 경제 대국으로 성장하면서 미국의 주도권이 여전하지만 지역 강대국들이 등장하면서 다극 체제로 변화 가능성이 나타나고 있었다.

그 중에서도 소련과 중국의 분쟁은 냉전체제 변화의 가장 큰 요인이었다. 1969년에 시작된 중소 국경 충돌로 중국은 심각한 안보 위기를 느끼게 되었다. 전쟁에 대한 위기감으로 중국 지도자들은 미국과의 장기적인 대립에 관해 다시 생각하게 되었고, 소련의 강력한 위협으로 마오쩌둥은

---

[42] 정기웅, 『스포츠 외교의 신화: 성공과 실패, 그리고 그 밖의 이야기들』, 박영사, 2018, p.93.

미국과 소련이 공모하는 가능성을 줄이는 대책이 필요하였다. 결국 중국은 소련과의 전쟁을 막고 소련의 힘을 상쇄하기 위해 미국과 관계 개선의 기회를 찾게 되었다.[43]

그 당시 시대 상황에서 중국은 1945년 국공내전에서 승리하여 국민당 정부를 무너뜨린 후 서방세계와의 모든 외교적 관계를 단절한 상태였다. 그리고 미국은 공산주의 확산을 저지하기 위하여 대만으로 망명한 장제스의 국민당 정부를 중국의 유일한 대표자로 인정하고 있었다. 이런 상황에서 공산권 내부에서 소련과 중국의 관계에도 갈등이 발생하고 있었다.

소련은 스탈린 격하 운동을 벌이면서 마오쩌둥의 개인숭배를 비판하였고, 중국은 소련을 수정주의라 비판하면서 공산권 내부에서 이데올로기 갈등이 발생하였다. 이런 갈등은 결국 1969년 중소 국경 지역에서 무력 충돌로까지 이어졌다.

중국과 소련의 갈등이 국경분쟁으로까지 확대된 것은 1965년 이래로 중국과 소련 국경 지역에 군사력이 증강하는 과정에서 발생하였다. 1968~1969년경까지 양국 국경에는 수십만의 병력이 배치되었는데, 1969년 2월 우수리(Ussuri)강 하류의 작은 섬인 전바오 섬(珍寶島, 러시아명 Damansky Island)에서 발생했던 중소 국경수비대 간의 무력 충돌이 국경을 따라 전 지역으로 긴장을 확산시켰다.

원래 전바오 섬은 양국 국경수비대가 서로 만나서 악수도 하고 담배도 교환할 정도로 평화로웠던 섬이었는데, 어느 쪽 영토냐는 문제로 다투면서 분쟁이 시작되었다. 말다툼에서 시작된 싸움이 갈고리, 몽둥이 등을 든 패싸움으로 확산되었고, 급기야 총격전과 포격전으로까지 확대되었다. 그리고 이것은 여기에 머물지 않고 국경분쟁으로 인한 긴장으로 중국

---

43　씨아야펑(夏亞峰), "중국의 엘리트 정치와 중미 관계 회복. 1969년 1월~1972년 2월", 『新亞細亞』 제19권 제1호, 신아시아연구소, 2012, p.129.

과 소련 간에 대규모 군사 충돌로 이어질 상황으로까지 확대되었다. 당시에 소련은 중국에 대해 핵 공격까지 고려하였고, 이에 중국은 소련에 대한 대응과 외교 안보 전략을 바꿔야 한다는 생각을 갖게 되었다.

중국과 소련의 갈등으로 인한 변화의 가능성에 결정적인 전환점을 가져오며 냉전 시대에 데탕트를 열어준 핑퐁외교는 아주 사소한 사건이 발단이 되어 시작되었다. 1971년 3월 28일부터 4월 7일까지 일본 나고야에서 제31회 세계탁구선수권대회가 개최되고 있었다. 나고야 세계탁구선수권대회가 종결을 얼마 남겨두지 않은 4월 5일 일요일, 19살의 미국 선수 코완(Glenn Cowan)은 영국 선수와 게임을 마치고 숙소로 돌아가기 위해 버스를 탔는데, 우연히도 그 버스는 중국 선수단 버스였다. 거기에서 그는 중국의 인민 영웅 쫭쩌둥을 만나게 되었고 이 두 선수의 만남은 대단한 파장을 일으켰다. 그리고 마오쩌둥(毛澤東)주석의 지시로 중국은 미국 선수단을 초청하였고 미국 선수단은 이 초청에 응함으로써 1971년 4월 10일 9명의 미국 탁구선수와 4명의 임원들, 그리고 선수단의 배우자 2명과 5명의 미국 기자들이 중국을 방문하게 되었다.

이들은 4월 17일까지 저우언라이(周恩來) 총리와 면담을 가진데 이어 베이징, 상하이, 광저우 등을 여행하며 중국 선수들과 시범경기를 가졌다. 이때 미국 선수단보다 훨씬 수준이 높은 중국 선수단은 'Friendship First, Competition Second'라는 기치를 앞세우고 몇몇 게임에서 의도적으로 미국 팀이 이기도록 배려하며 매우 귀중한 손님으로 대접하였다.[44]

이에 앞서 일본에서 열리는 탁구대회에 중국팀을 보낼 때 마오쩌둥과 저우언라이는 외교부와 국가체육문화스포츠위원회의 반대를 무릅쓰고 보냈다. 중국 대표팀이 일본으로 떠나기 전 저우언라이는 선수들을 격

---

[44] 정기웅, 『스포츠 외교의 신화: 성공과 실패, 그리고 그 밖의 이야기들』, 박영사, 2018, pp.94~97.

려하는 자리에서 이번 국제 경기에 중국이 참여하는 것은 "정치투쟁이고 친선이 우선이며, 경쟁은 나중이다"는 원칙을 지켜야 한다고 당부하였다. 저우언라이의 격려로 대회에서 만난 중국과 미국 팀은 서로 우호적으로 대했으며, 그 결과 이후 미국팀이 중국을 방문할 수 있도록 "공식적인" 초청이 이루어지는 계기가 되었다.[45]

그런데 마침 이 당시에는 미국으로서도 중국과의 대화가 필요한 시기였다. 당시 소련과 중국의 무력 충돌에 대하여 미국은 일단 표면적으로는 이러한 갈등이 증대되는 것을 방지하기 위해 가능한 모든 노력을 다하겠다고 공언하였다. 그러면서 이면에는 이러한 상황을 자신들의 이익을 극대화하는데 활용하고자 노력하였다.

아울러 중국과 소련의 관계가 악화되는 상황을 미국이 베트남전쟁에서 발을 빼는데 도움이 되도록 만들고자 하는 계산도 있었다. 당시 미국은 베트남에서 미군의 철군은 중국의 협조를 통해서만 달성될 수 있다고 믿었기 때문이다. 당시 닉슨 행정부는 베트남과 전쟁에서의 부진 혹은 정체로 반전 여론에 시달렸기에 이러한 상황을 하루라도 빨리 해결하기를 원하고 있었다.

미국이 중국과의 관계 개선을 통해 소련을 고립시키고 베트남으로부터 탈출하는데 중국의 도움을 받기 위해서는 우선 대화가 필요하였다. 그런데 1949년 이후 관계가 단설되고 서로를 적으로 간주하고 있었기 때문에 미국과 중국 양국에게는 상대적으로 위험이 적은 핑계가 필요하였다. 그래서 이런 상황에서 미국 탁구 선수단의 중국 방문은 하늘이 준 기회가 되었던 것이다.

그런데 하늘이 준 핑퐁외교의 기회는 갑자기 떨어진 것은 아니었다.

---

45 씨아야펑(夏亞峰), "중국의 엘리트 정치와 중미 관계 회복. 1969년 1월~1972년 2월", 『新亞細亞』 제19권 제1호, 신아시아연구소, 2012, p.142.

이전부터 서로의 필요에 의해 꾸준히 관계 개선의 실마리를 찾고 있던 중에 만들어진 것이다. 상호 관계 개선이 필요했던 미국과 중국은 1969년 후반부터 파키스탄과 루마니아 등을 통해 비밀 접촉을 가져왔고, 대사급 회담을 통해 서로 관계 개선에 관심이 있다는 것을 확인하였다. 하지만 미국과 중국이 쉽게 드러내 놓고 관계 개선에 나서는 것이 쉽지는 않았다. 문화혁명 기간 중에 있던 중국 정부가 제국주의 국가들의 우두머리인 미국과 관계 개선을 언급하는 것을 상상할 수 없었다. 미국 입장에서도 양국 지도자 간 회담이 이루어질 경우 미국이 대만에서 철군하고 미국이 중국과 외교 관계를 맺기를 원하는 중국의 요구에 쉽게 응하기는 어려웠다. 그러나 이후 미국이 중국의 제안을 받아들이면서 관계 개선이 급물살을 탔다. 그리고 중국은 앞으로 있을 미국과의 관계 변화를 국민에게 준비시킬 소재가 필요하게 되었다.[46]

  미국 탁구팀의 중국 방문은 연일 언론에 크게 보도되었고, 중국과 미국 선수들의 경기가 텔레비전과 라디오로 생중계되었다. 미국 대표팀과 만난 중국 저우언라이 총리는 "여러분들의 방문은 중국과 미국인들 사이에 역사의 새 장을 여는 것이다"라고 선언했다. 만남 후 몇 시간 뒤 미국 워싱턴에서는 중국과 관련한 5개의 새로운 기준을 발표했다. 22년간의 무역 제재가 해제되고, 소련과의 무역에 상응하는 물품과 생필품의 교역 허가가 이루어졌고, 달러 규제를 해제하고, 미국을 방문하려는 중국인에 대한 비자가 신속히 처리되었다. 며칠 후 핑퐁외교는 중국과 미국 간의 정치 분위기도 바꾸어 놓았다. 키신저는 점진적인 중미 관계 회복이 "세계의 상상을 사로잡는" "하나의 국제적인 센세이션"이 되었다고 발표하

---

[46] 씨아야펑(夏亞峰), "중국의 엘리트 정치와 중미 관계 회복. 1969년 1월~1972년 2월", 『新亞細亞』 제19권 제1호, 신아시아연구소, 2012, pp.136~141.

였다.[47]

　미국팀의 방문 이후 북경과 워싱턴은 1970년대 초부터 논의 되었던 고위급 회담을 계획하기 시작했다. 1971년 7월 헨리 키신저 미국 대통령 국가 안보 담당 보좌관이 극비리에 중국을 방문했으며, 1972년 2월에는 리처드 닉슨 미국 대통령이 중국을 방문, 미국과 중국 양국이 '상하이 공동성명 Shanghai Communique'를 발표하기에 이른다. 그리고 이 핑퐁외교는 1979년에 미국이 중화민국과 단교하고 중화인민공화국과 전격적으로 수교함으로써 결실을 맺는다.[48]

　미국과 중국의 핑퐁외교는 스포츠의 도구적 유용성을 국가가 적극적으로 나서 활용한 가장 대표적인 사례이다. 중국은 서방세계와 관계 정상화가 필요했지만, 점진적 방법을 통해 정치적 실패 위험을 줄이며 효과가 극대화되기를 원했다. 미국 닉슨 행정부 역시 1972년 대선을 앞두고 정치적 부담없이 베트남 전쟁 여론을 스포츠로 전환하고, 중국을 통해 소련을 견제하고자 원했는데, 이때 탁구는 서로에게 가장 유용한 수단이었다. 그리고 미국과 중국의 최고 권력자들은 서로의 이해를 알았기에 적극적으로 상황을 이용하였다.

　그러나 또 한편으로는 핑퐁외교의 작동 방식은 강대국의 외교정책이 어떤 식으로 작동하는지를 가장 잘 보여주는 사례로서도 중요한 의미가 있다. 1971년 첫 만남에서부터 1979년 국교 정상화까지 오랜 시간이 걸린 가장 큰 걸림돌은 국민당 정부가 집권하고 있던 대만 문제였다. 국공내전으로 대만으로 쫓겨 왔지만, 당시까지 미국은 장졔스의 대만을 중국

---

47　씨아야펑(夏亞峰), "중국의 엘리트 정치와 중미 관계 회복. 1969년 1월~1972년 2월", 『新亞細亞』 제19권 제1호, 신아시아연구소, 2012, pp.142~143.
48　정기웅, 『스포츠 외교의 신화: 성공과 실패, 그리고 그 밖의 이야기들』, 박영사, 2018, p.106.

의 유일한 합법정부로 인정하고 있었고 서구 세계에서 광범위하게 인정되고 있었다.

대만을 지지한 가장 중요한 이유는 미국이 소련 및 중국과의 관계, 그리고 아시아에서의 공산주의 세력의 확산을 막기 위해 대만이 필요하였기 때문이다. 그러나 대만을 지지하는 것이 그 지역에서의 미국의 이익에 해가 된다고 믿게 되는 순간 아무런 주저없이 입장을 바꾼 것이다. 핑퐁외교 결과로 대만은 1971년 10월 유엔 회원국 지위를 상실하였고, 8년 후 중국의 IOC 가입이 승인되면서 대만은 올림픽 무대에서 회원권은 유지하였지만 국호를 Chinese Taipei로 변경할 수밖에 없도록 강요받았다.

미국에게 있어서 장제스와 국민당 정부의 운명은 지역과 세계 전반에 있어서 미국의 이익에 결코 우선시될 수 없다는 것을 닉슨과 키신저가 보여주었다.[49] 이것은 '동맹'과 '적'은 자국 이익의 관점에서 결정되며, 필요에 따라 언제든지 바뀔 수 있다는 냉혹한 국제관계 현실을 극명하게 보여주는 사례이다. 미·중·일·러 강대국들의 복잡한 이해관계가 얽혀있는 한반도, 동아시아 상황에서 특히 우리가 잊지 말고 기억해야 할 국제관계의 적나라한 현실이다.

국제관계의 이러한 현실에 대한 인식은 그 당시 미국과 중국의 외교 방식에 대한 국내 언론 분석에서도 잘 나타나 있다. 1954년 창간되어 지금도 발간되고 있는 기독교 여성잡지 '새가정'의 1971년 6월호에는 미국과 중국의 핑퐁외교에 대하여 이렇게 분석하고 있다.

---

[49] 정기웅, 『스포츠 외교의 신화: 성공과 실패, 그리고 그 밖의 이야기들』, 박영사, 2018, pp.108~111.

"4월 중 세계 문제 중에 가장 주목을 끈 문제는 4월 8일 중공[50]이 일본에서 개최된 세계탁구선수권 대회에 출전한 미국 선수를 초청한 일이며 또 이렇다 저렇다 떠들지 않고 그대로 수락하여 중공으로 쉽게 날라 간 사실일 것이다. ~ 미국은 3월 15일 중공 여행 제한을 철폐하였으며 3월 20일에는 대중공 정책을 적당한 방법으로 단계적인 개선을 하겠다고 말하였습니다. 또한 3월 29일에는 자유중국을 「유엔」에서 축출하지 않는다는 조건부로서 중공을 「유엔」에 가입시키는 방향을 모색하고 있다는 보도가 있었습니다. 그러나 미국이나 일본으로서는 사태가 이렇게 되고 보니 자유중국 문제보다 자국의 중공과의 문제를 더 우선적으로 생각할 뿐 자유중국 문제는 등한시 하는 경향을 보이고 있습니다.

이러한 경향은 「미국 국무성」에서 4월 28일 중공과 자유중국 간의 중국 주권 문제는 쌍방이 직접 협상할 일이며 미국으로서는 개입할 의사가 없다고 말한 것이 이상스러운 경향의 발언이라고 생각됩니다. ~ **외교란 언제나 변하는 세계와 함께 변하는 것으로서 일정한 태도로 나갈 수 없는 것입니다. 외교의 불변원칙은 오직 하나뿐인데 그것은 국리(國利)라는 것입니다. 우리는 변해가고 있는 아세아의 정세 그리고 세계 정세에 예리한 관찰과 판단이 필요한 것입니다.**"[51]

아이러니하게도 50여 년이 지난 지금 미국은 예상치 못한 중국의 급부상에 대응하며 유일 패권을 유지하기 위해 이번에는 반대로 대만을 적극 지원하고 있다. 미국 국내법인 '대만관계법 Taiwan Relation Acts'을 활용하여 중국의 부상을 견제하고 중국의 태평양 진출을 방어하는데 대만을 적극 활용하고 있는 것이다. 50여 년 전에 작은 월간잡지에서 지적하였던 내용이 현실에서 그대로 벌어지고 있는 것이다. 우리가 외교와 국제관계에 있어 국제사회 일원으로 보편적인 규범과 가치를 존중하면서

---

50 '중국'에 대한 그 당시 지칭. '중국공산당', 또는 '중화인민공화국'의 약칭으로 냉전 시대에는 중국을 '중공', '북평정권' 등으로 호칭했지만, 냉전 이후 중화인민공화국과의 관계 개선을 도모하던 1988년부터 사용을 자제하고, 공식적인 호칭을 '중국'으로 바꾸었다. 대한민국 정부가 사용한 '중국'이라는 어휘가 '중화인민공화국'을 지칭한 것은 1988년 7.7 선언이 처음이다. (https://namu.wiki/w/%EC%A4%91%EA%B3%B5)

51 엄요섭, "중공과 미국의 탁구외교", 『새가정』 1971-06, pp.77~79.

도 자국 이익과 힘의 논리만이 작동하면서 벌어지는 안타깝지만 냉혹한 현실을 똑바로 직시하여야 하는 이유이다.

국제정세의 변화로 지금은 또 다른 상황이 전개되고 있지만, 38mm 작은 탁구공을 매개로 미국과 중국 탁구 선수들은 냉전 시대 대화조차 쉽지 않은 상황에서 누구에게도 부담을 주지 않으면서도 미국과 중국을 손쉽게 대화 국면으로 연결시켰으며, 그것은 아무도 예측하지 못했던 엄청난 대변화를 이끌었다. 작은 탁구공 하나가 만들어 낸 결과는 동서냉전을 한순간에 데탕트 분위기로 전환시켰으며, 마침내는 미국과 중국의 국교 정상화까지 이끌어 내는 계기가 되었다. 이는 정치적 대립과 교착 상태로 공식적 외교가 어려운 상황에서 비공식적인 스포츠 교류가 만들어 내는 또 다른 대화와 협력 채널의 중요성을 인식시켜주는 전형적인 사례이다.

그리고 또 하나 우리에게는 미중 핑퐁외교에서 스포츠가 동서냉전을 데탕트로 이끌고 미국과 중국의 국교 정상화를 이루어 낸 것보다 더 큰 의미가 있는 부분에 대해 주목할 필요가 있다. 그것은 핑퐁외교로 미국과 중국의 대화와 협력 채널이 열린 이후에 덩샤오핑의 중국 개혁개방이 시작되었다는 사실이다. 중국이 핑퐁외교를 통해 미국과 교류하면서 변화된 세계의 모습을 보게 되었고, 덩샤오핑은 흑묘백묘론으로 알려진 실용주의 노선을 통해 사회주의를 바탕으로 자본주의와 융합을 시도하는 개혁개방 정책을 시작하였다. 그리고 덩샤오핑에서 시작된 개혁개방으로 중국은 세계 시장에 합류하여 급속한 발전을 이루었고 이제는 글로벌 공급망의 핵심으로서 G2 국가로까지 발전했다.

우리는 대북정책을 두고 심각한 남남갈등에 빠져있다. 그리고 남남갈등으로 대북정책은 정권이 바뀔 때마다 극심한 혼란을 겪어 왔으며 그로 인해 대북정책이 신뢰를 잃고 말았다. 그 결과 최근의 남북 관계는 '적대적 두 국가'론이 나올 정도로 상황 꼬이게 되었다. 신뢰를 잃고 단절된 남북 관계를 개선하기 위해 이재명 정부에서 고민하고 있지만, 아직 가시적인 효과가 나오기에는 그동안 대립과 단절의 골이 너무 깊고 길었다. 38mm 작은 탁구공 하나가 미국과 중국의 관계 개선은 물론, '죽의 장막'에 둘러싸여 있던 중국이 개혁개방에 나서는 계기를 만들었고, 그것이 중국의 부활과 부상을 이끌어 세계사의 흐름까지 바꾸어 놓았다는 사실에 대해 남북 모두가 깊이 생각해 보아야 할 것이다.

## II.
## 냉전 시대 체제대결 수단으로서 스포츠 교류

# 1. 남북 NOC의 분단

분단 이후 전쟁까지 경험했던 1950년대에는 남북한 직접 대화가 없었다. 스포츠 교류 또한 북한이 IOC 가입을 위해 노력하는 와중에 IOC를 매개로 한 간접적인 남북 대화가 추진되었을 뿐이다. 남북 스포츠 교류의 시작은 IOC 가입이 필요했던 북한 측의 의도적 접근으로 먼저 시작되었다. 한국의 대한올림픽위원회(KOC, Korean Olympic Commitee)는 1947년 6월 20일 스톨홀름에서 개최된 IOC 총회에서 가입을 승인받았고, 산하 경기단체들도 국제경기연맹에 가입했으나 북한은 IOC에 가입하지 못한 상태였다.

당시에 북한이 IOC에 가입되지 못한 것은 해방 이후 미군정과 소련군정에 의해 남북으로 분단은 되었으나, 아직 분단국가가 성립되기 전인 1946년에 조선올림픽위원회(KOC)가 창설되고, 다음 해인 1947년 6월 20일 스톡홀롬에서 개최된 제40차 IOC 총회에서 정식 회원국으로 인준되었기 때문이다.

해방 후 재건된 조선체육회는 1946년 7월 런던올림픽대책위원회를 구성하고 1948년 올림픽에 참가하기 위한 노력을 시작하였다. 그 결과 1947년 6월 스톡홀름 국제올림픽위원회(International Olympic Committee: IOC) 총회에서 한국의 국가올림픽위원회(National Olympic Committee: NOC)가 인준되고, 1948년 올림픽에 참가할 수 있는 자격을 얻게 되었다.

총회의 결과를 IOC 사무총장이었던 오토 마이어(Otto Mayer)가 스톡홀름총회에 한국 대표로 참가했던 이원순에게 보낸 1947년 7월 18일 편지는, 한국의 NOC를 공식적으로 인준했다고 적고 있으며 안건이 논의된 총회 일자를 1947년 6월 20일로 적고 있다. 이를 근거로 대한올림픽위원회(Korean Olympic Committee: KOC)는 IOC '가입'일을 1947년 6월 20일로 규정하고 대한체육회 정관 제1조에 이를 명시하고 있다.[1]

국제올림픽위원회로부터 인준을 받은 결과 그다음 해인 1948년 1월 30일 생 모리츠 동계올림픽에 사상 최초로 5명(선수 3명, 임원 2명)의 대한민국 동계선수단을 파견, 출전하였고, 6개월 후인 7월 29일~8월 14일 런던에서 열린 제14회 올림픽에 67명(선순 50명, 임원 17명)의 하계 선수단을 파견하게 되었다.[2] 그리고 이때 참가한 런던 올림픽에서 김성집(역도 미들급) 선수가 대한민국 최초로 올림픽 메달을 획득하였고, 한수안(복싱 플라이급) 선수의 동메달과 함께 두 개의 동메달을 획득하는 성과를 이뤘다.

그러나 인준을 거쳐 올림픽에 출전하는 과정이 순탄하지만은 않았다. 1938년 일제에 의해 해산되었다 해방 이후 재건 된 조선체육회 여운형 회장은 1947년 4월 제51회 보스턴마라톤대회에서 우승한 서윤복 선수 우승 축하회에서 다가올 1948년 런던올림픽 참가 추진을 선언하였다. 그리고 이를 위해 조선체육회는 산하에 조선올림픽대책위원회(위원장 유억겸, 부위원장 전경무, 이상백)을 조직하고 국내올림픽위원회(NOC)조직 준비와 런던올림픽대회 참가에 필요한 제반 사항을 추진하였다. 그리고 1946년 10월 조선의 런던올림픽 참가를 간절히 희망하는 여운형 회장의 친서, 손기정, 권태하 등 마라토너들이 마라톤 지도자들에게 보내는 협조문 등을 가지고 전경무 부위원장이 미국으로 파견되어 미국올림픽위원회 위원장이며 국제올림픽위원회(IOC) 부위원장인 에이버리 브런디지(Avery Brundage)를 접

---

1 이대택, "1947년 대한올림픽위원회 예비인준과 브런디지의 역할", 『체육과학연구』, vol.29, no.2, 통권 114호, 국민체육진흥공단 한국스포츠정책과학원, 2018, p.354.
2 윤강로, 『스포츠 외교론』, 글누림, 2020, pp.23~24.

촉하여 조선올림픽위원회가 IOC의 인준을 받을 수 있는지 타진하였다.³

당시 전경무 부위원장은 브런디지로부터 긍정적인 답변을 얻고 시그프리드 에드스트롬(Sigfrid Edstrom) IOC 위원장에게도 신청 의향을 알리는 등 인준 및 가입을 위해 헌신적으로 뛰고 있었다. 그러나 1947년 6월 스웨덴 스톡홀름에서 개최되는 제40차 IOC 총회에서 KOC 인준 관련 대표 발언자로 참석하려던 전경무 부위원장이 탑승했던 미군 군용기가 일본 도쿄 교외 비행장 인근 산정에 충돌하여 사망하는 사고가 발생하였다. 갑작스런 사고로 차질이 생긴 대책위원회는 긴급히 미국 뉴욕에 거주하던 재미 한인회장 이원순에게 전경무의 비행기 추락 현장에서 찾아낸 조선올림픽위원회 관련 서류들을 미군 항공기 편으로 전달하여 대신 참석하도록 하였다. IOC 총회 날짜에 임박하여 스톡홀름에 도착한 이원순은 IOC 측에 KOC의 IOC 가입신청서를 제출하고 1947년 6월 20일 소집된 제40차 IOC 총회에 참석하여 "아시아의 작은 신생국에도 올림픽에 참가할 기회가 주어져야 한다"는 요지의 열변을 토한 끝에 역사적인 IOC 가입이 인준 승인되었다.⁴

> 여운형(1886.05.25.~1947.07.19.)
>
> 경기도 양평 출신, 호는 몽양(夢陽)으로 일제 강점기 임시정부 외무부 차장, 조선중앙일보사장 등을 역임하며 항일투쟁을 전개한 독립운동가이며, 1934년 조선체육회 회장을 맡아 체육 발진과 함께 스포츠를 통해서도 독립운동을 추진한 체육인이다. 해방 이후 건국준비위원회를 결성하였고 통일임시정부 수립을 위해 좌우합작운동을 주도하였으나, 1947년 7월 19일 서울 혜화동 로터리에서 한지근 등에게 저격을 당하여 서거하였다.
>
> 1914년 중국으로 유학한 여운형은 신한청년단을 조직하여 당수로서, 1918년 제1차 세계대전 전후처리 문제로 파리강화회의가 열린다는 소식을 미국 윌슨 대통령의

---

3 김미경, "해방공간(1945~1948) 대한민국 스포츠의 재건활동에 관한 연구", 중앙대학교 박사학위 논문, 2021. pp. 86~89.

4 윤강로, 『스포츠 외교론』, 글누림, 2020, pp.24~26.

특사 크레인(Charles Richard Crane, 후일 1920~1921 주중 미국대사를 역임함)으로부터 듣고 독립 청원 대표단으로 김규식을 파견하는 동시에, 대표단을 지원하여 조선인들이 독립을 원하고 있음을 세계에 알리기 위해 2·8독립선언과 3·1운동을 기획하고 추진하였다. 그리고 1919년 3·1운동 이후 상하이 임시정부 수립에 힘썼으며 임시정부 수립 후 외무부 차장으로 선출되었다. 또한 3·1운동에 충격을 받은 일제가 그 해 11월 배후인 여운형을 회유하기 위해 초청하자, 주저하지 않고 일본을 방문하여 일본 고위관리들과 회담하며 일본의 자치제 안을 반박하고, 11월 27일 도쿄제국호텔에서 내외신 기자회견을 열어 조선 독립의 당위성과 즉시 독립을 주장하여 큰 호응을 얻었다.(이 일로 자신들의 수도를 조선 독립의 선전장으로 만들어 준 꼴이 되자 여운형을 초청했던 일본 정계는 큰 혼란에 빠지게 되고 결국 의회를 해산하고 새로 총선거를 실시하게 된다.)

그는 독립운동가로서뿐만 아니라 스포츠 발전에도 지대한 공헌을 하였는데, 유년 시절부터 활쏘기, 씨름 등을 즐겼고, 육상, 축구, 농구, 권투, 유도, 택견, 수영, 철봉 등 못하는 운동이 없을 정도였다. 독립운동을 위해 중국에 건너가 있는 동안 상해 복단대학 교수로서 체육부를 담당하기도 하였다. 이때 야구단을 이끌고 동남아시아 원정을 갔다가 싱가포르, 필리핀 일대에서 미국과 일본의 식민정책을 비판하는 반일, 반제국주의 연설을 한 것이 현지 신문에 보도되어 체포되기도 하였지만, 이후에도 체육행사장에서 각종 연설로 독립운동을 계속하였다. 이런 일들로 1929년 상해 공동조계에서 야구 경기를 보러 갔다가 영국 경찰의 협력을 받은 일본 경찰에 체포되어 국내로 압송될 정도로 평소 스포츠에 관심이 많았다.

1932년 대전형무소에서 출감 후 1933년 조선중앙일보 사장으로 취임하여 언론을 통한 독립운동을 계속하였다. 또한 각종 운동경기를 독립운동의 일부로 보고 국내 신문 최초로 스포츠란을 만들었고, 각종 경기를 후원 또는 주최하며 운동선수들에게도 반일 독립정신을 고취시키는데 노력하였다. 특히 자신의 아들과 같은 학교에 다니던 손기정의 재능을 높이 평가하여 조선민족의 강인함과 우수성을 전세계에 보여주라며 베를린올림픽 참가를 독려하고 지원하였다. 그러나 1936년 베를린올림픽 마라톤에서 우승한 손기정 선수의 일장기 말소사건으로 신문이 폐간되면서 사장직에서 물러났다.

1945년 광복이 되자 건국준비위원회를 조직하여 국가의 주권회복을 위해 노력하는 동시에 스포츠 재건에도 노력하여 일제에 의해 해산되었던 조선체육회를 재건하고 체육회 회장으로 복귀하여 각종 체육단체의 결성, 경기대회 부활 그리고 광복 후 조국의 첫 올림픽대회 출전을 위해 고군분투하며 대한민국 스포츠의 재건과 근대화를 위해 힘썼다. 그러나 좌우로 나뉜 혼란한 해방정국 속에서 중도를 지향하며 좌우합작을 통해 통일정부 수립을 추진하던 여운형은 이념 대립의 희생양이 되었다. 여운형은 아쉽게도 조선올림픽위원회의 IOC 가입 축하 기념으로 1947년 7월 19일 동대문운동장에서 열린 한국과 영국의 친선축구 경기에 가던 중 한지근 등의 저격으로 생을 마감하였다.

> **전경무(1900.10.18. ~ 1947.5.29.)**
>
> 평안북도 곽산 출생으로 4살 때 부모와 같이 하와이로 건너가 그곳에서 중학교까지 마치고 시카고 미시간대학 정치학부를 졸업하였다. 학창 시절에 미식축구선수 및 웅변부장으로 활동한 바 있다. 대학을 졸업 후에는 하와이 지역의 한인 사회 발전과 조국의 독립운동을 지원하는 데 앞장서 1931년 대한민국 임시정부의 후원 단체인 단합회(團合會)에 가입하는 한편, 1937년 중일전쟁이 발발한 뒤에는 한국광복진선(韓國光復陣線) 결성에 참여해 8년간 임시정부를 적극 후원하는 등 조선 독립운동을 위하여 싸웠다.
>
> 1941년 8월 미주 내 모든 한인단체를 통합한 재미한족연합위원회를 조직하여 대한민국임시정부의 후원과 외교 및 선전사업을 추진하였다. 1943년 이승만계열이 탈퇴하여 1944년 6월 독자적인 외교위원부를 설치하여 분열 위기에 놓였으나, 1944년 10월 로스엔젤레스에서 13개 한인단체가 참석한 대표회의를 통해 전경무는 대한민국 임시정부 주미외교위원부의 외교위원장 비서로 선출되어 제2차 세계대전 전후 평화를 준비하기 위한 연합국회의에 대표로 파견되어 활동하는 등 조국의 독립을 위한 외교활동을 계속하였다.
>
> 광복되던 해인 1945년 11월 귀국한 뒤 올림픽 대책위원회의 부위원장으로 선임되어 1946년 7월 여운형의 친서를 가지고 미국에 건너가 한국의 IOC 가입을 설득하는 등 우리나라의 올림픽 참가를 위하여 노력하였다. 비행기 추락으로 순직한 그의 체육장(體育葬)은 1947년 6월 18일 서울운동장에서 체육회장 여운형(呂運亨), 부회장 유억겸, 민정장관 안재홍(安在鴻) 등과 주한 미군 사령관 하지 중장, 군정장관 아놀드 등 미군 수뇌부가 참석한 가운데 거행되었으며, 올림픽 후원회는 고인을 추모하는 뜻에서 올림픽 파견 비용 조달을 위한 복권 발매를 고인의 사진을 넣어서 실시하기도 하였다.

KOC의 인준을 알리는 편지는 1947년 7월 18일 작성되어 보내졌다. 작성자는 IOC 사무총장인 오토 마이어이며, 수신자는 총회 대표로 참가했던 이원순이었다.

> 1947년 6월 20일 스톡홀름에서 열린 IOC 총회에서 귀 NOC가 공식적으로 인준된 것을 확인드리려 함. 올림픽 이상의 확산을 위해 앞으로 소중한 협력을 해 주실 것에 감사드림. 귀 위원회의 성공을 기원함. 런던과 생모리츠로부터 1948년 경기 공식 초청을 받을 것임[5]

그리고 KOC의 인준을 지원하던 브런디지도 이에 앞서 7월 10일 여운

---

5  윤강로,『스포츠 외교론』, 글누림, 2020, p.28.

형과 7월 14일 이원순에게 편지를 보냈다.

  (브런디지가 여운형에게, 47. 7. 10.) '전보로 언급하였듯이 전경무의 사망에 충격적임. 미국올림픽위원회와 내 이름으로 명복을 빔. 이원순이 스톡홀름에서 한국의 경우를 아주 잘 설명했음. 그와의 몇 번의 대화도 즐거웠음. 이미 연락받았겠지만, 한국은 런던에서 열린 국제육상연맹 회의와 스톡홀름 IOC 총회에서 인준(recognition)되어, 내년 런던올림픽에 참가할 수 있게 됨. 성공을 빌며 큰 대표단이 오기 기대함. 한국은 아직 국가가 아니라 승인은 특별한 것(rather unusual)이었음. 그러나 미국 관계자들의 지원(국무부(the State Department)와 하지 장군으로부터 들었음)이 있었고, 나 또한 강하게 인준을 주장했음(I strongly urged recognition). 그러나 이 인준은 어떤 의미에서 조건부(in a sense provisional)이며, 한국 정부가 수립되면 다시 검토될 것임. 한 국가에서는 한 조직만 인준되니 북쪽의 아마추어 스포츠 또한 포함시킬 수 있기를 희망함(It will be highly desirable for you to obtain control of amateur sport in the northern zone.)[6]

  (브런디지가 이원순에게, 47. 7. 14.) '스톡홀름에서 만나 반가웠음. 내가 런던과 스웨덴에서 한국의 참가를 조율할 수 있어서 기쁨. 그러나 이 인준은 한국의 정치적 상황 때문에 조건부임을 명심하기 바람(Bear in mind this recognition is, of course, only provisional because of the politcal status of Korea). 이번 인준은 독립 정부 이전에 승인이 된 첫 사례임. 한국이 독립국이 되면 다시 평가될 것임. 그래서 남북 선수를 모두 관장하는 단체가 되길 매우 희망함(It will, therefore, be highly desirable for the existing Korean Olympic Committee and the existing amateur sport governing bodies to include the athletes in Northern Korea as well as the southern section.). 한 국가에 한 단체만 승인되기 때문임. 다음에 한국 팀이 런던에 올 것이고 성공을 빔.'[7]

---

[6] 이대택, "1947년 대한올림픽위원회 예비인준과 브런디지의 역할", 『체육과학연구』 vol.29, no.2, 통권 114호, 국민체육진흥공단 한국스포츠과학원, 2018, pp.357~358.

[7] 이대택, "1947년 대한올림픽위원회 예비인준과 브런디지의 역할", 『체육과학연구』 vol.29, no.2, 통권 114호, 국민체육진흥공단 한국스포츠과학원, 2018, pp.358~359.

브런디지가 여운형과 이원순에게 보낸 편지는 몇 가지 중요한 사실을 전해준다. 먼저 한국 NOC의 인준이 '예비 인준(provisional recognition)'이라는 점이다. 이는 정식, 가입, 승인, 회원국 등의 단어들이 의미적으로 내포할 수 있는 제약 대상적 주체로서의 인정이 아닌, IOC가 요구하는 자격을 갖추고 올림픽 정신과 운동에 참여할 수 있는 자격을 부여하는 일종의 독립적인 주체를 인정하는 것으로 해석된다. 즉, 독립된 정부가 없었던 한반도의 현실에서 독립이 이루어질 때까지 유예된 인준을 했다는 점이다. 또 하나는 북쪽의 선수들을 포함시키라는 것이었다. 한 국가에서는 한 NOC만을 인준한다는 올림픽 규정을 따르기 위해서는 한반도에서 더 이상의 NOC 인준은 없을 것이고 없어야 했다. 비록 남북이 군사적으로 경계를 가지고 있지만 조만간 한반도에는 통일된 정부가 수립될 것으로 믿었을 것이고, 이는 그 당시 IOC 총회에서도 위원들 간에 공감적으로 전제되었을 것이다. 이는 한반도를 하나의 민족, 영토, 또는 국가로 여긴다는 관점을 명확하게 하고 있는 점이다. 그리고 어떠한 이유든 북쪽의 청년들이 올림픽 참가의 기회에서 배제되지 않아야 한다는 것을 편지는 적고 있다. 서울에 사무소를 둔 한반도의 NOC가 정치 군사적 이유로 북한 선수들을 포함시키지 못할지 모른다는 염려를 미리 반영한 것으로 보인다. 브런디지는 이를 믿었을 것이고 위원들을 설득했을 것이다. 그러나 추후 한반도에서 전쟁이 발발하면서 이는 중요한 사인으로 부각된다. 그리고 이를 두고 남한과 북한은 최소한 15년 이상을 다투게 된다. 그리고 북한의 IOC 인준 신청은 1956년 멜버른 총회에서 처음으로 시도되며, 결국 1963년 한반도에서 남한과는 다른 독립적 인준을 받게 된다.[8]

이 시기 남북한 정부는 국제적 승인의 문제를 둘러싸고 매년 UN에서

---

8 이대택, "1947년 대한올림픽위원회 예비인준과 브런디지의 역할", 『체육과학연구』, vol.29, no.2, 통권 114호, 국민체육진흥공단 한국스포츠정책과학원, 2018, pp.357~359.

표 대결을 벌일 만큼 국제적 승인 획득의 문제를 중요시하였다. 따라서 북한의 입장에서는 IOC에의 가입을 통한 승인 획득이 절실한 상황이었다. 이것이 북한으로 하여금 남측에 스포츠 교류를 제안하는 동기가 되었다고 볼 수 있다.[9]

실제로 브런디지가 편지에서 남북 선수 모두를 관장하는 단체가 되길 희망한다면서도 북한 선수들을 포함하지 못할지 모른다고 우려했던 것이 현실이 되면서, 북한에게는 그 필요성이 더 절실해졌다. 6·25전쟁 중이던 1952년 7월 19일 개막된 제15회 헬싱키 올림픽에 43명의 남한 선수단은 전쟁 중에도 국민 성금으로 참가 경비를 마련하여 태극 마크와 'Korea' 표기를 가슴에 달고 참가하여 뛰었다. 그러나 이때 북한도 선수단을 파견했지만, 올림픽에 참가하지 못한 채 경기장 밖에서 시위만 벌여야 했다. '북한 선수는 한반도의 유일한 올림픽위원회인 KOC의 선수단 명단에 등재돼 있지 않아 뛸 수 없다'는 IOC의 결정 때문이었다.[10]

최초의 남북 교류 제의는 1954년 4월 27일 한반도 평화 체제를 논의하기 위해 열린 제네바회담에서 처음으로 남북한 접촉이 이루어졌고, 여기에서 북한 대표 남일이 최초로 제안하였다.[11] 그리고 북한은 1956년 제3차 노동당 대회에서 남북 스포츠 교류 문제를 최초로 언급하였고, 1957년 12월에는 제17회 로마 올림픽 대회 남북단일팀 구성을 위해 함께 노력할 것을 남측에 제의하였다. 그러나 북측의 남한과의 접촉 노력은 북한이 1957년 불가리아 소피아에서 개최된 제54차 IOC 총회에서 잠정적 가입 승인을 받게 됨과 동시에 끝났다.

---

9 정기웅, 『스포츠 외교의 신화: 성공과 실패, 그리고 그 밖의 이야기들』, 박영사, 2018, p.170.
10 『동아일보』, 2009.10.09., "[책갈피 속의 오늘] 1947년 IOC의 KOC 공식승인", https://www.donga.com/news/article/all/20050620/8201595/1
11 김영란, 『남북교류 어떻게 해야 할까?』, 솔과학, 2021, p.99.

북한이 IOC에 가입한 이후 1958년에서 1970년까지는 의무적으로 남북 스포츠 분야에서의 남북회담이 존재했던 시기였다. 1957년 북한은 IOC 가입 승인을 받게 되었지만, 이때 IOC는 북한 국가올림픽위원회(NOC)의 사업한계를 북한 내로 국한시키고, 올림픽 참가와 같은 대외적인 사업은 서울에 본부를 둔 KOC에 있다는 조건이 붙어 있었다. 따라서 북한 NOC의 올림픽 참가는 한국 KOC를 통하지 않을 수 없게 되어 북한으로서는 남북 체육 회담 제의가 불가피하게 되었다.

이러한 상황에서 북한의 김일성은 1960년 8월 14일 8·15 경축사를 통해 '과도적 연방제'를 제의하면서 남북이 모든 분야에서 문화교류를 하자고 제안하였다. 그리고 1962년 7월 28일 북한올림픽위원회는 KOC에 1964년 동경올림픽 단일팀 구성 문제를 협의하기 위한 체육 회담을 가질 것을 제의하여 스위스 로잔에서 제1차 남북체육회담이 개최되었다.[12] 제2차 남북체육회담은 같은 해 5월 17일부터 6월 1일까지 홍콩에서 개최되었다. 그러나 이 시기에 북한은 올림픽 참가를 위해 남한의 협력이 절실히 필요하였으나 남한은 북한과 협력으로 얻을 것이 없는 상황이라 남북 대화는 형식적인 수준에 머물렀고 협상을 통해 남북 체육 교류에 어떤 새로운 진전이 일어나지도 않았다.

1963년 1월 24일 스위스 로잔에서 개최된 체육 회담은 당시 북한은 올림픽 출전권이 없던 시기여서 IOC가 중재자로 나서 1차 남북단일팀 구성 회담을 주도했다. 이 회담에서 남북은 국가(國歌)를 대신해서 '아리랑'으로 결정한 의미 있는 첫 회담이었다.[13] 그러나 그 이후에 같은 해 홍콩에서 진행된 2차와 3차 체육 회담은 남북한 대표들만 만나서 진행한

---

12 김영란, 『남북교류 어떻게 해야 할까?』, 솔과학, 2021, pp.100~101.
13 최진환, "1991년 남북단일팀 성사와 단절에 관한 고찰: 제41회 지바 세계탁구선수권대회를 중심으로", 『국가전략』 제28권 1호 2022년 봄호, 2022, p.175.

첫 회담이었는데 끝내 결렬되고 말았다. 당시 남한은 1948년부터 이미 올림픽에 참가하고 있었기 때문에 북한과 함께 올림픽에 나간다는 것에 대한 거부감이 있었다. 따라서 남한은 남북단일팀 구성을 거부할 명분이 없어 회담에 임했지만, 내부적으로는 회담을 결렬로 몰아가라는 훈령이 있었다.

그 후로 IOC는 남북 당사자만의 회담은 무리가 있다고 판단하여 다시 남북한 대표들을 로잔으로 불러들여 4차 회담을 개최하려고 하였으나 남한의 거부로 성사되지 못했다. 이를 계기로 북한은 1963년 10월에 IOC로부터 독자적인 NOC를 승인받고 올림픽 출전 자격을 얻게 되었다.

1969년 6월 북한은 IOC로부터 '조선민주주의인민공화국 올림픽위원회(DPRK NOC)'를 최종 승인받아 정식으로 국호를 사용하여 올림픽에 참가할 자격을 얻었다. 결국 남북한은 네 번의 단일팀 구성 기회를 살리지 못하고, 남한은 의도적으로 회담을 결렬시킴으로써 북한의 NOC가 독립팀으로 올림픽에 참가할 수 있는 기회를 얻게 되는 결과를 낳았다. 그리고 결과적으로 남북 NOC 분리로 이어지는 스포츠 분단의 원인을 제공한 셈이 되었다.[14] 어쩌면 2023년 말 북한이 남한과의 결별을 선언하며 주장한 '두 국가' 개념이 이미 이때 스포츠에서 먼저 잉태되었다고 볼 수도 있다.

이렇게 남북 NOC로 갈라진 남북 스포츠는 이후 아주 오랫동안 분단의 길을 걷게 된다. 박정희 정부 시기 남북 스포츠 교류는 1972년의 7·4 남북공동성명 이후 1972년 뮌헨 올림픽 당시 남북한 올림픽위원장의 남북 체육 공동성명, 1976년 대한축구협회장의 남북 축구 교환경기 제안, 1978년 남한의 서울 세계사격선수권대회 초청, 1979년 북한의 제35회 세계탁구선수권대회 단일팀 구성 제안, 1979년 북한의 모스크바 올림픽

---

[14] 최진환, "남북 스포츠 분단의 역사적 함의: 조선민주주의인민공화국 올림픽위원회 승인과정을 중심으로", 『한국체육학회지』 59권 3호, 한국체육학회, 2020, pp.9~15.

경기 대회 단일팀 구성 제안 등을 꼽을 수 있다. 그러나 여러 차례의 제안과 회담이 오고 갔으나 실질적인 성과를 이룬 것은 단 한 건도 없었다.

〈1970년대 이후 역대 정부의 분야별 회담 개최 횟수〉[15]

| 구 분 | 정치 | 군사 | 경제 | 인도 | 사회문화 | 총계 |
|---|---|---|---|---|---|---|
| 박정희 정부 | 22 | 0 | 0 | 85 | 4 | 111 |
| 전두환 정부 | 12 | 0 | 5 | 8 | 7 | 32 |
| 노태우 정부 | 122 | 0 | 0 | 18 | 23 | 163 |
| 김영삼 정부 | 14 | 0 | 0 | 7 | 0 | 21 |
| 김대중 정부 | 31 | 15 | 20 | 7 | 2 | 75 |
| 노무현 정부 | 35 | 29 | 71 | 19 | 17 | 171 |
| 이명박 정부 | 0 | 4 | 10 | 6 | 1 | 21 |
| 박근혜 정부 | 6 | 1 | 26 | 3 | 1 | 37 |
| 문재인 정부 | 19 | 4 | 4 | 2 | 7 | 36 |
| 윤석열 정부 | 0 | 0 | 0 | 0 | 0 | 0 |
| 총 계 | 261 | 53 | 136 | 155 | 62 | 667 |

1972년 7·4 남북공동성명 이후 한동안 활발하게 진행되었던 남북회담은 남한에서는 유신체제의 성립, 북한에서는 김일성 1인 독재 체제의 공고화가 이루어지면서 시들어졌다. 이것을 역사의 우연이라고 해야 할지 모르겠지만, 남북 주민들을 통일에 대한 뜨거운 열망으로 몰아넣었던 7·4 남북공동성명의 잉크가 채 마르지도 않은 1972년 12월 27일 남한의 박정희 정부와 북한의 김일성 정부는 서로 이미 오래전에 약속이라도 한 듯이 똑같은 날에 영구적인 1인 독재체제를 구축하기 위한 장치를 마련한다. 약속이라도 한 듯 남한에서는 전 세계 민주국가에 유래가 없는 비민주적인 유신헌법을, 북한에서는 김일성의 권위주의 체제를 완성하는

---

15 통일부-남북관계관리단-회담정보-회담통계 자료:https://dialogue.unikorea.go.kr/ukd/b/be/usrCmsStat/List.do?tab=1

사회주의헌법을 시행하였다. 그리고 이후 남북은 대화와 교류에는 관심을 끊고 각각 1인자의 영구 독재를 강화하기 위한 내부통제 강화에만 매진하게 된다.

아울러 남북한 스포츠 교류 대화도 서로 체제 우위를 과시하고자 하는 정치 선전의 수준을 벗어나지 못했다. 박정희 정부시기 동안 총 111회의 남북회담이 개최되었으나 대부분 인도적 분야(85회)나 정치적 분야(22회) 대화가 주를 이루었다. 반면 스포츠를 포함한 사회문화 분야 대화는 1979년에서야 4차례 개최되었을 뿐이어서 실질적인 성과를 목표로 했다기보다는 구색 맞추기에 불과하였다. 박정희 정부와 김일성은 통치권을 강화하고 집권 연장을 정당화하는 목적으로 남북 교류와 스포츠 교류를 이용하였다. 다만, 이 시기 남북 교류가 별 진전 없이 끝났지만, 회담 기간 동안 이루어진 인적교류와 이를 통한 상호 이해증진의 기회 정도는 그나마 넓은 의미로 긍정적이라 할 수 있다.[16]

---

16 김동선, "역대 정부의 남북스포츠교류정책 평가",『한국체육학회지』제44권 제6호, 한국체육학회, 2005, p.10.

## 2. 전두환의 3S 정책과 단일팀 실패

신군부에 의한 제5공화국의 출범으로 시작된 1980년대 한국은 새로운 군사독재 시대를 맞이하게 되었다. 10·26 사건 이후, 12·12 신군부 쿠데타와 1980년 5월 광주 민주화 운동의 무력 진압 등을 거쳐 집권한 제5공화국 집권 세력들은 정당성에 심각한 취약점을 가지고 있었다.

군부 쿠데타로 집권한 전두환 정권 세력들은 대내적으로는 폭력적 통제 메커니즘을 구축하고 국내 정치 문제를 공동화시켰다. 그리고 대외적으로는 안보를 앞세워 미국과의 관계를 긴밀히 함으로써 쿠데타에 의한 정권 찬탈을 인정받는 동시에 끊임없는 정상외교와 올림픽 유치와 같은 이벤트성 행사를 개최하여 국민의 관심을 밖으로 돌리며 정권의 안정을 꾀하려 하였다. 이 과정에서 스포츠는 이와 같은 대내적 및 대외적 목적을 동시에 충족시킬 수 있는 효과적인 수단으로 활용되었다.[17]

정치적 목적으로 스포츠를 이용한 방법으로 전두환 정권은 스포츠 공화국이라 불릴 정도로 역대 어느 정권보다도 스포츠 정책에 심혈을 기울였고, 특히 엘리트 스포츠와 프로화를 강조하였다. 86 서울 아시안게임과 88 서울올림픽 유치, 프로야구를 시작으로 한 각종 프로스포츠의 출범, 국제대회 메달 획득을 통하여 냉전 시대 이념주의 체제하에서 체제경

---

[17] 정기웅, 『스포츠 외교의 신화: 성공과 실패, 그리고 그 밖의 이야기들』, 박영사, 2018, p.173.

쟁에서 우위를 확보하는 일에 국가가 나서 앞장섰다. 그 결과 국가 이미지 제고라는 성과도 거두었지만, 지나친 성과 위주의 정책으로 사회체육 프로그램과 시설의 부족, 지역주의 조장이라는 부작용도 남기게 되었다. 이 시기는 정권의 정당성 확보를 위하여 엘리트 스포츠가 정치적 목적의 수단으로 적극 활용된 시기였다.

군대를 동원해 정권을 잡은 까닭에 정권의 정통성이 취약했던 전두환 정권은 국민의 저항과 국제적인 비판을 잠재우고 정통성을 확보할 돌파구로 '3S 정책'이라고 불리는 우민화정책을 실시하였다. 스크린(screen: 영화), 스포츠(sports), 섹스(sex)에 의한 '3S 정책'은 문화 진흥 정책이라는 미명 아래 국민을 탈정치화시키는 것이 목적이었다. '3S 정책' 중에서도 스포츠는 국민의 단합과 애국심을 고취시키는데 매우 효과적인 수단이었기에 전두환 정권은 국가 차원의 체육단체 지원과 각종 국제대회 개최권 유치와 엘리트 스포츠의 경기력 향상을 통한 국제적 위상 제고와 북한과의 체제경쟁에서 우위를 통하여 정권의 정당성을 확보하려는데 적극 활용하였다.

우선 전두환 정권은 86 아시안게임과 88 서울올림픽 유치에 성공하면서 양 대회 준비와 엘리트 스포츠 육성에 박차를 가하였다. 그리고 1981년 5월 청와대 수석비서관 회의에서 '프로스포츠 추진'에 관한 지침이 세워지고 몇몇 체육계 인사들과의 '면접'이 시작됐다. 그때 청와대 비서진과 면접한 이들 중에 실업팀 롯데 자이언트의 감독 박영길이 있었는데 평소 언론 인터뷰 등을 통해 프로야구 창설의 필요성을 강하게 주장해 왔다. 그는 청와대가 프로스포츠에 관한 구상을 가지고 야구와 축구를 저울질한다고 판단해 야구 행정가인 이용일과 이호헌의 도움으로 이전에 좌절된 프로야구창설계획을 토대로 새로운 계획서를 작성·제출하여, 재정

적 문제로 주저하던 축구협회보다 먼저 야구의 프로화가 이루어졌다.[18]

그리고 1982년 3월 27일, 드디어 한국 프로야구가 동대문 서울운동장 야구장에서 MBC 청룡과 삼성 라이온즈의 개막 경기를 시작으로 화려하게 출범하였다. 전두환 정권은 프로 야구를 지역을 연고로 하는 체제로 구상하고 재벌그룹들이 맡아서 팀을 창단하도록 요구하였다. 정권 차원의 적극적인 추진으로 지역을 연고로 한 6개 팀이 창단되었고, 1982년 3월 27일, 지금은 철거된 동대문 서울운동장 야구장에서 삼성 라이온즈와 MBC 청룡의 역사적인 프로야구 첫 경기가 열린 것이다. 공식 관중 2만 3,998명이 빈틈없이 들어선 이날 경기는 5회에 이만수가 프로야구 1호 홈런을 날렸고, 연장 10회말 7-7 만루 상황에서 이종도의 만루 홈런으로 11-7로 MBC 청룡이 짜릿한 승리를 맛보았다.

오늘날 프로야구는 대중들로부터 가장 각광 받는 스포츠로 자리 잡았지만, 프로야구의 출범은 정권의 정치적 이해가 깊숙이 개입되어 이루어진 것이었다. 집권에 대한 정당성이 취약했던 전두환 정권은 86아시안게임과 88올림픽의 성공적 개최에 정권의 사활을 걸 정도로 스포츠에 많은 공을 들였지만, 그것만으로는 국민의 모든 관심을 끌어낼 수는 없었다. 그래서 스포츠의 프로화에 눈을 돌렸다. 그중에 야구의 인기가 가장 높았는데, 특히 고교야구는 그 당시 전 국민적인 스포츠로 저변이 확보되어 있었다. 특히 야구 명문이나 라이벌 고등학교 사이 경기가 있는 날이면 동대문의 서울운동장 야구장은 관람석 계단까지 발 디딜 틈이 없을 정도로 만원을 이뤘다. 고교야구의 영향으로 대학 야구도 덩달아 인기를 얻으면서 야구는 대중성을 확보하고, 그 과정에서 선수층도 상당히 두터워졌는데, 이러한 상황이 프로야구가 출범하는 기반이 되었던 것이다.

---

18　김은식, "한국 야구의 발전과 프로야구의 제도", 한국학중앙연구원 한국학대학원 박사학위논문, 2021, pp.112~113.

'5공화국의 사생아'라는 별명을 갖고 출범한 프로야구는 국민을 우민화하기 위한 대표적인 사례였고, 성공에 대한 우려가 컸지만 정권의 적극적인 지원과 당시 국민소득이 증가하면서 여가 문화에 대한 관심이 생겨나기 시작하던 시대적 상황과 맞물려 기대 이상의 성공을 거두었다. 특히 스포츠 공화국이라고 불릴 만큼 넘쳐났던 TV 중계와 언론 보도는 국민의 관심을 스포츠로 집중하게 만드는데 크게 기여하였다. 그리고 지역연고제로 각 팀들이 지역 대표성을 띠면서 프로야구에 대한 열기가 더욱 고조되고 경기 승패에 따라 희비가 엇갈리며 열광하게 만들었다.

프로야구 출범 후 프로스포츠 열풍이 불기 시작하여 1983년에는 프로축구가 탄생하였다. 프로축구도 프로야구와 마찬가지로 정부 주도의 인위적인 정책에 의하여 프로화가 진행되었다. 물론 여기에는 1984년 LA 올림픽부터 프로축구 선수의 올림픽 참가가 허용된 당시 국제적인 환경 변화도 한몫하였다. 하지만 1960~1970년대 한국 축구는 1976년 몬트리올 올림픽 아시아 예선전 탈락, 1977년 아르헨티나 월드컵 예선전 최종 탈락, 1981년 스페인 월드컵 지역 예선 탈락 등 올림픽이나 월드컵 본선 진출이 번번이 좌절되는 등 경기력 수준이 낮았고, 프로레슬링, 프로복싱, 농구, 배구 등의 다른 종목 스포츠에 비하여 인기가 뒤처져 있었다. 이에 양지축구단 운영 등 국가가 직접 개입하여 국제 경기력 향상을 위해 노력하였지만, 축구 발전보다는 체제경쟁이라는 정치적 논리에 의해 희생되기도 하였다. 그런 중에도 차범근, 허정무 등 일부 뛰어난 한국 축구 선수들의 해외 진출이 이루어지고, 실업팀 및 다양한 단체의 창단을 통해 저변확대와 경기력 향상 등을 추진했지만 여전히 세계 무대에서의 경쟁력은 부족하여 새로운 돌파구를 위해 축구 관계자들을 중심으로 프로축구 리그 출범에 대한 논의가 시작되었다. 이런 분위기 속에서 프로축구 리그 출범은 축구의 국제경쟁력이 강화되는 계기가 되었다. 해외선수의 국내 슈퍼리그에서 활약과 기존 선수의 유럽 등 해외리그 활약 등은 한국 축구의 국제 경기력 강화 측면에서 긍정적인 역할을 하였다.[19]

축구계는 1970년대 말까지 침체기를 벗어나기 위한 노력이 꾸준히 있었으나 결과를 보지 못하고 있었다. 그러던 중 1979년 새로 선출된 대한축구협회 최순영 회장의 출마 공약이었던 "할렐루야 축구팀"이 1980년 12월 창단되면서 최초의 프로구단이 탄생하였고 1980년 11월부터 한국 프로축구연맹 준비위원회를 발족하고 프로화를 준비하고 있었다. 그러나 1981년 청와대 수석비서관 회의 이후 당시 고교야구로 인기를 얻고 있던 야구의 프로화가 먼저 추진되면서 축구의 프로리그 출범은 다소 늦어지게 되었다.

1982년 프로야구의 출범을 바라보며 축구계는 충격을 받았고, 정부의 압박으로 1982년 12월 대한석유공사가 두 번째 프로구단인 '유공 코끼리 축구단'을 창단하였다. 그러나 2개 팀만으로 프로리그를 운영하는 것은 불가능하여 아마추어팀을 포함시킨 슈퍼리그가 탄생하게 되었다. 프로팀의 창단이 미흡한 상태에서 프로와 아마추어가 한 리그에서 경기하는 변칙적인 리그 방식을 채택한 이유는 전두환 정권의 지시가 있었기 때문인데, 그 이유는 1986년 서울아시안게임과 1988년 서울올림픽 유치였다. 전두환 정권은 1986년 서울아시안게임과 1988년 서울올림픽의 성공적 개최를 정권의 사활이 걸린 문제로 인식하고 일반 대중의 모든 관심을 스포츠에 끌어내고자 하였다. 특히, 올림픽은 세계인의 관심을 끄는 대규모 국제 스포츠 이벤트로, 올림픽의 유치와 성공은 전두환 정권에 대한 대외적 이미지를 제고할 것으로 기대되었기 때문이다.[20]

---

19  정형돈, "한·중·일 프로축구리그 출범 정책결정 과정 비교분석 연구", 서울대학교 대학원 박사학위 논문, 2023, pp.60~67.
20  이학래, 『한국현대체육사』, 단국대학교 출판부, 2008, p.48.

프로축구 리그를 출범시키기 위해 정부와 대한축구협회는 먼저 1983년 3월 대학, 실업, 군 팀이 총 출전하는 대통령배 전국축구대회를 효창운동장에서 개최하며 축구 붐 조성을 위해 전력을 기울였다. KBS는 "공짜로 전 경기를 구경할 수 있다. 어서 오라"며 수시로 홍보한 덕에 이전에 썰렁하기만 했던 효창구장은 첫날부터 인산인해를 이뤘고 밤낮으로 축구 중계가 이어졌다. 드디어 1983년 5월 8일 슈퍼리그 개막식이 동대문운동장에서 열렸고, 전두환 당시 대통령이 시축자로 나섰다. 참가팀은 유공 코끼리(현 제주유나이티드), 할렐루야 독수리, 포항제철 돌핀스(현 포항스틸러스), 대우 로얄즈(현 부산아이파크), 국민은행 까치 등 5개 팀이었다.[21]

개막식에 이어 오후 4시 시작된 할렐루야와 유공의 개막전에서 선제골은 유공이 터뜨렸다. 전반 23분 이강조의 패스를 받은 박윤기가 페널티 에어리어 안 오른쪽에서 오른발 땅볼 슛을 터뜨린 것이다. 프로축구 첫 골을 터뜨린 박윤기는 출범 첫해 득점왕에 오르기도 했다. 후반에 맹반격을 시도한 할렐루야가 결국 후반 25분에 동점골로 응수했다. 박창선이 아크 서클 부근에서 통렬한 중거리 슛을 성공시켰는데, 이 골은 3년 뒤 1986년 멕시코 월드컵 아르헨티나 전에서 박창선이 넣은 골과 매우 흡사했다. 양 팀은 팽팽한 접전을 펼쳤지만 더 이상 골은 터지지 않아 1-1 무승부로 경기는 끝났다. 곧바로 같은 장소에서 이어진 개막일 두 번째 경기에서도 포철의 이길용과 대우의 이춘석이 한 골씩을 넣은 가운데 1-1로 비겼다. 정부의 압력으로 급조된 프로축구였지만 개막전에서 박진감 넘치는 경기를 보여주면서 이후 매 경기 만원 관중을 기록할 정도로 전국에 엄청난 축구 열풍을 일으켰다.

반면 슈퍼리그는 전두환 정권의 강력한 지침에 따라 급하게 출범한 탓

---

21  스포츠경향, 2023.02.24. "1983년 프로축구 원년, 앗! 이런 일들이 있었다고?", https://sports.khan.co.kr/news/sk_index.html?art_id=202302240806003

에 문제점도 많았다. 연고지가 명확하게 정해지지 않아 팀들은 매 주말 서울, 부산, 대구, 광주, 대전, 전주, 춘천, 마산, 안동 등 총 9개 도시를 떠돌며 경기를 치러야 했는데, 5팀이 토, 일요일 경기를 벌이는 시스템 탓에 4팀은 이틀 연속 경기를 뛰는, 지금으로서는 이해할 수 없는 방식으로 시즌이 운영되기도 하였다.

그럼에도 아시아 최초로 프로리그를 탄생시킨 축구 열풍은 계속되었고, 1983년 6월 한국 축구는 엄청난 행운을 얻었다. 박종환 사단이 멕시코 세계청소년대회 4강에 오른 것이다. 한국은 앞선 1982년 아시아선수권에서 북한에 패해 3위에 그쳐 세계대회 출전권을 놓쳤다. 그런데 북한이 그해 뉴델리 아시안게임에서 심판을 폭행해 국제대회 출전정지 처분을 받으면서 한국이 대타로 세계대회에 나서 기적을 쓴 것이다. 당시 재야 정치인 김영삼이 '민주 회복'을 외치며 단식 중이었는데, 언론을 통제한 전두환 정권은 당시 인기 코미디언 이주일이 박종환 감독 친구라는 화제까지 더하며 멕시코 세계청소년대회 4강으로 다른 모든 이슈를 덮어버렸다.[22]

프로야구와 프로축구 출범으로 우리나라에는 프로스포츠의 열풍이 불기 시작하였다. 야구와 축구 등 근대스포츠의 그늘에 가리어 정체상태에 있었던 씨름도 각종 프로스포츠의 붐을 타고 프로화의 움직임이 일기 시작하였다. 1982년 4월 민속씨름이 발족되었고 같은 해 11월 민속씨름협회를 사회법인단체로 등록하였으며, 1983년 3월에는 민속씨름위원회가 출범하였다. 프로씨름은 야구와 축구에 이어 프로스포츠 시대를 선언하고 1983년 4월 14일 서울 장충체육관에서 제1회 천하장사씨름대회 및 체급별 장사대회를 대한씨름협회와 KBS의 공동 주최로 공식 경기에

---

[22] 스포츠경향, 2023.02.24. "1983년 프로축구 원년, 앗! 이런 일들이 있었다고?", https://sports.khan.co.kr/news/sk_index.html?art_id=202302240806003

들어갔으며 언론 매체를 통하여 전국적으로 방영하여 씨름 경기의 새로운 장을 열었다. 제1회 천하장사씨름대회에는 1만여 명을 수용할 수 있는 장충체육관에 1만5천여 명의 관중이 모여들어 절반은 경기장 관람석에서 관람할 수 없을 정도로 최고의 관중들이 모여들었다. 당시 프로야구 평균관중이 약 6천여 명, 프로축구 평균 관중이 약 2만여 명이었던 것과 비교할 때 프로씨름의 인기를 가늠할 수 있을 것이다.[23] 이후 농구, 배구, 핸드볼 등 각종 세미프로 형태의 종목들이 탄생하게 되었으며, 이는 한국 엘리트 스포츠 발전의 초석이 되었다.

한편 전두환 정권 시기는 1983년 미얀마 아웅산 묘역 테러 사건, 1987년의 KAL 858기 폭파 사건 등으로 남북 간에는 정치적·군사적 긴장이 매우 고조된 시기였다. 경색된 남북 관계 속에서 1980년부터 1987년까지 총 32건의 남북 대화가 이루어졌는데, 이중 사회문화 분야는 7건으로 이전 시기보다는 상대적으로 많은 비중을 차지하였다. 이 7건이 남북 스포츠 교류와 관련된 것으로 1984년 LA 올림픽 남북단일팀 구성을 위한 회담과 IOC 중재로 이루어진 1988년의 서울올림픽 공동 개최 및 남북단일팀 구성을 위한 회담이었다.[24]

LA 올림픽 남북단일팀 구성을 위한 남북 체육회담은 남한은 김종규 대한올림픽위원회 부위원장, 북한은 김득준 북한올림픽위원회 부위원장을 수석대표로 하여 1984년 4월 9일부터 5월 25일까지 판문점 중립국감독위원회 회의실에서 3차에 걸쳐 개최되었다.[25] 회담은 먼저 북한 측의

---

23 손수범, "경제성장에 따른 한국스포츠의 변천", 용인대학교 박사학위 논문 2002, pp.163~164.
24 통일부-남북회담본부-회담정보-회담통계 자료: https://dialogue.unikorea.go.kr/ukd/be1/usrCmsStat/List.do?tab=1#
25 통일부-남북회담본부-회담정보-회담통계 자료: https://dialogue.unikorea.go.kr/ukd/be1/usrCmsStat/List.do?tab=1#

제안으로 시작되었다. 1983년 10월 9일 버마 아웅산테러 사건 등으로 인해 남북한 간에 과거 어느 때보다 긴장이 고조되고 있는 상황에서 북한은 1984년 3월 30일 김유순 북한올림픽위원회 위원장 명의로 된 서한을 정주영 대한올림픽위원회 위원장 앞으로 보내왔다. 이 서한에서 북한은 "제23회 국제올림픽경기대회와 그 후에 있게 될 아시아 및 세계선수권대회에 북과 남이 유일팀을 구성하여 출전할 것"을 제의하고 빠른 시일 내에 "이 문제를 협의하기 위하여 북과 남의 올림픽위원회의 부책임자급을 단장으로 하는 쌍방 체육대표단이 판문점에서 회담을 가질 것"을 제의하였다.

대한체육회는 제23회 LA 올림픽대회 참가 선수 명단 제출 마감일이 불과 2개월 밖에 남지 않은 시점에서 단일팀 구성 문제를 협의·해결하는 것이 기술적으로나 시간적으로 실현 가능성이 희박하다고 보면서도, 이를 남북한 간의 인적·물적 교류와 협력 증대의 계기로 삼기 위해 4월 2일, ① 1984년 LA 올림픽대회, 1986년 아시아 경기대회, 1988년 서울올림픽대회를 비롯한 앞으로 있을 국제체육경기대회에 참가할 남북단일팀을 구성하는 문제 ② 남북 체육 교류를 실시하는 문제 등을 논의하기 위한 회담을 4월 9일 판문점에서 가질 것을 제의하였다. 이에 대해 북한이 4월 6일 회담 대표단을 파견하겠다고 통보함에 따라 회담이 개최되게 되었다.[26]

어렵게 남북 체육회담이 성시되었으나 회담은 정상적으로 진행되지 못하였다. 회담 의제로 남한은 첫째, 1984년 제23회 LA 올림픽대회, 1986년 아시아경기대회, 1988년 서울 올림픽대회를 비롯하여 앞으로 있을 국제대회 남북한 단일팀을 구성하는 문제 둘째, 단일팀 구성과 관련하여 ① 선수선발 ② 선수 및 임원단 구성 ③ 선수 훈련 ④ 선수단 경비

---

26   통일부-남북회담본부-회담정보-회담통계 자료: https://dialogue.unikorea.go.kr/ukd/be1/usrCmsStat/List.do?tab=1#

⑤ 단기 ⑥ 단가 ⑦ 선수단 호칭 문제 등 7개 항을 준비하였다. 북한은 첫째, 제23회 LA 올림픽대회와 그 이후에 진행되는 국제체육경기대회들에 북과 남이 유일팀으로 출전하는 문제, 둘째, 남과 북이 체육 분야에서 합작과 교류를 실시하는 문제 등 2개 항을 준비하여 회담 의제는 크게 다르지 않았다.

그러나 제1차 회담에서부터 남한은 앞서 북한 당국이 자행한 버마아웅산테러 사건과 최은희·신상옥 납치 사건을 남북한 간의 긴장과 대결을 격화시키는 중대한 도발 행위라고 지적하면서 이러한 상황에서는 남북의 체육 인사들이 마음 놓고 접촉하고 협력할 수 없음을 지적하였다. 이에 대해 북한은 "유일팀 구성을 논하는 이 마당에서 논제와는 전혀 관계가 없는 버마 사건과 같은 정치 문제를 개입시키는 것은 체육 문제와 맞지 않다"고 주장하면서 남한이 사죄할 것과 앞으로 회담에 정치 문제를 들고나오지 않고 또한 정치 도발을 하지 않겠다는 보장 요구 등을 전제조건으로 내세우면서 의제 토의를 거부하여 제3차 회담까지 남북이 서로 책임을 전가하며 대립하였다. 그리고 제4차 회담 일자를 결정하자는 남한의 제의에 대해 북한은 전화통지문을 통해 연락하자고 하면서 일방적으로 회담을 중단시키고 말았다. 그 후 정주영 대한올림픽위원회 위원장이 1984년 5월 29일 제4차 남북체육회담을 6월 1일 개최할 것을 북한 측에 제의했으나, 북한 측은 제3차 회담에서 제기한 두가지 전제조건을 또다시 내세워 제4차 회담 개최를 거부함으로써, 제23회 LA 올림픽대회에 남북한이 단일팀으로 출전하기 위한 체육 회담은 성과 없이 끝나고 말았다.

북한은 1984년 LA 올림픽 단일팀 구성 논의를 위한 회담을 통해 지속된 경제 침체와 대남 무력도발에 대한 관심을 분산시키고, 1984년 LA 올림픽 참여 과정에서 공산주의 국가들의 대회 참가 의중을 파악하고자 하였다. 결국 1984년 5월 24일 체코 프라하에서 개최된 공산주의국가 11

개국 체육 관계자 회담에서 공산국가들이 LA 올림픽에 불참하면서 북한도 불참을 선언하였다.[27]

전두환 정권 시기 LA 올림픽 남북단일팀 구성을 위한 남북 대화는 합의를 도출하기 위해 남북 모두 진의를 가지고 협상한 것이 아니었다. 남북 모두 정치적 선전과 명분 획득을 위해 회담을 활용하였을 뿐이다. 북한은 회담을 체제 유지 및 강화 그리고 남한의 국론분열 분위기 조성을 위한 정치적 수단으로 삼고자 하였다. 그러나 스포츠 활동을 정치적 수단으로 활용하고 남북한 스포츠 협상을 상대방에 대한 비방과 선전의 장으로 사용한 것은 북한만이 아니었다. 전두환 정권의 스포츠 정책들도 명백히 정치적 의도를 갖고 추진되었으며, LA 올림픽 남북단일팀 구성을 위한 회담에서 남한이 1983년 미얀마 아웅산 폭파 사건을 회담의 선결 의제로 내세웠던 것은 남한도 남북 스포츠 회담을 대북 압박과 정치적 선전의 장으로 활용한 실례라고 볼 수 있다.[28]

1980년대는 국내외적으로 많은 변화가 시작된 시기였다. 우선 북한은 1980년 조선노동당 제6차 대회를 통해 김정일이 북한의 지도자로 등장하여 정치국, 비서국, 군사위원회 등 핵심 요직에 이름을 올리며 후계자 통치를 시작하였다. 김정일이 후계자로 추대되었으나 그 정통성이 취약하였기에 문화·보건·체육 분야 등의 실무 지도나 시찰을 통해 인민들과 직접 접촉하며 인민들의 생활 향상을 위해 노력하는 이미지를 부각시키려고 노력하던 시기였다.[29]

남한은 신군부에 의한 제5공화국의 출범으로 새로운 군사독재 시대를

---

[27] 이학래·김동선,『북한의 체육』, 한국학술정보, 2004. p.265.
[28] 정기웅,『스포츠 외교의 신화: 성공과 실패, 그리고 그 밖의 이야기들』, 박영사, 2018, p.175.
[29] 이우태·성문정·허정필, "남북 사회문화교류 활성화를 위한 교류거버넌스 구축방안: 체육교류를 중심으로",『KINU 연구총서』19-12, 통일연구원, 2019, p.101.

맞이하고 있었다. 김정일과 마찬가지로 집권에 대한 정통성이 취약했던 전두환 정권은 3S, 즉 스크린(screen: 영화), 스포츠(sports), 섹스(sex)에 의한 우민화 정책으로 국민의 관심을 다른 곳으로 돌리고자 하였다. 그 일환으로 88서울올림픽, 86아시안게임 서울 유치, 1982년 프로야구, 1983년 프로축구, 씨름 등 프로스포츠가 창설되었다. 그러나 남한 사회는 군사독재정권과 민주화 세력의 정치적 대결이 격화되고, 영호남 지역갈등과 같은 사회갈등 및 경제발전 과정에서 나타난 국민의 소득불균형 상태가 심화되고 있었다.

1980년대 남북한은 국내 정치적 상황은 전두환과 김정일이라는 새로운 정치지도자가 등장하였으나, 남한이나 북한 모두 정권의 정통성이 부족하여 대내적으로 새로운 리더십의 정통성 확보를 위해 집중하던 시기였고, 권력 공고화를 위해 모든 역량을 모으던 시기였다. 남한은 올림픽 회담 등 교류 협력을 위한 남북 대화에 적극 나서며 정권의 정당성 문제를 통일 이슈와 남북 교류를 통해 전환하고자 했고, 북한도 버마(미얀마) 아웅산 테러 사건으로 인해 국제적으로 고립이 심화되자 이를 타개하고자 남북 대화 및 스포츠를 활용하였던 것이다. 결국, 남북한 모두 정통성이 부족한 새로운 권력의 출현이라는 대내적인 정치적 상황에서 스포츠를 권력과 대중이 교감하는 수단으로 활용하여 권력을 공고히 하려는 공통된 목적에서 남북이 서로 이용하였던 것이다.[30] 그래서 LA 올림픽 남북단일팀 구성은 실패할 수밖에 없었다.

---

30 이우태·성문정·허정필, "남북 사회문화교류 활성화를 위한 교류거버넌스 구축방안: 체육교류를 중심으로", 『KINU 연구총서』 19-12, 통일연구원, 2019, p.101.

## 3. 88서울올림픽 반쪽의 성공

　민주화의 뜨거운 열기로 군사독재정권이 무너지는 시기에 개최된 서울올림픽은 국제적으로는 본격적인 냉전의 종식과 세계화가 시작되는 계기가 되었다. 이전 모스크바올림픽에는 미국을 중심으로 한 서방 국가들이 소련의 아프카니스탄 침공을 반대한다는 의미로 불참하였고, 이에 대한 대응으로 LA올림픽에는 소련을 중심으로한 동구권 국가들이 불참함으로써 인류 평화의 증진을 표방하는 올림픽 정신에도 불구하고 반쪽짜리 올림픽으로 치러졌다.

　서울올림픽은 동서 세력의 대치 현상이 계속되는 상태에서 분단국인 한국에 세계 각국이 모두 모이게 되었다는데 세계사적인 커다란 의미가 부여되었다. 특히 이 대회는 중국, 소련, 동구권 등 여러나라들이 참가함으로써 이념과 체제의 갈등과 이해관계를 초월하여 동서 화해 무드와 탈이데올로기를 바탕으로 전 세계가 냉전의 벽을 허물고 영원한 전진을 약속하는 계기가 되었다는데 새로운 의미가 부여되었다. 아울러 이를 계기로 공산권 및 미수교국과 경제·문화 및 스포츠 교류를 활발히 추진하게 되었다.[31]

　서울올림픽은 노태우 정부 기간에 개최되었지만, 서울올림픽이 유치된 것은 전두환 정권 기간 중이었다. 10·26 사건, 12·12 신군부 쿠데타

---

[31] 정찬모, "서울올림픽과 한국의 국가 발전", 『체육사학회지』 제6권 1호, 한국체육사학회, 2001, pp.1~2.

그리고 5월 광주에서의 무력 진압 등 제5공화국의 집권 세력들이 정권을 장악하는 과정에서 경험하고 저질렀던 사건들은 그들이 장악한 권력의 정당성에 심각한 손상을 입혔고, 정권의 주역들에게 국내적 지지기반과 대외적 승인의 문제에 끊임없는 우려를 불러 일으켰다.

정치적 기반이 취약했던 신군부 세력은 대내적으로는 폭압적 통제메카니즘을 통해 국내 정치를 억압하였으며, 대외적으로는 안보를 강조하며 미국과의 관계를 긴밀히 하여 쿠데타에 의한 정권 찬탈을 인정받는 동시에 끊임없이 정상외교와 올림픽 유치와 같은 이벤트성 행사를 개최하여 국민의 관심을 밖으로 돌려 정권의 안정을 꾀하려 하였다. 그리고 스포츠를 이와 같은 대내적 및 대외적 목적을 동시에 충족시킬 수 있는 효과적인 수단으로 활용하였다.

서울올림픽 유치 추진은 박정희 정부까지 거슬러 올라간다. 당시 신장된 경제력에 기반을 둔 자신감으로 공산권과의 문호 개방 정책을 추진하고 있던 한국 정부는 스포츠·문화·학술교류 등을 통한 공산권과의 접촉을 시도하여 일부 성과를 거두었으나, 비정치적 분야의 접촉을 통하여 정치적 접촉을 가능하게 하는 것이 당시 외교의 당면과제였다.

1978년 9월 24일부터 10월 5일까지 12일 동안 서울 태릉국제종합사격장에서 개최된 세계사격선수권대회를 성공적으로 치러내면서 한국 스포츠계에 대규모 국제 경기 대회를 운영할 수 있다는 자신감을 갖게 된 것이 결정적인 계기가 되었다. 1979년 10월 8일 정상천 서울시장이 내외신 기자회견을 통해 88 올림픽을 개최키로 결정하여 IOC에 공식 요청하였다고 발표하였다. 그러나 10·26 사건으로 인한 대통령 박정희의 사망으로 올림픽 유치 노력은 중단되었다.[32]

---

32  정기웅, 『스포츠 외교의 신화: 성공과 실패, 그리고 그 밖의 이야기들』, 박영사, 2018, pp.127~128.

그런데 전두환 정권의 출범과 함께 올림픽 유치 움직임이 다시 본격화되었다. 그에게 있어 단기간에 국민의 관심과 지지를 모으고 국가의 위상을 높일 수 있는 올림픽대회는 쿠데타로 정권을 획득한 제5공화국의 취약점인 정통성을 만회하는데 최적의 이벤트로 보였다. 청와대의 지시를 받은 조상호 신임 대한체육회 회장은 1980년 11월 6일 대한올림픽위원회(KOC) 긴급 상임위원회를 개최하여 전두환 대통령의 올림픽 유치 의지를 전달하였고, 상임위원회에서는 올림픽 유치신청에 따른 득실을 비교·분석하고 유치신청을 하는 방향으로 가자는 결론을 내렸다. 이후 제반여건을 감안할 때 올림픽을 유치할 수 없다는 서울시의 의견이 있었으나 전두환 정권이 유치 의사를 확고히 밝힘에 따라 KOC는 IOC에 유치신청을 하게 되었다.[33]

뒤늦게 유치전에 뛰어들었을 때 이미 오스트레일리아 멜버른, 그리스 아테네 그리고 일본의 나고야는 유치 활동에 돌입해 있었다. 그러나 1981년 오스트레일리아 멜버른과 그리스 아테네가 유치신청을 포기함으로써 한국의 서울과 일본의 나고야의 대결로 압축되었다. 한국은 IOC 및 올림픽 총회 대표단과 민간 유치위원회를 구성, ANOC 총회와 올림픽 총회에 참석하여 IOC 위원 및 국제스포츠계의 유력 인사들을 대상으로 적극적인 유치교섭 활동을 벌이는 노력을 전개하여 1981년 9월 30일 서독 바덴바덴에서 개최된 IOC 총회에서 52대 27의 득표로 일본 나고야를 제치고 서울 유치를 확정하게 되었다.[34]

이후 서울올림픽 대회를 성공적으로 치르기 위한 준비와 예비의 장으로 86아시안게임 개최를 추진하였고, 1981년 11월 26일 아시안게임 서

---

33  김재우, "88서울올림픽의 유치과정에 관한 연구", 『체육사학회지』 제23권 제4호, 한국체육사학회, 2018, pp.62~63.
34  공보처, 『제6공화국 실록』 제4권, 정부간행물관리소, 1992, p.431.

울 유치가 결정되었다. 우리나라는 1954년부터 아시안게임에 출전해 왔고, 1970년에는 제6회 아시안게임의 서울 유치라는 성과를 거두기도 하였다. 그러나 경제개발이 앞서야 한다는 정부 방침에 따라 어렵게 유치했던 대회를 반납해야 했고, 이로 인한 국위 실추 또한 적지 않았던 터라 86아시안게임의 성공적 개최는 이러한 과거의 아픔을 잊게 하고 88서울올림픽의 성공적 개최에 대한 기대를 더한층 높게 하였다.[35]

당시 86아시안게임은 88올림픽을 위해 건설된 잠실올림픽스타디움에서 진행되었는데, 일부 종목은 다른 장소의 체육시설에 분산되어 진행되었다. 몇 개 종목은 대학 체육시설에서 열리기도 했는데, 전두환 정권은 86아시안게임의 진행을 위해 아시안게임 종목이 진행되는 대학은 86아시안게임 전 기간동안 학사업무를 중단하고 학교를 폐쇄하여 학생들의 학교 출입을 금지시킨 상황에서 진행할 정도로 통제가 심했다. 남자탁구 단체전에서 당시 세계 랭킹 1위 장지아량(江加郞)이 버티는 중국을 마지막 9번째 단식까지 가는 치열한 접전 끝에 안재형이 승리하여, 5시간 이상 계속된 혈투를 5:4로 끝내며 역사상 처음으로 중국을 꺾고 우승하는 역사적인 장면을 학교 밖에서 TV로 밖에 볼 수 없었던 것이 지금도 아쉽다.

또한 전두환 정권에게 서울올림픽 유치는 정권의 정당성과 명분을 확보하려던 목적뿐만 아니라, 당시 정치적으로 북한과 대립이 심화되는 시기에 상대적으로 이데올로기적 우위를 과시하려는 목적에서도 국제적인 메가 스포츠 이벤트의 유치가 필요했던 것이다. 아리아 민족의 우월성과 나치즘의 선전을 위한 독일의 1936년 제11회 베를린올림픽, 제2차 세계대전을 일으킨 패전국이라는 이미지에서 탈피하여 재도약의 꿈을 꾸던

---

35  정기웅, 『스포츠 외교의 신화: 성공과 실패, 그리고 그 밖의 이야기들』, 박영사, 2018, pp.128~129.

일본의 1964년 제18회 동경올림픽의 경우도 같은 맥락에서 해석할 수 있다.[36]

우여곡절 끝에 진행된 서울올림픽은 모스크바 대회나 LA 대회와는 달리 동서 양진영의 전 세계 160개국 13,304명의 선수가 참가한 최대 규모의 화합과 평화의 제전으로 올림픽 이념을 구현한 대회로 진행되었다. 이 대회는 중국, 소련, 동구권 각국 등이 참가함으로써 이념의 갈등과 이해관계를 초월하여 동서 화해 무드와 탈 이데올리기를 바탕으로 전 세계가 냉전의 벽을 허무는 계기가 되었다고 평가되었다.[37]

하지만 서울올림픽이 국제사회 특히 사회주의권의 개방을 촉진하여 냉전을 종식하고 탈냉전의 확산을 촉진한 성공적인 올림픽이었지만, 정작 남북 관계에 있어서는 절반의 성공에 그친 아쉬움을 남겼다. 냉전 시대 남북은 이데올로기 체제대결에서 우위를 점하고, 각국 국제 무대에서 상대방을 고립시키기 위해 결사적으로 경쟁하였다. 어느 일방의 승리로 끝나지 않았던 이러한 대결에 마침표를 찍은 것이 서울올림픽이었다, 서울올림픽의 개최와 유치는 남한에게는 체제경쟁에서 승리하는 역사적 전환점이었지만, 북한에게는 크나큰 타격이었고, 고립으로 내몰리게 되는 사건이었다.

1981년 9월 바덴바덴 제84차 국제올림픽위원회(IOC) 총회에서 제24회 올림픽대회 개최지가 서울로 결정되자 북한은 "한반도에 긴장이 상존하고 있으며 올림픽 경기의 서울 개최는 한반도의 분단 고정화를 초래하고, 이는 올림픽의 기본 이념과도 배치된다"는 등의 이유를 들어 서울

---

36 박경호, "한국 스포츠외교의 태동: 서울올림픽 유치의 유산", 『체육사학회지』 제16권 제2호, 한국체육사학회, 2011, pp.49~50.
37 정찬모, "서울올림픽과 한국의 국가 발전", 『체육사학회지』 제6권 1호, 한국체육사학회, 2001, pp.7~8.

이 대회 개최지로 부적당하다고 주장하였다. 이러한 상황에서 사라만치 IOC 위원장이 IOC 주재 하의 남북 체육회담 개최 문제를 제기하였다. 당시 IOC는 1980년 모스크바 올림픽경기대회와 1984년 LA 올림픽경기대회가 동서 진영 갈등으로 인하여 반쪽 대회로 개최하는 실패를 경험한 아픔이 있었다. 이에 IOC는 서울에서 개최되는 제24회 올림픽경기대회는 동구권을 포함한 많은 국가들이 참가하는 성공적인 올림픽으로 만들어야 하였고, IOC 중재로 남북체육회담을 개최함으로써 북한 및 일부 사회주의 국가들의 개최지 변경 요구를 미연에 방지하고, 대회를 성공적으로 개최하고자 하는 의도도 가지고 있었다.[38]

1985년 2월 1일 IOC 사마란치(Juan A. Samaranch) 위원장은 대한올림픽위원회(KOC) 정주영 위원장에게 서한을 보내 '1986년 아시아경기대회'와 '1988년 서울올림픽'과 관련하여 IOC의 중재 아래 남북체육회담을 개최할 것을 권고하였다. KOC는 1985년 3월 31일 서울올림픽에 대한 IOC 총회의 결정 사항이 존중되어야 한다는 전제 하에 IOC 주재의 남북체육회담을 수락하였고, 북한은 1985년 7월 30일 정무원 부총리 정준기 명의의 성명을 통해 제24회 올림픽대회를 남북한이 공동 주최할 것을 주장하였다. 이에 IOC 측은 남북한과 협의를 거쳐 8월 1일 IOC가 주재하는 남북체육회담이 로잔에서 개최될 것임을 남북한에 각기 통보함으로써, 제3차 남북체육회담(1984. 5. 25)을 마지막으로 중단된 남북 체육인 간의 접촉이 IOC 주재로 1년반 만에 스위스 로잔에서 다시 이루어지게 되었다.[39]

---

[38] 김재우, "88서울올림픽경기대회 관련 남북체육회담에 관한 연구: 제1차 로잔회의를 중심으로", 『한국체육사학회지』 제22권 제3호, 2017, p.68.
[39] 통일부-남북회담본부-회담정보-회담통계 자료: https://dialogue.unikorea.go.kr/ukd/be1/usrCmsStat/List.do?tab=1#

1985년 10월 8일부터 9일까지 스위스 로잔에서 개최된 제1차 남북체육회담에서 남한은 김종하 대한올림픽위원회 위원장을 수석대표로 6인, 북한은 김유순 북한올림픽위원회 위원장을 수석대표로 6인 그리고 IOC는 사마란치 IOC 위원장을 수석대표로 6인이 참석하여 진행되었다. 사마란치 IOC 위원장은 KOC와 개별 접촉에서 제24회 올림픽대회의 서울 개최를 결정한 1981년 바덴바덴 IOC 총회 결정을 존중하고 IOC와 KOC 간 계약 내용도 준수할 것이라는 IOC의 기본 입장을 밝히며, KOC에 대해 북한이 서울 올림픽대회에 보다 뜻있게 참가하도록 할 구체적 방안을 제시할 것을 요구하였다. 회담에서 남한은 IOC 총회 결정과 헌장을 존중하는 큰 틀에서 핸드볼 등 2~3개 종목의 예선경기를 북한에 배정하는 것을 고려할 용의가 있음을 밝혔으며, 북한은 남북 공동주최와 단일팀 구성 참가를 강조하면서 남북한이 각각 절반씩 나누어 경기를 개최할 것을 주장하여 제1차 회담에서는 구체적인 합의점을 찾지 못한 채 제2차 회담 일자만 합의하고 끝마쳤다.[40]

제2차 남북체육회담도 1986년 1월 8일부터 9일까지 스위스 로잔에서 진행되었다. 회의에서는 IOC가 ① IOC 위원장 환영인사 ② 제24회 올림픽대회 개회식에서 남북한 선수단의 공동입장 문제 협의 ③ 북한 지역에서 개최될 수 있는 자유종목의 협의 ④ 양측의 관할 지역을 사용하여 개최될 수 있는 종목의 협의 ⑤ 문화 행사에 북한이 참가하는 대회 개회식에서 남북한 선수단의 공동 입장 문제 협의 ⑥ 협상 후속조치 등 6개 항의 토의 의제를 제시하였고, 여기에 더하여 남한은 ① 서울올림픽대회 개회식에 남북한 선수단이 함께 입장하는 문제 ② 핸드볼 등 일부 남자단체 구기 종목의 예선경기를 북한 지역 경기장에 배정하는 문제 ③ 남북한

---

[40] 이우태·성문정·허정필, "남북 사회문화교류 활성화를 위한 교류거버넌스 구축방안: 체육교류를 중심으로", 『KINU 연구총서』 19-12, 통일연구원, 2019, p.98.

지역을 연결하는 사이클 단체도로경기를 실시하는 문제 ④ 서울올림픽 대회 기간중 북한이 문화 행사에 참가하는 문제 등 4개 항의 의제를 제기하였다. 이에 대하여 북한은 의제에서 제외된 공동 주최안과 단일팀 구성 문제를 제기하였고, 남한은 북한의 이 같은 주장에 대해 단일팀 구성 문제는 이번 회담에서 논의할 문제가 아니며 어디까지나 남북한 당사자들 사이의 직접 회담을 통해 해결하여야 한다고 밝혀 입장이 조율되지 못하였다.[41]

1986년 6월 10일부터 11일까지 스위스 로잔에서 진행된 제3차 남북체육회담에서 IOC는 1, 2차 회담 및 남북한과의 개별회의 결과를 토대로 IOC의 중재안을 제시하고, 수락 여부를 6월 말까지 회신해 줄 것을 남북 양측에 요청함으로써 회담을 조속히 타결하려 하였다. 그러나 북한 측은 그들이 주장해 오던 공동주최 및 단일팀 구성 문제를 거론치 않음으로써 종래의 입장에서 다소 후퇴를 보이는 듯하였으나, 올림픽 경기의 남북 분산 개최, 대회 명칭, 조직위원회 및 문화 행사 문제 등에 대한 기존 입장을 되풀이하였다.[42]

> **IOC의 중재안**
>
> 이틀간 회의가 끝난 6월 11일 사마란치 IOC위원장의 기자회견을 통해 발표된 중재안 ① IOC 측은 올림픽 정신 및 1981년 바덴바덴 IOC 총회 결정사항을 존중한다는 기본 정신으로 제24회 올림픽대회에서 예정된 몇몇 경기종목을 북한 측에 배정토록 제의하였는바, 특히 결승전 포함 2개 종목(양궁 및 탁구)을 북한 지역에서 개최할 수 있도록 제의하였다. ② IOC 측은 추가 종목의 부분적인 북한 지역 배정(축구 예선 1개조 및 싸이클 단체도로경기의 남북연결 실시)과 올림픽 관련 문화 행사의 북한 참여를 제의하였다. ③ 남북한의 NOC 측은 이러한 IOC 측 제안을 검토, 1986년 6월 30일 원칙적인 수락 여부를 IOC 측에 통보할 것이며, 양측은 남북한 지역의 경기개

---

41  통일부-남북회담본부-회담정보-회담통계 자료: https://dialogue.unikorea.go.kr/ukd/be1/usrCmsStat/List.do?tab=1#
42  통일부-남북회담본부-회담정보-회담통계 자료: https://dialogue.unikorea.go.kr/ukd/be1/usrCmsStat/List.do?tab=1#

> 최 장소에 대한 모든 올림픽 가족의 자유왕래 보장을 이미 IOC 측에 확약하였다. ④ 양측 통보 접수 후 IOC 측은 대회 개최에 필요한 조직 및 운영상의 제반 문제를 해결하기 위해 제4차 회담을 개최할 것이다.

IOC 중재 하에 개최된 제3차 남북체육회담이 종결된 지 1년 1개월이 경과한 1987년 7월 14일~15일 스위스 로잔에서 제4차 회담이 진행되었다. 회담에서 남한은 북한의 공동주최 주장 철회와 남북 자유 왕래 보장, 서울올림픽 개·폐식에 무조건 참석을 요청하였으며, 북한은 남한의 요구에 합의할 수 없다는 입장을 표명하면서 제4차 남북체육회담은 종결되었다. 결국 북한은 1988년 1월 11일 서울올림픽 불참 선언을 하였고 2년 넘게 진행된 남북체육회담은 종료되었다.[43]

제4차 회담이 1년 이상이나 지연되어 온 것은 IOC 중재안에 대해 북한 측이 원칙적으로 수락한다고 하면서도 종목의 추가 배정 및 경기의 조직·운영 등과 관련한 일련의 요구조건을 제시했기 때문이다. 제4차 회담에서도 북한은 올림픽경기의 남북한 공동주최 등 종래 그들의 주장을 되풀이하며 남북한의 인구 비례에 따라 올림픽 경기종목의 1/3인 8개 종목을 북한 지역에 배정해야 한다는 주장을 하는 등 종전보다 경색된 입장을 보였다. 이 같은 상황에서 IOC는 기존 중재안을 일부 수정·제시하고 그에 내린 수락 여부를 1987년 8월 말까지 남북한이 회신할 것을 재차 요청하였다.

IOC의 수정 중재안에 대해 KOC는 1987년 8월 17일 IOC에 보낸 회신을 통해, 북한 측이 그들의 공동주최 주장을 철회하고 남북 자유 왕래를 보장하며 서울 개·폐식에 무조건 참가할 것을 약속한다면 IOC 수정안을 수락하겠다는 입장을 전달하였다. 한편 북한은 1987년 8월 4일

---

[43] 이우태·성문정·허정필, "남북 사회문화교류 활성화를 위한 교류거버넌스 구축방안: 체육교류를 중심으로", 『KINU 연구총서』 19-12, 통일연구원, 2019, p.99.

김득준 북한올림픽위원회 부위원장이 발표한 담화에서, IOC가 제4차 회담에서 제시한 조정안은 종래의 제안과 별다른 차이가 없으며 우리의 공동주최 요구와는 아직도 거리가 멀다는 등 기존 입장을 고수하였다. 따라서 4차례에 걸친 로잔 체육 회담은 아무런 성과 없이 끝나고 말았다.

1985년 IOC 중재를 통한 남북체육회담 논의에서 북한은 IOC 위원의 중재에 대한 동의와 주요 사회주의 국가들의 참여에 따른 공동 개최로 전략을 수정하였다. 그러나 북한은 부족한 시설과 자본으로 인하여 공동 개최로 인한 이익보다 남북 비교로 발생하는 체제 위협 위험도가 높을 것을 회담을 통해 인지하였고, 회담 기간 일시적으로 개방했던 체육 정책에서 다시 폐쇄적 체육 정책으로 전환하였다. 1985년 2월부터 1987년 7월까지 2년 이상의 기간 동안 진행된 회담은 성과 없이 끝나고 말았고 다만, 일정 부분 합의점을 찾았다는 회담의 성과에 만족해야 했다.[44]

1980년대 전두환 정권 시기에는 올림픽을 계기로 이전에 비하여 스포츠 분야에 상당히 많은 대화가 있었다. 그러나 양적인 면에서 대화가 확대된 것 이상의 의미를 두기는 어려운 면이 있다. 당시 국제적으로는 1980년대 중반 고르바초프가 소련 공산당 서기장으로 등극하면서 시작된 '페레스트로이카(Perestroica)'와 '글라스노스트(Glasnost)'라 불리는 개혁, 개방 정책으로 국제적 평화 분위기가 피어나고 있었다. 그러나 냉전체제이지만 세계적인 데탕트 분위기 속에서 진행된 남북대화는 여전히 남북한 쌍방 모두 냉전적 사고에서 벗어나지 못하고 체제대결의 경직된 대화 자세로 인하여 별다른 성과를 얻어낼 수 없었다.

전두환 정권은 IOC를 후원자로 하고 남북 스포츠 교류를 통하여 남북한 이데올로기 및 체제경쟁에서 승리하고 이를 통해 부족한 정통성을 확

---

[44] 이우태·성문정·허정필, "남북 사회문화교류 활성화를 위한 교류거버넌스 구축방안: 체육교류를 중심으로", 『KINU 연구총서』 19-12, 통일연구원, 2019, p.99.

보하고자 하였다. 전두환 정권의 남북한 스포츠 교류 전략은 민족의 동질성 회복을 위한 것이라기보다 오히려 그의 부족한 정통성 확보에 모든 목표가 맞추어져 있었다.[45]

이 시기 남북 관계에서 스포츠는 그 어느 때보다 강한 정치적 도구성을 노정시켰으며, 남북 모두에게 있어 스포츠 협상은 정치적 선전의 장 이상의 의미를 갖지 못하였다. 그리고 이 시기 스포츠의 도구적 사용만을 놓고 본다면 북한보다는 오히려 남한이 더욱 강한 집착을 보였음을 발견할 수 있다. 남한에게 있어서 스포츠는 국가 정책 결정의 중요한 모티브이자 수단으로 작용하였으며, 스포츠를 통해 정권의 대내외적 정통성을 확보함과 동시에 통치의 수단으로 사용하고자 하였기 때문이다.[46]

수차례 진행된 LA올림픽 및 서울올림픽 관련 남북회담은 결과적으로 아무런 소득없이 종결되었다. 특히 서울올림픽에 대하여 남한 입장에서는 정권의 정당성을 홍보하고 체제경쟁에서 압도적인 우위를 차지하는 것이 목표였던 만큼, 회담에는 적극적으로 나서면서도 북한의 공동 개최 요구는 거부하였다. 북한도 초기에 공동 개최를 요구하였으나 정상적으로 올림픽을 진행할 여력이 없는 상태에서 공동 개최는 자칫 체제에 대한 위험 요소가 될 수 있었기에 실질적인 회담 진행에 노력하지 않았다고 볼 수도 있다.

북한이 공동 개최 능력이 없었다거나 서울올림픽 보이콧 운동이 잘 안 되자 남북 공동 개최 카드를 꺼내 서울올림픽을 방해하려 했다는 의견에 대해서는 다른 연구도 있다. 즉 처음부터 북한이 올림픽 공동주최를 주도

---

[45] 이욱열, "전두환정부와 김대정정부의 체육정책비교연구, 숭실대학교대학원 박사학위논문, 2002, p.102.

[46] 정기웅, 『스포츠 외교의 신화: 성공과 실패, 그리고 그 밖의 이야기들』, 박영사, 2018, p.178.

적으로 주장했다기보다는 모스크바올림픽과 LA올림픽의 파행을 지켜보면서 또다시 올림픽이 파행될 것을 우려하는 국제사회가 그 대안을 찾는 과정에서 남북 공동 개최 논의가 시작됐다는 것이다.

서울올림픽 남북 공동 개최 논쟁에 관하여 연구한 최진환은 기존에 알려지기는 북한에 의해 서울올림픽 공동주최 주장이 시작되었다고 보는 경향이 대부분이나, 실제로는 북한이 불참할 경우 입장이 곤란한 공산권 국가들이 국제사회에 공동 개최 여론을 형성하여 시작된 것으로 이해하는 것이 타당하다고 보았다. 즉 공동 개최에 대하여 북한은 남북 동등 조건으로 협상을 시도하였고, 남한은 처음부터 북한의 공동주최 논의를 거부하면서 회담이 결렬되었다. 이에 IOC는 서울올림픽 성공적 개최를 위해 공산권 국가들의 참가 명분을 쌓아주려는 계획에서 남북 NOC 회담을 추진하였다는 것이다.

서울올림픽에 대한 공동 개최 논쟁에는 몇 가지 재고해 보아야 할 쟁점들이 있다. 먼저 당시 남북 관계와 냉전 질서의 영향으로 북한은 처음부터 남한만의 올림픽은 분단국가의 통일 지향에 역행하는 것으로 보고, 평화와 친선을 추구하는 올림픽 정신에도 맞는다며 공동 개최를 주장하였다. 그러나 북한의 이러한 주장에 대해 남한은 처음부터 서울올림픽 방해 시도라고 규정하고 있었기 때문에 합의 가능성이 거의 없었다.

두 번째는 현실적으로 북한이 올림픽을 치를 수 있었는가이다. 북한은 실제로 1986년 1월 이후 올림픽이 열릴 수 있다는 가정 하에 여러 종목의 경기장을 짓기 시작했고, 1986년 7월 제13차 평양 세계청년학생축전 개최가 결정되면서 숙박시설과 경기장 건설을 병행하여 IOC 위원들이 1987년 6월 능라도 경기장 등을 둘러보고 평양 내에서 올림픽을 치를 인프라에 문제가 없다는 반응을 보였다는 점에서 시설 미비로 분산 개최를 포기했다는 대해서는 재론의 여지가 있다고 보았다. 다만, 북한은 올림픽을 위해 판문점을 통한 자유 왕래에 대해서는 경계심을 보였다.

세 번째는 공동 개최 주장에 대해 남한의 포용 가능성에 관한 것이다. 1985년 IOC 회담이 열리기 전부터 남한 정부와 IOC는 2~3개 종목 이상은 절대 허락하지 않는다는 원칙을 고수했고, 북한은 공동주최에 대한 기대감으로 회담에 임하였기에 결렬되었다. 이는 남북한 모든 주민에게 뜨거운 감격을 안겨준 1991년 세계탁구선수권대회 단일팀의 극적인 성사 배경에는 남한의 정치적인 결단이 있었기에 가능했다는 점에서 명확히 비교된다고 하겠다.

결론적으로 북한의 공동 개최 주장은 국제사회 여론에서 비롯된 것이지만, 남북 공동 개최 논쟁의 이면에는 남북이 하나이냐, 개별이냐의 지향의 차이에서 오는 논쟁이었다고 할 수 있다. 즉, 1963년부터 남북은 하나의 단일팀을 구성하느냐 개별 국가로 참가하느냐의 지향이 서로 달랐던 이력의 연속에서 제기된 문제였다. 특히 북한이 하나의 민족과 통일을 주장하던 이전의 정책 방향과는 전혀 달리, 민족과 통일의 개념을 지우고 '적대적 두 국가'로 선회한 현재 우리가 새롭게 풀어야 할 숙제가 되었다. 이는 앞으로 남북 스포츠 교류는 물론 남북 관계 재정립에 있어서도 심각하게 고려하고 해결하고 넘어가야 할 커다란 문제가 되었다.

> **남북단일팀에 대한 남북의 입장 이력**
>
> 남북 스포츠 교류 과정을 살펴보면 1990년 북경아시아경기대회 이전까지는 남한은 개별팀, 북한은 단일팀을 제안하는 입장이었고, 1991년 세계탁구선수권대회 단일팀 성사와 유엔 동시 가입 등이 이루어진 이후에는 반대로 남한이 단일팀 구성에 적극적인 반면 북한은 단일팀 구성에 소극적인 면을 보인다.
>
> (이준희, "남북단일팀과 단일기: 역사와 특징", 『통일정책연구』 제27권 제2호, 통일연구원, 2018. / 최진환, "88 서울올림픽 남북 공동개최 논쟁에 관한 연구", 『현대북한연구』 제24집 제1호, 북한대학원대학교, 2021, p.45. 등)

서울올림픽에는 초청받은 167개국 국가올림픽위원회(NOC) 가운데 소련과 중국 등 당시 남한과 미수교 상태에 있었던 30개국을 포함하여 160개국이 참가했다. 결과적으로 서울올림픽은 사회주의권 국가들에게 한국의 이미지를 제고하고 발전상을 알리며 상호 간의 물꼬를 트는 전기가 되었다. 서울올림픽은 북방정책의 추진에 탄력을 가하여 동구 사회주의권과의 국교를 확대해 나가는 전환점이 되었고, 이어 소련, 중국과 수교함으로써 절정에 달했다.[47]

당시 서울올림픽의 성과를 바탕으로 사회주의권과 수교함으로써 북한을 외곽으로부터 '양파껍질 벗기듯' 개방시키려는 남한의 전략은 남북기본합의서와 비핵화 공동선언 채택과 같은 일정한 성과를 가져왔던 것도 사실이다. 하지만 북한을 개방시키고 남북 관계의 진전을 통해 통일의 기반을 조성하는 단계로 나아가지는 못했다. 북방정책 실행 과정에서 교차승인의 '결손상태'를 유지하는 방향으로 궤도를 수정함으로써 북한을 더욱 고립과 폐쇄, 그리고 극단적 선택으로 모는 결과를 가져왔다. 북한은 올림픽을 향해 축포를 터뜨리며 나아가는 남한을 좌절과 고립감 속에서 지켜보며 여러 위협과 경고, 그리고 테러를 가했으나, 사회주의권 국가들마저 동참하는 상황에서 속수무책일 수밖에 없었다.[48]

1988년 서울올림픽의 예상보다 큰 성공은 노태우 정부의 정책에도 영향을 미쳤다. 1980년대 후반 노태우 정부의 북방정책은 외교정책의 패러다임이 전환되는 계기였으며, 남북 간의 문호 개방과 상호 협력을 제안했고, '교차승인'을 외교의 목표로 제시했다. 북한은 미국, 일본과 관계를 정상화하고, 남한은 중국, 소련과 관계를 정상화할 수 있도록 서로 협조하

---

[47] 신종대, "서울의 환호, 평양의 좌절과 대처: 서울올림픽과 남북관계", 『동서연구』 제25권 제3호, 연세대학교 동서문제연구소, 2013, pp.102~103.
[48] 신종대, "서울의 환호, 평양의 좌절과 대처: 서울올림픽과 남북관계", 『동서연구』 제25권 제3호, 연세대학교 동서문제연구소, 2013, pp.103~104.

자는 것이었다. 남한은 「7·7선언」을 발표할 때까지만 하여도 교차승인에 대해 북한보다 더 적극적이었다. 그러나 적극적이었던 남한은 1988년 9월 서울올림픽 개최 이후 교차승인에 대해 소극적으로 변했다.[49]

> **북방정책과 교차승인**
> 1987년과 1988년까지 백 건이 넘게 생산되었던 교차승인 관련 외교문서는 1989년이 되면서 급격히 감소해 1990년에는 자취를 감춘다. 1989년과 1990년대 외교문서는 대부분 헝가리 등 동구권과 관계 정상화와 관련돼 생산됐다. 1989년 8월엔 북방정책과 교차승인을 주도했던 청와대 핵심 조직이 와해되고 조직이 개편됐다. 이후 1990년 소련과의 수교, 1991년 유엔 가입, 1992년 중국과의 수교가 이어지면서 한국 정부는 '교차승인'에 대한 의지를 완전히 잃게 된다. 이후 한국 정부는 오히려 1990년대 초반 북한이 미국, 일본과 관계를 개선하려고 하면 방해를 했는데, 이는 김용순-켄터 회동, 가네마루 신 방북 당시 한국정부의 태도로 확인할 수 있다. 한국 정부는 승리에 도취돼 북미, 북일 관계 개선을 못한 북한이 느꼈을 패배감과 상실감 등은 심각하게 고려하지 않았다. 오히려 북한을 고립시키는 것이 한반도 평화에 도움이 된다고 여겼는데, 결과는 북한에게 핵 개발의 필요성을 더욱 절감하게 하는 등 정반대로 나타났다.
> (김경진, "1988년 서울올림픽의 역설: 평화 이벤트는 어떻게 한반도 평화를 가로 막았나", 『한국정치외교사논총』 제43집 제1호, 한국정치외교사학회, 2021, p.85~86.)

남북한 체제대결에서 남한이 일방적인 승리를 거두고 북한의 교차승인 시도가 좌절되는 바로 그 지점에서 북한은 극도의 고립 상태와 생존 위협을 타파하기 위해 핵을 통한 자체적인 균형 전략을 모색하기 시작하였다. 만약 남한이 서울올림픽과 그 성과에 탄력을 받은 북방정책을 통해 북한에 대해 완전 승리와 입박·고립을 추구하지 않고, 북한이 느끼는 충격과 좌절을 고려하여 미국, 일본 등 국제사회를 설득하여 북핵 해결과 교차승인을 동시에 구동하는 보다 정교한 관여 정책을 추진했다면 북한의 핵 문제가 순조롭게 해결되었을지도 모른다는 아쉬움이 남는다.[50]

---

49   김경진, "1988년 서울올림픽의 역설: 평화이벤트는 어떻게 한반도 평화를 가로 막았나", 『한국정치외교사논총』 제43집 제1호, 한국정치외교사학회, 2021, pp.85~86.
50   신종대, "서울의 환호, 평양의 좌절과 대처: 서울올림픽과 남북관계", 『동서연구』 제25

결과적으로 북한은 생존을 위한 핵과 미사일 개발에 더욱 전념하게 되었다. 이후 북핵 문제를 해결하기 위한 6자회담, 미국과 남한의 노력 등 수많은 정책들이 시도되지만, 북핵 문제의 근본적인 원인을 해결하지 않은 한반도 주변 관련국들의 대북정책은 모두 효과를 거두지 못하고 불신만 키우며 점점 더 풀기 어려운 문제가 되었다.

당시 남한은 서울올림픽을 통하여 동서 화합을 이루고, 탈냉전을 이끌었다는 성공에 너무 도취되어 있었다. 그 결과 냉전 시대와는 전혀 다른 외교 전략의 획기적인 패러다임 전환을 통해 구 소련과 중국을 넘어 사회주의권으로 외교 지평을 넓혔던 북방정책이 초심을 잃고 방향과 목표를 상실하면서 남북 관계 개선과 통일로 발전하지 못하였다. 이로 인해 한반도 평화 체제 구축의 기회가 될 수 있었던 서울올림픽이 반대로 한반도의 심각한 안보 위기를 가져온 북핵 문제를 촉발하는 아이러니한 결과를 초래하고 말았다는 것은 매우 안타까운 일이다.

---

권 제3호, 연세대학교 동서문제연구소, 2013, pp.103~104.

# III.
# 탈냉전 시대 북방정책과 스포츠 교류의 서막

# 1. 「7·7선언」, 「남북기본합의서」와 북방정책

서울올림픽 이후 1990년대, 특히 노태우 정부 시기에는 남북대화와 협력이 폭발적으로 증가하는 시기이다. 노태우 정부 163회, 김영삼 정부 21회 등 총 184회의 남북회담이 개최되었다. 노태우 정부 시기에는 북방정책 추진에 따라 1992년 80회를 포함하여 정치 분야 회담이 5년간 122회나 개최되는 등 활발한 남북대화가 이루어졌으며, 체육을 포함한 사회문화 분야도 23회로 1970년 이후 역대 정부 중 가장 많이 이루어졌다.[1]

1980년대 말 이후 국제 정세는 소련의 개혁·개방과 해체, 동구 사회주의권의 붕괴로 이어지며 미국과 소련 양 진영에 의해 좌우되던 냉전체제가 급격히 붕괴되는 시기였다. 냉전체제의 붕괴로 국제사회는 이데올로기 및 정치·군사적 대립이 약화되는 탈냉전의 시대를 맞이하여 국제적 협력이 강화되며 요구되었다. 그런데 이 시기 북한은 변화하는 국제 정세의 흐름을 제대로 파악하지 못하고 있었다. 그 결과 사회주의권의 붕괴로 협력 시장을 잃게 되면서 국제적으로 고립되고 심각한 경제난에 직면하게 되었다.

반면 새로 출범한 남한의 노태우 정부는 동구 사회주의권 및 소련 등

---

1 통일부-남북회담본부-회담정보-회담통계 자료: https://dialogue.unikorea.go.kr/ukd/be1/usrCmsStat/List.do?tab=1# (1970년 이후 역대 정부의 회담 총 횟수로는 노무현 정부 171회, 노태우 정부 163회, 박정희 정부 111회 순이지만, 사회문화 분야는 노태우 정부 시기에 23회로 가장 많았다.)

의 체제 전환이 진행되는 국제환경의 변화와 국내외의 민주화 요구에 적극적이고 능동적으로 대처하였다. 1988년 노태우 대통령은 '민족자존과 통일번영을 위한 특별선언'('7·7선언')을 통해 남북 간의 대결 관계를 종식하고 "남과 북이 함께 번영을 이룩하는 민동공동체로서 관계를 발전시켜 나갈 것"을 천명하였다. 이는 북한이 적대의 대상이 아니라 "상호 신뢰·화합·협력을 바탕으로 공동번영을 추구하는 민족공동체 일원"이라는 북한에 대한 획기적인 인식의 변화를 의미한다.[2]

남북한 관계와 북방외교에 획기적인 전환점을 이룩하겠다는 노태우 정부의 「7·7선언」은 제6공화국 통일외교 정책의 기본 방향이 되었다. 노태우 정부는 "남북분단은 우리 민족 의사에 의한 것이 아니었으나 민족통합은 우리의 책임 아래 우리의 자주역량으로 이루어야 한다"고 천명하고, 남북으로 갈라진 겨레가 분단의 그날부터 오늘까지 서로가 서로를 불신 비방하며 서로를 적대시하는 고통스런 분단 상황에서 벗어나지 못하는 것은 "남과 북이 민족공동체라는 의식을 등진 채 서로를 대결의 상대로 여겨 적대관계를 격화시켜 왔기 때문"이라고 지적하였다.

아울러 노태우 정부는 「민족자존과 통일번영의 새시대」를 열어 나가기 위해서는 민족 구성원 전체가 공동체 인식을 바탕으로 대결의 관계를 지양해야 한다고 역설하면서 민족공동체가 지향해야 할 원칙으로 자주·평화·민주·복지의 4개 원칙을 제시하였다. 그리고 그 실천을 위하여 6개 항의 정책을 추진하겠다고 선언하였다. 그 6개 항은 ① 정치인, 경제인, 언론인, 종교인, 문화·예술인, 체육인, 학자 및 학생 등 남북 동포 간의 상호 교류를 적극 추진하되 해외 동포들이 자유로이 남북을 왕래하도록 문호를 개방한다. ② 남북적십자회담이 타결되기 이전이라도 인도주의적

---

2  통일원, 『1990 통일백서』 통일원, 1990, pp.49~50.

견지에서 가능한 모든 방법을 통해 이산가족들 간에 생사, 주소 확인, 서신 왕래, 상호 방문 등이 이루어질 수 있도록 적극 주선, 지원한다. ③ 남북한 교역의 문호를 개방하고 남북한 교역을 민족 내부 교역으로 간주한다. ④ 남북 모든 동포의 삶의 질을 향상시킬 수 있도록 민족 경제의 균형적 발전이 이루어지기를 희망하며 비군사적 물자에 대해 우리 우방들이 북한과 교역을 하는데 반대하지 않는다. ⑤ 남북 간의 소모적인 경쟁, 대결 외교를 종결하고 북한이 국제사회에 발전적 기여를 할 수 있도록 협력하며, 또한 남북 대표가 국제 무대에서 자유롭게 만나 민족의 공동이익을 위하여 서로 협력할 것을 희망한다. ⑥ 한반도의 평화를 정착시킬 여건을 조성하기 위하여 북한이 미국·일본 등 우리 우방과의 관계를 개선하는데 협조할 용의가 있으며 또한 우리는 소련, 중국을 비롯한 사회주의 국가들과의 관계 개선을 추구한다[3]는 것이었다.

　노태우 정부의 「7·7선언」은 당시로서는 매우 획기적인 전환이었다. 물론 「7·7선언」 배경에는 그 당시 국제적인 데탕트 분위기도 한몫을 하였고, 국내적으로는 1987년 6·29선언 이후 더욱 강렬해진 민주화의 열기가 통일논의로 전환되고 있었으며, 1988년 7월의 국회의원 선거 결과 여소야대의 정국에서 노태우 정부가 정국을 주도하는데 어려움이 있던 상황이 크게 작용하였다. 이러한 상황에서 「7·7선언」은 정치적으로나 경제적으로 어느 정도의 대북 자신감을 갖게 된 노태우 정부가 북한과 국내 급진 세력의 통일 공세를 차단하고, 당면한 올림픽의 성공적 개최를 위한 유리한 환경을 조성하며, 변화를 모색하는 공산국가들과의 관계 개선을 도모하는 한편, 조심스럽게 남북 관계를 주도하기 위한 포석이었다.[4]

---

3　국토통일원, 『「7·7특별선언」 1년 통일정책보고』, 1989, pp.13~16.
4　박찬봉, "7·7선언체제의 평가와 대안체제의 모색: 기능주의에서 제도주의로", 『한국정치학회보』 제42집 제4호, 2008, pp.342~343.

「7·7선언」 이후 노태우 정부는 남북 자유 왕래를 위한 문호 개방조치로 남북교육당국회담(88년 7월 15일), 해외동포 남북한 자유왕래 문호개방(88년 7월 19일), 납·월북 작품 해금 등 조치와 남북적십자회담 제의(88년 7월 13일), 남북경제교류·문호개방을 위한 7개항 실천 조치 사항(88년 7월 10일)을 발표하고 북한의 각종 국제기구 가입에 우리 정부의 적극 협력 방침(88년 7월 16일)을 발표하였다. 그 외에도 북한에 대한 비방 방송 전면 중지(88년 7월 19일), 북한 및 공산권에 관한 정보·자료의 대민 공개 방침(88년 9월 3일)을 발표하는 등 「7·7선언」의 정신을 법적·제도적으로 뒷받침하기 위한 조치의 일환으로 남북 교류와 협력의 활성화를 위해 '남북교류협력에 관한 특별법'을 국회에 제안하고 '남북교류협력에 관한 기본지침(89년 6월 12일)을 만들어 시행하였다.[5]

노태우 정부가 「7·7선언」을 바탕으로 남북 교류와 협력을 위한 다양한 조치를 취하면서 대북 정책을 펼쳐나갔으나, 당시 이에 대한 각계의 평가는 여야 모두로부터 부정적이었다. 야당 및 진보 진영으로부터는 남북의 화해와 평화에 기여하기보다는 민주 세력을 선별적으로 탄압하는 데 악용되었고, 북한을 '동반자'로 규정한 자유방임적 이상주의로, 북한을 '적'으로 규정한 실정법과 상충되며, 이를 뒷받침할 법적·제도적 보완 개정이 마련되지 않은 원론적 차원의 선언이라는 비판을 받았다. 당시 여당이었던 민정당도 남북 주도의 새로운 관행을 정착시키기 위한 정부 주도의 원칙, 회담을 통한 상호주의원칙, 정부승인의 원칙을 준수하도록 촉구하기도 하였다.[6]

하지만 「7·7선언」에 나타난 분단에 대한 인식이나, 민족공동체가 지

---

[5] 윤병익, "7·7특별선언의 성과와 전망", 『북한』 Vol-223, 북한연구소, 1990, pp.89~90.
[6] 김제우, "남북통일축구 성사배경과 협의과정", 『한국체육사학회지』 제19권 제4호, 한국체육사학회, 2014, p.4.

향해야 할 원칙, 추진 정책들은 35년이 지난 오늘날에 보아도 매우 획기적인 발상의 전환이었으며 계승·발전 시켜야 할 것들이 많다. 특히 북한을 적으로만 간주한 극단적인 강경책으로 대립과 갈등이 연속되고, 끝내는 북한의 '적대적 두 국가'론까지 나오게 된 최근의 상황을 돌아보면, 「7·7선언」의 의지가 제대로 계승되고 발전되었더라면 현재와 같은 남북 대결과 심각한 안보 위기는 없을 것이라는 아쉬움이 크게 남는다.

노태우 정부의 「7·7선언」은 분단을 극복하지 못한 근본 이유가 남북한이 민족공동체라는 인식을 외면하고 상호 불신을 키워온 것이라는 것을 정확히 분석하고, 이를 극복하기 위해 노력한 선언이었다. 남북 교역과 경제 협력을 민족 내부 교역으로 간주한 것은 남북이 국제정세에 흔들리지 않고 하나의 경제공동체를 통해 발전해 나갈 수 있는 기반이 될 것이다. 이는 동서독 통일에서 입증된 사례였는데, 독일 통일 이전에 「7·7선언」의 추진정책에 반영되었다는 점에서 그 의미가 더욱 크다고 하겠다.

당시 노태우 정부의 통일정책은 북한을 민족공동체의 일원으로 포용하여 민족의 공동번영을 추구함으로써 통일문제를 남북한 당사자 간에 자주적으로 해결하여야 한다는 것을 기본 입장으로 하였다. 또한 통일의 주역은 민족구성원 전체이고 통일국가는 민족 전체의 의사에 의해 결정되어야 한다는 점에서 국민적 합의를 바탕으로 하여야 한다는 점도 중요시 하였다. 그래서 다양한 통일 논의가 진행되었는데, 당시 통일 논의의 수렴과정을 거쳐 확인된 국민적 합의사항은 대체로 다음 다섯가지로 요약될 수 있었다. ① 통일은 단계적으로 실현될 수 밖에 없다. ② 통일을 위해서는 남북이 제반분야의 교류·협력을 추진하면서 동시에 군사적 긴장상태를 해소하는 노력을 기울여야 한다. ③ 통일을 추진하는데 있어 남북한 서로의 존재를 인정하고 동등한 입장에서 출발해야 한다. ④ 민족구성원의 구체적인 삶의 내용을 담은 통일국가의 미래상이 제시되어야 한다. ⑤ 통일은 자주·평화·민주적 원칙에 따라 이루어져야 한다[7]는 것인데, 이러한 합의사항이라도 제대로 지켜진다면 오늘날과 같은 남남갈등은 훨씬 줄어들 것이다.

노태우 정부는 1989년 9월 새로운 통일방안인 「한민족공동체통일방안」을 통해 통일정책의 기본 방향을 제시하였다. 「한민족공동체통일방안」은 우선 통일을 추진하는 기본 입장과 자세로 '자주·평화·민주'의 3원칙을 제시하고 ① 남북대화의 추진으로 신뢰회복을 기해 나가는 가운데 남북정상회담을 통해 민족공동체 헌장을 채택하고, ② 남북의 공존공영과 민족사회의 동질화, 민족공동생활권의 형성 등을 추구하는 과도기적 통일체제인 남북연합을 거쳐, ③ 통일헌법이 정하는 바에 따라 총선거를 실시하여 통일국회와 통일정부를 구성함으로써 완전한 통일국가인 통일민주공화국을 수립하는 것으로 되어 있다.[8]

이 통일방안은 남북이 서로의 존재를 인정하고 민족공동체를 형성하는 '선(先)민족사회통합, 후(後)국가통일'을 핵심 내용으로 하고 있다. 그리고 통일로 가는 과도적 중간단계에 협력 기구인 '남북연합'(confederation)을 거치며 남북이 통일 지향적 협력관계를 발전시켜 나가는 것이다. 한국 사회는 이 통일방안으로 민족문제에 대해 새로운 인식과 발상의 대전환을 추구하게 되었다. 또한 「7·7선언」과 「한민족공동체통일방안」은 북한으로 하여금 남북대화에 나오게 하는 주요 요인으로 작용하였다. 노태우 정부는 이를 통해 북한과 전면적인 교류를 추진하려고 하였다.[9]

「한민족공동체통일방안」은 당시 활발한 통일논의를 거쳐 만들어졌는데, 250회에 걸쳐 세미나·간담회 등을 통해 학계·언론계·종교계·문화

---

7   통일부, 『1990 통일백서』, 통일부, 1990, pp.46~47.
8   통일부, 『1990 통일백서』, 통일부, 1990, pp.76~78.
9   김영란, 『남북교류 어떻게 해야 할까?』, 솔과학, 2021. pp.211~212.

계·경제계·여성계 등 각계각층의 의견을 광범위 하게 수렴하고, 국회 통일특별위원회의 공청회 등을 통해 정치권은 물론 재야의 의견까지도 수렴하여 입안되었다는데 의미가 있다. 또한 해외동포를 포함한 다양한 여론조사를 통해 국민의 여론도 수렴하였다.[10]

---

**민족공동체 통일방안**

1989년 제정 당시 노태우 대통령이 김대중, 김영삼 등 야당 지도자들은 물론 각계각층의 협의와 동의를 통해 만들어진 노태우 정부의 「한민족공동체통일방안」은 김영삼 정부에서 1994년 8월 15일 발표된 '화해협력-남북연합-민족통일, 통일국가 동시 달성'으로 구성된 「민족공동체통일방안」으로 발전되었다. 자주·평화·민주를 통일의 원칙으로 하는 「민족공동체통일방안」은 김대중, 노무현, 이명박, 박근혜, 문재인 정부를 거치는 동안 꾸준히 계승된 정부의 공식 통일방안이다.

또한 「한민족공동체통일방안」은 여야의 초당적 합의로 만들어진 통일방안으로서 소중한 자산일 뿐만 아니라, 이후 남북고위급회담에서 합의·발효되었던 남북기본합의서의 설계에도 작용하였다. 남북은 기본합의서에서 남북 간의 관계를 통일을 지향하는 과정에서 잠정적으로 형성되는 특수관계로 규정하고, 평화통일을 위해 정치, 군사, 경제 및 사회문화 분야에서 남북간 협력을 약속하였는데, 이는 초당적 합의를 거친 점진적, 단계적인 통일방안의 방향에 남북이 모두 합의하였다는데 중요한 의미가 있다.

아울러 이를 발전시킨 「민족공동체통일방안」 첫단계에서 서로의 실체를 인정하여 화해협력을 달성하는 것은 특히 현재 남북 관계에서 그 중요성이 더욱 크다고 할 것이다.

| 단계 | 내 용 |
|---|---|
| 화해협력 | 남북한이 서로의 실체를 인정하고 적대·대립관계를 공존·공영의 관계로 바꾸기 위한 다각적인 교류협력 추진 |
| 남북연합 | 남북간 체제의 차이와 이질성을 감안, 경제·사회공동체를 형성·발전시키는 남북연합을 과도체제로 실징(2체제, 2정부)<br>① 남북정상회의(최고결정기구)<br>② 남북각료회의(집행기구)<br>③ 남북평의회(대의기구/100명 내외 남북 동수 대표)<br>④ 공동사무처(지원기구/상주연락대표 파견) |
| 통일국가 | △남북평의회에서 통일헌법 초안 마련 ⇒ △민주적 방법과 절차를 거쳐 통일헌법 확정·공포 ⇒ △통일헌법에 의한 민주적 총선거 실시 ⇒ △통일정부와 통일국회 구성(1체제 1정부) |

---

10  통일부, 『1990 통일백서』, 통일부, 1990, p.73.

또한 노태우 정부는 1990년 8월 1일 '군사분계선 이남 지역과 그 이북 지역 간의 상호 교류와 협력을 촉진하기 위하여 필요한 사항을 규정함으로써 한반도의 평화와 통일에 이바지하는 것을 목적'[11]으로 하는 「남북교류협력에 관한 법률」을 마련함으로써 남북 교류 협력이 법의 테두리 내에서 추진될 수 있는 제도적 기반을 마련하였다.

분단 이후 남한과 북한 모두는 서로를 적대의 대상, 체제대결의 대상으로만 생각해 왔다. 이런 상황에서 남북 교류 협력을 '법'의 테두리 내에서 추진하고자 했던 정책은 매우 용감하고 획기적인 사건이었다. 특히 민주화가 진행되고 있었지만, 노태우 정부가 보수 정부였다는 점을 감안할 때 이러한 정책의 추진은 더욱 획기적인 발상의 전환이었고 그런 점에서 더욱 의미가 크다고 하겠다.

그럼에도 불구하고 30여 년이 지난 현재까지도 북한에 대한 인식의 차이로 서로를 비난하는 남남갈등이 오히려 더욱 커지는 반면, 남북 교류 협력을 위한 제대로 된 '법'적 효력을 갖는 제도적 장치가 마련되지 못했다는 점은 매우 안타까운 현실이다. 보수든 진보든 무조건 상대방이 집권 당시 합의 또는 마련된 제도는 무시하고 폐지하려는 자세로 인하여 남북관계는 한발도 앞으로 진척되지 못하고 똑같은 길을 수없이 반복하여 되풀이 하고 있다. 최소한 이미 30여 년 전에 만들어진 「남북교류협력에 관한 법률」 등 법령조차도 제대로 실천되지 못하는 현실을 심각하게 반성하여야 할 것이다.

북한도 이러한 국제 정세 변화를 계기로 남한 내에서 고조되는 민족적 열기를 이용하여 1980년 '완성된 통일국가 형태'로서 연방제를 주장한 「고려민주연방공화국 창립방안」을 실현하고자 하였다. 이 방안은 '선

---

11 「남북교류협력에 관한 법률」 제1조(목적), 법제처 국가법령정보센터.

(先)2체제 연방국가의 통일, 후(後)민족사회통합'으로 연방정부는 정치·군사·외교권을 행사하고 지역 정부를 통해 남북 교류 협력을 추진해 나간다는 것이다. 이어 김일성은 1990년 5월 '조국통일 5개 방침'을 통해 긴장 완화와 통일을 위한 평화적인 환경 마련을 주장하였다.[12]

북한은 1988년 신년사에서 남과 북이 상대방의 존재를 인정하는 기초 위에서 통일할 것을 강조[13]함으로써 그동안 반대해 왔던 남북 공존의 필요성을 표명하였다. 그러면서도 남한의 연방제 방식 통일 반대나 독일식 통일논의를 비난하면서 남한으로 흡수 통일에 대해 우려하고 있었다.[14]

무엇보다도 1990년대 남북 관계에 있어서 가장 중요한 변곡점은 「남북 사이의 화해와 불가침 및 교류·협력에 관한 합의서」(「남북기본합의서」) 채택이다. 「남북기본합의서」 채택은 1988년 11월 16일 북한의 제안으로 시작되었다. 북한은 정무원 총리 이근모 명의 통지문을 통해 「남북고위급 정치·군사회담」 개최를 제의하였고, 이에 12월 28일 남한은 강영훈 국무총리가 「남북고위당국자회담」을 수정 제의하여 회담이 시작되었다. 회담은 1989년 2월 8일부터 1990년 7월 26일까지 8차례의 예비 회담과 2차례의 실무 대표 접촉을 거쳐 1990년 7월 26일 회담 명칭을 「남북고위급회담」으로 하고 총리를 수석대표로 장·차관 등이 참여하여 남북 간 정치·군사적 대결상태 해소와 다각적인 교류 협력 실시 문제를 논의하는 회담을 진행하기로 합의하여 시작되었다.[15]

남북고위급회담은 1990년 9월 4일부터 7일까지 서울에서 열린 제1

---

12 통일원, 「1990 통일백서」 통일원, 1990, p.262. ① 긴장상태 완화 및 통일의 평화적 환경마련, ② 남북간 자유왕래와 전면개방 실시, ③ 통일에 유리한 국제환경마련 원칙에서 대외관계 발전, ④ 전민족적 대화, ⑤ 전민족적인 통일전선 형성.
13 『로동신문』 1988년 1월 1일, "김일성 신년사".
14 김영란, 『남북교류 어떻게 해야 할까?』, 솔과학, 2021. pp.213~214.
15 통일부-남북회담본부-회담정보-회담별자료: https://dialogue.unikorea.go.kr/ukd/a/ad/usrtaltotal/View.do

차 회담을 시작으로 1992년 9월 15일부터 18일까지 평양에서 열린 제8차 회담까지 약 2년이 넘는 기간 동안 서울과 평양을 오가며 개최되었다. 남북 대표들은 1991년 12월 10일부터 13일까지 서울에서 열린 제5차 남북고위급회담에서 전문과 총3장 25조로 구성된 「남북사이의 화해와 불가침 및 교류협력에 관한 합의서」를 채택하였다. 이후 1992년 2월 18일부터 21일까지 평양에서 개최된 제6차 회담에서 「남북기본합의서」 효력이 발효되었으며 「한반도의 비핵화에 관한 공동선언」 발효와 「남북기본합의서」 이행과 실천을 위한 기구로 분야별(정치·군사·교류협력) 분과위원회 개최가 합의되었다. 이후 계속된 회담에서 「남북화해의 이행과 준수를 위한 부속합의서」, 「남북불가침의 이행과 준수를 위한 부속합의서」, 「남북교류협력의 이행과 준수를 위한 부속합의서」가 채택·발효되고 이산가족 방문과 예술단 교환이 이루어지는 등 화해와 교류 분위기가 형성되었다. 그러나 1992년 9월 IAEA 대표단의 북핵 사찰결과 미신고 핵시설 발견과 1992년 10월 이선실 간첩사건으로 남북관계가 급랭되면서 1992년 12월 예정되었던 제9차 회담이 무산되면서 중단되었다.[16]

8차까지 이어진 고위급회담이 아쉽게 중단되고 1994년 김일성 주석이 사망하면서 합의이행이 무산되었지만, 「남북기본합의서」는 통일을 한 민족의 공동번영을 위한 과정으로 전제하고 남북 관계 개선과 평화통일을 위한 '기본 틀'을 제시하였으며, 제3자의 개입없이 남북 간 공개적 합의를 거쳐 채택·발효된 최초의 공식 합의서라는데 큰 의의가 있다. 또한 「남북기본합의서」는 기본적으로 남한이 남북 관계를 개선하기 위해 필요하다고 판단한 조항들을 북한이 따라오게 하여 합의를 이끌어냈다는 점에서 그 중요성이 크다고 하겠다. 아울러 남북이 공식 합의를 이끌어낸

---

16  통일부-남북회담본부-회담정보-회담별자료: https://dialogue.unikorea.go.kr/ukd/a/ad/usrtaltotal/View.do

남북 고위급 회담은 총리급을 대표로 한 회담으로서 개별 사안별 회담이 아니라, '포괄적 협상'이라는 특징을 갖는다.[17]

### 남북 사이의 화해와 불가침 및 교류·협력에 관한 합의서

#### 1992년 2월 19일 발효

남과 북은 분단된 조국의 평화적 통일을 염원하는 온 겨레의 뜻에 따라, 7·4남북공동성명에서 천명된 조국통일 3대원칙을 재확인하고, 정치 군사적 대결상태를 해소하여 민족적 화해를 이룩하고, 무력에 의한 침략과 충돌을 막고 긴장 완화와 평화를 보장하며, 다각적인 교류·협력을 실현하여 민족공동의 이익과 번영을 도모하며, 쌍방 사이의 관계가 나라와 나라 사이의 관계가 아닌 통일을 지향하는 과정에서 잠정적으로 형성되는 특수관계라는 것을 인정하고, 평화 통일을 성취하기 위한 공동의 노력을 경주할 것을 다짐하면서, 다음과 같이 합의하였다.

#### 제1장 남북화해

제1조 남과 북은 서로 상대방의 체제를 인정하고 존중한다.
제2조 남과 북은 상대방의 내부문제에 간섭하지 아니한다.
제3조 남과 북은 상대방에 대한 비방·중상을 하지 아니한다.
제4조 남과 북은 상대방을 파괴·전복하려는 일체 행위를 하지 아니한다.
제5조 남과 북은 현 정전상태를 남북 사이의 공고한 평화상태로 전환시키기 위하여 공동으로 노력하며 이러한 평화상태가 이룩될 때까지 현 군사정전협정을 준수한다.
제6조 남과 북은 국제무대에서 대결과 경쟁을 중지하고 서로 협력하며 민족의 존엄과 이익을 위하여 공동으로 노력한다.
제7조 남과 북은 서로의 긴밀한 연락과 협의를 위하여 이 합의서 발효 후 3개월 안에 판문점에 남북연락사무소를 설치·운영한다.
제8조 남과 북은 이 합의서 발효 후 1개월 안에 본회담 테두리 안에서 남북정치 분과위원회를 구성하여 남북화해에 관한 합의의 이행과 준수를 위한 구체적 대책을 협의한다.

#### 제2장 남북불가침

제9조 남과 북은 상대방에 대하여 무력을 사용하지 않으며 상대방을 무력으로 침략하지 아니한다.
제10조 남과 북은 의견대립과 분쟁문제들을 대화와 협상을 통하여 평화적으로 해결한다.

---

[17] 이우태·성문정·허정필, "남북 사회문화교류 활성화를 위한 교류거버넌스 구축방안: 체육교류를 중심으로", 『KINU 연구총서』 19-12, 통일연구원, 2019, pp.111~112.

제11조 남과 북의 불가침 경계선과 구역은 1953년 7월 27일자 군사정전에 관한 협정에 규정된 군사분계선과 지금까지 쌍방이 관할하여 온 구역으로 한다.

제12조 남과 북은 불가침의 이행과 보장을 위하여 이 합의서 발효 후 3개월 안에 남북군사 공동위원회를 구성·운영한다. 남북군사공동위원회에서는 대규모 부대이동과 군사연습의 통보 및 통제문제, 비무장지대의 평화적 이용문제, 군인사교류 및 정보교환 문제, 대량살상무기와 공격능력의 제거를 비롯한 단계적 군축 실현문제, 검증문제 등 군사적 신뢰조성과 군축을 실현하기 위한 문제를 협의·추진한다.

제13조 남과 북은 우발적인 무력충돌과 그 확대를 방지하기 위하여 쌍방 군사당국자 사이에 직통 전화를 설치·운영한다.

제14조 남과 북은 이 합의서 발효 후 1개월 안에 본회담 테두리 안에서 남북군사분과위원회를 구성하여 불가침에 관한 합의의 이행과 준수 및 군사적 대결상태를 해소하기 위한 구체적 대책을 협의한다.

### 제3장 남북교류·협력

제15조 남과 북은 민족경제의 통일적이며 균형적인 발전과 민족전체의 복리향상을 도모하기 위하여 자원의 공동개발, 민족 내부 교류로서의 물자교류, 합작투자 등 경제교류와 협력을 실시한다.

제16조 남과 북은 과학·기술, 교육, 문화·예술, 보건, 체육, 환경과 신문, 라디오, 텔레비전 및 출판물을 비롯한 출판·보도 등 여러 분야에서 교류와 협력을 실시한다.

제17조 남과 북은 민족구성원들의 자유로운 왕래와 접촉을 실현한다.

제18조 남과 북은 흩어진 가족·친척들의 자유로운 서신거래와 왕래와 상봉 및 방문을 실시하고 자유의사에 의한 재결합을 실현하며, 기타 인도적으로 해결할 문제에 대한 대책을 강구한다.

제19조 남과 북은 끊어진 철도와 도로를 연결하고 해로, 항로를 개설한다.

제20조 남과 북은 우편과 전기통신교류에 필요한 시설을 설치·연결하며, 우편·전기통신 교류의 비밀을 보장한다.

제21조 남과 북은 국제무대에서 경제와 문화 등 여러 분야에서 서로 협력하며 대외에 공동으로 진출한다.

제22조 남과 북은 경제와 문화 등 각 분야의 교류와 협력을 실현하기 위한 합의의 이행을 위하여 이 합의서 발효 후 3개월 안에 남북경제교류·협력공동위원회를 비롯한 부문별 공동위원회들을 구성·운영한다.

제23조 남과 북은 이 합의서 발효 후 1개월 안에 본회담 테두리 안에서 남북교류·협력분과 위원회를 구성하여 남북교류·협력에 관한 합의의 이행과 준수를 위한 구체적 대책을 협의한다.

### 제4장 수정 및 발효

제24조 이 합의서는 쌍방의 합의에 의하여 수정·보충할 수 있다.

제25조 이 합의서는 남과 북이 각기 발효에 필요한 절차를 거쳐 그 문본을 서로 교환한 날부터 효력을 발생한다.

1991년 12월 13일

| 남북 고위급 회담 | 북남 고위급 회담 |
| 남측 대표단 수석 대표 | 북측 대표단 단장 |
| 대 한 민 국 | 조선민주주의 인민공화국 |
| 국 무 총 리  정 원 식 | 정 무 원 총 리  연 형 묵 |

    남북한이「남북기본합의서」채택에 동의하게 된 배경에는 남한의 압도적 경제력을 바탕으로 추진된 북방정책이라는 공세와 북한의 외교적 고립 및 경제적 위기감이 중요하게 작용하였다. 1990년대 중반을 거치면서 심화된 북한의 경제위기는 남북한의 적대적 현상 유지를 지속할 수 없도록 만들었다. 사회주의권 붕괴 이후 사회주의 시장이 존재하지 않게 되었는데, 사실 북한이 1990년대 들어 심각한 경제위기를 겪은 중요한 이유 중의 하나는 사회주의 시장의 붕괴 때문이었다. 북한은 동구상호원조회의(COMECON) 회원국은 아니지만, 그동안 우호 무역 형태로 국제시장보다 낮은 가격으로 식량 및 에너지 등을 도입하고 있었다. 그런데 동구권의 붕괴로 사회주의 국제 무역 시장이 사라졌다는 것은 북한이 자본주의 세계시장구조에 어떤 형태로든 편입되어야 함을 의미하는 것이었다.[18]

    결론적으로 1990년대 남북 체육 교류는 탈(脫)냉전이라는 대외환경과 남한의 북방정책 성공과 경제성장으로 인한 대북 우월감, 그리고 북한의 북한식 사회주의 체제 생존을 위한 전략적 남북 체육 교류 그리고 경제 침체 극복을 위한 체육의 활용이라는 전략적 목표가 복합적으로 작용해 이루어졌다.[19]

---

[18] 김연철, "남북한의 통일정책과 남북대화 전략 냉전과 탈냉전기 남북대화전략의 비교 7,4, 기본합의서, 6,15를 중심으로",『통일문제연구』제17권 1호 (2005), pp.65~66.

[19] 이우태·성문정·허정필, "남북 사회문화교류 활성화를 위한 교류거버넌스 구축방안: 체

1990년 이후 남한이 주도적으로 추진한 대북정책, 특히 정치적인 분야를 포함한 교류와 협력은 통합이론 측면에서 본다면 신기능주의 접근방식으로 설명될 수 있다. 남북 정부 간 대화가 처음 시작된 1970년대 초반의 남한의 대북정책 기조는 정치적 회담보다는 적십자회담과 같은 비정치적인 대화부터 시작하자는 기능주의적 접근을 기반으로 하였다. 반면 북한은 정치군사회담부터 시작하면 비정치적인 분야는 쉽게 해결된다는 입장이었는데, 노태우 정부 시기 1990년 이후 남한이 추진한 대북정책은 정부가 먼저 나서 주도적으로 정치적인 분야를 포함한 교류와 협력을 추진한 점에서 신기능주의 접근방식이었다.

냉전 종식으로 시작된 급격한 글로벌 정세의 변화와 1988년 서울올림픽의 성공으로 남한은 대북정책에서도 자신감을 얻게 되었다. 이러한 분위기에서 「7·7선언」과 '한민족공동체 통일방안'을 제시하고 1990년 9월부터 총리를 대표로 하는 남북고위급회담을 개최하였으며 1991년 「남북기본합의서」를 체결하게 되었다. 비정치적인 분야의 교류를 넘어 정치적인 분야 교류로까지 전환된 것이다.[20]

IOC의 중재로 열렸던 88 서울올림픽을 위한 남북 체육 회담에서 남북이 각자 입장을 고수하며 중단되었던 남북 스포츠 교류는 베이징 아시아경기대회를 계기로 다시 시작되었다. 1988년 12월 21일 북한은 제11회 베이징 아시아경기대회 단일팀에 대해 협의하자고 제의하여 1989년 3월 9일부터 1990년 2월 7일까지 9차례의 남북 체육 회담 본회담과 6차례의 실무 대표 접촉이 개최되었다.[21] 남북은 제5차와 제6차 남북 체육

    육교류를 중심으로", 『KINU 연구총서』 19-12, 통일연구원, 2019, p.113.
20  김계동, 『(제2판) 남북한 체제 통합론: 이론·역사·정책·경험』, 명인문화사, 2020, pp. 32~34.
21  통일부-남북회담본부-회담정보-회담통계 자료: https://dialogue.unikorea.go.kr/ukd/be1/usrCmsStat/List.do?tab=1

회담에서 선수단 호칭, 단기, 단가, 선수 선발, 훈련, 임원 구성, 비용 부담, 관리 기구 등 단일팀 구성에 관해 10개 항목에 있어 거의 합의에 이르렀지만 협의 형식과 합의사항에 대한 이행보장의 문제에 대한 이견으로 제9차 회담을 끝으로 결렬되었다.[22]

　비록 아시아 경기대회 단일팀 구성에는 실패하였으나 베이징 아시아 경기대회가 개최되었을 때 처음으로 남북 공동응원이 이루어졌다. 그리고 1963년 스위스 로잔 남북 체육 회담의 후속 회담에서 단일기에 대하여 처음 논의가 있었고, 베이징 아시아경기대회 단일팀을 위한 제3차 회담에서 합의된 흰색 바탕에 파란색 한반도 지도가 그려진 단일기가 이때 처음으로 사용되었다. 대한올림픽위원회와 조선올림픽위원회는 베이징 아시아경기대회 개막일인 1990년 9월 22일 베이징에서 남북 체육 회담을 열어 남북이 공동응원을 함께하기로 극적으로 합의하였다. 당시 합의에는 남북 응원단이 함께 앉아 각각 태극기와 인공기를 들고 응원하기로 했지만, 자유의사에 따라 약 1년 전 판문점 체육 회담에서 합의했던 한반도기를 드는 것도 합의했다. 이에 따라 북한 응원단이 4백여 개의 한반도기를 만들어 남한 응원단에 나누어 주며 같이 쓸 것을 권하였고, 이로써 남북이 역사상 처음으로 공동응원을 실현했고 한반도기가 선보이게 되었다.[23]

　1990년 2월 7일까지 진행된 베이징 아시아경기대회 단일팀 구성 논의 이후 남한은 남한에서 개최 예정인 탁구대회와 세계 핸드볼 선수권 대회에 북한의 참가를 요청하였고 9월 23일에 베이징에서 개최된 남과 북의 체육부 장관 회담에서 남북한은 1991년 세계탁구선수권대회와 1992

---

[22] 대한올림픽위원회, 『남북체육교류자료집』, 대한올림픽위원회, 1992 pp.55~82.
[23] 이준한, "남북단일팀과 단일기: 역사와 특징," 『통일정책연구』 제27권 2호, 통일연구원, 2018, pp.70~71.

년 바르셀로나올림픽대회의 단일팀 구성에 대해 논의하였다. 또한 이 자리에서 정동성 장관은 남북 친선 축구 경기 교류를 제안하였으며, 북한이 이 제안을 받아들여 1990년 10월 11일 남북통일축구대회가 평양에서 개최되었다.[24]

비록 1990년 베이징 아시아경기대회 남북단일팀 구성을 위한 체육 회담은 아쉽게 결렬되었지만 남북이 모두 이전과 달리 대화에 전향적인 자세를 보여주었다. 따라서 남북 양측 응원단이 자발적으로 단일기를 가지고 남북 공동응원을 펼치며 남북 화해 분위기가 고조되었고, 이런 분위기 속에서 생산적인 남북 체육 회담이 진행되어 활발한 남북 스포츠 교류의 물꼬가 트이기 시작했다.

---

[24] 이우태·성문정·허정필, "남북 사회문화교류 활성화를 위한 교류거버넌스 구축방안: 체육교류를 중심으로", 『KINU연구총서』 19-12, 통일연구원, 2019, pp.106~107.

## 2. 최초의 남북단일팀
:제41회 세계탁구선수권대회

　1991년 4월 24일부터 5월 6일까지 일본 지바에서 열렸던 제41회 세계탁구선수권대회는 대회 당시 남북한 전 국민을 흥분과 감동의 도가니로 몰아넣었고, 통일에 대한 뜨거운 열망을 남북이 모두 함께 느끼게 하는 사건이었다. 그때의 감동은 20여년이 지난 2012년 '코리아'라는 제목의 영화로 만들어져 관객 수 180만명을 넘으며 다시 한 번 그때의 감동을 되살려 주기도 하였다.

　남북한 온 겨레를 감동과 통일에 대한 뜨거운 열망으로 몰아넣었던 탁구 단일팀은 1990년 베이징 아시아경기대회에서 보여준 남북한 화합의 분위기에서부터 시작되었다. 그리고 남북통일축구 평양대회와 서울대회 기간 중 제41회 세계탁구선수권대회, 제25회 바르셀로나 올림픽경기대회, 제3회 삼지연 동계아시아경기대회를 포함한 기타 주요 국제경기대회 참가 및 남북 체육 교류 문제를 협의하기 위한 체육 회담에 남북이 합의하면서 구체화되었다.

　1990년 10월 11일 평양에서 개최된 남북통일축구대회 기간 중 10월 12일 평양 고려호텔 2층에서 정동성 체육부 장관과 김유순 국가체육위원회 위원장의 남북체육장관회담이 열렸다. 남한 측에서는 조영승 체육부 청소년정책조정실장, 임태순 남북대화사무국 상근대표, 이학래 KOC 상임위원, 오지철 체육부 해외협력과장이 배석하고, 북한 측에서는 김형진 북한올림픽위원회 부위원장, 리이남 국가체육위원회 국장, 김정식 국가체육위원회 부국장이 배석하였다. 이 회담에서 남북 장관은 제41회 세계탁구선수권대회, 1992년 바르셀로나올림픽대회, 제3회 삼지연 동계아시안게임 등 주요 국제대회에 단일팀을 구성하여 참가하기로 합의하였고, 남북 체육 회담을 빠른 시일 내에 재개하며 우선 실무접촉을 통해 구체적으로 협의해 나가기로 합의하였다.[25]

이후 10월 21일~25일 서울에서 개최된 남북통일축구대회 기간인 10월 24일 워커힐 호텔에서 2층에서 체육부 장관 주최 만찬이 끝난 뒤에 다시 남북 체육 장관 회담이 열렸다. 회담에서는 정동성 장관이 남북단일팀 구성 문제와 남북 체육 교류 문제를 협의하기 위하여 11월 하순 평양에서 남북 체육 회담을 개최할 것과 남북통일축구대회의 정례화 등을 제의하였고, 북한은 남북통일축구대회 정례화에 반대하지 않으나 남북 체육 회담에서 협의하자고 요청하여 1990년 11월 29일 남북 체육 회담을 판문점에서 개최하기로 합의하였다.[26] 장관 회담의 합의로 제41회 지바세계탁구선수권대회를 비롯한 주요 대회의 남북단일팀 구성에 대한 협의가 구체적으로 이루어지는 계기가 되었다. 그러나 당시에는 공동 합의문이 남한의 일방적인 양보로 성사되었고, 현안 문제에 대한 남북의 시각 차이가 크다는 인식에서 남북 체육 회담에 대한 비관적인 전망이 지배적이었다.

남북한은 체육 장관 회담의 공동합의에 따라 남북통일축구대회 정례화와 제41회 세계탁구선수권대회 남북단일팀 구성을 위한 남북 체육 회담이 1990년 11월 29일부터 1991년 2월 12일까지 4회에 걸쳐 판문점에서 열렸다.[27] 제1차 회담에서 남한은 회담 의제를 ① 남북통일축구대회

---

25  체육청소년부, 『남북통일축구대회』, 체육청소년부, 1991, p.50.
26  체육청소년부, 『남북통일축구대회』, 체육청소년부, 1991, pp.196~200.
27  통일부, 남북회담본부-회담정보-회담통계 자료, https://dialogue.unikorea.go.kr/

정례화를 비롯한 남북체육교류 실현문제 ② 국제경기대회의 남북단일팀 구성·참가 문제로 제시하면서 병행 토의하자는 입장이었다. 반면에 북한은 「유일팀 구성·참가에 관한 합의서」와 이에 기초한 「제41회 세계탁구선수권대회에 남북단일팀으로 참가하기 위한 합의서」, 「제25회 올림픽경기대회 아시아지역 축구예선경기에 남북단일팀으로 참가하기 위한 합의서」, 「제6회 세계청소년축구선수권대회에 남북단일팀으로 참가하기 위한 합의서」 초안을 제시하며 단일팀 구성 문제를 먼저 타결한 후 남북통일축구 정례화를 비롯한 남북 체육 교류를 협의하자는 입장으로 서로 대립하였다.[28] 결렬 위기에 처했던 회담은 남북 비밀 특사로 활동해 온 박철언이 체육청소년부 장관으로 임명되면서부터 선(先) 체육 교류, 후(後) 단일팀 구성 논의에서 선(先) 단일팀 문제 협의, 후(後) 통일축구 정례화 교류 문제 토의로 바뀌면서 반전을 이루었다.[29]

제2차 회담(91.1.15.)에서 남한은 ① 제41회 세계탁구선수권대회 및 제6회 세계청소년축구선수권대회 단일팀 구성·참가 문제 ② 남북통일축구대회 정례화 문제 ③ 전반적인 남북체육교류·협력과 국제경기대회 단일팀 구성·참가 문제 등을 우선적으로 해결하자는 북한의 주장을 사실상 수용하여 단일팀 구성 원칙에 합의하였다. 그러나 단일팀 구성에서 핵심 문제인 선수 선발과 선수단 구성 문제(선수단장 선임), 선수 훈련 문제에서 의견이 대립하여 별다른 성과없이 끝났다. 제3차 회담(1.30.)에서 남한이 2차 회담에서 쟁점이었던 선수 선발을 북한이 제안한 협의에 의한 선

---

[28] 통일부, 남북회담본부-회담정보-회담통계 자료, https://dialogue.unikorea.go.kr/ukd/a/ad/usrtaltotal/View.do

[29] 국가기록원 DA0579964, "제3차 남북체육회담 Ⅱ, 1991 문화체육관광부 체육국 국제체육과," 관리번호 DA0579967, pp.19~24., 최진환, "1991년 남북단일팀 성사와 단절에 관한 고찰: 제41회 지바 세계탁구선수권대회를 중심으로", 『국가전략』 제28권 1호 2022년 봄호, 세종연구소, 2022, p.187. 재인용

발 방식을 수용하였으나, 남북한 왕래 훈련방식을 고수하였고, 북한은 남북 왕래 훈련이 선수들에게 정신적, 육체적 부담이 된다는 점을 들어 남북 왕래 훈련을 반대하고 공동 단장제를 고수함으로써 제4차 회담 일자도 잡지 못한 채 회담을 끝내고 말았다. 이후 1991년 2월 8일 남한 장충식 수석대표가 북한 김형진 단장에게 북한의 입장을 충분히 고려한 전진적인 방안을 제시할 것이라는 전화통지문을 보내 2월 12일 회담 재개를 촉구하여 제4차 회담(2. 12.)이 열렸다. 제4차 회담에서 쌍방은 전체 회의와 실무 대표 접촉을 잇따라 열어 단일팀 구성을 협의하였고, 남한이 그동안 쟁점이 되었던 선수 훈련과 단장 선임 문제에 북한의 입장을 받아들여 완전한 합의에 도달하였다. 양측은 합의서를 통해 선수단 호칭(우리말로 '코리아', 영문자로 'korea' 약자 'kor'), 단기(흰색 바탕에 하늘색 우리나라 지도), 단가(1920년대에 우리나라에서 부르던 '아리랑') 그리고 선수 선발(단일팀 공동 추진 기구에서 협의·선발), 선수 훈련(탁구는 대회 현지, 축구는 남북을 오가며 실시) 등을 합의하여 단일팀 구성과 관련한 문제를 타결하였다. 이렇게 4차례에 걸친 남북 체육 회담을 통해 분단 이후 처음으로 남북단일팀을 구성하여 제41회 세계탁구선수권대회(일본. 1991. 4. 24.~5. 6.)와 제6회 세계청소년축구선수권대회(포르투갈, 1991. 6. 5.~6. 17.)에 참가하게 되었다.[30]

〈국제경기대회 단일팀 참가 및 남북체육교류를 위한 남북체육회담 대표단 명단〉

| 구 분 | 남한 | 북한 |
|---|---|---|
| 수석대표 | 장충식(대한올림픽위원회 부위원장) | 김형진(북한올림픽위원회 부위원장) |
| 대 표 | 이학래(대한올림픽위원회 상무위원) | 장 웅(북한올림픽위원회 서기장) |
| | 임태순(대한올림픽위원회 위원) | 김정식(북한올림픽위원회 위원) |
| | 김사흥(대한올림픽위원회 위원) | 김상부(북한올림픽위원회 위원) |
| | 박수창(대한올림픽위원회 위원) | 김영석(북한올림픽위원회 위원) |

---

30  통일부, 남북회담본부-회담정보-회담통계 자료, https://dialogue.unikorea.go.kr/ukd/be1/usrCmsStat/List.do?tab=1#

| 구분 | 남한 | 북한 |
|---|---|---|
| 기 간 | 1차 : 1990. 11. 29 (통일각),<br>3차 : 1991. 1. 30 (통일각), | 2차 : 1991. 1. 15 (평화의 집),<br>4차 : 1991. 2. 12 (평화의 집) |
| 장 소 | 판문점 (평화의 집, 통일각) | |

탁구 남북단일팀에 대한 북한의 언론 보도(『로동신문』, 1991.4.25.)

그리고 1991년 2월 21일과 27일 판문점에서 2회에 걸쳐 탁구 단일팀 실무위원회를 통하여 선수 선발 문제, 선수단 구성 문제, 선수단 단복 및 장비 문제, 단기 및 단가 문제, 공동 환영식과 공동응원 등 단일팀 구성·참가를 위한 최종 합의가 이루어졌다.[31] 1991년 4월 24일부터 5월 6일까지 일본 지바에서 열린 제41회 세계탁구선수권대회에서 보여준 최

---

31  김재우, "제41회 지바 세계탁구선수권대회(1991) 남북단일팀 구성을 위한 체육회담", 『한국체육학회지』 Vol54. No.1, 한국체육학회, 2015, pp.42~43.

초의 남북단일팀 출전은 남북한 사회는 물론 일본 현지의 민단과 조총련 교포 사회에도 뜨거운 감동을 주었다. 이 대회 공동응원을 준비하기 위해 최초로 함께 회의하며 교류하는 등 탁구 단일팀 참가 자체가 남북한과 교포 사회에 하나의 작은 통일이 되었다.

당시 세계 탁구계는 중국이 압도적으로 주도하고 있었다. 특히 이미 탁구 월드컵, 세계선수권대회, 아시안게임 등의 우승을 거머쥐고 탁구 마녀로 불리던 덩야핑의 위세는 하늘을 찌를 듯하였다. 하지만 중국을 바짝 추격하고 있던 남북 선수들로 구성된 단일팀의 사기와 경기력도 만만치 않아 중국의 독주를 막을 유일한 팀이었다. 남북단일팀은 '코리아'라는 이름으로 여자 단체전에는 남한의 현정화, 홍차옥, 북한의 리분희, 류순복이 출전하였다.

예상대로 결승에서 중국을 만난 여자 단체전 선수들은 첫 경기부터 이변을 일으켰다. 단일팀의 류순복 선수가 세계 1위 덩야핑을 세트 스코어 2:1로 제압하였다. 아무도 예상치 못한 이변이 첫 경기부터 일어났던 것이다. 그리고 그 기세를 몰아 현정화가 가오준을 2:0으로 이기며 우승까지 단 1승만을 남겨놓게 되었다. 그리고 이어진 복식경기에서 현정화-리분희 조가 중국의 덩야핑-가오준 조에게 첫 세트를 이기며 우승을 눈앞에 두는 듯하였다. 그러나 이후 수차례 심판의 편파적인 판정으로 1:2로 역전패 하였고, 4경기에서도 현정화가 덩야핑에게 패하면서 2:2로 동점을 이루며 서로 물러설 수 없는 마지막 경기만을 남겨놓게 되었다. 그리고 이미 1경기에서 덩야핑을 잡았던 류순복이 5경기에서 가오준을 2:0으로 누르면서 단일팀 '코리아'가 중국의 세계탁구선수권대회 9연패를 저지하며 감격적인 우승을 차지하는 대이변을 일으켰다.

이 대회에서 남북단일팀은 여자단체 금메달, 여자 개인 단식(리분희)은 메달, 남자 개인 단식(김택수)과 혼합복식(김성희, 리분희) 동메달의 성적을 올렸다. 그리고 지바 경기장에서 우승팀의 국기로 태극기도 아니며 인민공화국기도 아닌, 한반도 그림의 남북 단일기가 '아리랑' 연주 속에 올라가고 있었다. 또한 탁구 단일팀의 우승 장면이 TV를 통해 남북에 중계됨으로써 7천만 겨레에게 우리가 진정한 한민족이라는 엄연한 사실과 우리에게 왜 통일이 필요한가를 가슴깊이 뜨겁게 느끼게 해주었다.

그때의 감동과 환희는 스포츠계에도 남북 체육 교류의 중요성에 대하여 다시 한 번 생각하게 하는 깊은 인상을 남겼다. 그 후 대한탁구협회는 1991년 8월과 9월 사이에 중국과 일본에서 개최 예정인 국제탁구대회에 남북이 갈라져 다시 싸울 수는 없다며, 단일팀이 아니면 출전을 거부하겠다는 방침을 세울 만큼 탁구협회와 선수들은 단일팀 구성 의지를 이어갔다.[32]

> **탁구여왕 현정화의 특별한 46일간의 이야기**
>
> 당시 남북단일팀 여자 단체전 우승의 주역이었던 현정화는 "1991년 4월, 당시 46일 동안 같이 밥 먹고 훈련했던 북한 선수들은 그저 우리와 똑같은 젊은이였다. 아직도 그때 자료화면을 보면 울컥한다"며 언제 보자는 애기도 못하고 헤어진 "리분희 언니를 만나면 내 손으로 따뜻한 밥 한끼 대접하고 싶다"며 북한에 가서 리분희를 만나고 싶은 간절한 마음에 남북 스포츠 교류를 추진하고 싶다고 했다. 그리고 "스포츠와 문화 교류를 통해 체제 이질감이나 남북 간 군사적 긴장관계를 극복할 수 있을 것이란 생각을 갖고 있다."며 "각자가 맡은 분야에서 북한 사람들을 자주 만나 소통하고 대화하다 보면 북한 사람들의 마음이 열리고, 남북의 마음이 열리면 통일이 가까워질 것"이라고 강조했다.
>
> (박윤식, "탁구여왕 현정화의 특별했던 46일간의 이야기", 『통일한국』 Vol 340. 평화문제연구소, 2012, p.50-51.)

이러한 탁구 종목에서 단일팀 감동은 오래도록 이어지며 다른 어떤 종목보다 남북 관계 개선과 민족 동질감 회복에 중요한 촉매제 역할을 하였다. 2018년 스웨덴에서 열린 세계탁구선수권대회에서는 또 한 번 극적

---

32  조선일보, "체육청소년부『탁구단일팀』몸살 탁구협회", 1991.8.11., 최진환, "1991년 남북단일팀 성사와 단절에 관한 고찰: 제41회 지바 세계탁구선수권대회를 중심으로", 『국가전략』제28권 1호 2022년 봄호, 세종연구소, 2022, p.189. 재인용

인 단일팀을 성사시켰다. 조별리그에서 1위로 8강에 먼저 도착해있던 남한 여자대표팀은 북한 여자대표팀이 16강에서 러시아를 3:1로 이겨 8강에 오르면서 남북 대결이 치러지게 되었다. 하지만 8강전을 앞두고 남북 탁구협회는 국제탁구연맹(ITTF)의 협조와 지지를 얻어 현장에서 단일팀을 구성하고 남북 대결이 아닌 남북단일팀으로 4강에 오르게 되었다. 화기애애한 분위기 속에 함께 연습을 거쳐 준결승전을 치른 단일팀은 비록 결승에 오르지는 못했지만 27년 만에 단일팀으로 동메달의 성과를 얻어내며 남북한 모두에게 다시 한번 한민족이라는 감격을 선물하였다.

그리고 그 감동은 남북 관계가 완전히 단절되고 '적대적 두 국가'론까지 거론되는 오늘에도 이어지며 다시 한번 스포츠를 통해 남북이 하나 될 수 있는 가능성을 보여주었다. 2024년 7월 30일 파리올림픽 탁구 혼합복식 시상식에서 남북 선수들이 보여준 다정하고 훈훈한 모습이 그것이다. 최근의 냉랭해진 남북 관계로 파리올림픽에 참가한 북한 선수단은 남한 선수단이나 언론에 별다른 반응을 보이지 않았지만, 남북한이 함께 시상대에 오른 탁구 혼합복식 시상식만은 달랐다.

파리올림픽 탁구 혼합복식에 출전한 신유빈-임종훈 조는 4강 전에서 세계 랭킹 1위 중국의 왕추친-쑨잉사에 2-4로 패해 동메달 결정전에 나섰고, 두 선수는 동메달 결정전에서 홍콩을 압도하고 동메달을 획득하여 12년 만에 한국에 메달을 안겼다. 한편 한국을 꺾고 오른 중국팀은 결승에서 북한의 리정식-김금영 조를 만났다. 북한의 리정식-김금영은 세계 랭킹 순위도 없는 무명의 선수들이었다. 이 두 선수는 16강에서 세계 랭킹 2위 일본팀, 8강에서는 스웨덴팀 등을 격파하고 결승에 올랐다. 그러나 결승에서 세계 랭킹 1위 중국을 넘지는 못하고 중국 왕추친-쑨잉사 금메달, 북한 리정식-김금영 은메달, 남한 신유빈-임종훈 동메달로 2024년 파리올림픽 탁구 혼합복식을 마치고 시상대에 올랐다.

시상식에서 중국에 져 아쉽게 은메달을 딴 북한의 김금영, 리정식 선수가 호명되자 먼저 동메달 시상대에 올라있던 남한의 신유빈, 임종훈 선수 쪽으로 다가와 다정하게 악수와 축하 인사를 나누고 은메달 시상대에 올랐다. 그리고 시상식 이후에는 남북한 선수들과 중국 선수들이 다 함께 셀카를 찍을 때도 어색함이 없이 함께 어울리며 다정한 모습을 보여주었다. 그리고 이 장면은 파리올림픽 스포츠맨십 명장면 중 하나로 선정되기도 하였다.[33]

단일팀 구성을 위한 과정이 순탄치만은 않았지만 1991년 제41회 세계탁구선수권대회 남북단일팀은 남북한 온 국민에게 뜨거운 감동과 통일에 대한 열망을 키워주었다. 그리고 남한 선수들의 평양 출현과 이들의 경기 모습 중계, 그리고 단일팀 선수들의 선전 내용은 북한 주민들에게 엄청난 충격을 주게 되었고, 선수들 자신에게도 더할 수 없는 큰 충격과 새로운 경험을 안겨 주었다. 일회성 행사로 그치긴 했지만 분단 이후 처음으로 이루어진 단일팀의 출전은 남북 스포츠 교류의 성과가 남북한 사회의 화해 분위기 조성과 민족적 화합에 얼마나 큰 영향을 미칠 수 있는지를 실감할 수 있게 하였다.

남북 교류에 있어 1989년에서 1991년까지의 3년 동안은 스포츠 교류가 가장 활발하게 진행된 시기였다. 다만, 스포츠 자체가 남북한 교류를 촉발시켰나기보다는 남북한 정부의 정치적 결단이 이루어진 이후에 남북 정부가 추구하는 정책목표 달성을 위해 스포츠가 도구로 사용되었다. 즉 이 시기는 스포츠가 남북 교류에 있어 훌륭한 도구적 활용성을 갖지만 이를 가능케 했던 것은 남북한 정부의 정치적 판단과 전략적 선택이었다고 평가할 수 있을 것이다. 그런 한계에도 불구하고 1991년 탁구 남북단

---

[33] 한국일보, 2024.08.07., "남북 선수 "셀카 외교", 파리 올림픽 '스포츠맨십' 명장면 꼽혀", https://www.hankookilbo.com/News/Read/A2024080709270003943?did=NA

일팀의 기억은 남북이 정치와 이념의 굴레에서 벗어난다면 스포츠 교류야말로 남북 교류협력과 민족화합을 이끌어내는 가장 든든한 견인차 역할을 할 수 있다는 것을 실증적으로 보여주었다.[34]

---

[34] 정기웅, 『스포츠 외교의 신화: 성공과 실패, 그리고 그 밖의 이야기들』, 박영사, 2018, pp.188~189.

# 3. 남북통일축구와 세계청소년축구대회 단일팀

　베이징 아시아 경기대회 공동응원의 성과를 이어받은 남북통일축구는 1990년 10월 9일부터 13일까지 평양에서, 그리고 10월 21일부터 25일까지 서울에서 개최되었다. 이는 1946년 '경평축구전' 이후 최초로 개최된 남북 간의 직접 경기였을 뿐만 아니라 1964년 동경 올림픽대회 남북 단일팀 구성을 위하여 1963년 스위스 로잔에서 남북체육관계자들이 회담을 시작한지 27년 만에 성사된 최초의 남북체육교류라는 점에서 남북체육교류사는 물론 한국체육사에 있어서 매우 중요한 사건이었다.[35]

　베이징 아시아 경기대회의 화해 분위기가 축구로 먼저 이어진 것은 축구가 남북한 모두에게 가장 인기있는 종목이기도 하였고, 축구의 인기는 해방 이전부터 '경평축구전'으로 이미 그 인기를 경험하였기 때문이다. 일제 강점기에 축구가 가장 인기 있는 스포츠로 성장할 수 있었던 이유 중 하나는 일제의 식민지 폭압 정치에 대하여 제한적이지만 저항이자 반일 수단의 하나였기 때문이다. 당시에도 지역 연고전을 통한 경쟁으로 축구가 발전하였는데, 그 중심에 경성과 평양이 있었다. 당시 조선의 두 대표적인 두 도시인 경성과 평양의 대항전은 오늘날 레알마드리드FC와 FC바르셀로나의 '엘클라시코'처럼 한반도 최초의 더비전으로 전 국민의

---

[35] 김재우, "남북통일축구대회의 성사배경과 협의과정", 『한국체육사학회지』 제19권 제4호, 한국체육사학회, 2014, p.2.

관심을 끌었다. 축구는 단순한 스포츠를 넘어 식민의 울분을 독립 의지로 승화시키는 촉매가 되기도 하였는데, 축구가 열리는 경기장 안에서 조선 민족끼리 한 덩어리로 모인 열기는 자연스럽게 민족 단합으로 이어지고 민족주의를 일깨워 축구 열기는 들불처럼 전국으로 번져나갔다.

    1928년과 1929년은 일제시대 조선 축구 역사에서 분기점이 되는 중요한 사건들이 발생하였다. 1928년에는 평양을 대표하는 숭실중학이 일본중등학교 축구대회에서 우승을 차지해 조선 축구의 우수성을 과시했다. 그리고 평양 축구의 자존심을 세운 숭실중학의 우승은 이듬해 경성을 대표하는 경신중학의 쾌거로 이어졌다. 조선일보사 주최로 이뤄진 일본 대학 축구의 최강자 와세다 대학 초청 경기에서 경신구락부는 4-3의 승리를 거둬 조선인들을 열광시켰다. 이처럼 조선에서 정점을 향해 치닫는 축구열기에 고무된 조선일보사는 또 다른 축구 이벤트인 경평 축구전을 계획했다. 일제 식민지 당시 조선을 대표하는 양대 도시인 경성과 평양의 축구경기를 계획했는데, 이 두 도시가 일제시대 정치, 경제, 사회, 문화적으로도 치열한 경쟁을 하고 있었다는 점에서 대중적인 관심도 높을 수밖에 없는 이벤트였다. 휘문고보 운동장에서 펼쳐진 제1회 경평 축구전은 첫날 경기부터 예상보다 많은 칠천여 명의 구름 관중이 운집하는 등 대성황을 이뤄 흥행 면에서 대성공을 거두었다. 경평 축구전에 대한 대중의 관심은 일회성 이벤트에 그치지 않고 정기적인 대회로 발전할 수 있는 토대가 되었다.[36]

    경기 전부터 전국적인 관심과 화제 분위기에서 1929년 10월 8일 조선일보 주최로 휘문고보 운동장에서 개최된 제1회 경성평양축구대항전은 2승 1무로 평양팀이 승리하였다. 경평축구대항전의 영향은 축구 발전

---

[36] 이종성, "이원용이 일제강점기 한국 근대 스포츠 발전에 미친 영향", 『한국체육학회지』 58권 6호, 한국체육학회, 2019, pp.23~24.

뿐만 아니라 다른 종목의 확대 발전에도 영향을 주었으며 제2회 대회가 1930년 11월 28일~29일, 12월 1일 다시 개최되었고 이번에는 경성팀이 2승 1패로 승리하였다. 이후 1933년 4월 6일부터 평양 기림공설운동장에서 개최된 제3회 경평전은 평양뿐만 아니라 조선반도 전체를 뜨겁게 달구었다. 경기 결과도 1승 1무 1패를 기록하여 골득실에서 앞선 평양팀이 승리할 정도로 치열하였다. 1933년 조선축구협회가 창립되고 경성과 평양 축구단도 재정비 되면서 본궤도에 오른 경평축구대회는 1934년에는 경성과 평양 선발팀이 일본과 중국 원정을 다니며 무패의 기록으로 명성을 떨치며 축구 경기를 통해 식민의 설움을 달래고 독립의 의지를 다지는 계기를 만들었다. 그러나 1936년 조선의 민족주의 부활을 두려워한 일제가 조선의 모든 축구 교류전을 중단시키고 1942년에는 아예 모든 구기 종목을 금지시켜 경기 자체가 중단되었다. 경평축구는 1945년 해방이 된 이후 1946년 3월에 서울운동장에서 부활하였지만 이후 38선 왕래가 금지되면서 지속되지 못하고 다시 중단되었다. 하지만 축구는 우리 근대사에서 민족과 질곡을 함께한 스포츠였다. 1954년 신생 독립국가로 대한민국이 스위스 월드컵 본선에 진출한 것이나 1966년 북한이 잉글랜드 월드컵 8강에 오를 수 있었던 것도 이런 축구 역사가 있었기에 가능했던 것이다.[37]

체육청소년부에서 정리한 기록에 따르면 1946년 경평축구 이후 최초로 개최된 통일축구를 준비하면서 당시 북한 측에서는 축구대회개최 및 방북대표단 영접을 위해 환영행사, 음식선정, 선물 등 모든 면에서 매우 조직적으로 준비하였다. 그리고 축구교류를 정치와는 구분하여 치르겠다

---

[37] 김경성, "불굴의 스포츠 아리랑-남북축구 발전의 모태 '경평축구전'", 북스타, 2024, pp.18~91.

는 태도를 보였으며, 시종 유연한 자세로 일관하였다.[38]

> **이회택 전 국가대표팀 감독, 40년 만의 부자 상봉**
> 이때 방문에서 이회택 전 대표팀 감독이 한국전쟁 때 의용군으로 나가면서 헤어진 부친과 40년 만에 상봉하기도 하였다. 40년 만의 부자 상봉은 이회택 전 국가대표팀 감독이 1989년 이탈리아 월드컵 최종 예선 때 북한의 박두익 감독에게 아버지의 생사 확인을 부탁하여 생존을 확인하면서 실마리가 풀렸다. 이 감독은 박 감독으로부터 아버지 사진과 편지를 건네받았고 남북통일축구대회 평양개최를 계기로 감격적인 상봉을 하게 되었다.

남북통일축구대회는 10월 11일 평양대회와 23일 서울대회를 개최하였다. 평양대회는 1933년 경평축구가 평양에서 열린 이후 57년 만에 다시 열리는 뜻깊은 경기였다. 중국 베이징을 통해 평양에 도착한 선수단은 순안공항에서부터 뜨거운 환영을 받았다. 능라도 5.1경기장에서 열린 11일 경기에서는 남한이 먼저 선취골을 넣었으나 1:2로 북한이 승리하였다. 그러나 승패를 떠나 녹화방송으로 중계된 경기를 보려고 대부분의 시민들이 일찍 귀가하여 거리가 한산할 정도로 온 국민의 관심을 끌었고 역사적인 남북통일축구는 남북 모두가 하나가 되는 순간이었다.

그리고 서울 경기를 위해 판문점을 통해 남으로 내려온 북한 선수단이 지나는 연도의 시민들도 뜨겁게 환영해 주었다. 10월 23일 경기가 열린 잠실주경기장에서 관중들의 뜨거운 통일 열기와 함성으로 남북 모든 선수들을 응원했고 경기를 관람하던 실향민은 곧 통일이 되어 고향에 갈 수 있을 것 같다며 가슴 벅차 했다. 경기가 끝난 후 유니폼을 바꿔 입은 선수들이 그라운드를 돌 때는 우리의 소원은 통일을 온 관중들이 함께 부르며 남북이 하나되어 열광했다.

이는 베이징 아시아경기대회에서 보여준 남북 공동응원과 함께 통일

---

**38** 체육청소년부, 『남북통일축구대회』 체육청소년부, 1991, pp.16~49.

축구경기에서 경쟁을 펼치면서도 승부에 집착하지 않는 경기, 관중들이 함께하는 응원과 격려 등은 45년간의 단절을 극복하고 이질감을 해소하는데 크게 기여하였다.

남북통일축구의 성공적인 개최로 남북 체육 교류를 본격적으로 촉진하게 되었고 1990년 2월 중단되었던 국제대회 단일팀 구성·참가 및 체육 교류 협의를 위한 회담도 재개하게 되었다. 남북통일축구가 당초 우려를 말끔히 씻고 성공적으로 치러짐에 따라 남북 간의 상호이해와 신뢰 그리고 체제와 이념을 초월한 민족연대감을 형성하여 통일 기반을 구축하는데 선도적인 역할을 하였다. 그리고 이런 분위기는 다양한 분야에 걸친 남북 교류 확대의 디딤돌 역할을 하였으며 이는 잦은 접촉을 통해 공통인식을 확산시키는 것이 중요하다는 점을 일깨워 주었다.[39]

그리고 스포츠 교류 측면에서 가장 의미가 큰 것은 이전의 남북대화와는 다르게, 작은 부분에서 양보를 하더라도 축구 교류를 성사시키겠다는 기본 방침을 큰 틀에서 정하고 이를 지켰다는 점과 이에 호응하여 북한도 당초 약속대로 축구 교류를 정치와는 구분하여 시종 유연하게 진행되도록 노력하였다는 점이다. 다만, 당초 기대와 달리 남북통일축구대회가 정례화되지 못하고 2002년 9월 7일 12년 만에 상암 월드컵경기장에서 제3차 대회, 그리고 2005년 광복 60주년 하루 전날인 8월 14일 상암 월드컵경기상에서 한 차례 더 열린 이후에는 아직까지 중단되어 많은 아쉬움이 남는다.

가장 최근에 8·15 통일축구대회가 열렸던 2005년은 대내적으로는 대북 포용 정책을 기반으로 하는 정부의 대북정책과 한미동맹을 놓고 여론이 양분되면서 남남갈등이 심각해지고 있었고, 대외적으로는 북핵 문제

---

39    체육청소년부, 『남북통일축구대회』 체육청소년부, 1991, pp.207~209.

를 해결하기 위한 6자회담 당사국들이 제4차 회담에서 「9·19공동성명」을 통해 북한의 단계적 핵 포기와 NPT와 국제원자력기구 안전조치에 복귀를 전제로 경제협력과 체제 보장을 합의하고 있었다.

이처럼 북핵 문제를 둘러싼 국제사회의 압박과 대북정책에 대한 남한 내 남남갈등으로 남북 교류 여건은 녹록치 않았으나 탈정치 영역으로서 스포츠 분야는 남북 간 대화와 소통을 위한 주요 매개체로 활용되었다. 2005년 현대그룹 현정은 회장이 김정일과 방북 면담을 계기로 남한과 북한은 2005년 7월 26일 '8·15 남북통일축구경기'를 위해 실무접촉을 가지게 되었다.[40] 남북은 2005년 7월 26일과 28일 개성에서 두 차례 실무접촉을 통해 경기 명칭, 경기방식, 참가인원, 체류 기간, 서해 직항로를 통한 왕래 방법, 비용 그리고 축구 분야 교류와 협력을 계속 발전시켜 나갈 것 등에 대하여 합의하였다.[41] 8·15 남북통일축구대회는 남북 교류 협력을 지속하기 위하여 남한이 먼저 제시하여 시작되었지만, 북한도 경제난 해결을 위한 남북 경제교류와 미국의 압박을 탈피하기 위한 필요에서 적극 호응하게 되었다.

2005년 남한에서 개최된 제2회 동아시아 축구선수권대회에 북한이 참가하여 8월 4일 전주월드컵경기장에서 열린 남한과 경기에서 0-0 무승부를 기록했다. 동아시아대회에서 한차례 경기를 치렀던 남북은 10일 후인 8월 14일 서울에서 '8·15 민족대축전 남북통일축구' 행사를 치렀다. 6만 5천 석을 가득 메운 관중들과 대형 한반도기가 나부낀 가운데 열린 경기에서 남한이 3-0 완승을 기록했다.

---

[40] 이우태·성문정·허정필, "남북 사회문화교류 활성화를 위한 교류거버넌스 구축방안: 체육교류를 중심으로," 『KINU 연구총서』 19-12, 통일연구원, 2019, p.121.

[41] 통일부, 남북회담본부-회담정보-회담통계 자료, https://dialogue.unikorea.go.kr/ukd/a/ad/usrtaltotal/View.do (8·15 남북통일축구경기 실무절차 합의서 2005.07.28. 부록 별첨)

2007년에는 지방자치단체 차원에서도 축구 교류가 이루어졌는데, 인천광역시와 인천유나이티드 프로축구단은 평양시 체육단 축구장에 인조잔디를 기증하고 북한 축구대표팀의 전지훈련을 지원하였다. 특히 인조잔디 사업은 통일부 규정으로 중간에 좌초 위기를 겪었지만 끝내 완공하여 민족 협력 사업의 상징으로 남아있다.[42]

한편 1991년에는 탁구 단일팀에 이어 6월 14일부터 30일까지 포르투갈 리스본에서 개최된 제6회 세계청소년축구선수권대회에 남북 축구가 단일팀으로 참가하여 8강에 오르는 성과를 내었다. 세계청소년축구대회 단일팀 참가는 1990년 11월 29일부터 1991년 2월 12일까지 4회에 걸쳐 판문점에서 열렸던 남북 체육 회담과 1991년 2월 22일과 26일 2회에 걸쳐 열린 축구 단일팀 실무위원회 합의에 따른 것이었다.[43]

베이징 아시아 경기대회 공동응원으로 분단 이후 처음으로 서울과 평양을 오가면서 통일축구대회를 개최한 남북한은 총 4차에 걸쳐 남북 체육회담과 실무위원회 등을 거쳐 제41회 세계탁구선수권대회와 함께 제6회 세계청소년축구선수권대회에 코리아 단일팀을 구성하여 참가하는데 합의하였다. 그리고 실무위원회 합의에 따라 축구 단일팀은 서울과 평양에서 평가전 및 강화 훈련을 실시한 후 서울에서 결단식을 갖고, 해외 전지훈련과 대회 참가 이후 평양에서 해단식을 갖게 되었다.[44]

단일팀 선수들은 서울과 평양에서 평가전을 통해 선발되었다. 평가전에서는 윤철, 최철, 류승근 등 발 빠른 북측선수들의 공격력과 노태경, 박

---

[42] 정윤덕, "남북축구 교류 사례와 활성화 방안에 관한 질적 접근", 『한국체육정책학회지』 제18권 제4호, 한국체육정책학회, 2020, pp.19~20.

[43] 통일부, 남북회담본부-회담정보-회담통계 자료, https://dialogue.unikorea.go.kr/ukd/be1/usrCmsStat/List.do?tab=1#

[44] 이현우·김재우, "제6회 세계청소년축구선수권대회(1991) 코리아 단일팀 참가에 관한 연구", 『한국체육사학회지』 제21권 제2호, 한국체육사학회, 2016, pp.90~91.

철, 조진호 등 개인기가 뛰어난 남측 선수들의 수비력이 돋보였다. 그러면서도 단체경기인 만큼 팀웍과 전력 향상을 위해서는 합동훈련을 빠른 시일 안에 실시하여 경기력을 끌어올려야 한다는 필요성이 대두되기도 하였다. 평가전을 통해 남북 각각 9명씩 18명의 선수를 확정하였고, 다시 평양, 서울에서 연습과 평가전을 마친 후 5월 21일 결단식을 가졌다. 이후 런던을 거쳐 대회가 개최되는 포르투갈에 도착하여 조광제 남한 대사와 김경락 북한 대사 등 포르투갈 주재 양쪽 공관원을 비롯한 현지 동포들로부터 뜨거운 환영을 받았다.[45]

청소년축구대회 남북단일팀 선수단 사진 (사진: 이재영)

대사관 부인회와 현지 교민 그리고 삼성전자, 현대전자 등 현지 진출 기업들의 전폭적인 지지와 응원을 받으며 전지훈련이 시작되었지만, 서로 이질적인 축구 패턴을 가지고 있던 남북 선수들의 조직력은 좀처럼 다져지지 않았고, 전술 패턴을 놓고도 코칭 스탭 간 의견이 상충되는 경우

---

45　이현우·김재우, "제6회 세계청소년축구선수권대회(1991) 코리아 단일팀 참가에 관한 연구", 『한국체육사학회지』 제21권 제2호, 한국체육사학회, 2016, pp.82~87.

도 많았다. 발 빠른 북쪽 선수들은 '공격'에 적합한 반면 임기응변이 좋은 남쪽 선수들은 '수비'에 걸맞아 언뜻 보기엔 최고의 궁합으로 보였지만 한 팀으로 경기를 해보니 양측의 장점이 제대로 살아나지 않았다. 평가전에서 남북 선수들은 내내 손발이 어긋났고 각자의 개인기에만 의존했다. 기대에 미치기는커녕 "단일팀을 안 하느니만 못하다"라는 혹평까지 나왔다.[46] 팀워크과 남북 축구의 장점을 살리는 것이 가장 시급했다.

남북 간의 축구 패턴과 함께 코리아 단일팀에게 가장 문제가 되었던 것은 수비력이었다. 포르투갈 2부리그 팀들과 수차례 연습경기를 가진 단일팀은 결국 수비력 보강을 위해 강철, 이임생을 차출하여 최종 명단을 확정하여 6월 14일부터 30일까지 열리는 제6회 세계청소년축구대회에 참가하게 되었다. 코리아 단일팀은 주최국 포르투갈을 비롯하여 아르헨티나, 아일랜드와 함께 예선 A조에 속했다. 단일팀 첫 상대인 아르헨티나는 축구 신동 마라도나가 뛴 1979년 일본 대회 우승, 1983년 대회 때에는 준우승을 차지한 축구 강국이었다. 두 번째 상대국인 아일랜드는 다른 팀들보다는 비교적 상대하기 쉽지만 역시 유럽 6조 예선에서 3승 1패로 올라온 안심할 수 없는 팀이었다. 그리고 마지막 상대인 주최국 포르투갈은 제5회 대회 우승국이며 홈그라운드의 이점마저 안고 있어 강력한 우승 후보로 꼽히고 있는 강팀으로 코리아 단일팀이 상대하기에는 모두 매우 벅찬 상대였다.[47]

---

[46] 『한국일보』, 2018.02.03., ""응답하라 1991" 남북단일팀이 부른다", https://www.hankookilbo.com/News/Read/201802031489501161

[47] 이현우·김재우, "제6회 세계청소년축구선수권대회(1991) 코리아 단일팀 참가에 관한 연구", 『한국체육사학회지』 제21권 제2호, 한국체육사학회, 2016, pp.87~88.

〈제6회 세계청소년축구대회 단일팀 선수단 명단〉

| 단장 | 장충식(남) | 부단장 | 리명성(북) |
|---|---|---|---|
| 감독 | 안세욱(북) | 코치 | 남대식(남), 최만희(남), 문기남(북) |
| 선수 | 최익형(남), 김정선(북) (이상 GK), 정강성(북), 박철(남), 강철(남), 노태경(남), 장현호(남), 이임생(남), 김정만(남), 조진호(남), 한연철(남), 최영선(북), 서동원(남), 윤철(북), 리창하(북), 최철(북), 조인철(북), 이태홍(남) | | |

\* 자료 출처: 대한축구협회 홈페이지

하지만 남북단일팀에 대한 우려는 스무 살도 안 된 청소년들의 흡수력을 과소평가한 것이었다. 이들은 무서운 속도로 서로에게 적응해 갔다. 부딪히면 서로 일으켜 세워주고, 일어서면 함께 뛰었다. '부진하다'는 평가를 받았던 조직력은 대회를 목전에 두고 눈에 띄게 강해졌다. 그리고 대회 날, 모두의 예상을 뒤엎고 남미의 강호 아르헨티나를 1대 0으로 가볍게 꺾는 이변이 일어났다.[48]

6월 15일 리스본에서 열린 아르헨티나와의 예선 첫 경기에서 코리아단일팀은 향상된 조직력과 기동력을 앞세워 예상을 뒤엎고 아르헨티나에게 1대0으로 승리하였다. 이날의 히어로 조인철(평양체대)은 경기 종료 2분을 남긴 후반 43분 상대의 몸을 맞고 흐르는 볼을 아크서클 부근에서 30m 롱 슛을 성공시켜 승리의 주역이 되었다. 6월 17일 아일랜드와 두 번째 경기에서는 후반 초반 먼저 선취골을 내주었으나, 경기 종료 직전 최철(평양체대)이 극적인 동점골을 성공시켜 1:1 무승부를 만들면서 8강 진출의 희망을 되살렸다. 그리고 6월 20일 포르투갈과의 예선 마지막 경기에서 단일팀은 0:1로 아쉽게 패했으나, 아일랜드와 아르헨티나가 2:2

---

[48] 『한국일보』, 2018.02.03., ""응답하라 1991" 남북단일팀이 부른다", https://www.hankookilbo.com/News/Read/201802031489501161

무승부를 기록하여 단일팀은 1승 1무 1패로 포르투갈(3승)에 이어 조 2위로 8강에 진출하였다. 8강에 진출한 단일팀은 6월 22일 브라질과의 경기에서 5골을 허용하여 최철이 헤딩골로 1점을 만회하였지만 4점차로 패하여 브라질의 높은 벽을 넘지 못하고 8강 진출에 만족하여야 했다.[49]

아르헨티나 전 경기 장면과 당시 스포츠조선 6월 17일 기사
(사진: 이재영)

축구 단일팀은 8강전에서 브라질에 패하여 4강 진입에는 실패하였으

---

[49] 이현우·김재우, "제6회 세계청소년축구선수권대회(1991) 코리아 단일팀 참가에 관한 연구", 『한국체육사학회지』 제21권 제2호, 한국체육사학회, 2016, pp.88~89.

나, 탁구 단일팀에 이어 분단 46년 만에 축구에서도 단일팀 구성에 성공하며 남북한 주민들은 물론이고 대회가 개최되었던 포르투갈 현지 교민들에게는 잊지 못할 감동을 남겨주었다. 특히 단일팀을 구성하고 한달 남짓 함께 훈련하며 대회에 참가했던 임원 및 선수 등 선수단 모두에게는 분단의 아픔을 잊고 한 팀으로서 동고동락하며 허심탄회하게 대화하고 화합할 수 있었던 소중한 기회가 되었다. 그리고 청소년축구 단일팀의 성과는 남북단일팀이 다양한 모든 종목에서도 충분히 구성될 수 있다는 가능성을 확인하였고, 온 겨레의 통일에 대한 염원에 다시 한번 불을 붙이며 역사에 커다란 발자취를 남겼다.[50]

청소년축구 단일팀은 탁구 단일팀에서 확인된 바와 같이 스포츠 교류가 한반도 평화 분위기를 조성하는데 매우 큰 영향을 미친다는 사실을 다시 한번 확인하는 좋은 기회가 되었다. 특히, 축구 단일팀은 평가전과 합동훈련을 서울과 평양을 오가며 진행되었기 때문에 폐쇄된 북한을 잠시나마 개방시키고 북한의 실상을 알 수 있는 기회가 되었으며 남한의 실상을 북한에 알렸다는 것도 큰 성과라고 할 것이다. 그리고 비록 4강 진출에는 실패하였지만, 8강 진출이 불가능할 것으로 예상되었던 당초 예상을 깨고, 하나 된 단일팀 선수단의 선전으로 아르헨티나를 이기고 8강에 진출한 것은 단일팀의 위력을 다시 한번 느끼게 하는 것이었다.

하지만 1991년 상반기를 뜨겁게 달구며 활발했던 남북 스포츠 교류는 제41회 세계탁구선수권대회와 제6회 세계청소년축구대회의 단일팀 구성을 끝으로 급격히 냉각되며 장기간 단절되게 된다. 노태우 정부 초기 북방정책에 따른 적극적인 남북 스포츠 교류는 두 번의 단일팀 구성 이후 김영삼 정부에서는 체육은 물론 사회문화 분야 전체로 확대하여도 단 한

---

50   조현철, "남북스포츠교류의 전개에 관한 사적 연구", 중앙대학교 박사학위논문, 2006, pp.175~176.

차례의 남북회담이 개최되지 않을 정도로 차갑게 중단되고 말았다.

두 번의 단일팀 성공 이후 남북한은 1992년 바르셀로나 올림픽경기 등 주요 국제경기대회 남북단일팀을 구성하여 참가하는 문제와 통일축구대회 등 남북 체육 교류·협력 문제를 협의하기 위한 제5차 남북체육회담을 1991년 8월 17일 가질 예정이었다. 그런데 회담 개최를 불과 5일 앞둔 8월 12일 북한 유도선수 이창수씨 귀순 문제가 발생하자 북한은 제5차 남북체육회담을 일방적으로 무산시켰다.[51]

북한 유도선수의 망명이 결정적으로 작용하기는 하였으나, 1991년을 기점으로 남북단일팀 구성에 대한 북한의 태도가 바뀐 데에는 몇 가지 이유가 있을 것으로 추론된다. 가장 중요한 것은 내부 체제 결속을 위한 북한 당국의 태도 변화를 들 수 있다. 북한은 공산권의 쇠퇴와 북미·북일 수교의 불발 그리고 남한의 북방정책 쇠퇴, 흡수통일론 부상, 핵사찰 문제, 팀스피리트 훈련 재개 등 대내외적인 정치적, 군사적 압박을 느끼게 되면서 북한 내부 체제를 공고히 하기 위한 전략으로 수정하여 선회했을 것으로 보인다.

한편 이 당시 남한은 1991년 6월 세계청소년축구선수권대회 이후 해단식이 끝나고 체육부와 체육계는 1992년 바르셀로나 올림픽 단일팀 구성을 위해 적극적으로 다음 단계를 고민하였다. 8월에 있을 제5차 체육회남을 앞두고 7월에 향후 남북단일팀 회담 대책을 수립하면서 남북 체육 교류 및 협력 3단계 추진 방안으로 '쌍방 체육기구 통합'이라는 최종 목표를 세웠다. 30년간 남북 체육 회담을 해오며 축적된 고민과 논의의 결과로 탄생한 산물이라 볼 수 있다. 이 조직이 발전하면 남북이 하나의 NOC(National Olympic Committee)를 구성할 수도 있는 실험적인 통합 모형이

---

51  통일부, 남북회담본부-회담정보-회담통계 자료, https://dialogue.unikorea.go.kr/ukd/be1/usrCmsStat/List.do?tab=1#

될 수 있었을 것이다.[52] 만약 실행 되었더라면 남북 스포츠 교류는 지금과는 전혀 다른 양상으로 발전해 있을 것이다. 당시 남북 스포츠 교류의 노력과 산물이 영속성을 가지고 계승 발전되지 못한 것에 더욱더 커다란 아쉬움으로 남는다.

---

52 최진환, "1991년 남북단일팀 성사와 단절에 관한 고찰: 제41회 지바 세계탁구선수권대회를 중심으로",『국가전략』제28권 1호 2022년 봄호, 세종연구소, 2022, p.192.

# IV.
# 평화의 시대 햇볕정책과 남북 스포츠 교류

# 1. 햇볕정책과 최초의 남북정상회담

　김대중 정부가 출범한 1998년 이후 남북 관계는 오랜 단절에서 벗어나며 큰 전환기를 맞이하였다. 남한은 1997년 12월 3일 국제통화기금(IMF)로부터 금융지원을 받아 이른바 'IMF시대'를 맞이하며 대통령 선거에 의한 수평적 정권교체를 경험하였으며, 북한은 1997년 10월 8일 김정일이 당 총비서직을 공식 승계하는 변화를 겪었다. 이런 전환기를 맞이하여 남한의 김대중 정부는 그동안 악화되었던 남북 관계 개선에 의욕을 보이면서 정경분리 원칙 아래 민간 주도로 남북경협, 이산가족 상봉, 남북 간의 직접 대화와 정상회담 추진 등 대북정책에서 유연성을 보였고, 북한 역시 김정일의 공식 승계 이후 경제난 극복을 위한 남북 관계 개선에 적극성을 보였다.[1]

　김대중 정부는 취임 당시부터 두 가지를 정책 기조로 내걸고 출범했다. 하나는 개혁 정책이고, 다른 하나는 포용(햇볕) 정책이었다. 개혁 정책은 국가부도 위기에 처하고 IMF에 구제 금융을 요청할 정도로 심각했던 경제위기를 극복하기 위한 방편이었다. 이것은 초기에는 민주주의와 시장경제의 '병행'(발전)론으로 제창되었다가 1999년 8·15 경축사를 계기로 생산적 복지론이 추가된 '삼위일체론'으로 바뀌어 추진되었다. 포용정책은 남북 관계에 화해와 협력을 정착시키기 위한 정책이었다. 그리고 대북정책 3원칙으로 "한반도의 평화를 파괴하는 어떠한 무력도발도 결

---

1　박진, 임원혁, 이유수, "전환기의 대북정책과 남북경협", 한국개발연구원, 1998, pp.15~16.

코 용납하지 않고", "북한을 해치거나 흡수할 생각이 없으며", "남북 간의 화해와 협력을 가능한 분야부터 적극적으로 추진해 나갈 것"임을 밝혔다. 이는 김대중 정부 대북정책의 기본철학으로서, 확고한 안보태세를 바탕으로 남북 간 교류와 협력을 적극 활성화해 나감으로써, 포용적인 입장에서 북한의 긍정적인 변화를 지원하고 남북관계를 개선해 나가겠다는 의지를 표명한 것이다.[2] 이 정책은 김대중 정부 출범 이후 꾸준히 추진되었으며, 그 결정이 2000년 6월 남북정상회담과 그 결실로서의 6·15공동선언이었다.[3]

2000년 6월 15일 남북한이 분단된 지 55년 만에 처음으로 만난 남북정상이 합의한 6·15 남북공동선언은 남북 관계사에서 큰 전환점이 되었다. 1991년 남북기본합의서가 탈냉전시대에 남북이 한 민족으로서 평화공존의 필요성을 절감하고 그동안의 불신과 대결에서 벗어나 화해와 협력관계를 모색하는 계기가 되었다면, 2000년 6·15 남북공동선언은 남북이 상호 신뢰를 바탕으로 한단계 더 나아가 화해와 협력을 실천해 나갈 계기를 마련하였다는 점에서 중요한 의미가 있다. 김대중 정부의 일관된 대북 포용정책(또는 '대북화해협력정책', '햇볕정책')과 그에 대한 북한의 신뢰가 남북정상회담이 성사되고 6·15 남북공동선언을 합의하는 데 크게 기여하였다.

대북 강경노선은 북한 체제가 급격히 붕괴될 것을 전제로 하여 남북한의 체제 변화를 지향한다. 이에 반해 대북 포용 정책은 북한 체제가 안정적으로 지속될 것을 전제로 남북한의 체제 유지를 지향한다는 점에서 차이가 있다. 사회주의국가들이 붕괴하기 시작하고 1994년 북한의 김일성

---

2  통일부, 『1998 통일백서』, 통일부, 1999, p.276.
3  김영일, "김대중 정부의 개혁 및 포용정책, 6·15 공동선언 그리고 한국 정치지형의 변화와 전망", 『한국방송학회 세미나 및 보고서』, 한국방송학회, 2001, p.1.

주석이 사망할 당시 김영삼 정부는 북한이 곧 붕괴할 것으로 생각하고 강경 일변도의 대북정책을 추진하였지만, 결과적으로 북한이 붕괴하거나 북한을 굴복시키지 못한 채, 한반도의 긴장이 격화되고 남북 관계가 극도로 경색되는 결과를 초래하고 말았다. 이에 반해 김대중 정부는 북한이 조만간 급격하게 붕괴할 가능성을 낮게 평가하고, 북한을 흡수 통일할 의사가 없음을 밝히고, 북한과 대화와 협력을 강화하면서 북한 스스로 변화할 수 있도록 여건을 조성하는 대북 포용 정책을 추진하였다.[4]

포용 정책(engagement policy)은 다른 말로 '접촉을 통한 변화'라고 표현할 수 있다, 여기서 변화는 교류와 협력을 통해 북한을 개혁과 개방으로 이끈다는 의미도 있지만, 냉전적인 남북 관계를 탈냉전으로 전환한다는 뜻도 함께 포함되어 있다. 김대중 정부는 분단의 현실을 인정해야 분단을 극복할 수 있다고 판단한 것이다. 따라서 현재의 남북 관계를 변화시켜 평화롭게 교류하고 협력하며 통일이 이뤄진 상태나 마찬가지인 '사실상의 통일'을 이루는 과정으로써 통일이 더 중요하다고 강조했다.[5]

북한은 처음에는 김대중 정부의 햇볕정책을 흡수 통일을 위한 술책이라고 비난하고, 국가보안법 철폐, 외세와의 공조 파기, 합동군사훈련 중지 등을 남북 화해의 선결 조건으로 제시하고, 남한과의 당국 간 회담을 계속 거부하면서 남북 관계를 경색시키는 태도를 취하였다. 그럼에도 불구하고 김대중 정부는 남북 간의 상호주의를 탄력성 있게 적용한다는 방침을 밝히고 인도적 지원의 규모를 확대하면서 북한에 직접 지원하는 등 지속적으로 포용 정책을 추진하였다.

---

[4] 공진성, "2000년 6·15 남북공동선언", 『통일법연구』 Vol.3, 헌법이론실무학회, 2017, p.172.
[5] 김영란, 『남북교류 어떻게 해야 할까?: 교류 60여년 진단과 새로운 방안』, 솔과학, 2021, p.230.

그러나 1998년 북한의 대포동 미사일 발사 사건, 1999년 서해교전 사건과 금강산 관광객 억류 사건 등에도 불구하고 정책의 일관성을 유지하자 북한도 점차 햇볕정책을 신뢰하기 시작하였다. 또한 클린턴 정부가 자국 정치 사정의 변화로 대북정책을 전면적으로 재검토하는 과정에서도 김대중 정부가 대북 포괄적 접근 방안을 제시하여 미국의 대북정책에 반영하도록 함으로써 1999년 북미 간 베를린 회담에서 북한에 유리하게 하는 등 국제사회에서 외교적 성과를 거둔 것도 북한이 남한의 햇볕정책을 신뢰하고 정상회담을 수용하는 계기가 되었다.[6]

북한은 국제적인 고립과 경제난 등 대내외적인 고난을 극복하려고 하는 상황에서 1998년 남한이 진보정권으로 교체됨에 따라 남북 관계 개선에 대한 기대감이 컸다. 김정일은 이 시기 사회주의국가들과 연대성 강화보다는 자본주의 국가들과 관계 개선을 의식하여 주체성 강화를 강조하고 적화통일을 의미하는 계급성보다는 남한과 관계 개선을 시사하는 민족성을 강조하였다. 김정일은 1998년 4월 18일 「민족대단결 5대 방침」을 제시하면서 남북 대결 정책을 연북 유화정책으로 바꾼다면 남북 관계가 신뢰와 화해의 관계로 발전할 수 있다며, 남한의 대북정책을 유화정책으로 전환하도록 촉구하였다. 우리식사회주의 완성을 위한 경제 건설을 위해 대외 개방을 보다 적극적으로 모색하면서 김대중 정부의 대북정책에 대해서도 '새로운 형태의 흡수 전략'으로 인식하는 초기의 부정적 반응으로부터 긍정적으로 인식이 전환하였다.[7]

이 당시 북한은 사회주의권의 붕괴, 소련의 해체 등으로 1990년대 들

---

[6] 공진성, "2000년 6·15 남북공동선언", 『통일법연구』 Vol.3, 헌법이론실무학회, 2017, pp.172~173.
[7] 김영란, 『남북교류 어떻게 해야 할까?: 교류 60여년 진단과 새로운 방안』, 서울, 솔과학, 2021, pp.231~233.

어 마이너스 경제성장률을 보이면서 심각한 경제난을 겪고 있었다. 특히 1994년 김일성의 사망, 1995년 대홍수 등을 거치며 식량 배급제가 붕괴되면서 탈북민이 급증하는 체제 위기를 경험하였다. 그러나 김정일은 체제 유지 최후의 보루인 군을 중심으로 위기를 극복하고자 선군정치를 본격화하면서 권력승계 과정에서의 체제 위기를 어느 정도 벗어나게 되었다.

북한은 1998년 북한 헌법을 개정하고 최고 직책인 국방위원장에 추대되면서 본격적인 김정일 시대를 열고 있었다. 하지만 누적된 경제위기를 단기간에 회복하기 어렵고 내부 자원을 활용하는 것만으로는 총체적인 경제위기 상황을 극복할 수 없었기에 외부로부터의 자본과 기술도입이 절실했다. 이에 따라 1998년 이후 북한은 남북 관계 개선과 이를 통한 북미, 북일 수교를 포함한 대외관계 개선 정책을 추진하게 되었다.[8]

당시 국제관계도 북한의 핵·미사일 문제로 악화일로에 있었으나, 1999년 9월 북미 베를린 합의 이후로는 개선된 상황이었다. 1994년 제1차 북한의 핵·미사일 위기로 미국이 북한에 대한 군사적 공격까지 검토했으나 1994년 10월 21일 북미 간 제네바 합의에 의해 일단락된 이후 한반도 주변국은 북한의 체제 위기나 급격한 붕괴가 미칠 불안정을 우려하여 북한 체제의 안정화를 도모하였다. 이에 따라 중국의 식량 및 전략물자 지원, 일본의 인도적 차원의 식량원조, 미국 클린턴 정부의 인도직 지원 등 북한을 국제사회 안으로 끌어들이는 포용 정책을 추진하였다. 이러한 분위기로 인하여 1998년 북한의 금창리 지하 핵의혹시설과 장거리 미사일 발사가 문제 되었으나 미 전문가들의 사찰로 지하 시설에 대한 의혹도 해소되었다.

---

8   공진성, "2000년 6·15 남북공동선언", 『통일법연구』 Vol.3, 헌법이론실무학회, 2017, pp.173~174.

이후 북한과 미국은 1999년 베를린 협상을 통해 북한이 미사일 발사를 유예하고 미국은 경제제재를 해제하여 식량을 지원하는 베를린 합의를 이끌어냈다. 베를린 합의로 북미 관계가 개선되고 한반도 긴장이 완화되는 상황이었기에, 북한도 남북정상회담이 북미 관계 정상화에 우호적인 분위기를 형성하는데 도움이 되길 원했다.[9]

김대중 대통령은 2000년 3월 9일 「베를린 선언」을 통해 남북 당국 간 협의에 의한 경제협력, 이산가족 문제 해결, 한반도 냉전 종식과 평화 체제 전환, 이를 위한 남북 당국 간 대화 재개 등 4대 과제를 제안하였다. 이는 김대중 정부 출범 이후 2년간 이루었던 민간 차원의 교류 협력이 성과를 내면서 정부 차원에서도 협력을 이끌어내어 남북 관계를 한층 높은 평화공존의 관계로 발전시키겠다는 의지의 표현이었다. 즉 베를린 선언은 지구상 유일하게 냉전 지역으로 남아있는 한반도에서 냉전 질서를 종식시키고 남북이 함께 화해와 협력을 통해 공동 번영을 추진하는 시대적 흐름에 동참하자는 호소였다.[10] 그리고 김대중 대통령의 「베를린 선언」에 북한이 긍정적으로 호응하여 남북은 2000년 6월 13일부터 15일까지 분단 55년 만에 역사적인 첫 남북정상회담이 평양에서 개최되었다.

2000년 6월 13일 오전 10시 27분 김대중 대통령 일행이 탄 대통령 전용기가 평양 순안공항에 착륙하였다. 1945년 남북 분단 이후 최초로 남한의 대통령이 북한 땅을 밟는 역사적인 순간이었으며 전 국민의 가슴을 벅차게 만드는 대사건이었다. 당시 저자도 근무하던 사무실에서 한 직원의 "대통령이 평양에 갔어"라는 소리에 TV를 켜고 모든 직원이 모여

---

9 공진성, "2000년 6·15 남북공동선언", 『통일법연구』 Vol.3, 헌법이론실무학회, 2017, pp.174~175.
10 손기웅, "베를린 선언의 의의와 과제", 『베를린 선언과 남북관계』, 통일연구원 학술회의 총서 2001-01, 통일연구원, 2001, pp.5~6.

남북 정상이 최초로 만나는 장면을 TV 중계로 보던 기억이 아직도 생생하다. 평양 순안공항에는 김정일 위원장이 영접을 위해 나와 기다리고 있었다. 비행기 문이 열리고 비행기 트랩 위에서 환영 나온 평양 시민들을 향해 몇 차례 손을 흔든 김대중 대통령이 트랩을 내려오자, 인민복 차림의 김정일 위원장이 다가와 뜨겁게 포옹으로 맞이하였다. 분단 55년 동안 전쟁과 대립, 대결 관계로 점철되었던 남북 최고지도자가 대립과 대결을 내려놓고 미래를 위해 포옹을 나누는 순간이었다. 그리고 이전까지는 상상할 수도 없었던, 남북 정상들이 함께 조선 인민군 의장대의 사열을 받는 장면이 펼쳐졌다. 이는 남북이 분단을 넘어 화합과 협력으로 나아갈 수 있다는 가능성을 남북한은 물론 전 세계에 보여준 역사적인 사건이었다.

최초의 남북정상회담은 당시 미국 클린턴 행정부 집권 2기 대북정책 등 국제사회의 북한에 대한 우호적인 분위기와 권력승계를 완료하고 어느 정도 체제 위기를 넘긴 김정일 정권의 대외관계 개선 의지가 있었기에 가능했다. 하지만 무엇보다도 가장 중요한 요인은 햇볕정책의 일관된 추진을 통해 형성된 신뢰감이 분단 이후 55년간 한번도 성사되지 못했던 남북정상회담을 가능하게 만들었던 것이다.

남북정상회담에서 남북 정상들은 ① 통일문제의 자주적 해결, ② 남측의 연합제 안과 북측의 낮은 단계의 연방제 안이 서로 공통점이 있다고 인정하고 이 방향에서 통일을 지향하며, ③ 이산가족 교환, 비전향장기수 문제 등 인도적 문제 해결, ④ 경제협력을 통한 민족경제 균형 발전, 사회, 문화, 체육, 보건, 환경 등 제반 분야 협력과 교류 활성화, ⑤ 합의사항 실천을 위한 당국 사이의 대화 개최 등 5개 항을 합의한 「6·15 남북공동선언」에 합의하였다.[11]

---

11 「6·15 남북공동선언」, 통일부-남북회담본부-회담별 자료, https://dialogue.unikorea.go.kr/ukd/a/ad/usrtaltotal/View.do

「6·15 남북공동선언」은 경제, 사회, 문화, 체육, 보건, 환경 등 다양한 분야에서 남북 교류 협력 확대를 명문화한 것으로 이를 통해 상호 간에 신뢰를 형성함으로써 군사적 긴장을 완화하고 민족 동질성을 증대하는 계기가 된다는 점에서 의의가 크다. 또한 다양한 교류 협력을 제도화하고 평화와 화해 협력의 공존 관계를 정착시킬 수 있는 길을 열어놓음으로써 '사실상의 통일'로 나아갈 수 있는 기반도 마련하였다. 그 결과 「6·15 남북공동선언」 이후 남북 교류가 활발히 진행되는 와중에 2002년 1월 미국 부시 행정부가 이라크, 이란과 함께 북한을 '악의 축'으로 규정하고 같은 해 10월 북한의 고농축우라늄 핵 개발 의혹이 다시 남북 관계의 핵심 안보 현안으로 떠오르는 위기 상황에서도 남북 교역이나 교류 협력이 중단되지 않았다. 그리고 2004년 7월 노무현 정부가 460명의 탈북민을 한꺼번에 베트남에서 입국시킨 사건으로 북한이 1년여 동안 남북 관계를 교착시키는 상황이 발생했으나 이때도 교류는 중단되지 않고 유지되었다.[12]

이 시기 가장 중요한 문제는 북한의 핵과 미사일 문제였다. 북한은 2005년 합의한 「9·19 공동성명」에도 불구하고 미국의 대북 경제제재에 대해 불만을 표시하면서 미사일 발사와 제1차 핵실험(2006.10.9.)을 단행했고, 국제사회는 UN 안전보장이사회를 열어 '대북제재 결의안 1718호'를 채택하였다. '대북제재 결의안 1718호'는 북한의 핵무기 및 미사일 관련 물자와 제품 교역 금지, 북한 자산동결 및 금융 중단, 무기 제조 관련자 여행금지, 북한 화물 검색 협력, 이행 조치 보고, 제재 위원회 설치 등으로, 북한으로 들어가는 모든 물품을 억제하겠다는 것이다. 이 같은 결의안에 대해 남한은 동의하였으며, 북한은 남한의 동의에 대하여 "동족

---

[12] 김영란, 『남북교류 어떻게 해야 할까?: 교류 60여년 진단과 새로운 방안』, 솔과학, 2021, pp.234~235.

에 대한 대결 선언으로 간주하겠다"라고 언급하였다. 더불어 전 세계 24개 금융기관도 북한과 거래를 단교하겠다고 선언하였다.

이 같은 상황에서도 남북 교류는 중단되지 않고 지속되었으며, 특히 스포츠 분야에서의 남북 교류 협력도 계속되었다. 당시 미국을 비롯한 주요 국가들은 미국의 요청에 의해 북한과 은행거래를 중지하였으며, UN은 2006년 11월 17일 총회에서 대북 인권결의안을 통과시키고, 남한은 처음으로 북한 인권결의안에 찬성표를 제출하였다. 그러나 2007년 2월 13일 제5차 6자회담 3단계 회의에서「9·19 공동성명 이행을 위한 초기 조치」에 6자회담 당사국이 합의하면서 북한에 경제, 에너지, 인도적 지원 등을 협력하기로 하였다. 그리고 미국은 이 같은 합의를 전후로 하여 북한 계좌 1,100만 달러 해제를 통보[13]하면서 분위기가 전환되었다.

이 시기 남북은「6·15 남북공동선언」을 전후로 교류와 협력이 활성화됨으로써 각 분야에서 인적·물적 교류가 급증하였다. 북한도 처음에는 교류 협력에 다소 주저하거나 '모기장'론을 통해 교류로 인한 사상 오염의 부작용을 경계하였다. 그러나 점차 경제적 실익을 확인하고 적극적인 화해 협력의 단계로 전환되었고 이러한 흐름은 2003년 참여정부 출범 이후에도 지속되었다.[14]

그렇지만 2003년 출범한 노무현 정부 내내 남북 관계 개선은 만만치 않았다. 당시 대내적으로는 내북 송금 문제가 확산되면서 신구 정권 간에 갈등이 발생하고, 남남갈등으로 표면화되는 사건이 발생하였으며, 대외적으로는 미국의 부시 행정부 등장 이후 북미 관계와 북핵 문제가 악화되

---

13  이우태·성문정·허정필, "남북 사회문화교류 활성화를 위한 교류거버넌스 구축방안: 체육교류를 중심으로,"『KINU 연구총서』19-12, 통일연구원, 2019, pp.123~125.
14  김영란,『남북교류 어떻게 해야 할까?: 교류 60여년 진단과 새로운 방안』, 솔과학, 2021, pp.241~242.

며 한반도 긴장 상황이 조성되고 있었다. 이러한 상황에서 노무현 정부는 2003년 5월부터 7월까지 미국, 일본 중국을 방문해 각국 정상들과 북핵 문제의 평화적 해결 원칙을 주장하고 설득하였다. 또한 북한이 대화에 나오지 않는 상황에서 2004년 하반기 APEC을 계기로 한미 정상회담과 한중일 3국 정상회담 등을 통해 북핵 문제의 평화적 해결을 위해 노력하였다. 그리고 남북 대화를 통해 6자회담 추진에 적극적인 역할을 하였으며, 북한과도 군사적 긴장 완화와 신뢰 구축을 위한 제13차 남북 장관급회담과 남북 군사실무회담 그리고 남북 장성급군사회담을 개최하고 북한에 특사를 파견하는 등 대화 노력을 계속하며 정상회담 의사를 지속적으로 밝혔다. 북한에서도 북핵 문제 해결을 위한 6자회담과 북미 관계 개선 그리고 경제난 해소를 위한 남북 경제 협력의 필요성이 증대되었다.[15]

그러나 이러한 노력에도 네오콘이 득세했던 조지 W 부시 1기 행정부 기간에는 강경한 대북정책으로 남북 관계 개선이 현실적으로 어려웠다. 다행히 부시 2기 행정부에서는 강경책이 현실적인 협상론으로 전환되면서 남북정상회담이 2007년에서야 이루어질 수 있었다. 부시 2기 행정부가 북핵 문제의 완전한 해결 이전이라도 북한과 평화협정 체결에 관한 협상을 체결할 수 있다는 방향으로 전환한 것이다. 이러한 정책 전환의 영향으로 북핵 문제 해결을 위한 6자회담에서 2005년의 9·19 공동성명이나 2007년 2·13 합의 및 10·3 합의가 이루어졌다.[16]

결국 노무현 정부의 남북정상회담 노력이 북미 관계와 북핵 위기 악화로 진척이 없다가 임기 말인 2007년에서야 한반도 주변 상황이 개선되

---

15  박범종, "남북정상회담의 배경, 성과 및 한계점과 과제", 『한국과 국제사회』, vol.4 No.3, 한국정치사회연구소, 2020, p.92.
16  황지환, "남북정상회담과 북핵문제: 한반도 리더십 변수의 재검토", 『국제관계연구』 제18권 제1호(통권 제34호), 고려대학교 일민국제관계연구원, 2013, p.55.

면서 빛을 보게 된 것이다. 2007년 10월 노무현 대통령은 군사분계선을 넘어 육로를 통해 북한을 방문하였고 김정일 국방위원장과 10월 2일부터 4일까지 평양에서 정상회담을 개최하였다. 그리고 베이징에서 열린 6자회담에서 '10·3합의'가 발표된 다음날 ① 남과 북은 6·15 공동선언을 고수하고 적극 구현해 나간다. ② 남과 북은 사상과 제도의 차이를 초월하여 남북 관계를 상호 존중과 신뢰 관계로 확고히 전환시켜 나가기로 하였다. ③ 남과 북은 군사적 적대관계를 종식시키고 한반도에서 긴장 완화와 평화를 보장하기 위해 긴밀히 협력하기로 하였다. ④ 남과 북은 현 정전 체제를 종식시키고 항구적인 평화 체제를 구축해 나가야 한다는데 인식을 같이하고 직접 관련된 3자 또는 4자 정상들이 한반도 지역에서 만나 종전을 선언하는 문제를 추진하기 위해 협력해 나가기로 하였다. ⑤ 남과 북은 민족경제의 균형적 발전과 공동의 번영을 위해 경제 협력 사업을 공리 공영과 유무상통의 원칙에서 적극 활성화하고 지속적으로 확대 발전시켜 나가기로 하였다. ⑥ 남과 북은 민족의 유구한 역사와 우수한 문화를 빛내기 위해 역사, 언어, 교육, 과학기술, 문화예술, 체육 등 사회문화 분야의 교류와 협력을 발전시켜 나가기로 하였다. 남과 북은 백두산관광을 실시하며 이를 위해 백두산-서울 직항로를 개설하기로 하였다. ⑦ 남과 북은 인도주의 협력사업을 적극 추진해 나가기로 하였다. ⑧ 남과 북은 국제무대에서 민족의 이익과 해외 동포들의 권리와 이익을 위한 협력을 강화해 나가기로 하였다는 총 8개 항으로 이루어진 '10·4공동선언'을 발표하였다.[17]

김대중 정부의 제1차 남북정상회담의 '6·15남북공동선언'이 한반도의 통일과 화해와 협력의 이정표였다면, 제2차 남북공동회담의 '10·4공

---

[17] 「남북관계 발전과 평화번영을 위한 선언」, 통일부-남북회담본부-회담별 자료, https://dialogue.unikorea.go.kr/ukd/a/ad/usrtaltotal/View.do

동선언'은 경제, 사회문화를 비롯해 비핵화와 평화 문제까지 다른 포괄적인 합의였다. 남북은 이를 통해 남북 교류와 협력을 더욱 발전시켜 나가기로 하였으나, 남북정상회담이 노무현 정부 임기 말에 추진되었고 2008년 남한에 보수정권이 들어서면서 사실상 교류는 중단되었다.[18]

김대중·노무현 정부 시기는 적극적인 화해, 협력 정책으로 남북 관계가 획기적으로 개선되어 남북 경제협력과 대북 지원이 대폭 확대되었고 사회문화 분야를 비롯한 다양한 분야에서 인적·물적 교류가 활발히 이루어졌다. 특히 이 시기는 기존에 정부 주도로 이루어지던 대북정책 과정에 기업, 언론, 시민사회 등 다양한 행위자들의 역할이 증가하여 이른바 민관협력 네트워크가 형성되기 시작한다.

이러한 흐름은 북한의 비핵화를 최우선으로 강조하고 상호주의 원칙을 강조한 이명박 정부가 들어서면서 남북 관계가 냉각되었는데, 북한도 체제 보장을 위한 핵 개발 전략과 민족 관계의 특수성을 강조하는 기조를 바꾸지 않아 남북 교류의 항목과 빈도가 축소되었다. 김대중·노무현 정부 시기를 거치며 형성된 교류 협력의 분위기가 정세 변화로 위축되면서 남북 교류 협력은 어느 한쪽의 요인이라기보다는 남북한 모두의 변수가 작용하는 영역이며, 여기에 미국이나 중국, 일본 등 주변국의 입장에 의해 상당히 영향을 받는다는 것을 여실히 보여주었다.[19]

---

18  김영란, 『남북교류 어떻게 해야 할까?: 교류 60여년 진단과 새로운 방안』, 솔과학, 2021, pp.241~242.

19  강동완, 정은미, "남북한 교류, 협력 거버넌스의 구조와 동학: 김대중, 노무현 정부 시기 사회, 문화분야 교류, 협력 협의체의 네트워크 변화를 중심으로", 『지역과 세계』 Vol.34 No.2, 전북대학교 사회과학연구소, 2010, pp.2~3.

## 2. 정주영의 소 떼 방북과 민간 스포츠 교류

　북한 유도선수 망명 이후 오랜 기간 중단되었던 남북 스포츠 교류는 1998년 국민의 정부가 출범하면서 전환점을 맞이하게 되었다. 김대중 정부는 출범 당시부터 일관되게 '햇볕정책'으로 대표되는 대북 유화책을 추구하였고, 이는 북한과의 관계에 많은 변화를 가져왔다.[20] 이 시기 김대중 정부의 지속적인 햇볕정책 추진으로 남북대화와 협력이 다시 증가하였다. 김대중 정부 75회, 노무현 정부 171회 등 총 246회의 남북회담이 개최되었다. 회담 분야도 정치, 경제, 군사, 인도, 사회문화 전 분야에서 다양하고 활발하게 이루어졌으며 특히 노무현 정부시기에는 체육 회담을 포함한 사회문화 분야 회담이 매년 개최되며 총 17회에 이르러 노태우 정부 다음으로 많이 이루어졌다.

　김대중 정부 초기 스포츠 교류는 주로 민간이나 기업 주도로 이루어졌다. 이 당시는 1991년 북한 유도선수 이창수 망명 사건 이후 8년간 스포츠 교류가 중단된 상태였다. 스포츠 교류의 시작은 '남북노동자축구대회(1999.8.12.~13.)'[21]를 시작으로 '통일농구대회'가 평양(1999.9.27.~30.)과 서울(1999.12.23.~24.)에서 개최되었고, 다양한 종목 및 단체들의 스포츠 교류 협

---

20　정기웅, 『스포츠 외교의 신화: 성공과 실패, 그리고 그 밖의 이야기들』, 박영사, 2018, p.184.
21　남북노동자통일축구대회는 1999년 평양을 시작으로 2007년 경남 창원, 2015년 다시 평양에서 열렸고, 4회 대회가 2018년 8월 11일 처음으로 서울에서 열렸다.

력 방안이 모색되기 시작하였다.[22]

체육 교류를 목적으로 이루어진 남북 간에 인적 접촉은 1989년 6월 12일 「남북교류협력에 관한 기본지침」 시행 이후 점차 활발해지기 시작하였다. 특히 남북정상회담과 「6·15 남북공동선언」 이후 남북 체육 교류도 활기를 띠기 시작하였는데, 주로 합작사업의 형태로 나타났다. 그중에서도 현대그룹은 가장 적극적으로 스포츠 교류를 포함한 대북사업에 나섰다. 1945년 해방 이후 고향인 강원도 통천군에 돌아가지 못해 대북사업에 강한 의지를 가지고 있던 현대그룹 정주영 회장은 1989년 처음 방북하여 김일성 주석과 남북공동개발의정서를 체결하였다. 그리고 10년이 지난 1998년 6월과 10월 두 차례에 걸쳐 소 떼 1,001마리를 끌고 평양을 방문한 정주영 명예회장은 김정일 국방위원장과 금강산 관광사업 등에 합의하면서 본격적으로 대북사업을 시작하게 되었다. 1998년 6월 16일 1차로 정주영 명예회장이 서산농장에서 직접 키운 소 떼 500마리를 태운 트럭 50대를 몰고 전날 밤 자정 훨씬 전에 농장을 출발하여 밤새워 이동하여 새벽에 판문점을 지나 방북하던 모습은 TV로 생중계되며 전 국민의 관심은 물론 국제적인 이벤트로 주목을 받았다. 정주영 회장이 대북사업을 위해 소 떼를 생각한 것은 그가 17세에 아버지가 소를 팔아 마련한 돈 70원을 몰래 들고 남쪽으로 내려와 일을 시작했고, 그 결과 성공한 사업가로서 그때 북에서 들고나온 소 한 마리의 값을 갚기 위해, 소 1001마리를 몰고 고향인 북한으로 간 것이었다. 그리고 소처럼 평화롭고 인내하고 부지런한 동물은 없으니, 남북이 모두 힘을 합쳐 평화롭고 잘사는 세상을 만들자는 꿈도 포함되어 있었다. 이렇게 정주영 회장의 소 떼 방북은 닫혔던 북한의 마음을 열게 했고 남북 교류가 활발해지는 계기

---

22  이우태·성문정·허정필, "남북 사회문화교류 활성화를 위한 교류거버넌스 구축방안: 체육교류를 중심으로," 『KINU 연구총서』 19-12, 통일연구원, 2019, p.114.

가 되는데 중요한 역할을 하였다.

1998년 10월 2차 소 때 방북에서 정주영 회장은 북한과 체육관 건설 및 체육 교류에 대하여도 합의하였다. 사업 파트너인 현대그룹과 북측의 아시아태평양평화위원회는 평양시 보통강 구역에 실내체육관을 건립하기로 하고 1999년 9월 29일 착공식을 계기로 9월 28일~29일 이틀 동안 분단 이후 처음으로 남북 간 농구대회인 통일농구대회를 평양에서 개최하였다.

현대그룹 계열 남녀 농구팀이 평양을 방문하여 경기를 가졌는데 28일에는 남녀 모두 남북 선수들이 절반씩 섞여 단결팀과 단합팀으로 나누어 혼합팀으로 경기를 벌였고, 29일에는 남북 경기로 진행되었는데 남녀 모두 북한팀이 모두 승리하였다. 그리고 같은 해 12월 23일~24일 이틀 동안 북한 선수단이 서울을 방문하여 경기를 가졌다. 23일 잠실실내체육관에서 열린 남북한 혼합경기에서는 남북의 선수 6명씩을 각각 교환하여 경기를 하며 친선의 의미를 다졌다. 24일 펼쳐진 남북 경기에서는 남녀 모두 뜨거운 열전을 벌인 결과 여자부 경기는 현대산업개발이 북한의 회오리팀을, 남자부 경기는 현대-기아 연합팀이 북한의 우뢰팀에 승리하였다. 또한 이때 북한 선수단과 함께 방문한 평양교예단이 각종 고난도 묘기를 펼치며 흥을 돋우기도 하였다.

1999년 9월 착공식을 가진 실내체육관은 2003년 5월에 공시를 최종 마무리하고 2003년 10월 6일 개관식을 가졌으며 '류경정주영체육관'으로 불리게 되었다. 개관식에는 제3차[23] 통일농구대회도 함께 열렸으며, 10월 8일에는 개관기념 '통일음악회'가 열려 조영남, 설운도, 주현미, 현미, 베이비복스, 신화, 바리톤 김동규와 1,100명의 참관단이 최초로 휴전

---

[23] 통일농구대회는 이후 단절되었다가 2018년 7월 15년 만에 4차 대회가 평양에서 다시 개최되었다.

선을 통해 평양을 방문하기도 하였으며 2005년 8월에는 조용필의 단독 공연이 열리기도 하였다.

> **류경정주영체육관**
>
> 평양 시내 약 26,446m²(8,000여 평)의 부지에 12,335석 규모로 건립된 류경정주영체육관의 총공사비는 약 5,600만 달러가 소요되었는데 이중 현대그룹의 현대아산이 4,700만 달러, 북측이 900만 달러를 부담하였다. 남측이 설계와 기술, 주요 자재 공급 등을 맡았고, 남한의 건설근로자가 상주하고 건설 물자와 장비 등이 육로로 운송되었으며, 북측의 노동력이 결합된 명실상부한 남북 경협의 상징인 류경정주영체육관이 건립되었다.
> 또한 2013년 9월 14일 이곳 류경정주영체육관에서 열린 2013 아시안컵 및 아시아 클럽역도선수권대회에서 남자 주니어 85Kg급에 출전한 김우식, 이영균 선수가 각각 우승과 준우승을 차지해 시상식에서 분단 이후 최초로 평양에 태극기가 게양되고 애국가가 연주되었다.

또한 삼성전자는 2000년 7월 평양 현지 공장 설립을 앞두고 평양체육관에 전광판을 기증하고 이를 기념하기 위해서 '통일탁구대회' 라고 명명한 남북 탁구 경기대회를 열었다. 남녀 단복식과 남남북녀, 북남남녀가 짝이 되어 치른 혼합복식 등 5경기가 진행되었다. 2000년에는 우인방 커뮤니케이션이 금강산 자동차질주경기대회를 7월 3~4일 양일간 남북한 양측을 가로지르는 지역에서 시행하였다. 동 대회에 남한에서는 인원이 22명, 자동차 47대가 참가하였다. 2000년에는 6.15공동선언 정신에 따라 시드니 하계올림픽 동시 입장이 성사되어 남북이 단일 국기와 국가, 복장으로 개회식과 폐회식에 참가하였다. 그해 10월 제81회 부산전국체전 성화가 금강산에서 채화되기도 하였다.[24]

스포츠 교류를 목적으로 이루어진 남북 간의 인적 접촉은 1989년 6월 12일 「남북교류협력에 관한 기본지침」 시행 이후 활발해져 갔는데,

---

24  문화체육관광부, 『2011 체육백서』, 문화체육관광부, 2012, p.598.

2000년대 들어서 남측의 북한 방문은 점차 늘어나서 2003년 10월 류경 정주영체육관의 개관식에서 정점을 이루었다. 통일농구대회와 함께 열린 당시 개관식에 모집된 남한의 참관단은 1,000명 규모로서 이들은 통일농구대회를 참관하고 묘향산, 개성단지 등도 관광하였다. 2005년 북한 방문은 총 27건이며 799명이 체육 관련 업무로 북한을 방문하였고, 2006년에는 34건에 266명이 북한을 방문했다. 2007년은 북한 방문이 가장 활발했던 시기로 한 해 동안 남북 체육 교류 협력을 위해서 북한을 방문한 건수는 65건에 1,198명이었다. 태권도 시범단 교류사업과 평양시체육단 축구장 준공식에 남측 대표단 145명이 참가하였고, 남북한 유소년 축구선수단 상호 교류사업으로 2007년 6월과 11월 2차례에 걸쳐서 남한선수단 26명이 북한을 방문하기도 하였다.[25]

---

25 문화체육관광부, 『2011 체육백서』, 문화체육관광부, 2012, pp.610~611.

# 3. 화제를 몰고 다닌 미녀응원단 부산에 오다

2002년에는 남북 스포츠 교류에 역사적 사건이 발생하였다. 북한이 부산에서 개최된 2002년 아시아경기대회에 참가한 것이다. 북한의 부산아시아경기대회 참가는 2000년 6월 남북정상회담 이후 가장 큰 규모의 남북 체육 교류이었으며, 스포츠 대전을 통해 남북 간 소통의 장을 마련한 사건이었다. 비록 남북단일팀도 구성하지 못했고 남한 주민들이 북한 응원단과 직접 접촉할 기회는 없었지만, 북한이 남한에서 열리는 국제 스포츠대회에 대규모의 선수단과 응원단을 파견하여 민족 동질성을 확인할 수 있었던 중요한 기회가 되었다는 점에서 그 의미가 크다.[26]

김대중 정부와 부산시, 제14차 부산아시아경기대회 조직위원회는 제14차 아시아경기대회에 북한이 참가하게 된다면 아시아의 43개 OCA 회원국 모두가 참여하게 되는 사상 초유의 대회가 되고, 또한 우리 민족의 화합과 단결된 모습을 전 세계에 알릴 수있는 좋은 기회라는 판단에 따라 북한의 대회 참가를 적극적으로 모색하였다. 먼저 제5차 장관급 회담시(2001. 9. 서울) 부산시장이 만찬에 동석, 북한의 참여를 요청하였고, 2001년 10월17일 조직위원회는 조선올림픽위원회에 북측 선수단 참가를 희망하는 공식 초청장을 발송하였다.

---

[26] 이우태·성문정·허정필, "남북 사회문화교류 활성화를 위한 교류거버넌스 구축방안: 체육교류를 중심으로", 『KINU 연구총서』 19-12, 통일연구원, 2019, p.116.

그 후 2002년 4월 임동원 특사 방북 등 여러 채널을 통해 북측의 참가를 독려하던 중, 2002년 6월 21일 조직위원회는 북측 올림픽위원회에 7월 15일 이전에 실무접촉을 가질 것을 제의하였다. 북측의 답신을 기다리던 중 8월 4일 제7차 남북 장관급회담 준비 대표 실무접촉에서 남북은 '제14회 부산아시아경기대회에 북측이 참가하고 남측이 편의를 보장하기로' 합의하였다. 그 후 8월 9일 북측은 조선올림픽위원회 박명철 위원장 명의로 우리 측 정순택 조직 위원장에게 제14차 아시아경기대회 공식 참가를 통보하면서 8월 17일~20일 사이 금강산에 실무 접촉단을 파견하겠다는 전통문을 보내왔다.

이어서 열린 제7차 남북 장관급회담에서도 남북 당국이 금강산 실무회담을 적극 지원하기로 확인한 후 2차례에 걸친 금강산 실무접촉을 통해 합의가 이루어져 북한이 참가하게 되었다. 제1차 실무접촉은 8월 17일~19일 금강산에서 개최되었고, 남한은 백기문 제14차 아시아경기대회 조직위 사무총장을 단장으로 한 17명의 실무접촉 대표단을 파견하였고, 북측은 조상남 북한올림픽위원회 서기장을 단장으로 한 대표단을 파견하였다. 제1차 실무접촉에서는 선수단 구성 및 종목, 이동 경로, 개·폐회식 행사, 선수단 지원, 응원단 구성 및 지원, 백두산 성화 채화 등에 대하여 의견을 교환하였으나, 특히 개·폐회식 공동 입장 문제에 대한 입장 차이를 좁히지 못하고 종료하였다. 이후 금강산에서 8월 26일~28일 개최된 제2차 실무접촉에서 선수단 공동 입장에 대하여 북측의 의견을 수용하여 합의가 이루어지면서 북한 선수단 및 응원단이 부산 아시아경기대회에 참가하게 되었다.[27]

2002년 부산 아시아경기대회의 가장 큰 이슈는 무엇보다 남북한이 이

---

[27] 통일부-남북회담본부-회담별 자료 https://dialogue.unikorea.go.kr/ukd/a/ad/usrtaltotal/View.do

념과 체제를 넘어 닫힌 문을 열고 서로의 모습을 보여준 것이었다. 특히 부산 아시아경기대회를 응원하기 위해 부산을 찾은 300여 명의 북측 응원단은 '미녀응원단'이라는 수식어가 붙으며 온갖 신드롬을 일으켰고, 부산 아시아경기대회 최고의 뉴스메이커, 장외 스타로 떠올랐다. 관중을 구름 떼처럼 몰고 다닌 미녀응원단은 매 경기 다채로운 패션으로 무용과 율동, 구호는 물론 각종 응원 도구, 그리고 취주 악단의 '아리랑', '반갑습니다' 등 귀에 익은 연주를 선보이며 남한 주민들의 시선을 사로잡았다. 미녀응원단 덕분에 인기 종목은 말할 나위 없고 비인기 종목의 북측 팀 경기장에도 예상치 못한 많은 관중이 입장하였다. 경기장을 동분서주하며 열띤 응원전을 펼친 북측 응원단의 활동은 그동안 북한에 대해 부정적으로 인식해 오던 남측 주민들의 대북관을 긍정적으로 변화시키는 데 큰 몫을 담당했다. 반세기 분단의 역사 속에서 움튼 북측 주민에 대한 경직된 이미지는 남측 주민들이 가까이서 북측 응원단을 접하게 되면서 조금이나마 바꿀 수 있었다. 경기장에서, 또 공연장에서 직접 보고 만난 북측 선수단과 응원단을 통해 '우리는 역시 하나'라는 것을 확인한 기회였으며 변화한 세월을 실감케 했고, 앞으로 달라질 남북 관계에 희망 섞인 기대감을 갖게 했다. 북한 선수단과 미녀응원단이 만들어 낸 파문은 통일을 향한 작지만 큰 발걸음이었다. 또한 북측 응원단은 대회 기간 온·오프라인 등 각종 매체를 통해 소개되었고, '북녀 신드롬'을 일으키며 경기장에는 그들을 쫓아다니는 극성팬들까지 생길 정도였다. 대부분이 평양음악무용대학 출신의 취주 악단이나 전문 무용수 출신의 예술단원인 이들은 예상을 뛰어넘는 자유분방함으로 온·오프라인상에서 새로운 '북풍'을 일으켰고 이들 응원단을 위한 인터넷 팬클럽이 수십여 개가 생길 정도였다.[28]

---

28 이용호, "인터넷 카페서 만난 북한 응원단 지휘자 리유경", 『통일한국』, 평화문제연구소, vol.227, 2002, pp.84~85.

⟨북한 응원단, 선수단 관련 주요 팬클럽 현황⟩

| 구분 | 팬클럽 | 주소 | 비고 |
|---|---|---|---|
| 응원단 | 북한 응원단 모임 | http://cafe.daum.net/cheerkorea | 북한여성응원단 사진, 언론보도 등 |
| | 북한 응원단 사이트 | http://cafe.daum.net/bukhanfighting | |
| 조명애 | 조명애 팬클럽 | http://cafe.daum.net/cma1004 | 8·15민족통일대회 여성예술단원 이효리와 남북 최초 합작광고 (2005년 애니콜 광고) |
| 리유경 | 리유경 팬클럽 | http://cafe.daum.net/yukyunglove | 북한 응원단 지휘자 한국 1960~70년대 미인상으로 주요 공중파 TV의 아침방송에서 그녀의 화장법과 하루 일정까지 보도할 정도로 인기 |
| | 리유경 카페 | http://cafe.daum.net/leeykjiang | |
| | 미녀 리유경 | http://cafe.daum.net/lee14 | |
| 계순희 | 계순희를 사랑하는 사람들의 모임 | http://cafe.daum.net/kyesamo | 애틀란타 올림픽 유도 금메달리스트 |
| | 계순희 팬클럽 | http://cafe.daum.net/DPK | |
| | 계순희 사랑방 | http://cafe.daumnet/soonhy | |
| 리명훈 | 리명훈 선수 팬클럽 | http://cafe.daum.net/mewasia | 2m 35cm 농구스타 |
| 안영학 | 안영학 사이트 | http://cafe.daum.net/yonghaklove | 북한국가대표 축구 선수 2006~2007 부산 아이파크 2008~2009 수원 삼성 블루윙스 |
| 장정혁 | 장정혁 선수 사이트 | http://cafe.daum.net/GKJJH | 북한국가대표 축구 골키퍼 |

*자료 : 이용호, "인터넷 카페서 만난 북한 응원단 지휘자 리유경", 『통일한국』, 평화문제연구소, vol.227, 2002. / 송승섭, "인터넷으로 북한을 본다. : 부산아시아 대회 기간 지나친 북측 미녀 응원단·인공기 보도 반성해야 – 아시안게임을 통해 개설된 북한 관련 사이트", 『북한』, 북한연구소, 통권 371호, 2002. 등 참조 저자 정리

인터넷 팬 카페는 미녀응원단뿐만 아니라 북한의 스타 선수들 사이트도 만들어졌다. 응원단과 선수들 팬 카페는 단원들이나 선수들의 사진과 언론보도 내용들을 올릴 뿐만 아니라 선수단 환영식 및 응원단 연습 일정, 경기관람에 관한 정보와 의견이 교환되는 장소가 되기도 하였다. 응원단 중에서도 리더인 지휘자 리유경이 가장 인기가 있었다. 북한 미녀응원단의 응원 모습은 남한에서 보기에는 독특하고 여성스러우면서도 활기에 넘쳐 도착하면서부터 많은 팬들이 생겨났었고, 북한 응원단과 일부

북한의 스타 선수들 덕분에 부산 아시아경기대회는 끝날 때까지 끝없는 화제가 만발하였다.

또한 북한의 미녀응원단이 관심을 끌면서 이를 기획 상품화하는 사이트들도 많이 등장하였다. 한때 동창 찾기로 선풍적인 인기를 끌었던 아이러브스쿨(www.iloveschool.co.kr)은 북한 미녀응원단의 모습을 본뜬 아바타를 제작해 판매하였고, 드림위즈(www.dreamwiz.com)에서도 아바타 상품으로 북한 선수 응원복을 판매할 정도로 인터넷상에서 이들의 인기가 폭발적으로 늘어났다. 그리고 이들을 보기 위해 경기장이나 이들이 타고 왔던 만경봉호가 정박해 있었던 다대포항에는 매일 저녁 1,000명이 넘는 시민들이 몰려들었다고 한다.

부산 아시아경기대회에 북한 미녀응원단과 선수단의 참가는 이전에 경험하지 못했던 새로운 감동과 열기를 더해 주었다. 사상 최대 규모의 북한 선수단과 응원단들이 장장 16일 간이나 장기 체류하면서 갖가지 신드롬을 만들어 내면서 이들을 보기 위해 인파가 몰리는 것은 물론이고 북한의 스타급 선수들에게 오빠 부대, 누나 부대가 생겼으며, 부산에서는 '반갑습니다. 통일합세다'라는 북한식 인사가 유행하며 북한에 대한 거부감이 많이 없어졌다. 무엇보다도 미녀응원단의 합류로 50여 년의 분단을 넘어 남과 북이 하나 되고, 경기의 승패를 떠나 운동장 가득 파도타기를 함께 하면서 열띤 응원과 박수로 경기장을 뜨겁게 달구었다.

북한 미녀응원단은 다니는 곳마다 관중들이 몰려 아시안게임 성공의 일등 수훈자라는 평가를 받았고, 부산 다대포항에서 열린 북한 미녀응원단의 마지막 공연에는 무려 3만여명의 부산 시민들이 찾아 공연을 지켜보는 등 북한과의 거리를 좁히는 데 크게 기여하였다. 미녀응원단원 서은향씨(17)는 "이번 대회에서 가장 기억에 남는 것은 남북 공동입장과 시민들의 따뜻한 환대"라고 인터뷰했으며, 부산 시민 이상희씨(62·부산 남구)는

"아시안게임 이전만 해도 '북한은 빨갱이'란 생각을 갖고 있었지만, 이제는 북한은 적이 아니라 역시 한민족이라는 점을 확인했다"며 "민간교류를 더 넓혀 아직 남아있는 남북갈등을 해소해 나가면 좋겠다"고 기대했다. 경기장에서 직접 북한 선수를 응원하고, 북한 응원단과 함께 남북 선수를 응원한 체험이 동포애를 새롭게 느끼게 만드는 계기가 된 것이다.[29]

반면에 이런 현상에 대해 남북 관계의 본질을 도외시한 채 북한의 미녀응원단에 초점을 맞추어 선정적 보도를 하거나 여성을 상업적, 성적인 대상으로만 전락시키는 것은 반성해야 한다거나, 50여 년 동안 북한을 주적으로 교육받아 온 가치관에 대한 혼란이나 불안감을 걱정하며 전쟁의 위험이 상존한다면 주적 개념은 남아있을 것이므로 감상주의에 휩쓸리지 않는 현실적인 대북 패러다임이 신속히 마련되어야 한다는 우려가 나오기도 하였다.[30]

2002년 부산 아시아경기대회는 2000년 6월 남북정상회담 이후 가장 큰 규모의 남북 체육 교류이었으며, 스포츠 대전을 통한 남북 간 소통의 장을 마련했다는 상징적 의미를 지니게 되었다. 비록 남북단일팀도 구성하지 못했고 남한 주민들이 방남한 북한 응원단과 직접적인 접촉의 기회는 없었지만, 북한이 남한에서 열리는 국제스포츠대회에 대규모 선수단과 응원단을 파견하여 민족 간 동질성 회복을 할 수 있는 중요한 기회가 마련되었다는 점에서 그 의미가 크다. 또한 체육 회담의 긍정적 성과는 자연스럽게 타 분야의 회담에도 영향을 미쳐 북한 경제발전을 위한 남북경제협력추진위원회 및 금강산관광 제2차 남북 당국 간 회담이 순조롭게

---

[29] 『경향신문』, 2002.10.14., "남북이 하나된 아시안게임 '통일의 다리' 놓았다", https://www.khan.co.kr/article/200210141816011
[30] 송효섭, "인터넷으로 북한을 본다. : 부산아시아 대회 기간 지나친 북측 미녀응원단·인공기 보도 반성해야 - 아시안게임을 통해 개설된 북한관련 사이트", 『북한』, 북한연구소, 통권 371호, 2002, pp.195~197.

진행되게 하였다.[31]

북한의 2002년 부산 아시아경기대회 참가의 성과는 스포츠 교류에 대한 북한의 태도 변화를 가져왔고, 이후 다른 종목의 남북 스포츠 교류 활성화에도 긍정적인 영향을 주었다. 아울러 같은 해 남북 태권도 시범단 교류가 있었고, 태권도 이질성 극복을 위한 공동학술대회를 실시 하는 등 민간교류에도 북한이 전향적 자세를 보이기 시작했다. 그 후 2003년 대구 유니버시아드대회에도 선수단과 미녀응원단을 파견하였고, 민간 차원의 남북 체육 교류도 성사시켰다.[32]

그런데 이 시기 북한과 관련된 한반도 국제관계는 그리 우호적이지는 않았다. 1차 북핵 위기를 해결하기 위한 1994년 제네바 합의에 따라 지원되던 북한 경수로 건설이 지연되는 것에 북한은 불만을 제기하고 2001년 5월 다시 흑연감속로 재가동을 시사했고, 이에 대해 미국 부시 대통령은 2002년 1월 북한을 이라크, 이란과 함께 "악의 축"으로 규정하였다. 이후 북한은 미국의 핵사찰 요구를 거부했고, 그해 10월 고농축우라늄을 이용한 핵 개발 계획을 시인했다는 미국 켈리 특사의 공개로 북핵 위기는 다시 파국으로 치달았다. 결국 2003년 1월 다시 NPT를 탈퇴한 후 3년 뒤 북한은 1차 핵실험을 단행함으로써 핵무기 보유의 의지를 국제사회에 선언했다.[33]

2003년 당시 남한은 김대중 정부에서 노무현 정부로 정권이 이양되었는데, 정권 이양과 더불어 대북 송금 관련 특검이 진행되어 남북 교류 사

---

[31] 이우태·성문정·허정필, "남북 사회문화교류 활성화를 위한 교류거버넌스 구축방안: 체육교류를 중심으로," 『KINU 연구총서』 19-12, 통일연구원, 2019, p.116.
[32] 정기웅, 『스포츠 외교의 신화: 성공과 실패, 그리고 그 밖의 이야기들』, 박영사, 2018, p.185.
[33] 김미경, "북한사례의 국제정치경제학적 이론화를 위해", 『평화연구』Vol 25 No.2, 2017, p.118.

업의 차질에 대한 우려가 커지고 있었다. 하지만 노무현 정부는 북한의 NPT 탈퇴와 무력도발에도 불구하고 정치·군사적 사안과 경제·사회문화체육 교류는 분리하여 진행한다는 정경분리 원칙 아래 북한과의 교류 협력은 중단없이 지속하였다. 따라서 남북은 개성공업지구 착공식, 이산가족상봉 행사 진행, 남북 해운합의, 금강산 육로 관광, 남북 경의선·동해선 궤도 연결을 위한 철도와 도로 연결 공사 등을 지속하였다.

아울러 북한의 NPT 탈퇴 발표 직후(2003.1.10.)에도 남북한은 2월 1일부터 8일까지 일본 아오모리현에서 진행된 제5회 동계아시아경기대회 개·폐막식에서 공동 입장을 하였다.[34] 그리고 이러한 정경분리 원칙 아래 대구유니버시아드대회의 성공적인 개최와 남북 화해 협력관계 지속을 위해 노무현 정부와 2003 대구 하계유니버시아드대회 조직위원회는 북한 선수단의 참가를 적극 모색하게 되었다. 특히 2002년 제14회 부산 아시안게임에 북한 선수단과 응원단이 참가하여 아시안게임에 대한 홍보뿐만 아니라 남북 화해 협력 분위기 진작에도 크게 기여하였던 경험이 있었기에 북한 선수단과 미녀응원단 참가의 필요성은 더욱 강하게 제기되었다.

이에 따라 남북은 2003년 7월 4일부터 6일까지 금강산에서 대구 하계유니버시아드 대회에 북한이 참가하는 문제를 논의하는 실무접촉을 통해 200명 정도의 선수단과 310명 규모의 응원단 참가에 합의하게 되었다.[35] 2003년 대구 하계유니버시아드대회를 통한 체육 교류는 남북이 군사·정치 문제와 별개로 남북 교류 협력을 추진한다는 원칙 아래에 이

---

34  이우태·성문정·허정필, "남북 사회문화교류 활성화를 위한 교류거버넌스 구축방안: 체육교류를 중심으로," 『KINU 연구총서』 19-12, 통일연구원, 2019, p.117.
35  통일부-남북회담본부-회담별 자료 https://dialogue.unikorea.go.kr/ukd/a/ad/usrtaltotal/View.do

루어졌다. 즉, 남북은 스포츠의 탈 정치성을 활용하여 남북 간 대화와 소통을 지속하였으며, 이렇게 형성된 분위기를 살려 남북 체육 교류 협력 이후 남북 경제협력추진위원회 회의와 남북 장관급회담, 남북적십자회담이 진행되었다.[36]

이 외에도 이 시기에는 다양한 남북 스포츠 교류가 진행되었다. 2005년 8월 26일부터 27일간 평양에서 한국여자프로골프협회 평양 오픈에 남한 여자 골프 선수 30명이 참가하였으며, 9월 2일부터 4일간 인천에서 열린 제6회 아시아육상선수권대회에 북한 선수단과 미녀응원단 140명이 또다시 참가하였다. 이때에도 북한 미녀응원단은 빼어난 미모와 아기자기한 율동으로 가는 곳마다 화제를 몰고 다녔다. 북한 응원단이 탄 버스가 경기장 주변에 나타날 때마다 시민들은 열렬히 환호했고 응원 단원들도 힘차게 손을 흔들며 환한 웃음으로 화답했다.

당시 고교 3년~대학 2년 사이의 연령대로 여학생 90명, 남학생 10명 등 모두 100명으로 구성된 북한 응원단은 고려 항공편으로 인천공항을 통해 방남하였다. 방남 당일 8월 31일에는 검은색 치마에 흰색 저고리 차림으로 참석하여 관중에게 아기자기한 율동을 선보였고, 이어 경기가 시작된 9월 1일 오후에는 빨간 티셔츠에 빨간 모자를 쓰고 질서정연하게 경기장에 입장하며 관중들의 열렬한 환호를 받았다. 응원 단원들도 관중의 환호에 대해 '반갑습니다', '아리랑' 등의 음악에 맞춰 현란한 율동을 선보였고, '조국통일' 등의 구호를 외치며 행사의 흥을 돋웠다. 특히 북한 응원단은 선수들을 응원하는 사이사이에 주변의 관중과 함께 '조국통일'의 4박자 구호를 서로 주고받으며 조국통일의 염원을 표현하기도 했다. 대회 기간 내내 북한 응원단이 탄 버스가 경기장 주변에 나타날 때

---

[36] 이우태·성문정·허정필, "남북 사회문화교류 활성화를 위한 교류거버넌스 구축방안: 체육교류를 중심으로," 『KINU 연구총서』 19-12, 통일연구원, 2019, p.119.

마다 시민들은 열렬히 환호했고 응원 단원들도 힘차게 손을 흔들며 환한 웃음으로 화답했다.[37] 그리고 나중에 확인된 것이지만 김정은 국무위원장의 부인 리설주도 이때 응원단 일원으로 남한을 방문하였던 것으로 알려졌다.[38]

그리고 이러한 분위기는 2005년 10월 29일부터 11월 6일까지 마카오에서 열린 제4회 마카오 동아시아경기대회에도 이어져 남북 선수단이 함께 손을 맞잡고 공동 입장하였다. 2007년에는 남북 유소년축구 선수단 상호 교류가 수차례 진행되었고, 2007년 4월 북한 태권도시범단 48명이 강원도 초청으로 방남하여 서울과 춘천에서 2차례 시범 행사를 갖는 등 다양한 종목으로 남북 스포츠 교류가 활성화되었다.[39]

이렇게 2002년 부산 아시아경기대회 참가로 시작된 북한 미녀응원단은 2003년 제22회 대구 유니버시아드대회, 2005년 제6회 인천 아시아 육상선수권대회에서도 많은 화제를 남기며 민족애를 되살리고 남한 주민들이 북한을 새롭게 바라보는 기회를 만들어 주었으며 남북 스포츠 교류가 활성화되는데 큰 기여를 하였다. 그리고 한동안 모습을 보이지 않았던 미녀응원단은 2018년 2월 9일부터 개최된 제23회 평창 동계올림픽에 다시 참가하여 올림픽 직전까지 일촉즉발의 대립 관계에 있던 한반도 정세를 한순간에 평화 분위기로 바꾸는데 중요한 역할을 하였다. 북한의 미녀응원단이 이렇게 남북 화해 분위기 소성에 큰 억할을 하였지만 또 하편 이를 둘러싼 남남갈등도 만만치 않았다. 우리가 미녀응원단이 만들어

---

[37] 연합뉴스, 2005.09.01., "<아시아육상> '북한응원단, 가는 곳마다 화제'", https://n.news.naver.com/mnews/article/001/0001088995?sid=100
[38] SBS NEWS [한반도 포커스], 2024.08.23., "리설주, 김정은 후계구도의 '킹 메이커?' https://news.sbs.co.kr/news/endPage.do?news_id=N1007772561&plink=ORI&cooper=NAVER
[39] 이규창 외, "사회문화교류협력 및 인적 접촉 활성화 방안: 체육·문화예술 및 인도협력을 중심으로", 『KINU 연구총서』 18-02, 통일연구원, 2018, pp.301~303.

준 흥분과 열정 그리고 충격을 무리없이 받아들이고 민족 동질성을 느끼며 남북이 화합하여 한반도 평화를 만들어 가기 위해서는 이러한 충격을 수용할 수 있는 열린 마음과 한민족으로서 폭넓은 공감대 형성이 무엇보다 중요할 것이다.

# V.
# 다극화 시대
# 남북 스포츠 교류의
# 명과 암

# 1. 2018년 평창동계올림픽

　냉전이 종식된 이후 국제사회는 자유민주주의와 자본주의가 지배하는 세계화의 시대를 열었고, 그런 세계화의 흐름은 점점 더 심화되며 한없이 지속될 것으로 생각되었다. 그러나 2001년 12월 11일 중국의 WTO 가입 이후 더욱 본격화된 중국의 성장은 미국 외교정책에 새로운 도전을 안겨주었다. 중국의 지속적인 경제적, 군사적 성장으로 인한 국제사회 세력 균형의 변화는 글로벌 패권국가인 미국에게는 새로운 고민이 아닐 수 없다. 미국은 중국의 WTO 가입을 적극적으로 유도하면서 글로벌 공급망으로 끌어들였고, 이를 통해 중국을 미국이 추구하는 신자유주의적 자본주의 질서로 편입시키고자 하였다. 하지만 중국이 경제성장을 이루면서, 오히려 신시대 '중국특색사회주의'를 표방하며 이런 미국의 의도와 다른 방향으로 나아가면서 갈등이 시작되었다.

　미국은 부상하는 중국의 강력한 도전을 받고는 있지만, '팍스 아메리카(Pax Americana)'의 기치를 높이 들고 유일한 초강대국으로서의 위치를 지키기 위해 모든 수단을 다하고 있다. 하지만 COVID-19로 인한 글로벌 위기, G2국가로서 중국의 성장, 아프카니스탄에서의 철군, 이스라엘-팔레스타인 전쟁 등 중동지역에서 미국의 실패와 러시아-우크라이나 전쟁 장기화 및 EU를 비롯해 점차 자국의 이익을 강조하는 국가들의 증가는 유일한 초강대국으로서 미국의 위치를 점차 흔들리게 하고 있다. 그리고 이런 상황은 미국을 점점 초조하게 만들고 있다.

　여기에 2008년 글로벌 금융위기를 겪으면서 세계화는 중요한 전환기를 맞이 하였다. 반세계주의(anti-globalism), 탈세계화 흐름이 휘몰아친 것이다. 세계화에 소외된 국가들과 세계화가 초래한 국내외적 부정적인 결과들 즉 빈부격차의 심화 등을 경험한 세력들이 세계화에 대한 반발을 여실히 드러냈다. 그 결과물이 2008년 글로벌 금융위기와 함께 대두된, 월가의 탐욕스러운 금융자본주의와 경제적 불평등에 분노하면서 시작된 '월스트리트 점령(Occupy Wall Street)' 운동이다.[1]

2008년 미국 투자은행 리먼브라더스의 파산은 미국 등 서방 선진국들의 경제에 심대한 타격을 입힌 글로벌 경제위기의 서막이었다. 반면 낙후된 금융 시스템 덕분에 강대국 중 유일하게 금융위기 쓰나미에 휩쓸리지 않았던 중국에게는 미국이 쓰러진 '무주공산'에서 전방위적으로 굴기할 수 있는 절호의 기회였다. 중국은 당시 4조 위안을 동원해 세계 경제 회생에 중요한 역할을 한 것을 계기로 막대한 외환보유고를 바탕으로 경제와 군사 부문 등에서 급부상하고 G2 지위를 얻으면서 유일한 초강대국 미국에 맞서게 되었다.[2]

2008년 세계 금융위기 이후 미국, 일본, 독일 등 OECD 내 주요국들은 경기침체에 대응하기 위해 동시에 화폐, 재정 정책을 펴며 경기 부양을 위한 다양한 정책을 시도했다. 그러한 노력들 중의 하나가 탈세계화로 나타났는데 미국 트럼프 정부의 '미국 우선주의(America First)'와 영국의 '브렉시트(Brexit)'가 대표적인 탈세계화 사례이다. 특히 미국 트럼프의 탈세계화는 미국의 경기침체 탈출과 함께 중국의 부상을 막기 위해 강력한 보호무역정책을 펼치게 된다.

---

1 이상환, "세계화와 탈세계화 - 민족주의, 보호무역주의의 확산과 글로벌 거버넌스", 『외교』, 제135호, 한국외교협회, 2020, p.92.
2 이정식, "중국의 개혁개방 40년: 경제발전 회고와 전망", 『중국학논총』 제60집, 한국중국문화학회, 2018, p.157.

그런데 탈세계화 시대의 신보호무역주의는 과거의 보호무역주의와는 다른 양상을 보인다. 과거의 보호무역주의는 관세와 비관세 장벽을 통해 국내 시장을 보호하고, 평가절하를 통해 수출 경쟁력을 확보하여 국익을 추구하는 방식이었다. 이에 반해 탈세계화 시대의 신보호무역주의는 이와 더불어 글로벌 공급 체인의 결정적인 길목을 틀어쥐고 전체 글로벌 시장에 대한 제품 공급을 차단하는 새로운 형태의 수단을 동원하는 것이다.

트럼프 2기 정부 들어서는 더욱 강해진 MAGA(Make America Great Again)를 앞세운 미국의 신보호무역주의 정책이 더욱 강화되고 있다. 무차별적인 관세 폭탄과 각국에 비관세 장벽을 개방하라는 요구를 한층 더 강화하고 있고, 이와 함께 반도체와 희토류 등 글로벌 공급망 체인을 둘러싼 미중 간의 갈등도 더욱 치열해지고 있다. 이러한 상황은 한국, 일본, 베트남, 싱가폴, 홍콩, 등과 같은 아시아 내 수출중심 경제구조를 갖고 중국 시장과 미국 시장에의 수출 비중이 높은 대부분의 국가들을 경제적 불안정성과 군사 안보적 패권 경쟁의 영향을 받게 되는 공통의 딜레마적 상황에 처하게 만들고 있다.

제2차 세계대전 이후 미국이 만든 자유주의 국제질서는 탈냉전 이후 세계화 시대에는 자유무역을 기반으로 글로벌 공급망을 통합시켰다. 하지만 2008년 글로벌 금융위기를 겪으면서 세계화에 변화가 시작되었고, 탈세계화와 함께 미국 트럼프 정부가 '미국 우선주의(America First)' 기치 아래 강력한 보호무역을 표방하면서 자유주의 국제질서의 근간이 흔들리게 되었다.

미국의 보호무역주의 정책은 트럼프 2기 정부 들어 더욱 심화되었다. 트럼프 정부 초기 보호무역 조치들은 대부분 중국을 견제하기 위한 것이었다. 하지만 트럼프 2기 정부의 보호무역 정책은 중국에 국한하지 않고, 미국과 무역에서 높은 수준의 흑자를 기록하는 국가들은 물론 거의 모든 국가를 대상으로 하고 있다.

미국이 보호무역을 확대하면서 유럽에서도 EU 대표 국가들인 프랑스, 독일, 이탈리아 등이 유럽은 유럽인의 유럽이 되어야 한다고 주장하면서 미중 무역갈등 속에서 중국과 경제협력을 강화하는 등 전략적 자율성을 강화해 나가려는 모습도 보이고 있다. 글로벌 정세는 패권국가 미국과 이에 대응하여 패권경쟁을 벌이고 있는 중국 두 강대국에 의해서 대부분 좌우되지만, 모든 것이 이 두 나라에 의해 결정되는 것은 아니다. 중국이 부상하기 이전에도 미국 주도의 글로벌 질서 속에서 EU, OPEC 등과 같이 구성 국가 간 정치적, 경제적 이익을 공유하며 이익을 대변하는 공동체나 협의체들이 존재하였다. 이러한 공동체나 협의체들이 미중갈등과 보호무역 확대로 인하여 그 목소리를 키워나가고 있는 것이다.

그중에서도 2000년대 이후 빠른 성장을 거듭하고 있는 BRICS는 미국 주도의 세계 질서에 대한 새로운 견제 세력으로 부상하고 있다. BRICS는 2001년 미국의 증권회사 골드만 삭스 보고서에서 신흥경제국으로 언급된 브라질(Brazil), 러시아(Russia), 인도(India), 중국(China)을 의미(BRICs)하였고, 2010년 남아프리카공화국(republic of South Africa)가 가입하면서 BRICS로 불리게 되었다.

2023년 남아프리카공화국에서 개최된 제15차 정상회의에서 BRICS는 아르헨티나, 이집트, 이란, 에티오피아, 사우디아라비아, UAE를 2004년 1월부터 새로운 회원국으로 받아들이면서 그 세력을 더욱 키웠다. 실제로 정상회의 개최 전에 40개 이상의 국가가 BRICS 가입에 관심을 표시했고, 23개 국가는 BRICS 가입을 공식 신청한 것으로 알려졌다.[3] 개도

---

3 『BBC NEWS』 2023.08.24., "Brics summit: Is a new bloc emerging to rival US leadership?", https://www.bbc.com/news/world-africa-66649633 / 강선주, "2023년 BRICS(BRICS)의 확장: 지정학적 새 판짜기의 시동", 『IFANS FOCUS』 Vol. 2023 No. 25, 국립외교원 외교안보연구소, 2023, p.1.

국들이 글로벌 질서의 변화를 희망하고, 그것을 약속하는 BRICS를 환영하고 필요로 한다는 것을 보여주는 증거이다. BRICS는 트럼프의 일방적인 관세 정책을 비판하며 공동 대응 움직임을 보이고 있다. 미국으로부터 50%의 관세를 부과받은 브라질 룰라 대통령과 인도 모디 총리가 2030년까지 양국 간 교역 규모를 연간 200억달러 이상으로 확대하기로 하거나, 중국이 브라질 커피, 참깨 등의 수입을 확대하여 브라질의 대미 관세 대응을 돕는 것들이 그런 움직임이다.[4]

미중 패권경쟁이 가열되고, 보호무역을 앞세운 자국이익 우선주의가 확대되면서 미국과 중국이 주도하는 글로벌 질서에 대한 도전은 더욱 확산되며 국제질서의 변화가 가속화하고 있다. EU나 BRICS와 같은 국가 연합체뿐만 아니라 개별 국가 차원에서도 독자적으로 자국의 이익을 지키기 위한 이합집산이 확산되며 국제사회가 다극화 시대로 나아가고 있다.

> **세계는 핵분열 중**
>
> 세계가 분열 중이다. '미국의 푸들'을 자처했던 이들이 중국에 러브콜을 보내고 '작은 중국'을 대표했던 국가들이 미국에 양다리를 걸친다. 이들은 자국의 이익을 위해 중립을 표방하거나 적과의 동맹을 시도한다. '영원한 적도, 영원한 친구도 없다'던 국제 정치의 이론이 현실화되고 있는 셈이다. G2가 무역 전쟁을 치르는 사이 세계는 변화를 시작했다. 이들은 G2의 틈바구니 속에서 한쪽 편을 들지 않고 양쪽과 거래하듯 실용적으로 중립을 지킨다. G2는 세력을 늘리기 위한 전쟁에 돌입했다. 2세기에 걸쳐 세계를 제패했던 세계화가 물러나면서 국가별 셈법이 복잡해지고 있다.
>
> (『매거진 한경』, 2023.05.15., "G2 그리고 T25, 한국은 어디로? [세계는 핵분열 중]", https://magazine.hankyung.com/business/article/202305117230b)

또한 미중 갈등의 심화는 동아시아에서는 관세폭탄과 반도체, 희토류

---

[4] 『머니투데이』, 2025.08.08., "'트럼프' 아닌 '모디'에게 전화 걸다…'50% 관세'에 밀착하는 나라들", https://v.daum.net/v/20250808140615702

를 둘러싼 경제적 대립뿐만 아니라 중국이 '핵심이익'이라고 주장하는 대만 문제를 둘러싸고 미중 양국 사이의 공방이 계속되며, 한미동맹과 주한미군의 역할에 대한 이슈로까지 확산되고 있다. 이는 미중일러 세계적 강대국들의 이해관계가 충돌하는 한반도의 남북 관계를 더욱 복잡하게 만들고 있다.

글로벌 금융위기에 출범한 이명박 정부는 이러한 국제정세 변화에 제대로 대응하지 못하면서 출범 이후 남북대화와 협력이 줄어들고 북한의 금강산 관광객 피격, 천안함 폭침 및 연평도 포격 사건 등으로 남북한 긴장 관계가 지속되었다. 여기에 국제적으로도 미국 오바마 정부는 북한의 핵과 미사일 개발에 대하여 6자 회담의 틀 속에서 해결하기 위해 노력하였지만, 이명박 정부는 군사적 압박과 경제적 제재를 결합하여 비핵화를 추진하면서 남북관계는 급격히 갈등과 경색으로 흐르고 남북 교류가 중단되었다.

그래도 이명박 정부 초기에는 소규모라도 남북 스포츠 교류가 있었다. 제주에서 개최된 올림픽 출전권이 달린 레슬링(3월)[5]과 유도(4월) 2008년 아시아경기대회와 2010년 남아공월드컵 아시아지역예선 축구경기를 들 수 있다. 2008년 아시아 유도선수권대회는 2008년 4월 26일부터 27일까지 제주에서 개최되었는데, 북한 선수단 7명을 포함한 아시아 39개국 800여명의 선수가 참가하였다.[6] 북한선수단에는 조선체육지도위원회가 선정한 2007년 10대 최우수선수에 뽑힌 김철수, 2006년 도하아시안게임 동메달리스트 원옥임 등 지명도가 높은 선수들이 참가해서 남한에서

---

5  한겨레신문, 2008.03.20. "북한 양충선 레슬링 올림픽출전권 획득", (https://www.hani.co.kr/arti/sports/sports_general/276975.html?_ga=2.151445758.630017155.1694332540-1900077277.1648046554)

6  YTN, 2008.04.26. "아시아유도선수권대회 제주에서 개막", (https://n.news.naver.com/mnews/article/052/0000197195)

개최된 국제대회지만 북한선수의 남한 방문의 의의를 높였다.[7]

그러나 남북관계가 경색되면서 2007년 남북정상회담에서 채택되었던 2008년 베이징 올림픽 남북응원단 참가는 물론 2000년 이후 계속된 남북 동시입장 또한 무산되고 말았다. 전반적인 남북관계 경색으로 베이징 올림픽 남북단일팀 및 공동응원단 논의가 전혀 진행되지 못하자 IOC와 베이징 올림픽조직위원회가 적극적인 중재에 나섰지만 경색된 남북관계로 인하여 끝내 공동 입장이 무산되었다.

이러한 남북관계 경색국면은 박근혜 정부 들어서 변화 조짐이 나타났다. 스포츠 분야에서는 국내외에서 지속적인 국제대회 유치 및 개최의 주기성이 존재함을 활용하는 방안이 모색되었다. 그 결과 박근혜 정부 남북 스포츠 교류의 첫 사례로 2013년 동아시아축구대회에 북한 여자축구팀이 2005년 이후 8년 만에 참가하였다.[8]

아울러 아시아역도연맹이 주최하는 2013 아시안컵 및 아시아클럽 역도선수권대회가 2013년 9월 12~17일 평양에서 개최되었는데, 여기에 대한역도연맹 소속 7개 클럽팀 선수 22명, 클럽임원 14명, 역도연맹 관계자 5명 등 총 41명이 참가하였다. 이 대회는 북한이 별도로 남한 선수단의 신변 안전에 대해 보장하였고, 국제관례에 따라 처음으로 평양에서 태극기가 게양되고 애국가가 연주되었다. 당시 북한은 김정은 정권 출범 이후 각종 스포츠 시설들을 실지하고 미국과 농구 스타인 로드맨 등 서방국가의 스포츠 스타 등을 초청하여 김정은의 신세대 이미지를 표출하는 등 북한이 이전에 보여준 모습과는 전혀 다른 상반된 정책을 구사하였다. 박근혜 정부도 순수 대민 인도지원과 함께 문화·스포츠 교류 등을 확대

---

7 문화체육관광부, 『2008체육백서』, 문화체육관광부 체육국, 2009, p.523.
8 김영란·김홍태, "박근혜 정부 대북정책과 남북체육교류협력 추진방안", 『한국엔터테인먼트산업학회 논문지』 제7권 제4호, 한국엔터테인먼트산업학회, 2013, p.292.

하려는 긍정적 분위기에서 이루어진 것이었다.[9]

 2014년 인천아시안게임에는 북한 선수단 273명이 참가했으며, 폐막식에 북한 고위급 인사 황병서, 최룡해, 김양건이 참석해 남북 화해 분위기가 조성되기도 했다. 남북은 각종 국제경기대회에 단일팀, 개폐회식 동반 입장을 넘어 남북에서 개최되는 국제경기대회에 서로 직접 참가하면서 교류의 확대와 변화를 가져왔다. 특히 2014년 인천아시안게임에 북한 고위급 인사의 남한 방문은 특기할 만한 사실이다.[10]

 박근혜 정부는 이후에도 2015 광주 하계유니버시아드대회와 2015 경북문경 세계군인체육대회 등에 북한 참가를 협의하였으나 북한은 유엔 북한인권사무소 서울 설치를 이유로 불참하였다. 아울러 광복 70주년을 기념하여 남북친선축구대회, 남북씨름대회, 태권도시범단 상호 방문 등을 추진하였으나 북한이 호응하지 않아 성사되지 못하였다. 다만, 한국노동조합총연맹과 전국민주노동조합총연맹이 북한의 조선직업총동맹과 함께 2015년 10월 28일부터 31일까지 평양에서 「남북노동자축구대회」를 개최하였다. 여기에 양대 노총 대표단 162명이 참가하여 5·24 대북제재 이후 최대 규모의 방북이 이루어졌으나 전반적으로 남북 스포츠 교류 성과는 기대에 미치지 못하였다.[11]

 박근혜 대통령 탄핵의 소용돌이 속에서 2017년 5월 출범한 문재인 정부는 북핵 문제 해결과 남북 관계 개선에 적극적인 자세를 가지고 있었다. 하지만 문재인 정부 출범 시기 한반도 주변의 정세는 전쟁 위험이 최고조에 달한 일촉즉발의 위기 상황이었다. 문재인 정부가 출범한 이후 동

---

9 문화체육관광부, 『2013체육백서』, 문화체육관광부, 2014, pp.617~618.
10 손환 외, "남북스포츠교류의 역사적 의미", 『한국체육사학회지』 제24권 제4호, 한국체육사학회, 2019, p.60.
11 문화체육관광부, 『2013체육백서』, 문화체육관광부, 2014, p.498.

북아시아 안보 환경에 가장 중요한 영향을 끼쳤던 국제정치적 사건은 북한의 핵 무력 증강과 일련의 대륙간탄도미사일 시험을 둘러싼 북미 간 또는 남북 간 군사적 갈등이라고 해도 과언이 아니다.

북한 김정은 정권의 ICBM급 화성-14형을 포함한 미사일 발사실험과 핵실험으로 한반도를 둘러싼 안보 환경은 급격하게 불안정하게 되었고, 미국의 트럼프 대통령도 김정은에게 로켓맨(Rocketman)이란 자극적인 발언을 쏟아내며 공개적으로 전쟁까지 언급하였다. 이러한 시기에 출범한 문재인 정부의 가장 중요한 과제는 북핵 문제를 둘러싼 한반도 군사위기를 완화시키고 궁극적으로 한반도의 평화를 완성하는 것이었다.[12]

2013년 3월 북한은 당중앙위원회 전원회의에서 핵 무력-경제 병진 노선을 채택하고, 본격적으로 핵 무력 건설에 박차를 가했다. 북한은 2016년 1월에 4차, 9월에 5차 핵실험을 진행하고, 이와 더불어 각종 중장거리 미사일 시험발사 등을 통해 장거리 타격 능력도 확보하기 시작하였다. 2016년부터 2017년 10월까지 총 27차례 북한의 탄도미사일 시험발사가 있었는데, 문재인 정부 출범 이후에만 8차례 실시되었다. 이에 미국은 핵항공모함 칼빈슨호, 스텔스전투기 F-35B 등 미국의 전략 자산이 동원되는 역대 최고 수준의 한미 연합 군사훈련을 실시했다. 이에 대해 북한은 2017년 7월 4일과 28일 미국 본토에 다다를 수 있는 화성-14형 대륙간탄도미사일 시험발사를 시행하고, 9월 3일에는 6차 핵실험, 11월 29일에는 화성-14형 보다 사거리가 늘어난 화성-15형 시험발사에 성공하면서 미 본토 전역에 핵 공격을 할 수 있는 능력을 마련하는 등 2017년 한해 동안 6차 핵실험과 미사일 등 총 17차례에 걸쳐 무기를 실험하였

---

12 장기영, "'신고전현실주의 이론'을 통해서 본 문재인 정부의 중재 외교: 싱가포르와 하노이 북미 비핵화 협상 과정을 중심으로", 『의정연구(Journal of Legislative Studies)』 Vol 28 No.1, 한국의회발전연구회, 2022, p.43.

다. 미국 역시 대북 압박 수위를 높이면서 한반도의 군사적 긴장은 최고조에 달했다.[13]

이러한 위기 국면을 타개하기 위해 문재인 정부는 남북 관계 개선을 통해 북핵 문제를 해결하고 한반도 평화를 달성하고자 북한과 미국 사이에서 적극적인 노력을 펼쳤다. 북핵 문제에 대하여 제재가 이미 실행 중인 상황에서 대화를 통해 단계적으로 해결하고 다른 한편으로는 일관된 대북정책을 통해 한반도 문제를 해결해 나간다는 전략이었다.

문재인 정부는 5대 국정 목표 가운데 하나로 '평화와 번영의 한반도'를 설정하고 구체적인 전략으로 ① 국토를 지키고 국민을 안심시킬 수 있는 강력하고 유능한 안보와 책임 국방을 최우선적으로 구축하는 '강한 안보와 책임 국방', ② 남북 간 교류 협력을 추진하여 함께 번영하고, 제재부터 협상까지 다양한 수단을 동원하여 한반도 비핵화를 모색하는 '남북 간 화해협력과 한반도 비핵화' 그리고 ③ 국익을 증진시키고 평화로운 한반도를 실현할 수 있는 당당한 국제협력 외교를 추진하는 '국제협력을 주도하는 당당한 외교'를 제시했다.[14]

아울러 문재인 대통령은 2017년 7월 6일 독일 베를린 쾨르버재단 초청 연설을 통해 집권 5년 동안의 대북정책 의지 즉 5대 기조와 대북 제안이 포함된 베를린 구상을 제시했다. 먼저 베를린 구상의 5대 기조는 ① 당장의 통일이 아닌 한반도 평화 추구, ② 북한 체제의 안전을 보장하는 한반도 비핵화 추구, ③ 항구적인 평화 체제 구축, ④ '한반도 신경제지도 구상' 추진, ⑤ 비정치적 교류 협력은 정치·군사적 상황과 분리해 일관되게 지속한다는 것이다. 그리고 이러한 정책을 구현하기 위하여 ① (2017

---

[13] 김차준, "문재인 정부의 남북관계: 성과와 한계", 『동북아 연구』 제38권 제1호, 조선대학교 동북아연구소, 2023, pp.139~141.

[14] 국정기획자문위원회, 『문재인 정부 국정운영 5개년 계획』, 2017년 7월, p.14.

년) 추석 이산가족상봉(상봉시 성묘방문 포함, 상봉 문제 협의를 위한 적십자회담 개최), ② (2018년) 북한의 평창올림픽 참가, ③ 군사분계선 상호 적대행위 중단, ④ 한반도 평화와 남북협력을 위한 접촉과 대화 재개(여건조성 및 긴장대치국면 전환계기가 된다면 정상 회담 용의)를 북한에 제안하였다.[15]

아울러 다음 달 광복절 경축사에서도 '한반도의 시대적 소명은 평화'라 하면서, '평화는 우리의 생존전략이며, 안보도, 경제도, 성장도, 번영도 평화 없이는 담보되지 않는다'고 하였다. 그리고 한반도의 긴장 상황에 대하여 "어떤 우여곡절을 겪더라도 북핵 문제는 반드시 평화적으로 해결해야 한다"며 당시 미국의 '선제 타격론'을 견제하였다. 그러면서 다가올 2018 평창 동계올림픽을 평화올림픽으로 만들어 남북대화의 기회로 삼고, 한반도 평화의 기틀을 마련하자고 하였다.[16]

문재인 정부의 대북 접근에 대해 초기에 북한은 2017년 6.15 공동선언 17주년을 맞이하여 낸 조국평화통일위원회 성명을 통해 한반도의 군사적 긴장 상황 해소를 선결적으로 조치하라는 낮은 수준에서 요구하는 것 외에는 별다른 반응을 보이지 않고 있었다. 이 시기 북한은 막 출범한 문재인 정부에 대해 관망하는 자세를 취하면서 새롭게 출범한 미국에 대해서는 강경한 태도를 보였다.[17]

미국은 2017년 6월 말에 열린 한미 정상회담에서 모든 범주의 군사적 능력을 통해 한국에 확장 억제력을 제공하고, 최대의 대북 압박을 지속하며, 기존 제재의 충실한 이행 및 새로운 조치를 시행할 것이라고 발표했

---

15 김강녕, "문재인 정부의 대북·통일정책과 한반도 평화증진 과제", 『통일전략』 Vol.19 No.2, 한국통일전략학회, 2019, pp.33~34.
16 김창희, "한반도 평화정착과 4.27 판문점 선언", 『한국정치외교사논총』 Vol. 40 No.1, 한국정치외교사학회, 2018, pp.133~134.
17 김차준, "문재인 정부의 남북관계: 성과와 한계", 『동북아 연구』 제38권 제1호, 조선대학교 동북아연구소, 2023, p.143.

다. 아울러 전작권 조기 환수를 위한 한미 연합 군사훈련 역시 지속한다는 점 역시 강조되었다. 한미 공조에 의한 대북 압박이 강화되는 것에 대해 북한은 7월 4일 미국 독립기념일에 맞춰 화성-14형 대륙간탄도미사일 시험발사를 진행함으로써 미국과 군사적 긴장 상태를 더욱 고조시켰다. 그리고 미국을 비롯한 국제사회의 강력한 제재를 받는 상황 속에서 2017년 9월 3일 6차 핵실험을 단행했다. 이에 대해 유엔은 즉시 9월 11일 대북 제재 결의안 2375호를 채택했다. 미국은 테러지원국에서 해제되었던 북한을 11월 20일 재지정함으로써 대북 압박의 수위를 낮추지 않겠다는 의지를 보였다.

 그러자 북한은 한 발 더 나가 11월 29일에는 미 전역을 공격할 수 있는 대륙간탄도미사일 '화성-15형' 시험발사에 성공한 뒤 국가 핵 무력 완성을 선언했다. 문재인 정부의 대북 접근이 구체적인 성과가 나타나지 않은 가운데, 북미 간의 군사적 대결은 더욱 강화되면서 남·북·미 관계의 악순환은 더욱 고조되며 정점에 이르고 있었다.[18]

 이런 상황에서 끝을 알 수 없는 긴장과 대결 상황에 변화가 보이기 시작한 것은 2017년 말부터였다. 북미 간 군사적 긴장 관계가 고조되는 시점에 문재인 정부는 북한의 도발적 행위를 막기 위하여 2017년 12월 북한에게 한미연합훈련 연기 제안을 하였고, 이는 한미연합훈련에 민감했던 북한이 신년사를 통해 이에 호응하고 평창동계올림픽에 참여한 뒤 한국의 고위급 회담 제안을 수용하여 남북대화가 복원되도록 하는 계기가 되었다. 또한 올림픽 기간 남북 관계 개선을 바탕으로 특사 외교를 통하여 남북정상회담과 북미정상회담이 성사될 수 있도록 분위기를 조성하

---

18 김차준, "문재인 정부의 남북관계: 성과와 한계", 『동북아 연구』 제38권 제1호, 조선대학교 동북아연구소, 2023, pp.143~144.

였다.[19]

취임 초기부터 중요한 국정 목표 중의 하나로 '평화와 번영의 한반도'를 설정하고 남·북·미 사이에서 적극적인 중재를 통해 남북 관계를 개선하여 북핵 문제를 해결하고 한반도 평화를 구현하겠다는 노력이 드디어 조금씩 성과가 나오는 시기였다. 반복되는 북한 핵과 미사일 그리고 이에 대한 국제사회 제재로 긴장과 갈등이 고조되는 상황에서 일관된 대북정책을 통해 해결의 실마리를 찾게 된 것이다.

문재인 정부는 취임 초기부터 이미 수년간 단절된 남북 관계를 회복하기 위하여 베를린 구상을 포함하여 다각도로 대화 노력을 펼쳤고, 지속적으로 북한의 평창 동계올림픽 참여를 제안해 왔다. 이런 정책의 연장선에서 북핵과 미사일 문제로 안보 위협이 최고조에 달했던 2017년 12월 한미연합훈련의 연기를 제안하였고, 이에 화답하듯 김정은 북한 노동당 위원장이 '국가 핵 무력 완성'을 재차 선언하고, 평창 겨울올림픽 참가 등 남북 관계 개선에 나서겠다는 뜻을 밝히게 된 것이다.[20] 이후 남북한은 2018년 1월 9일 남북고위급회담을 통해 북한의 평창 동계올림픽 참여와 동계패럴림픽대회 참가를 확정하였으며, 더불어 남북 군사적 긴장 상태를 완화하고 한반도의 평화적 환경을 조성하기 위한 남북 군사당국회담을 갖게 되었다.[21]

사실 문재인 정부 출범 선인 2017년 봄 박근혜 대통령 탄핵 직후 남북

---

[19] 장기영, "'신고전현실주의 이론'을 통해서 본 문재인 정부의 중재 외교: 싱가포르와 하노이 북미 비핵화 협상 과정을 중심으로", 『의정연구(Journal of Legislative Studies)』 Vol 28 No.1, 한국의회발전연구회, 2022, pp.49~50.

[20] 『한겨레신문』, 2018.01.01., "김정은 "평창에 대표단 파견 용의…남북관계 개선의 해로" (https://www.hani.co.kr/arti/politics/defense/825799.html?_ga=2.101965761.1192044289.1694941476-1900077277.1648046554)

[21] 이우태·성문정·허정필, "남북 사회문화교류 활성화를 위한 교류거버넌스 구축방안: 체육교류를 중심으로," 『KINU 연구총서』 19-12, 통일연구원, 2019, p.130.

한의 선수단이 국제 스포츠대회의 경기를 치르기 위해서 각각 강릉과 평양을 방문한 남북 스포츠 교류가 이미 있었다. 특히, 평창 동계올림픽과 관련이 있는 북한 여자아이스하키 선수단은 국제아이스하키연맹(IIHF) 여자 세계선수권대회 디비전2 그룹A 대회의 경기를 치르기 위해 입국하였다. 북한이 이 대회에 참가한 것은 순위를 통해서 평창 동계올림픽의 출전이 결정된다는 점을 감안한 것으로 이는 평창 동계올림픽의 출전 가능성이 높다는 것을 보여준 것이었다.[22]

남북한은 남북고위급회담을 통해 북한의 평창 동계올림픽 참여와 동계패럴림픽대회 참가를 확정한 후 2018년 1월 17일 남북고위급회담 실무회담을 판문점 평화의 집에서 개최하였다. 회담에서 남한과 북한은 동계올림픽에 참가하는 북측 선수단의 종목과 규모는 IOC와 양측 국가올림픽위원회 간 협의하기로 하고, 개회식에 한반도기를 사용하며 공동 입장, 여자아이스하키 종목의 남북단일팀 구성, 북한의 230명 규모의 응원단 파견 및 남북 공동응원, 재일본조총련응원단 활동 보장, 30여 명의 태권도시범단 평창과 서울 공연, 선수단, 응원단, 태권도시범단, 기자단의 경의선 육로 이용 왕래, 평창 동계패럴림픽에 선수단, 응원단, 예술단, 기자단 등 150여 명 규모 파견 및 마식령스키장에서 남북 선수 합동훈련을 합의하였다.[23]

이후 일련의 후속 회담을 통하여 IOC와 관련 국제연맹 및 남북한 관계자가 참석하는 스위스 로잔 평창올림픽 참가 회의 결과가 2018년 1월 20일 오후 늦은 시간 발표되며, 구체적 북한 참가와 남북한 단일팀 및 공

---

[22] 조우찬, "한반도 평화와 스포츠: 평창 동계올림픽과 남북 스포츠 교류를 중심으로", 『통일정책연구』 Vol.27 No.2, 통일연구원, 2018, pp.94~95.

[23] 통일부-남북회담본부-회담별전체자료, (https://dialogue.unikorea.go.kr/ukd/a/ad/usrtaltotal/View.do)

동 입장 등의 현안이 일괄 합의되었다. 회담 결과 북한의 평창올림픽 참가 선수단은 5개 종목에서 선수 22명 및 임원 24명 등 총 46명의 역대 동계올림픽 최대 선수단 파견이 결정되었다. 특히, 대내외적으로 지대한 관심사인 여자아이스하키 남북단일팀 구성·참가와 관련하여 북한 선수 12명 합류와 3명의 경기 참가 등의 결정과 남북한 각각 1명의 기수가 한반도기를 들고 역대 10번째 주요 국제대회 개·폐회식 공동 입장 합의 또한 발표되며 진전된 평창 평화올림픽의 구상 실현이 가능하게 되었다.[24]

북한의 참가로 평화올림픽이 기대되는 2018년 2월 9일 남북 관계에 또 하나의 역사가 쓰여졌다. 김영남 최고인민회의 상임위원장과 김여정 특사 등 22명의 북한 고위급대표단이 2월 9일부터 11일까지 방남한 것이었다. 이는 분단 이후 최초로 북한 헌법상 국가수반과 북한 최고지도자 직계 가족이 남한 지역을 방문한 것으로 남북 관계 개선을 위한 북한의 의지가 매우 강하며 필요한 경우 전례없는 과감한 조치를 취할 수도 있다는 점을 보여준 것이다. 2월 9일 오후 1시 55분 전용기를 이용하여 인천공항에 도착한 북한 고위급대표단은 그날 저녁 문재인 대통령이 평창 동계올림픽에 참가한 각국 정상급 외빈들을 위해 주재한 만찬에 참석하였다. 그리고 함께 국제사회 이목이 집중된, 12년 만에 성사된 남북 공동 입장이 포함된 올림픽 개막식을 참관하였다. 이에 대해 바흐 IOC 위원장은 개회식 연설을 통해 "남북 공동입장은 강력한 평화의 메시지를 전달하였다"고 축하하였고, 해외 주요 언론들도 '한반도 긴장 상황에서 큰 의미가 있는', '놀랍고도 인상적인', '평화 게임' 등의 표현으로 이 사실을 앞다투어 보도하였다. 다음 날 오전 북한 고위급대표단을 인솔하고 문재인 대통령을 접견한 김여정 조선로동당 중앙위원회 제1부부장이 김정은 국무위

---

[24] 이계영·김흥태, "2018평창동계올림픽의 평화올림픽 성과와 과제", 『한국엔터테인먼트산업학회논문지』 제12권 제4호, 한국엔터테인먼트산업학회, 2018, p.156.

원장 특사 자격으로 친서를 전달하며 빠른 시일 내에 대통령 방북을 요청한다는 뜻도 전하였다. 그리고 저녁에는 대통령 내외와 북한 대표단이 여자아이스하키 남북단일팀의 스위스전 경기를 함께 관람하며 응원하고, 11일 저녁에는 국립극장에서 진행된 북한 예술단의 공연을 관람한 후 북으로 복귀하였다.[25]

평창 동계올림픽에는 북한 고위급대표단뿐만 아니라, 선수단(46명), 응원단(229명), 예술단(137명), 태권도 시범단(32명), 기자단(21), 참관단 등 약 500명에 가까운 인원이 육로, 해로 및 항공편을 통하여 방남하였다. 가장 먼저 방남한 것은 남한 대표팀과 합동훈련이 필요했던 북한 여자아이스하키 선수단으로 1월 25일 경의선 육로로 방남하였다. 그리고 이어 나머지 선수단 32명(선수 10명 포함)이 마식령스키장에 공동 훈련하러 갔던 남한 선수들과 함께 남한 전세기편으로 내려왔다. 또한 강릉(2월 8일)과 서울(2월 11일)에서 공연할 현송월 단장이 이끄는 북한 예술단도 2월 5일 육로(선발대 32명)와 6일 만경봉92호(본진 114명)를 이용하여 원산항에서 출발하여 묵호항에 도착하였다. 그리고 북한 응원단도 북한 NOC 위원, 태권도시범단 등과 함께 경의선 육로로 남한에 도착하여 북한 선수들 경기와 여자아이스하키 단일팀 경기뿐만 아니라 남한 선수들의 일부 경기에서도 남한 응원단과 함께 공동 응원전을 펼쳤다.[26]

하지만 아쉽게도 북한의 평창 동계올림픽 참가가 마냥 화기애애하고 좋은 분위기 속에서만 진행된 것은 아니었다. 특히 여자아이스하키 단일팀 선수 구성은 커다란 논쟁을 불러왔었고 남북 스포츠 교류에서 항상 문

---

25  통일부 남북관계관리단-회담별 전체자료-평창 동계올림픽 개회식 계기 고위급 대표단 방남, "북한 고위급대표단 방남 관련 설명자료", 통일부, 2018.2.11. https://dialogue.unikorea.go.kr/ukd/a/ad/usrtaltotal/View.do
26  연합뉴스, 2018.02.07., "北, 고위급대표단만 빼고 다 왔다… 예술단 이어 응원단도 방남", https://www.yna.co.kr/view/AKR20180207055100014?input=1195m

제가 되는 사항이었다. 여자아이스하키 단일팀 구성에 대하여 북핵 문제와 남북 긴장을 해소할 수 있다며 긍정적으로 보는 의견과 정부 주도의 단일팀 추진으로 선수들의 의사는 반영되지 않고 배제되어 올림픽 출전만을 위해 모든 것을 쏟아부어 4년을 준비한 선수들의 출전 기회를 박탈할 수 있다며 부정적으로 보는 의견으로 나뉘어 팽팽한 남남갈등을 일으켰다. 이 과정에서 단일팀 구성의 절차적 정당성, 스포츠의 정치화 등까지 언급되며 국민 정서가 더욱 악화되었고, 단일팀 반대 청원까지 진행되기도 하였다. 다행히 남북이 IOC와 단일팀을 협의하는 과정에서 IOC에서 단일팀에 대하여 팀 정원을 22명에서 27명까지 상향해 주겠다는 제안을 하였고, 이후 최종적으로 바흐 IOC 위원장이 파격적으로 남한 선수 23명을 보존하면서 12명의 북한 선수를 받아들여 총 35명으로 구성되는 안을 승인하면서 우여곡절 끝에 단일팀이 성사되었다. 바흐 위원장의 파격적인 승인은 독일 출신인 바흐 위원장이 독일 통일 과정에서 동서독 스포츠 교류의 중요성을 몸소 체험하였기에 다른 출전국들의 양해를 얻어내었고, 평창 동계올림픽을 평화올림픽으로 만들어 북한 선수들이 더욱 많이 참가하길 바랐던 것이 중요한 영향을 미쳤던 것으로 보인다. 더구나 경기에 출전할 수 있는 북한 선수 수도 우리나라는 3명을 요청하였지만, IOC에서는 5명을 제안해 북한 선수들이 더욱 부각될 수 있는 환경을 만들어주는 모습을 보였다. 치열한 찬반 논란과 IOC의 협조 속에 어렵게 성사된 여자아이스하키 남북단일팀은 비록 1승도 올리지 못했지만, 남북 공동의 숙적 일본에 1점을 획득하는 순간만큼은 단일팀에 대한 비판도 원망도 할 수 없었다.[27]

여자아이스하키 남북단일팀은 남한과 북한 모두 올림픽 출전이 처음

---

[27] 임승엽·최영진·임영삼, "2018평창동계올림픽 여자아이스하키 남북단일팀 구성 논란에 대한 사회학적 담론", 『한국스포츠사회학회지』 제31권 제4호, 2018, pp.74~77.

이었고 객관적인 전력에서 출전 8개국 팀 중에 가장 낮았지만, 뜨거운 관심도는 단연 최고였다. 2월 10일 세계적 강호 스위스를 상태로 시작된 단일팀 첫 경기는 비록 0-8로 패했지만 국내는 물론 전 세계의 관심을 한 몸에 받았다. 1991년 탁구와 청소년축구 이후 27년 만에 이뤄진 남북단일팀은 남과 북의 선수들이 빠르게 화합했고 경기력을 떠나 올림픽 정신인 평화의 상징으로 자리매김했으며, 단일팀이 보여준 단합과 열정은 한반도는 물론 전 세계에 뭉클한 감동을 주기에 충분했다. 토마스 바흐 IOC 위원장도 "남북단일팀은 평화의 메시지를 전파했다"며 "이것이야말로 올림픽 정신"이라고 높이 평가했다. 엔젤라 루제로 IOC 위원은 "단일팀을 노벨평화상 후보로 추천해야 한다"고 공개적으로 주장하기도 했다.[28]

남북 스포츠 교류 단일팀 협의에서 선수 구성이 항상 문제가 되는 사항이라 저자도 2023년 논문에서 국민 의식 조사를 통해 단일팀 구성에서 선수단 선발 방식에 대한 인식을 조사해 보았다. 당시 조사에서도 남북단일팀 선수선발 방식에 대해서는 응답자 1,000명 중 '테스트를 통해 실력대로 선발한다'는 의견이 500명(50.0%)으로 절반을 차지하였으며, 60대 이상[29]을 제외하고 전 연령층에서 가장 많았다. 다음으로 '미리 남북 스포츠 교류 방식이나 절차에 합의하고 이에 따른다'는 의견이 383명(38.3%)으로 뒤를 이었으며 '남북 코치진의 선택에 맡긴다'는 65명(6.5%),

---

[28] 『한국일보』, 2018.02.20., "숨가쁜 여정 마친 남북단일팀…마지막 경기서 두번째 골", https://www.hankookilbo.com/News/Read/201802201413539660

[29] 60대 이상에서는 '미리 남북 스포츠 교류 방식이나 절차에 합의하고 이에 따른다'는 의견이 207명 중 99명(47.8%)으로 '테스트를 통해 실력대로 선발한다'는 의견 87명(42.0%)보다 높게 나왔다. 이는 60대 이상에서는 국제대회 성적보다는 남북단일팀을 통한 민족화합과 공동체 의식 함양에 더 큰 의미를 두고 있는 것으로 추측되며, 60대 이상이 다른 조사에서 대체적으로 보수적이었음에도 불구하고, 민족 공동체 의식은 다른 연령대보다 강하다는 것을 보여주었다.

그리고 '단일팀의 의미를 생각해서 남북 동수로 해야 한다'는 52명(5.2%)으로 가장 낮게 조사되었다.[30]

물론 단일팀 선수 구성도 국가대표 선발과 같이 완전히 테스트나 경기만을 통해 선수들의 실력대로 선발하는 것이 국제대회에서 좋은 성적을 올릴 수 있는 방법이겠지만, 남과 북이 분단되어 함께 발전하지 못하고 주변국들의 이해관계에 따라 국제정세 희생양이 되어 남과 북이 대립하며 고통받고 있는 상황에서 남북이 협력하여 어렵게 단일팀을 구성하는 것은 남북 화합과 민족공동체 의식을 높이기 위한 것이라는 점도 무시할 수 없는 중요한 고려 요소가 되어야 할 것이다. 선수선발 방식에 대한 인식 조사에서 '미리 남북 스포츠 교류 방식이나 절차에 합의하고 이에 따른다'는 의견이 가장 높게 나온 60대 이상의 응답 결과가 그런 요소를 고려한 응답이라 생각된다.

특히 현재와 같이 남과 북이 대화가 단절되고, 북한은 남북 관계를 완전히 단절하고 '적대적 두 국가'로까지 언급하는 상황을 타개하기 위해서는 획기적인 사고의 전환이 더없이 필요하다. 남한의 경제력과 국제적 위상이 북한을 절대적으로 압도하는 상황에서 북한이 부담없이 교류의 장으로 나오도록 유도하기 위해서는 우리의 과감한 배려와 양보가 필요할 것이다. 동서독 교류에서 서독은 국력과 경제규모면에서 동독에 비하여 엄청난 우위를 점하였음에도 불구하고 교류량이 동등하도록 인위적으로 조정하여 서방 국가들이 동독을 지원하는데 걸림돌이 될 수 있는 부분을 사전에 제거하여 주었다. 그리고 이러한 배려는 동독 주민들의 서독에 대한 선망과 통일의 열망을 제고하는데 결정적인 역할을 하였다.

일방적인 양보나 남북 동수로 해야 한다는 것이 아니다. 이미 동서독

---

[30] 이조영, "남북한 스포츠 교류 인식과 협력방안에 관한 연구", 경기대학교 박사학위 논문, 2023, pp.144~146.

의 사례에서 보여준 좋은 사례를 모범삼아 지나친 경쟁의식과 성적위주의 사고에서 벗어나 적극적인 배려와 노력으로 남북이 함께 동의하고 화합할 수 있는 선수선발 방식을 포함한 남북한 스포츠 교류의 기본적인 방식과 절차를 마련하여 제도화하고 이를 지켜나간다면 남과 북 모두의 공감을 얻을 수 있는 스포츠 교류가 될 것이다.

여자아이스하키 단일팀을 둘러싼 갈등이 있었지만, 평창 동계올림픽 기간 동안 북한 선수단, 예술단, 응원단과 고위 대표단의 파견으로 한반도는 전쟁 직전에 냉전에서 급격히 평화 체제로 전환되었다. 2018년 2월 9일 평창 동계올림픽은 성대한 개막식을 시작으로 패럴림픽까지 역대 동계올림픽 중 가장 성공적이었다는 평가 속에 진행되었다. 평창 동계올림픽개막식을 위해 참석한 북한 대표단은 2월 10일 문재인 대통령을 예방했다. 이 자리에서 김여정 제1부부장은 김정은 위원장의 특사 자격임을 밝히고, 김정은 위원장의 친서를 전달하고 문재인 대통령의 평양 초청을 전했다. 이 자리에서 문 대통령은 남북 관계 발전을 위해서는 북미 간 조기 대화가 필요하고, 북측이 미국과의 대화에 적극 나서 줄 것을 당부했다. 이처럼 평창 동계올림픽은 행사 자체도 중요하지만, 북한의 참가로 인해 총체적인 위기의 한반도에서 화합과 평화의 한반도로 전환하는데 결정적인 매개체로 역할하였다.[31]

평창 동계올림픽의 북한 참가로 인한 인식 변화는 당시 북한의 참가, 공동 입장 등에 대한 국민의 반응이 올림픽 전과 후가 명확히 바뀌는 것에서도 찾아볼 수 있다. 개회식 공동 입장에서 한반도기를 들고 입장하는 것에 대하여 올림픽 전에는 부정적인 입장이 더 많았다. 2018년 1월 17일 전국 19세 이상 성인을 대상으로 한 리얼미터의 국민 의식 조사에 따

---

31  김홍수, "스포츠와 평화의 정치: - 2018 평창 동계올림픽의 한반도 평화에 대한 영향", 『윤리교육연구』 제67집, 한국윤리교육학회, 2023, p.455.

르면 평창 동계올림픽 개폐회식 남북 선수단 공동 입장시 사용할 기에 대하여 남한 선수단은 태극기, 북한 선수단은 인공기를 각각 들고 입장하는 것이 좋다는 의견이 49.4%, 남북 모두 한반도기를 드는 것이 좋다는 의견이 40.5%로 나타났다.[32]

하지만 한국갤럽에서 동계올림픽 막바지 2월 20일부터 22일까지 조사한 결과에 따르면 남북한 한반도기 공동 입장에 대해서 '잘된 일'이라는 의견이 68%, '잘못된 일'이 24%로 집계되었다. 여자아이스하키 남북 단일팀에 대해서도 개막식 전 조사에서 40%만이 '잘된 일', 50%는 '잘못된 일'로 봤지만, 여자아이스하키 단일팀 마지막 경기가 있었던 20일부터 사흘간 진행된 조사에서는 '잘된 일'이라는 응답이 50%로 개회식 전보다 10%포인트 늘었고, '잘못된 일'은 36%로 14%포인트 줄어 여론이 반전되었다.[33]

평창 동계올림픽에 북한이 참가하고 단일팀을 구성하여 참가하는 것에 대하여 많은 논란과 남남갈등이 있었지만, 실제로 올림픽이 진행되는 동안 함께 호흡하고, 함께 응원하며 또 서로를 응원하는 과정에서 자연스럽게 서로에 대하여 이해하고 인정하게 된 것이다. 냉각된 분위기를 개선하고 전환하는데 무엇보다 서로 만나고 교류하는 것이 얼마나 중요한지 여실히 보여주는 기회였다.

평창 동계올림픽으로 교류와 화해 분위기기 형성되면서 이후 신행되는 국제경기대회에서 남북 스포츠 교류도 활발히 이루어졌다. 2018년 5월 스웨덴 할름스타드에서 열린 세계탁구선수권대회에서는 깜짝 남북단

---

32  『CNBNEWS』, 2018.01.18., "[리얼미터] 남북 동시입장기(旗) "태극기·인공기" 49% vs "한반도기" 41%" https://www.cnbnews.com/news/article.html?no=366132
33  『뉴스1』, 2018.02.23., "女아이스하키 단일팀…'잘된일' 50% vs '잘못된일' 36% '반전'", https://www.news1.kr/politics/pm-bai-comm/3243583

일팀이 성사되어 여자탁구 남북단일팀이 동매달을 획득하기도 하였다. 당초 이 대회는 남북이 각자 출전하였는데, 8강에서 만난 남북한이 여자 단체 단일팀을 구성하기로 현지에서 합의하여 이루어졌다. 대회 진행 중인 5월 3일 오전 ITTF(국제탁구연맹) 재단설립 기념행사에서 한국 대표팀 선수단장 유승민 IOC 선수위원과 주정철 북한탁구협회 서기장, 토마스 바이케르트(독일) ITTF 회장이 3자 회의에서 단일팀 협의가 시작되었고, ITTF와 참가국들이 남북한의 뜻을 존중하여 단일팀이 구성되었다.[34]

2018년 6월 18일에는 판문점 평화의 집에서 남북 체육 회담이 열렸다. 회담에서 남북은 남북 통일농구 경기 평양(7월 4일)과 서울(가을) 개최를 합의하였고, 2018년 자카르타-팔렘방 아시아경기대회 개폐회식에 공동 입장하며, 명칭은 코리아(KOREA), 깃발은 한반도기, 노래는 아리랑으로 하고 일부 종목들에서 단일팀을 구성하여 참가하기로 하였다. 그리고 2018년 장애인아시아경기대회를 비롯한 국제경기 공동진출하고, 남과 북이 개최하는 국제 경기들에 참가하며, 종목별 합동훈련 및 경기 등 남북 사이의 체육협력과 교류를 활성화해 나가기로 합의하였다.[35]

이에 따라 남북은 2018년 8월 18일~9월 2일 기간 동안 인도네시아 자카르타, 팔렘방에서 열린 아시아경기대회 개·폐회식에 공동 입장하였다. 그리고 드래곤보트, 조정, 여자농구에서 남북단일팀을 구성하여 참가하였다. 특히 이때 단일팀 구성은 평창 동계올림픽 여자아이스하키 단일팀 구성과정에서 발생했던 문제점들을 보완하여 구성하였다.

먼저, 선수단의 의사를 묻는 설문조사(대한민국농구협회)를 실시하였고, 평

---

[34] 『중앙일보』, 2018.05.03. "밤샘 회의까지… 남북 탁구 단일팀, 어떻게 결성됐나." (https://www.joongang.co.kr/article/22593748)

[35] 통일부-남북회담본부-회담별전체자료, (https://dialogue.unikorea.go.kr/ukd/a/ad/usrtaltotal/View.do)

양 통일농구경기에 참가하여 북한 선수단과 경기를 하며 선수 기량을 파악하고 분석하여 남한 선수 9명, 북한 선수 3명으로 여자농구 남북단일팀 선수 구성을 확정하였다. 대체적으로 합리적인 단일팀을 구성하였기에 선수들은 단일팀에 긍정적이었고, 훈련과 경기, 생활에서도 선수들이 서로 협력한 평화의 단일팀이라는 좋은 사례를 남겼다. 특히 평창 동계올림픽 여자아이스하키팀의 문제점을 해소하려 노력하여 남북 선수들도 이질감보다는 동료애를 가지는 기회가 되었고, 경기에서도 중국의 벽을 넘지 못하였으나 은메달을 획득하면서 최선을 다한 노력의 결과를 얻어 남북단일팀의 정석이라고 해도 손색이 없는 조직력과 팀워크로 하나의 팀으로서 평화와 화합은 물론, 한민족이라는 공동체의 모습을 보여주며 감동을 전했다.[36] 당시 여자농구 남북단일팀에 참가했던 북한의 장미경 선수는 인터뷰에서 "하나 더하기 하나는 일반사람들은 둘이라고 알고 있지만, 하나 더하기 하나는 더 큰 하나가 되었으면 한다"며 민족 공동체의 화합을 가져온 단일팀의 의미를 강조하기도 했다.

남북은 2018년 11월과 12월 개성 남북공동연락사무소에서 남북체육 분과회담을 개최하여 스포츠 분야 교류 협력을 협의했다. 판문점선언과 9월 평양공동선언 이행을 위한 회담에서는 2020년 도쿄 하계올림픽을 비롯한 국제경기들에 공동 진출 및 일부종목 단일팀 구성, 2020년 도쿄 패럴림픽 공동진출, 단일팀 출전과 관련된 실무적 문제들의 국세올림픽위원회 및 종목별 국제경기단체들과 협의하기로 하였다. 아울러 2032년 하계올림픽경기대회의 공동 개최 의향을 담은 서신을 국제올림픽위원회에 공동으로 전달하여 IOC와 공동으로 2019년 2월 15일 스위스 로잔에

---

[36] 하숙례, "한반도 평화의 배경이 된 남북단일팀의 성과 및 가치 재탐색 : 평창동계올림픽 여자아이스하키·자카르타-팔렘방 아시안게임 여자농구 남북단일팀을 중심으로", 『한국스포츠학회지』 제19권 제1호, 한국스포츠학회, 2021, pp.867~872.

서 체육 관계자들의 회의를 개최하기로 하였다. 또한 체육 분야 공동 발전을 위해 상대측 지역에서 개최되는 국제경기에 적극 참가하고 뜻깊은 계기에 친선경기 등을 비롯한 체육 교류 협력과 관련한 문제들을 문서교환과 실무회의 등을 통해 협의하기로 하는 등 교류 협력을 이어갔다.[37]

평창 동계올림픽은 남북 분단 이후 이루어졌던 상호 사회문화교류 특히 스포츠 분야가 지속적으로 교류의 중심 역할을 해왔던 장점과 남북 경색 국면 타개를 위한 가장 효과적인 방안으로 스포츠가 활용되었던 전례들에 비추어 볼 때 남북 모두에게 절묘한 기회였다. 북한의 입장에서도 2006년 1차 북한 핵실험 이후 채택된 유엔 안보리 대북제재 결의 제1718호를 비롯해 2018년 3월까지 총 10차례의 유엔 안보리 대북제재 결의안이 채택되었는데 갈수록 더욱 강력한 대북제재가 가해지는 상황에서 평화의 제전에 참여라는 명분을 선택함으로써 대화의 장으로 나오고 국제사회 고립에서 벗어나는 출구전략이 될 수 있기 때문이었다.[38]

평창 동계올림픽을 계기로 이후 한반도를 둘러싼 국제정치는 큰 변화를 가져왔다. 평창 동계올림픽으로 형성된 남북 관계는 세 차례의 남북정상회담을 이뤄냈고, 분단 이후 처음으로 북미정상회담이 두 차례나 성사되었고, 잠시지만 판문점에서 남북미 정상의 만남도 이루어졌다. 이런 평화 분위기가 지속되지 못하고 단절된 것이 큰 아쉬움이지만, 평창 동계올림픽이 개최된 2018년은 '위기를 기회로 전환한 기념비적 한 해'였다.[39]

---

[37] 통일부-남북회담본부-회담별전체자료, (https://dialogue.unikorea.go.kr/ukd/a/ad/usrtaltotal/View.do)
[38] 김동선, "문재인 정부 한반도 평화 구축을 위한 남북 체육교류 추진과제", 『통일정책연구』 제27권 제2호, 통일연구원, 2018, p.42.
[39] 임동원, 『다시평화』, 폴리티쿠스, 2022, p.522.

# 2. 태권도 남북 합동 시범단

문재인 정부에서 실질적인 남북 스포츠 교류가 본격적으로 이루어진 것은 2017년 무주 세계태권도선수권대회에 국제태권도연맹(ITF) 시범단이 참석하여 남북 합동 시범이 이루어진 이후이다. 2017년 세계태권도선수권대회가 6월 22일부터 6월 28일까지 전라북도 무주군에 위치한 태권도원에서 개최되었는데, 북한 측에서 장웅 국제올림픽위원회(IOC) 위원과 36명의 국제태권도연맹(ITF) 시범단이 참석하였다. 그 대회에서 이루어진 합동 시범은 남북한의 태권도가 화합의 장에서 서로의 태권도 시범을 통해 더욱 가까워지고 두 태권도의 차별성과 다양성을 한눈에 볼 수 있는 기회가 되었다.[40] 이 무주 세계태권도선수권대회 개막식에서 축사를 통하여 문재인 대통령이 북한에 평창 동계올림픽 단일팀 구성을 공식 제의[41] 하였는데, 태권도는 이전에도 남북 교류가 많았던 종목 중 하나였다.

태권도는 태권도의 창시자로 불리는 최홍희에 의해 1966년 3월 서울에서 국제태권도연맹(ITF)이 설립되었다. 그러나 최홍희가 1970년대 박정희 정권과 갈등을 겪다 캐나다로 망명한 이후 북한과 교류하면서 태권도를 전수해 ITF는 북한을 중심으로 운영되었다. 그리고 남한에서 1973년 대한태권도협회를 중심으로 세계태권도연맹(WTF)이 창설된 이후 각자 경

---

[40] 이제승·장원석·이성노, "WTF와 ITF의 합동시범 프로그램 비교분석 : 2017년 '무주 세계태권도선수권대회'에서의 프로그램을 중심으로", 『한국스포츠학회지』 제17권 제1호, 한국스포츠학회, 2019, p.798.

[41] 김동선, "문재인 정부 한반도 평화 구축을 위한 남북 체육교류 추진과제", 『통일정책연구』 제27권 제2호, 통일연구원, 2018, p.41.

쟁적으로 세계화를 추진하면서 양분되었다.

특히 북한이 1980년대 초 ITF를 받아들인 후 ITF가 북한의 실질적인 통제를 받기 시작하면서 멀어졌다. 이후 세계화와 통합을 추진하면서 남북 태권도는 남북 관계에 따라 교류와 단절이 있었으나, 남북한에서 모두 친숙한 스포츠로 남북 관계 개선에 중요한 수단이 되기도 하였다.

특히 2016년 7차 당대회 이후 북한은 국제사회에서 '체육강국'으로 도약하고 북한의 국가 위상을 제고하기 위한 수단으로 씨름과 태권도의 대외적 홍보를 강화하였다. 그 결과 2018년 11월 민족씨름이 남북공동의 인류무형문화유산으로 유네스코에 등재되었고, 태권도에 대해서 북한은 북한 태권도의 세계화를 위하여 2017년에 태권도전당을 새롭게 준공하여 태권도 세계선수권대회 개최, 남북 태권도 합동 시범 교류 등에 적극적이었다.[42]

태권도는 노태우 정부 시기인 1990년 4월 올림픽 정식종목 채택을 앞두고 WT[43]와 ITF가 각각 상호 통합을 위한 시도가 있었으나 성사되지는 않았고, 김대중 정부 들어 북한에 대한 햇볕정책과 2000년 6월 남북정상회담이 개최된 이후 남북 태권도의 본격적인 교류가 시작되었다. 그 결과 2002년 9월 남한의 대한태권도협회 소속 태권도시범단이 평양을 방문하여 북한 조선태권도위원회 소속 태권도시범단과 처음으로 합동 공연을 선보였고 10월에는 북한 시범단이 서울을 방문하여 합동 공연을 펼치면서 태권도 통합에 대한 가능성과 비전을 제시하였다. 이후 노무현 정

---

42 허정필, "김정은 시대 북한 스포츠외교의 활용: 사회주의 보편성과 북한의 특수성을 중심으로,"『북한학연구』제19권 제1호, 2023, p.271.

43 1973년 세계태권도연맹(World Taekwondo Federation) 창립 이후 약자를 'WTF'로 사용하여 왔으나, 영어 욕설로 들릴 수 있다는 지적에 따라 2017년 6월 세계태권도연맹 총회에서 약자를 'WT'로 변경함. (김태훈, "남·북 태권도 통합방안 연구: 세계태권도연맹(WT)과 국제태권도연맹(ITF)을 중심으로",『북한학연구』제17권 제1호, 동국대학교북한학연구소, 2021, p.421)

부 시기인 2006년 12월 태권도 통합을 위해 WT와 ITF가 '태권도통합조정위원회' 구성에 합의하였지만, 이명박 정부 이후 남북 관계가 냉각기로 돌아서면서 통합조정위원회는 무산되고 말았다.[44]

2002년 남북 태권도시범단 교류는 비록 당시 정부 주도로 교류가 이루어졌으나 민족의 이질감을 해소하고 동질성을 회복하는 스포츠 교류의 의미를 새삼 상기하게 만드는 기회가 되었다. 태권도 두 단체의 교류는 이후에도 지속되어 2007년 4월에도 강원도 초청으로 북한 태권도시범단 48명이 방남하여 서울과 춘천에서 2차례 시범 행사를 가졌고, 남북 간 교류가 막혀 있던 박근혜 정부 때에도 대화를 이어왔다. 2014년 8월 중국 장쑤(江蘇)성 난징(南京)에서 열린 유스 올림픽(Youth Olympic)에서 토마스 바흐 IOC 위원장의 중재로 남북 태권도 단체 간의 만남이 시도되었다. 그리고 토마스 바흐 IOC 위원장이 지켜보는 가운데 상호 인정과 존중, 다국적 시범단 구성 등을 약속한 합의 의정서를 채택하였고,[45] 이듬해인 2015년 5월 러시아 첼랴빈스크에서 열린 WT 세계태권도선수권대회 개막식에 ITF 시범단이 참석했다. ITF 시범단이 WT 대회에 참가한 것은 이때가 처음이었다.[46]

---

[44] 김태훈, "남·북 태권도 통합방안 연구: 세계태권도연맹(WT)과 국제태권도연맹(ITF)을 중심으로", 『북한학연구』 제17권 제1호, 동국대학교 북한학연구소, 2021, pp.432~434.

[45] WT홈페이지-NEWS http://www.worldtaekwondo.org/wtnews/view.html?nid=6116&sc=ne&w=nanjing

[46] 『연합뉴스』 2017.7.13., "정부, 남북 스포츠 교류 물꼬 트기 총력, https://www.yna.co.kr/view/AKR20170713170400980?section=search

WT(조정원 회장)와 ITF(장웅 회장) 양해각서 서명(2014.08.21. 중국 난징)
(자료: WT 홈페이지)

　남북한(WT-ITF)의 첫 합동 태권도 시범이 이루어진 지 2년 만인 2017년 6월 대한민국 무주 태권도원에서 열린 WT 세계태권도선수권대회 개막식에서 남북(WT-ITF) 합동 태권도 시범이 또다시 성사되었다. 이는 지난 2015년에 이어 두 번째로 이루어진 두 단체 간의 만남이었으며, 1972년 국제태권도연맹(ITF)의 본부가 한국을 떠난 이후 45년 만에 태권도의 본고장인 한국에서 치러진 남북 최초의 합동 시범이라는 점에서 큰 의미를 가졌다. 이렇게 남북 태권도 양대 기구의 만남과 협력이 그 어느 국제행사에서보다 원활하게 성사되기까지는 IOC 차원에서의 지원과 협력이 큰 힘이 되었고, 무엇보다 남북이 각각 주도하는 세계태권도연맹(WT)와 국제태권도연맹(ITF) 사이의 교류와 협력이 넓어진 데 따른 결실이었다. 그 결실로 2017년 6월 24일 대한민국 땅에서 이루어진 남북 태권도 합동 시범은 전 세계인들의 관심 속에 큰 화제(話題)를 불러일으키며, 큰 감동을 선사해 주었다. 이는 전 세계 유일한 분단국가인 남과 북이 대한민국 땅

에서 태권도로 하나 되는 최초의 행사였기 때문일 것이다.[47]

이후 2018년 평창 동계올림픽 개회식 식전 행사에서도 남북 합동 태권도 시범이 이루어졌다. 그리고 북한은 평창 동계올림픽 초청에 대한 답례로 남한(WT) 태권도시범단과 예술단의 평양 방문을 공식적으로 요청하여 2018년 3월 31일 WT 태권도시범단 20여 명이 예술단과 함께 평양을 방문하여 평양 태권도전당(남한 단독 시범)과 평양 대극장(남북 합동 시범)에서 양일간 시범경기를 펼쳤다. 그리고 같은 해 10월에 다시 ITF의 초청으로 WT 시범단이 평양에서 10월 31일(단독)과 11월 1일 평양 태권도전당에서 합동 시범 공연을 펼쳤다. 그리고 합동 시범을 추진하는 과정에서 지속적인 양 기구의 만남과 대화가 이루어졌고, 만남 때마다 점진적인 태권도 통합을 논의한 결과 2018년 11월 2일 남북한(WT-ITF) 태권도의 통합을 위한 평양합의서가 새롭게 체결되는 결실을 맺었다. 그리고 평양합의서를 첫 발걸음으로 2019년 4월 국제태권도연맹(ITF)의 본부가 소재하고 있는 오스트리아 비엔나와 올림픽의 성지인 스위스 로잔의 올림픽 박물관 그리고 UN 제네바 본부(UNOG) 어셈블리 홀에서 사상 처음으로 남북 합동 태권도 시범공연을 펼쳤다. 특히 유럽 순방 합동 시범은 이미 남북 관계가 교착상태에 빠진 상황에서 이루어진 남북한 합동시범으로서 그 어떤 장벽도 없이 남북이 화합을 이루는 평화의 상징이자 도구임을 재확인시켜 주는 기회가 되었다.[48]

태권도는 정부 주도로 교류가 시작되었지만, 분열된 채 각각 세계화를 추진하면서 이질화된 태권도 조직 통합을 추진하는 과정에서 자연스럽

---

[47] 최동성, "남북한(WTF-ITF) 태권도 합동시범을 통한 태권도시범단의 발전방안 탐색", 경희대학교 체육대학원 박사학위논문, 2020, pp.36~38.

[48] 최동성, "남북한(WTF-ITF) 태권도 합동시범을 통한 태권도시범단의 발전방안 탐색", 경희대학교 체육대학원 박사학위논문, 2020. pp.38~44.

게 남북 태권도 교류가 이루어지기도 하였다. 오랜 기간 단절로 운영체계 자체에 차이가 나면서 대결이나 시합보다는 합동시범단 위주로 교류가 이루어졌는데 오히려 이러한 시범 공연이 관람하는 남북 주민들에게 하나의 민족임을 일깨워 주는 더 좋은 기회가 되었다.

하지만 2019년까지 이어졌던 태권도 남북 합동시범단 교류도 하노이 북미회담 결렬로 남북 및 북미 관계가 냉각되면서 중단되고 말았다. 시범단 교류가 중단되면서 태권도 조직 통합은 시도조차 어렵게 되었다. 태권도는 남과 북이 종주국이지만 분열된 채 발전해 왔기 때문에 올림픽이나 아시안게임 같은 국제대회에 함께 출전하는 일이 없었다. 이러한 상황은 바로 직전 2024년 7월 26일부터 8월 11일까지 개최된 파리 하계올림픽 태권도 종목에서 남한은 금메달 2개, 동메달 1개로 종주국의 위상을 떨쳤지만, 태권도에서 북한 선수들은 찾아볼 수조차 없었던 이유이다. 남한이 주도하는 WT와 북한이 주도하는 ITF가 양립하는 가운데 1994년 국제올림픽위원회(IOC)가 WT의 태권도를 정식종목으로 채택하면서 올림픽에는 WT 소속 국가들의 선수들만 참가할 수 있게 되었기 때문이다. 물론 남북 관계가 극단적으로 경색되지 않았을 때는 양 연맹이 화합과 통합을 논의하는 과정에서 국제경기에 함께 출전하는 방안도 논의되었다. 2014년 WT와 ITF가 합의 의정서를 체결하면서 두 연맹에 소속된 선수들이 서로의 경기 규칙을 준수하면서 양 단체 주최 대회와 행사에 교차 출전할 수 있도록 하여 ITF에 소속된 북한도 올림픽 태권도 경기에 출전 가능성이 열렸다는 평가도 나왔었다. 하지만 태권도 역시 남북 관계에 따라 부침을 겪었고 그 영향으로 북한 태권도는 아직 한 번도 올림픽에 출전하지 못하고 있다.[49]

---

49 『뉴스1』, 2024.08.10., "北은 왜 파리올림픽 태권도 출전 안 했나…같고도 다른 남북 태권도", https://www.news1.kr/nk/culture-sports/5506844

남북 태권도 합동 시범은 남북 관계가 경색된 상황에서도 남북을 연결하는 중요한 역할을 하였는데, 그 과정에서 IOC의 적극적인 지원을 받기도 하였다. 2019년 스위스 로잔 합동 공연을 참관했던 토마스 바흐 국제올림픽위원회(IOC) 위원장도 공연 축사에서 "태권도가 한반도에서 평화의 가교가 되기를 바란다"며 스포츠가 평화를 위한 힘이 될 수 있다는 점을 강조하며 태권도 합동 시범 공연을 적극 지원하였다.[50]

얼마 전 남북 관계에 이해가 깊었던 바흐 위원장의 임기가 종료되고 새로운 IOC 위원장이 취임 하였지만 남북 태권도인이 IOC와 함께 머리를 맞대고 협의한다면 올림픽 태권도 경기에 더 많은 선수와 국가들이 참가할 수 있게 될 것이다. 그리고 아마도 그렇게 된다면 전 세계 태권도인의 화합은 물론 태권도가 남북 스포츠 교류에 중요한 이정표를 만들며 교류 활성화에 커다란 기여를 하게 될 것이다.

하지만 지금은 합동시범단 교류 등 어떤 종목보다 활발히 교류하며 통합을 논의하던 태권도가 남북 관계 악화의 영향으로 분열이 장기간 지속되는 아쉬운 상황이다. 더구나 윤석열 정부에서 남북 관계가 극단적으로 악화되며 북한이 '적대적 두 국가'를 언급하는 상황에서 지난 2024년 3월에 북한이 태권도를 유네스코 인류 무형 문화유산 등재를 신청한 것이 알려져 더욱 안타깝게 만들고 있다. 남북이 공동 등재된 민속씨름의 경우에도 2015년에 북한이 먼저 신청하고 2016년에 남한이 신청한 이후 남북이 함께 공동 등재를 요청하고 협의를 통해 2018년에 공동 등재된 사례가 있었다. 남북관계가 악화된 상황이지만, 오히려 이 문제를 계기로 남북이 원만히 협의하여 문제를 풀어간다면, 오히려 양 연맹의 화합과 통합은 물론 남북 스포츠 교류가 활성화되는 전화위복의 기회가 될 것이다.

---

50 『연합뉴스』, 2019.04.11., ""평화의 가교가 되기를"…남북, 스위스 로잔서 태권도 공연", https://www.yna.co.kr/view/AKR20190411184500088?section=search

다행히 지난 2025년 6월 4일 이재명 정부가 새롭게 들어서 실용주의 외교 노선을 천명하고 있다. 그리고 남북 관계에 있어서도 "남북의 평화·공존이 우리 안보를 위한 가장 현실적이고 실용적인 선택지"라며 "단절된 남북관계 복원을 위해 노력해야 한다"고 밝히고 있다.[51] 태권도도 씨름과 마찬가지로 남북이 함께 노력하여 유네스코 인류 무형 문화유산으로 등재되고, 올림픽에도 출전하게 되며 이 과정에서 태권도를 포함한 다양한 남북 스포츠 교류가 활성화되기를 희망한다.

---

51 『연합뉴스』, 2025.07.10., "李대통령 "남북관계 복원 노력해야…평화가 가장 실용적 선택지"", https://www.yna.co.kr/view/AKR20250710172800001?input=1195m

# 3. 하노이 회담 결렬과 단절

　2018년 북한 김정은은 신년사에서 미국에 대해서는 대결적인 자세를 보였지만, 남한의 대북 접근에 대해서는 긍정적인 신호를 보였다. 북한의 핵 무력은 어떠한 위협에도 대응할 만큼 '강력한 전쟁억제력'으로 작동하기 때문에, 미국의 핵 위협도 '분쇄 대응'할 수 있고 자신들의 핵 무력은 전쟁 억지를 위한 것이라는 것을 강조하였다. 그러면서도 2018년은 북한의 정부수립 70주년이고 남한에서는 평창 동계올림픽이 개최되는 남북 모두에게 의의있는 해이므로, 남북 관계를 개선하여 민족사에 남는 역사적인 해를 만들어야 한다고 하였다. 이를 위해 ① 군사적 긴장 상태를 완화하여 '조선반도의 평화적 환경'을 마련하고, ② 민족적 화해와 통일을 지향하는 분위기 조성으로 남북 관계를 개선하며, ③ 남북문제는 민족 내부의 문제로 민족의 입장에서 남북 관계 개선을 논의하고 출로를 열어야 하며, ④ 평창 동계올림픽의 성공적 개최를 바라며 대표단 파견과 필요한 조치를 위해 당국자 간 만남을 시사하는 내용 등을 내놓았다.[52]

　문재인 정부도 이를 수용하여 2018년 1월 9일 판문점에서 2015년 12월 11일 차관급 남북당국자회담이 열린 지 약 2년 만에 남북고위급회담이 재개되었다. 이 회담에서 남북은 북한의 평창 동계올림픽대회 참가를 위한 실무회담과 군사적 긴장 상태 해소를 위한 군사 당국자 회담을

---

[52] 김창희, "한반도 평화정착과 4.27 판문점 선언", 『한국정치외교사논총』 Vol.40 No.1, 한국정치외교사학회, 2018, p.135.

개최하기로 합의하였다. 뒤이어 1월 15일에는 평창 동계올림픽에 북한 예술단을 파견하기 위한 남북 실무접촉이 있었고, 이후 북한 예술단의 공연이 강릉과 서울에서 진행되었다. 그리고 평창 동계올림픽 이후 한반도 상황은 빠르게 호전되었다.

평창 동계올림픽 폐막식에 북한 고위급대표단으로 참가한 김영철 통일전선부장은 2월 25일 문재인 대통령과 접견에서 북미대화에 용의가 있으며, 남북, 북미 관계가 동시에 발전해야 한다고 언급했다. 북한으로부터 남북, 북미대화에 대한 긍정적인 반응이 나오자, 문재인 대통령은 3월 5일 청와대 안보실장과 국가정보원장을 중심으로 하는 특사단을 북한과 미국으로 파견하였다. 6일 방북 결과 언론발표문에서는 남북의 중요한 합의들이 발표되었는데, 4월 말 판문점에서 남북정상회담 개최, 남북 정상 간 핫라인 설치, 군사적 위협 해소와 체제 안전보장에 따른 북한의 비핵화 의지 확인, 북미대화 필요 등이 주요 내용이었다. 이후 3월 8일에는 특사단이 미국을 방문하여 트럼프에게 김정은 위원장의 초청 의사를 전달했고, 트럼프는 5월 중 북미정상회담을 개최하겠다는 의사를 밝혔다.[53]

2018년 4월 27일 문재인 대통령과 김정은 북한 국무위원장이 역사상 3번째인 2018년 제1차 남북정상회담을 판문점 남측 '평화의 집'에서 개최하고 '한반도의 평화와 번영, 통일을 위한 판문점선언'(이하 「4.27 판문점선언」)을 채택했다. 이후 양국 정상은 그해 5월 26일(2018년 제2차 남북정상회담)과 9월 18일~20일(2018년 제3차 남북정상회담) 총 3차례의 정상회담을 가졌다.[54]

---

53  김차준, "문재인 정부의 남북관계: 성과와 한계", 『동북아 연구』 제38권 제1호, 조선대학교 동북아연구소, 2023, pp.146~147.
54  통일부-남북회담본부-회담별자료 (https://dialogue.unikorea.go.kr/ukd/a/ad/

2018년 남북정상회담은 북한의 연이은 핵실험으로 국제사회 대북제재가 본격화된 시기에 개최되었다. 문재인 정부는 제재와 압박 일변도의 대북정책으로는 북핵과 한반도 문제 해결에 한계가 있다고 판단하고 대화와 제재를 병행하여야 한다는 입장에서 정상회담을 추진하였다. 그 결과로 채택된 「4.27 판문점선언」은 다음과 같은 성과를 가졌다. 첫째, 남북 관계를 전면적, 획기적으로 발전시키려는 공감대를 형성하였다. 둘째, 북한 최고지도자가 최초로 완전한 비핵화 필요성을 천명하였다. 셋째 남북은 합의 내용에 추진 일정을 명시하는 등 선언문을 '액션플랜(Action Plan)'화하였다. 넷째, 종전선언 합의로 한반도 평화 체제 기틀을 마련하였다는데 의미가 있다.[55]

그러나 4.27 판문점선언 이후 남북 관계는 곧바로 현실적 난관에 부딪혔다. 남북고위급회담이 5월 16일 개최를 예정하고 있었으나 북한 측이 5월 11일부터 시작한 한미 공중연합훈련인 '맥스 선더' 진행에 강하게 반발하면서 회담을 무기한 연기해 버린 것이다. 북한은 자신들을 목표로 하는 군사훈련이 진행되는 상황에서는 남북회담을 열 수 없다는 입장이었고, 향후 있을 싱가포르 북미정상회담에도 악영향을 준다고도 주장하였다. 하지만 5월 24일 트럼프가 6.12 싱가포르 북미정상회담 취소 발표로 압박을 가하자, 북한은 태도를 바꿔 25일 오후 남한에 5.26 남북정상회담 개최를 긴급히 제안하였고, 5월 26일 남북한 정상은 전격적으로 북한 지역의 통일각에서 정상회담을 개최하였다. 여기서 김정은은 완전한 한반도 비핵화를 재차 천명하고 북미정상회담을 통해 적대관계를 청산해야 한다는 의지를 피력하였다. 5.26 남북정상회담은 급히 마련된 것

---

usrtaltotal/View.do)

[55] 양해수, "제3차 남북정상회담의 성과와 과제: '4.27 판문점 선언'을 중심으로", 『사회과학논총』 제21집 제2호, 숭실대학교 사회과학연구소, 2018, pp.12~15.

이지만, 단순히 4.27 판문점선언의 이행을 촉진하는 데만 목적이 있었던 것은 아니었다. 향후 개최될 북미정상회담이 순조롭게 진행하도록 마련하는 데에도 그 목적이 있었다.[56]

이후에도 여러 가지 난관이 있었지만, 이후 「4.27 판문점선언」을 비롯한 남북정상회담 합의사항 이행을 위한 후속 회담들이 진행되었다. 남북 간 적대행위 중지와 비무장지대의 실질적인 평화 체제로 전환을 위한 장성급 회담을 비롯한 남북고위급회담, 이산가족 상봉 등 인도적 문제 해결을 위한 남북적십자회담, 남북철도협력분과회담 등이 개최되었다.

남북의 군사 및 경제사회 부문의 협력이 진전되는 사이 6월 12일 역사적인 싱가포르 북미정상회담이 개최되었다. 양 정상은 '새로운 북미 관계 수립', '한반도에서 항구적이며 공고한 평화 체제 구축', '판문점선언 재확인', '한반도의 완전한 비핵화 노력' 등에 합의했다. 회담에서 트럼프는 이번 회담이 북미 관계 개선으로 이어지리라 확신한다고 표명하였고, 김정은은 북미 양국이 적대하지 않을 것을 약속하고 법적·제도적 조치를 취해야 한다고 강조하였다. 그리고 공동성명에는 포함되지 않았지만, 정상회담 직후 트럼프 대통령은 한미 연합군사훈련을 중단한다고 발표했다.[57]

그러나 북미는 싱가포르 정상회담 이후 비핵화의 경로와 정의를 둘러싸고 날 선 공방을 주고받으며 불협화음이 발생하였다. 즉, 북한은 선 안전 담보(security guarantees) 후 비핵화를 미국은 선 비핵화 후 검증(verification)을 주장하며 합의에 이르지 못하였다. 북미 대화의 진전이 이루어지지 않

---

56  김차준, "문재인 정부의 남북관계: 성과와 한계", 『동북아 연구』 제38권 제1호, 조선대학교 동북아연구소, 2023, p.149.

57  김차준, "문재인 정부의 남북관계: 성과와 한계", 『동북아 연구』 제38권 제1호, 조선대학교 동북아연구소, 2023, p.150.

은 상태에서 남북 협력의 전개에 대해 미국은 중단을 요구했다, 그럼에도 문재인 정부는 남북 관계의 발전이 비핵화의 동력이라는 생각을 포기하지 않았다. 남북 관계와 북미 관계의 엇박자 속에서도 다시금 남북정상회담을 추진하였고, 2018년 9월 평양에서 개최된 남북정상회담에서는, "평양공동선언"과 "역사적인 판문점선언 이행을 위한 군사 분야 합의서"가 채택되었다.[58]

2018년 5월 26일 판문점 회담이 난관에 부딪친 북미정상회담을 원활히 이루어지게 하기 위한 회담이었다면, 2018년 9월 18일~20일 세 번째로 평양에서 개최된 정상회담은 「4.27 판문점선언」을 이어가기 위한 후속 회담이었다. 회담에서 남북 정상은 「4.27 판문점선언」의 이행 성과를 평가하고 남북 관계를 지속적으로 발전시켜 나가기 위해 「9월 평양공동선언」에 합의하였다.

주요 합의사항으로는 첫째, 비무장지대 등 대치 지역에서 군사적 적대관계 종식을 한반도 전 지역에서의 실질적인 전쟁 위험 제거와 근본적인 적대관계 해소로 확대하기로 하였다. 이를 위해 「판문점선언 군사 분야 이행합의서」를 평양공동선언의 부속합의서로 채택·이행하여 한반도를 항구적 평화지대로 만들기 위한 실천적 조치들을 적극적으로 실행한다. 둘째, 상호 호혜와 공리공영의 바탕 위에서 교류와 협력을 더욱 증대시키고 민족경제를 균형적으로 발전시키기 위한 실질적 대책을 강구한다. 철도 및 도로 연결, 개성공단과 금강산관광 정상화, 자연생태계 복원을 위한 환경, 산림 분야 협력, 전염성 질병 유입 및 확산 방지를 위한 방역 및 보건의료 분야 협력을 강화한다. 셋째, 이산가족 문제를 근본적으로 해결하기 위한 상설면회소 설치, 적십자 회담 개최 등 인도적 협력을 더욱 강

---

[58] 구갑우, "남북한의 동상이몽?: 문재인 정부의 대북 정책 평가", 『동향과 전망』 Vol, No. 112, 2021, p.61.

화한다. 넷째, 화해·단합의 분위기를 고조시키고 우리 민족의 기개를 대내외에 과시하기 위해 다양한 분야의 협력과 교류를 적극 추진한다. 문화예술분야 교류 증진, 2020년 하계올림픽경기대회 등 국제경기 공동 진출, 2032년 하계올림픽의 남북공동개최 유치 등을 적극 추진한다. 다섯째, 한반도를 핵무기와 위협이 없는 평화의 터전으로 만들어 나가며, 필요한 실질적인 진전을 조속히 이루어나가야 한다는데 인식을 같이한다. 이를 위해 북측은 동창리 엔진시험장과 미사일 발사대를 유관국 전문가들의 참관 하에 우선 영구적으로 폐기하고 남북은 한반도의 완전한 비핵화 추진 과정에서 함께 긴밀히 협력하기로 한다. 그리고 김정은 국무위원장을 문재인 대통령의 초청에 따라 가까운 시일 내에 서울을 방문하는 내용을 합의하였다.[59]

평양정상회담은 여러 분야에서 남북 교류 협력을 위한 구체적인 내용들이 포함되어 있다. 특히 적대관계 해소를 위한 「판문점선언 군사 분야 이행합의서」와 구체적인 핵시설 해체 대상을 명시하고 비핵화 추진에서 남과 북이 긴밀히 협력해 나가기로 합의한 사항들은 의미가 있다. 하지만 군사적 긴장 완화와 전쟁해소책에 대한 상호 신뢰와 실천 가능성, 비핵화에 대한 남·북·미의 시각차, 경제협력 비용에 대한 남한 내 합의 등은 풀어야 할 과제로 남았다.

게다가 평양공동선언으로 남북 관계가 원만히 개선된 것은 아니었다. 9월 평양공동선언 이후 한미 워킹그룹이 만들어졌다. 한미 워킹그룹은 남북 교류 협력, 대북제재 이행 등과 관련해서 한미 양국 실무자가 정례적으로 협의하여 양국의 견해차를 좁히는 것을 목적으로 2018년 11월 1

---

[59] 2018 평양정상회담 준비위원회, "2018 평양정상회담 결과 설명자료", 통일부 남부회담본부 회담별자료, (https://dialogue.unikorea.go.kr/ukd/a/ad/usrtaltotal/View.do)

일 출범했다. 이 조직은 제재의 틀 안에서 남북의 교류 협력 공간을 만들어야 하는 현실을 감안하여 남북 교류협력사업과 대북 제재 문제들을 원스톱으로 논의하기 위해 한국 측이 제안하여 만들어진 것으로 알려져 있지만, 실질적인 운영 상황을 보면 워킹그룹은 미국의 남북 관계 속도 조절용이었다. 미국은 남북 관계 개선 속도가 북핵 문제 해결 속도보다 빠르게 되는 걸 원치 않았던 것이다. 물론 남북한 공동연락사무소 개설 등 일부 남북 협력 사업에서는 한미 워킹그룹이 도움을 주기도 했으나 북한 개별관광, 남북 철도 연결 사업, 대북 지원사업 등 남북 협력이 급격하게 진전되는 것을 견제하는 데 더 큰 역할을 하였다. 그뿐만 아니라 본래 목적과 달리 대북제재 면제에 있어 미국 측이 엄격한 잣대를 들이대면서 오히려 한미 워킹그룹은 남북 관계를 진전시키는 데 커다란 장애물이 되어 갔다.[60]

2019년 1월 김정은은 신년사를 통해 진전된 남북 관계를 높이 평가하고 북미 관계에서도 좋은 결실이 있기를 기대하며 미국과 협상에 대해서도 낙관적으로 바라보고 있었다. 그러나 하노이 북미정상회담은 김정은의 희망과는 반대로 흘러갔다. 장장 66시간의 열차 행군을 통해 도착하여 2019년 2월 27일부터 28일까지 베트남 하노이에서 개최된 북미정상회담에서 북한은 영변 핵시설 폐기에 해당하는 경제제재 해제를 요구하였지만, 트럼프 대통령은 북한이 영변 핵시설을 포함한 다섯 개 핵시설 모두를 포기해야 한다고 주장하면서 합의가 무산되었다.

미국은 북한의 획기적인 비핵화 조치가 선제되지 않은 상황에서 제재를 크게 완화하거나 해제하면 사실상 북한을 핵보유국으로 인정하는 것과 같다고 인식하였다. 반면 북한의 입장에서는 정권의 생존과 직결될지

---

[60] 김차준, "문재인 정부의 남북관계: 성과와 한계", 『동북아 연구』 제38권 제1호, 조선대학교 동북아연구소, 2023, pp.152~153.

도 모르는 핵시설을 아무런 보장 없이 폐기하는 것은 대외 위협에 그대로 노출되는 것을 의미하기 때문이었다.[61]

일괄타결식 빅딜 외에는 수용할 수 없다는 미국과 비핵화 단계에 따라 보상을 받으려는 북한의 입장이 합의점 없이 대립하면서 문재인 정부의 중재 외교도 난관에 봉착하게 되었다. 하노이회담의 결렬은 비핵화 과정이, 미국의 압도적인 군사력 앞에서 체제 유지를 위해 핵과 미사일 실험이 방어적으로 필요하다는 북한과, 미국 본토를 공격할 수 있는 북핵은 미국의 최대 위협으로 좌시할 수 없다는 미국 양쪽을 모두 만족시킬 수 있는 신뢰할 수 있고, 체제 불확실성을 해결해 줄 수 있는 방안을 함께 모색해야 하는 쉽지 않은 과정임을 다시 한번 일깨워 주었다.

문재인 정부는 당시 전쟁 위험까지 고조되었던 한반도 긴장 상태를 완화하고, 남북정상회담 개최와 북미정상회담의 성과를 이끌어냈다. 하지만 2019년 2월 하노이 2차 북미회담이 성과없이 끝나면서 남북 관계는 답보상태에 빠지고 한반도 주변 정세도 급격히 냉각되었다. 문재인 정부 시기 남북 관계의 최대성과는 무엇보다도 한반도에서 군사적 긴장을 크게 낮춘 것이다. 북한은 핵무력·경제 병진 노선을 채택한 이후 전략무기의 개발 속도를 매우 빠르게 진행하였는데, 대북 접근기간 동안 북한의 비대칭 전력의 가속화를 중단시켰고, 만족할 만한 실천이 이루어지지는 못했지만, 군사분야 9·19합의에 이르기도 했다. 둘째, 한국 정부의 외교력이 단순히 남북 관계를 견인하는 것을 넘어 북미 관계를 진전시키는 데 영향력을 보여주었다는 점 역시 중요한 성과이다. 6월 싱가포르 북미정상회담에서 4.27 판문점선언이 중요한 합의로 확인되었고, 9월 평양선

---

61  장기영, "'신고전현실주의 이론'을 통해서 본 문재인 정부의 중재 외교: 싱가포르와 하노이 북미 비핵화 협상 과정을 중심으로", 『의정연구(Journal of Legislative Studies)』 Vol 28 No.1, 한국의회발전연구회, 2022, pp.54~55.

언에서 남북은 비핵화의 구체적인 대상까지도 약속했다. 그동안 핵 문제에 있어 북한이 한국을 늘 배제하려 했다는 사실에 비추어 보면, 이는 남북 관계에서 우리의 입지가 강화되었다는 점을 보여준다. 셋째, 비록 짧은 기간이었지만, 집중적이고 긴밀한 정상 간의 협력만으로도 남북 관계가 빠르게 복원될 수 있다는 것을 다시 한번 확인해 주었다.[62]

하지만 이러한 성과에도 불구하고 문재인 정부 대북정책은 몇 가지 한계를 가지고 있다. 첫째, 과도한 동맹 중심 아래에서 이루어지는 한반도 평화 체제로의 전환은 그 구조적 한계가 분명했다. 냉전 시기 한반도 정전 체제를 유지시키는 핵심 요인이었던 한미동맹이 탈냉전 시기 한반도 평화 체제로의 전환과정에서는 그 기능적 변화가 필요한 것이다. 하지만 문재인 정부는 한미 관계의 변화된 상을 제시하지 못하고 '변화가 없는 듯한' 동맹관계를 추구하며 이를 통해 남북 관계와 북미 관계를 동시적으로 발전시키려 했던 점이 한계이다. 더구나 윤석열 정부 들어서는 변화하는 국제 질서에 맞는 새로운 동맹 관계를 제시하기는커녕, 오히려 냉전 시대 동맹관계를 더욱 강화하고 의존하면서 남북 관계 경색과 동아시아 긴장 상태 악화를 초래하였다.

둘째, 한미 관계에 남북 관계를 과도하게 종속시키는 부분이 있었다. 한미 워킹그룹은 대표적인 실례이다. 한미 워킹그룹은 2018년 9월 평양공동선언 뒤 우리의 요청으로 대북 제재 아래에서 한미가 대북정책을 조율하기 위해 만들어졌다고 알려져 있다. 하지만 한미 협의라는 이름으로 미국의 과도한 이해관계 관철이 남북 관계에 부정적인 영향을 준 것 역시 사실이다. 한미동맹을 무시하고 남북 관계만을 발전시킬 수 없는 것이 엄연한 현실이지만 미국의 이해관계에 우리의 자율성이 과도하게 침해받

---

62 김차준, "문재인 정부의 남북관계: 성과와 한계", 『동북아 연구』 제38권 제1호, 조선대학교 동북아연구소, 2023, pp.159~160.

는 것을 방지하지 못했다.

셋째, 한국 정부는 한반도 문제 해결에 있어 당사자 역할과 중재자 역할을 좀 더 세밀히 구분 지으며 접근할 필요가 있었다. 문재인 정부는 북한 비핵화에 있어서는 중재자, 한반도 문제에서는 당사자로서의 역할을 동시에 강조했다, 하지만 이는 북한과 미국으로부터 동시에 견제받을 수 있는 위치이다.

넷째, 한미 연합군사훈련이라는 구체적 실체가 남·북·미 관계의 선순환에 악영향을 주었다. 전작권 환수 문제가 걸려있는 남한의 입장이나 인도-태평양전략 아래에서 중국에 대한 견제가 필요한 미국 양쪽 모두 이 훈련은 포기하기 어렵다. 반면 북한 입장에서는 이 훈련이 자신들을 겨냥하고 있다고 받아들인다. 한미 연합군사훈련이 남북, 북미 관계 진전에 장애물이 되지 않기 위해서는 이 훈련이 북한을 겨냥하지 않는다는 것을 북한이 받아들일 수 있도록 남한과 미국이 노력하여야 한다.

다섯째, 2018년 우리에게 유리한 환경이 조성되었을 때 북한에 대한 우리의 정책적 영향력을 강화할 필요가 있었다. 우리의 대북 영향력을 강화하는 수단으로 기존의 민간 차원의 교류 협력을 적극적으로 확대하고 경제협력을 위한 제도적 기반을 정비하고 정책적 의지를 분명하게 보여줄 필요가 있었다. 물론 대북 제재가 강력하게 작동하고 있다는 점에서 남북한 간의 경제협력을 재개하기가 쉽지는 않겠지만, 제재 해제 이전에라도 남북한 간의 제도적 협력, 지식 공유체계 기반 협력 같은 새로운 협력 공간, 다방면적으로 남북협력 기반을 재구축하는 노력이 필요했다.[63]

---

63 김차준, "문재인 정부의 남북관계: 성과와 한계", 『동북아 연구』 제38권 제1호, 조선대학교 동북아연구소, 2023, pp.160~163.

> **문재인 정부 정책에 대한 북한의 인식**
>
> 북한은 2018년 9월 평양정상회담에서 적대관계를 해소하는 것과 상호호혜와 공리공영의 바탕위에서 교류와 협력을 증대시키는 방안 등에 합의하였으나, 문재인 정부가 금강산 관광이나 개성공단 조업을 재개하지 않은 점, 한미군사훈련을 재개하였을 뿐만 아니라 그 훈련에 '수복지역의 안정화 작전'을 포함시킨 점 등을 합의서 상의 약속을 지키지 않은 비우호적 행위로 인식하였다. (정세현·박인규, 『판문점의 협상가』, 창비, 2020, p.590-592.)
>
> 남북이 신뢰회복을 위해서는 상호 합의된 사항에 대하여 서로 약속을 지키려 노력해야 하며, 정권이 바뀌고 다소 마음에 들지 않는 부분이 있더라도 합의된 약속을 인정하고 존중해야 신뢰가 쌓일 것이다. 또한 작은 것이라도 협력할 공간을 만들어 나가려는 적극적인 의지와 실천이 더해져야 남북 관계가 미래를 위해 나아갈 수 있을 것이다.

문재인 정부는 북한의 핵과 미사일 문제로 한반도 긴장 상태가 최고조에 달하고 국제사회 제재에 북한이 강력히 반발하던 어려운 시기에 이전 정부에서 단절되었던 남북 관계를 개선하고자 노력하였다. 문재인 정부는 남북 관계 개선을 통해 북미 관계 개선을 이끌어 내고 이를 통해 북핵 문제도 해결하려던 전략을 가지고 있었으나 결과적으로는 미국과 북한 모두를 만족시킬 수 없었다. 문재인 정부의 중재 외교는 군사적 긴장 관계와 갈등을 완화하고 북한과 미국을 대회의 장으로 이끌어내는 데에는 성공하였으나 구체적인 비핵화 합의를 이끌어내지는 못하였다.

문재인 정부는 남북대화를 통해 합의된 사항을 제도화하고 실천하려는 노력, 남북 관계에서 가장 중요한 군사적 긴장을 완화하고 신뢰를 구축하려는 노력, 비핵화와 평화 체제로 나아가는 로드맵을 제시한 점에서 이전보다 진전된 대북정책을 보여주었다. 하지만, 남한의 대북정책이 미국의 협력과 동의를 구하지 못하면 진행되기 어렵다는 엄연한 현실을 극복하지 못하였다. 이미 30년 이상 진행된 탈냉전시대에 한반도를 둘러싼 남·북·미 관계에서만 냉전시대 구조와 논리가 작동하고 있는 현실을 개선하지 못한 점이 아쉽다. 문재인 정부의 남북 관계 개선에 대한 의지와 노력은 분명했으나, 결과적으로는 2019년 하노이 북미정상회담이 결렬된 이후에는 제대로 된 남북대화조차 열리지 않게 되었고, 그러한 단절은 윤석열 정부로 바뀐 뒤에는 더욱더 악화되어 대화는커녕 대결과 긴장 상태가 장기간 지속되고 있다.

# 4. '가치' 외교와 '적대적 두 국가'

윤석열 정부는 출범하면서 북한의 실질적 비핵화를 전제로 비핵화와 경제적 급부를 맞바꾸는, 대북 '상호주의' 원칙을 바탕으로 "북한이 핵 개발을 중단하고 실질적 비핵화로 전환하면 국제사회와 협력해 북한 경제와 주민의 삶의 질을 획기적으로 개선할 수 있는, 담대한 계획을 준비하겠다"고 하였다.[64] 하지만 윤석열 정부의 이러한 정책은 어느 순간 사라지고 '힘에 의한 평화', '즉·강·끝(즉각·강력히·끝까지)'을 구호로 선제타격까지 거론하며 이해하기 어려울 정도로 강경 일변도의 대북정책을 밀어붙이기 시작하였다.[65] 이러한 윤석열 정부의 도를 넘는 극단적인 대북 강경책은 하노이 북미정상회담이 결렬된 이후 미국과 장기전을 선포하고 대내적으로는 자력갱생을 대외적으로는 미국과 서방에 반기를 든 국가들과 연대 강화를 통한 생존전략을 모색하고 있던 북한과의 관계를 더욱 어렵게 만들었다.

---

[64] 『한국일보』, 2022.05.10., "윤 대통령 "북한에 '담대한 계획' 준비"... 비핵화·경제보상 연계 재확인", https://www.hankookilbo.com/News/Read/A2022051016090005566?did=NA

[65] 윤석열 전 대통령을 끝내 2024년 12월 3일 밤, "북한 공산 세력의 위협으로부터 자유 대한민국을 수호하고 우리 국민의 자유와 행복을 약탈하고 있는 파렴치한 종북 반국가 세력들을 일거에 척결하고 자유 헌정질서를 지키기 위해 비상계엄" 실시한다고 선포하였다.(『대한민국 정책브리핑』, 2024.12.03., "윤석열 대통령 긴급 대국민 특별담화" https://www.korea.kr/news/policyNewsView.do?newsId=148937015)
계엄선포의 이유로 '북한 공산 세력의 위협' 등을 제시한 것이나 전쟁을 초래할뻔한 평양 무인기 사건 등 그리고 현재까지 특검팀의 조사 등을 통해 추정해 볼 때, 이해하기 어려울 정도로 강경했던 적대적 대북정책은 북한의 도발을 유도해 영구집권을 위한 계엄의 명분을 쌓아가는 과정이었다는 것으로 밝혀지고 있다.

또한 최근의 국제 정세는 미국의 트럼프 2기 정부의 무차별적인 관세 폭탄을 앞세운 보호무역주의와 새로운 강대국들의 성장에 따른 다극화 시대로의 흐름에서 아직 새로운 국제질서 규범을 정립하지 못하고 혼란에 빠진 상황이다. 이미 미국 단일패권에 의한 세계화 시대는 중국의 급격한 성장과 2008년 글로벌 금융위기를 계기로 새로운 전환점을 맞이하였다. 중국의 성장에 대한 미국의 견제는 무역 갈등을 넘어 패권 경쟁의 양상을 띠게 되었고, 이 경쟁에서 미국의 전임 바이든 정부는 전 세계 국가들에게 냉전 시대와 같은 노선의 선택을 강요하게 되었다. 하지만 또 한편 이러한 미중의 갈등 구도에도 불구하고 이미 세계화를 통해 형성된 글로벌 공급망 체계에서는 이전의 냉전 시대와 같은 구도로 국제질서를 재편할 수 없는 구조가 형성되어 있다.

냉전 시대에는 이데올로기뿐만 아니라 정치, 사회문화는 물론 경제 질서까지도 확연히 구별되는 전혀 다른 두 개의 세계가 존재하였다. 그러나 지금의 세계는 이미 세계화를 통해 모든 국가들의 공급망이 연결되어 있고, 미국과 중국 둘 중 하나만을 선택하여 새로운 국제질서를 만들 수는 없는 글로벌 경제구조가 형성되어 있다. 더구나 디지털, AI 등으로 대표되는 제4차 산업혁명 시대 최첨단 기술 경쟁은 이미 경제와 안보의 구분을 무의미하게 만들었다.

여기에 더하여 전 세계 수많은 국가들이 신자유주의에 기반 한 세계화의 문제점을 지적하며 미중 양강 구도를 인정하지 않으려는 다양한 국가들의 연합이 등장하면서 새로운 국제질서가 형성되고 있다. 특히, 미국과 중국이 무역 갈등을 벌이면서 자국의 이익을 위해 지나친 경쟁을 벌이면서 이에 대한 반발로 세계화의 기반이 되었던 글로벌 무역은 자유무역에서 급격히 보호무역으로 전환되었다. 결국 세계화로 형성된 국제질서가 미중 갈등을 계기로, 미국의 유일 패권 시대가 막을 내리고 자국의 이익을 앞세우는 다극화된 새로운 국제질서가 형성되어 가고 있는 과정인 것이다. 그리고 여기에 더하여 유일 패권국가로서 국제적 공공재 공급을 포기한 트럼프의 미국 우선주의는 이러한 다극화를 더욱 가속화하고 있다.

> **신자유주의에 기반한 세계화의 문제점**
>
> 신자유주의의 가장 큰 문제점은 빈부격차 심화이다. 개도국은 물론이고 선진국, 특히 미국 내 불평등의 증가, 중산층 몰락, 노동계층의 상태 악화 등을 불러왔다. 국가 내 불평등 확산의 원인은 국제분업과 특화에 따른 임금 하락, 미숙련 노동집약적인 수입상품과의 경쟁, 미숙련노동자의 유입, 아웃소싱, 노동 절약적 기술진보 등이다. 또한 신자유주의는 미국이 경쟁력 강화에는 도움이 되지만 개도국 신자유주의 구조조정의 문제를 노정함으로써 미국 주도 질서의 정당성에 의구심을 증가시킨다.
>
> (전재성, "미국의 대외전략 변화와 자유주의 국제질서의 운명", 권형기 외, 『미래 국가론: 정치외교학적 성찰』, 서울대학교 국제문제연구소 총서 23, 사회평론아카데미, 2019, p. 370.)

미국은 글로벌 패권을 유지하고 있지만 과거에 비해 그 위상이 상당히 약화되었고, G2로 부상하던 중국은 미국의 강력한 제재로 주춤하고 있지만 여전히 미국을 위협할 가장 강력한 국가로 남아있다. 또한 UN 등 국제기구를 통해 국제질서를 관리하던 미국의 영향력이 약화되면서 BRICS, Global South 등 신흥 강자들이 이념이나 가치보다는 자국의 이익을 중심으로 세력을 키워가며 새로운 국제질서를 만들어 가고 있는 혼돈의 상황이다. 여기에 더하여 우크라이나의 나토가입 이슈로 발발한 러시아-우크라이나 전쟁은 3년을 넘어 계속되고 있고, 네타냐후 정권의 지나친 극우화와 팔레스타인 탄압에 반발한 이스라엘-하마스 분쟁은 가자지구 민간인 학살 논란까지 일며 장기화되고 있다. 여기에 더하여 핵확산 저지를 명분으로 이란의 정권교체를 노리는 이스라엘-이란 전쟁까지 발발하며 확산되고 있지만 제대로 된 국제사회 해결 노력은 보이지 않고 자국의 이익에 따라 동맹과 적이 수시로 변하는 국제사회 혼란은 더욱 가중되고 있는 상황이다.

혼란이 계속되고 있는 다극화 시대의 중요한 큰 특징 중 하나는 더 이상 이상주의, 가치 외교가 국제관계에서 중요한 이슈가 아니라는 것이다. 미국의 트럼프 정부는 드러내 놓고 미국 우선주의를 주장하고 있다. 또한 지난 바이든 정부도 표면적으로는 동맹을 중요시 하는 가치 외교를 주장 하였지만, 그 이면에는 미국의 패권 유지를 위한 것이었고, 트럼프 정부 못지않게 더 강력하게 미국의 이익을 중요시하였다. 즉 '자국의 이익을 포장하기 위한 가치'였던 것이다. 이러한 정황은 러시아-우크라이나 전쟁, 이스라엘-팔레스타인 분쟁에서 당파적 이익이나 대선의 승리를 위해 기꺼이 약소국의 희생을 아랑곳하지 않았던 모습에서 극명하게 확인할 수 있었다.

오늘날 국제관계에서 자국 이익을 중요시하며 자국 이익을 위해 이상과 가치가 뒤로 밀리는 것은 단지 미국만의 현상은 아니다. 많은 선진국들이 민주주의를 주장하면서도 비민주적인 왕정국가들과 지속적으로 협력해 오고 있는 것이나, 이전까지 협력관계였던 국가들이 한순간에 경쟁이나 대립 관계로 돌아서는 경우가 허다한 것이 이런 이유 때문이다. 지금은 전 세계 거의 모든 국가들이 자국의 이익을 위해 시시각각 변화하는 국제질서 속에서 이합집산하며 다극화 시대에 대응한 새로운 생존 방식을 모색하기 위해 고민하고 있는 중이다.

한편 남한은 경제력에서 G10 수준에 올라있어 경제 규모가 북한의 50배가 넘고,[66] 군사력에서도 2025년 기준 세계 5위로 34위에 머물러

---

[66] 2021년 남한의 명목 GDP는 1조 8,102억 달러, 명목 GNI는 1조 8,304억 달러로 한국은행이 추정한 북한의 2021년 명목 GNI 316.8억 달러의 50배가 훨씬 넘고, 인구는 2021년 기준 남한 51,744천명으로 한국은행이 추정한 북한 25,484천명의 두 배가 넘고 있다. 1인당 GNI도 2021년 남한 34,980달러로 한국은행이 추정한 북한의 1,243달러의 28배 이상의 차이를 보여주고 있으며, 2017년 약 23배(남한 30,300달러, 북한 1,295달러)보다 그 격차가 점점 커지고 있다.

있는 북한에 비해 압도적인 우위를 점하고 있다.[67] 그리고 군사력의 우위는 K-방산 장비들의 수출 실적이 급증하는 사례를 통해 알 수 있으며, 실제로 러시아-우크라이나 전쟁을 통하여 전 세계에서 가장 빨리 실전에 필요한 주요 무기들을 생산·공급할 수 있는 능력을 보여주고 있는 데서 확인할 수 있다. 즉, 남북의 체제경쟁은 이미 종식된 지 오래되었으며 모든 면에서 남한은 북한에 비하여 확고한 우위에 서 있다.

그리고 이러한 국력과 국제적 위상을 갖춘 우리는 이제 국제정세 변화와 국가 위상에 맞는 철학과 전략을 가지고 새로운 국제질서 변화에 능동적으로 대처하고 목소리를 내야 할 위치에 서 있다. 한 세기 전 우리는 식민지 수탈에 맞서 투쟁하였고, 치열한 전쟁까지 경험했던 지구상에서 가장 가난한 나라였지만 지금의 우리는 경제 발전과 민주화를 동시에 이루었으며, 특히 다른 나라를 침략하거나 제국주의를 거치지 않고 스스로 노력으로 OECD 국가로 성장한 국제사회 유일한 국가로 모든 개발도상국들이 따르고 싶어 하는 모범적인 국가가 되었다. 그리고 위기와 혼돈의 시기에 새로운 평화와 공동 발전의 국제질서를 만들어 가는데 기여해야 할 책임있는 위치에 올라 있으며 그러한 기대를 받고 있다.

그러나 과거 냉전 시대 이데올로기나, '자국의 이익을 포장하기 위한 가치'로는 책임 있는 글로벌 중추 국가로서 역할을 수행할 수 없다. 지금 우리는 글로벌 선진국으로서 아직 우리에게 숙제로 남아있는 분단을 극복하고 동아시아 평화체제 나아가 다극화 시대를 이끌어갈 새로운 질서, 새로운 규범을 창조하고 국제사회에 제시해야 할 위치에 올라있다. 하지만 전 세계인을 매혹시킨 한류와 K-민주주의로 만들어 놓은 대한민국의

---

67  GFP(Global Fire Power) 연간순위: 현재 사용가능한 화력을 기반으로 세계 145개국을 대상으로 산정한 세계 국가 순위로 2025년 1위 미국, 2위 러시아, 3위 중국, 4위 인도, 5위 대한민국, 6위 영국, 7위 프랑스, 8위 일본, 9위 튀르키예, 10위 이탈리아, .34위 북한 (https://www.globalfirepower.com/countries-listing.php)

위상에도 불구하고, 냉전시대 이념적 가치에서 벗어나지 못한다면 국제사회 리더로 나아가는 것은 불가능한 일이다.

지금 세계 정세는 미국의 유일 패권이 무너지고, 미중 갈등이 심화되며 새로운 지역 패권 국가들이 등장하는 다극화 시대에 접어들었다. 그리고 다극화 초입의 혼란 속에서 모든 국가들은 자국의 이익을 최우선하며 경쟁하고 끊임없이 이합집산하고 있다. 하지만 아직 아무도 새로운 미래를 위한 방향을 제시하지 못하여 방황하고 있다. 우리에게는 이러한 혼란이 오히려 기회가 될 수 있다. 모두가 방향을 잃은 채 자국의 이익만을 추구하며 갈등하고 경쟁하는 시대에 남북 평화 협력의 방법을 통해 인류 평화를 위한 올바른 철학을 제시할 수 있기 때문이다.

다극화 시대에 모든 나라들이 자국의 이익을 위해 다양한 목소리를 내며 그때그때 필요한 국가와 연합하고 경쟁하는 것은 당연하고 필요한 일이다. 하지만 맹목적인 자국 이익 추구는 국제사회에 또 다른 혼란과 갈등을 초래할 수 있다. 모든 국가들이 혼돈을 겪는 시기에, 자국의 이익을 우선시하는 각 나라들이 처한 현실을 존중하면서도 함께 공영 발전할 수 있는 길을 찾아 제시하는 것이 리더 국가의 역할이다. 우리가 지금까지 쌓아온 성과를 바탕으로 마지막 남은 남북 분단과 갈등을 극복하고 동아시아 평화공동체 형성을 이끌어 가는 것을 글로벌 리더로서 우리가 맡은 역할로 삼아야 할 것이다.

하지만 글로벌 리더로서 역할은 냉전적 사고방식이나 이념에 갇힌 편협한 가치체계를 가지고는 감당할 수도 없고 인정받을 수도 없다. 우리 사회에 글로벌 정세 변화에 대한 유연하고 포용적인 자세와 평화공존에 대한 확고한 신뢰와 공감이 갖추어져야 가능할 것이다.

그러나 지난 윤석열 정부는 아쉽게도 국제관계에서 유연성을 발휘하지 못하고 한미 동맹과 한미일 협력에만 의존하며 바이든 정부가 추구하는 '가치' 외교에 지나치게 동조하였다. 미국 패권에 대한 지나친 의존으로 냉전적 이념에서 벗어나지 못한 외교 전략을 펼침으로써 다극화되고 변화하는 국제정세와 G10 국가의 위상에 맞는 철학과 전략을 마련하지 못하였다. 그 결과 동북아 정세를 한미일 대 북중러 대결의 신냉전 구도로 몰아넣고 역내 긴장 관계를 증폭시키며 안보 위협과 분단 고착화 위험에 직면하게 만드는 것은 물론 거대한 경제시장을 스스로 차단하여 국가의 지속 가능한 발전을 불확실하게 만드는 안타까운 상황이 지속되었다.

실제로 윤석열 정부가 2023년 4월 미국의 바이든 정부와 추진한 '워싱턴선언', 8월 캠프데이비드에서의 한미일 3국 공동성명에도 불구하고 북한의 비핵화를 막지 못하였다. 오히려 북한은 2023년 9월 최고인민회의 제14기 제9차 회의를 통하여 핵 무력을 헌법에 명시하고 전술핵 무장까지 다양화하고 있어 북한의 비핵화를 더욱 어렵게 만들고 있다.[68]

그리고 글로벌 정세를 고려하지 않은 지나친 한미일의 밀착은 1991년 한소 수교 이후 30년 이상 북한보다는 남한에 더 우호적이고, 가전, 자동차, 식품 등에서 많은 기업들이 꾸준히 시장점유율을 높이고 있었던 러시아를 한순간에 북한과 밀착하게 만드는 결과를 초래하였다. 지난 2023년 9월 김정은 위원장이 러시아 보스토니치 우주기지를 방문하여 블라디미르 푸틴 대통령과 회담을 가졌고, 2024년 3월 28일 러시아는 UN안전보장이사회에서 대북제재위원회 전문가 패널 활동 연장안을 부결시켰다. 그 결과 4월 30일로 대북제재 이행상태를 점검할 전문가 패널의 활동이 종료되었다. 전문가 패널의 활동 중단은 매우 심각한 후폭풍을 일으켰는데, 오랜 기간 지속되었던 국제사회 대북 제재가 무력화되면서 더 이상 북한의 비핵화를 막을 수 있는 국제사회 공동 활동이 불가능하게 되었다.

---

68  조한범, "윤석열 정부의 통일정책 방향", 『계간외교』, 한국외교협회, 2024, p.76.

이후에도 북한과 러시아의 협력관계는 더욱 강화되어 2024년 6월에는 푸틴 러시아 대통령이 평양을 방문하여 김정은 위원장과 정상회담을 갖고 '포괄적 전략 동반자 관계에 관한 조약(Treaty on comprehensive strategic partnership)'에 서명하였다. 조약에는 유사시 자동군사개입 조항을 의미하는 '당사국 중 한쪽이 침략당할 경우 상호지원을 제공한다'는 내용이 포함되었을 뿐만 아니라 군사 분야에서 경제 분야까지 전방위적인 협력도 가능하게 되었다.[69]

그리고 북한 김정은의 2025년 9월 중국 전승절 기념식 참석을 계기로 잠시 소원했던 북중 관계도 회복되었다. 그뿐만아니라 천안문 망루 위에서 북중러 3국 정상이 손을 맞잡으면서, 트럼프도 한발 빼는 상황에서 더이상 북한 비핵화 논의는 불가능한 국제구도가 형성되었다.

러시아와 협력으로 북한은 더 이상 남한이나 미국과의 관계 개선에 집착하지 않게 되었고, 러시아의 도움으로 침체된 경제를 일으킬 수 있게 됨에 따라 남한의 대화와 교류 요구에도 더욱더 매몰차게 거부할 수 있게 되었다는 것이 가장 큰 문제이다. 북한 경제가 중국에 종속되었던 것도 모자라 이제는 러시아에까지 의존하게 되면서 향후 남북 관계가 개선되더라도 남한이 북한에 진출할 수 있는 여지가 점점 더 좁아지고 있는 것이다.

러시아와의 협력으로 대북 제재에서 탈출하여 경제 발전의 기회를 얻게 된 북한은 윤석열 정부의 대북 강경정책에 반발하여 2023년 12월 조선노동당 중앙위원회 제8기 제9차 전원회의에서 남북 관계를 '적대적 두 국가 관계', '전쟁 중에 있는 두 교전국 관계'로 규정하였다. 그리고 '통일'과 '민족'을 지우고 대남 사업 기구를 정리하기 시작하였다.[70]

---

69  현승수, "푸틴의 평양 방문과 러·북 관계 전망", 통일연구원, 2024, p.1.
70  김정은은 2023년 12월 노동당 중앙위원회 제8기 9차 전원회의 확대회의와 2024년 1월 15일 최고인민회의 제14기 제10차 회의를 통해서 한반도에 적대적인 두 국가의 존

1992년 노태우 정부시기 남북이 수차례 마주앉아 회의하고 합의에 도달하여 체결되고 발효된 '남북 사이의 화해와 불가침 및 교류협력에 관한 합의서(기본합의서)'가 무력화되는 위험에 처한 것이다. 남북 기본합의서에서는 남북한 관계를 '민족공동의 이익과 번영을 도모하며, 쌍방 사이의 관계가 나라와 나라 사이의 관계가 아닌 통일을 지향하는 과정에서 잠정적으로 형성되는 특수관계'로 정의하였다. 1991년에 남북한 UN 동시 가입이 있었음에도, '나라와 나라 사이의 관계가 아닌 통일을 지향하는 과정에서 형성되는 특수관계'라는 합의는 지난 30여 년간 보수나 진보 정부를 막론하고 역대 정부에서 부단히 이어져 왔는데 그것이 하루아침에 허무하게 무너질 상황이 된 것이다. 남북 관계 단절과 경색이 장기화되고 이로 인해 북한이 '적대적 두 국가'론까지 언급하는 상황에 이르러 남북 대화와 교류 협력은 더욱더 어렵게 되었다. 남북 긴장과 안보 위험은 결코 남북 누구에게도 도움이 되지 않는다.

오늘날 우리는 이러한 남북 관계 악화와 대립으로 인하여 심각한 안보 위험과 불안 속에 생활하고 있다. 2024년은 한동안 남한 쪽에서 올려보낸 대북 전단에 반발한 북한이 오물 풍선을 날려 보내며 서로 책임 공방을 벌이기도 하였는데, 안보 위험과 불안에 앞서, 글로벌 TOP10 국가로서 수많은 개발도상국들의 모범이 되어왔던 대한민국이 북한과 전단과 오물 풍선으로 싸우는 볼썽사납고 국제사회 낯부끄러운 모습을 보여주었다는 것이 더욱 창피하고 안타까운 일이다.

그런데 여기에서 더 나아가 실제로 한반도 상황을 전쟁 위험으로 몰아가는 일까지 일어났다. 2024년 10월 11일 북한이 외무성 발표를 통해 한국이 10월 3일, 9일, 10일 무인기를 평양에 침투시켜 전단을 살포했다

---

재를 선언하고 통일을 포기하는 결정을 내렸다.

고 주장했다. 그리고 한국이 평양에 무인기를 침투시켜 대북 전단을 살포했다는 소식을 들은 주민들의 분노가 들끓고, 복수하겠다는 청년들이 쏟아져 140여만 명이 자원입대하겠다는 청원서에 서명하고 있다고 주장했다.[71]

그동안은 남한 젊은 세대의 통일이나 민족 공동체 의식 약화가 우려되어 왔는데, 평양 상공에까지 날아간 무인기 사건으로 인하여 이제는 북한 주민들까지 민족 공동체 의식이 사라지고, 남북한 주민들 간 적개심이 커져가는 상황이 된 것이다. 윤석열 정권이 장기 집권의 욕망으로 북한의 군사적 대응을 유발하여 비상계엄 요건을 만들기 위해 무인기를 평양 상공에 날려 보낸 이 사건은 남북을 자칫 비참한 전쟁으로 몰아넣을 뿐만 아니라, 민족공동체의 심각한 분열을 가져올 수 있는 엄청난 죄를 짓는 사건이었다. 다행히 북한 김정은 정권이 이에 별다른 대응을 하지 않아 전쟁과 같은 민족적 비극을 막은 것은 천만다행한 일이며, 북한의 냉철한 판단과 인내에 감사라도 해야 할 지경이다.

그런데 무인기 문제는 단지 남북 관계에서만 문제가 된 것이 아니었다. 평양 상공에서 무인기가 포착된 이후 한반도 정세는 더 급격하게 냉각된 가운데 러시아가 강력하게 북한을 지원하고 나섰다. 러시아 외무부는 마리아 자하로바 외무부 대변인 성명을 통해 "남한의 드론 공격은 주권에 대한 심각한 침해이자 독립 국가의 합법적 정치체제를 파괴하고 자주적 발전의 권리를 박탈하기 위한 내정 간섭으로 간주한다"며 "실제 무장 사건으로 이어질 수 있는 긴장을 고조시키는 무모한 도발로 한반도 상황을 악화시켜서는 안된다"고 강조했다.[72]

---

71 『연합뉴스』, 2024.10.16., "북, 무인기 빌미로 연일 대남적개심 고취…"140만명 입대탄원"", https://www.yna.co.kr/view/AKR20241016044500504?input=1195m

72 『한국일보』, 2024.10.16., "러시아 "남한 드론 평양에? 북한 주권 침해이자 내정간섭",

그리고 러시아 푸틴 대통령이 그동안 보류하고 있던 북한과 지난 2024년 6월에 체결한 '포괄적인 전략적 동반자 관계 조약(북러조약)' 비준에 관한 법률을 10월 14일 하원에 제출[73]하였다. 물론 그동안에도 북한과 러시아 협력이 계속 강화되어는 왔지만, 그동안 조약에 서명만 이루어졌을 뿐 명시적으로 효력이 발휘될 조건이 충족되지 않았던 북러조약이 무인기 사건으로 인하여 공식적으로 비준을 통해 효력을 발휘하게 된 것이다. 비준 절차를 마친 북러조약은 비준서가 교환되어야 효력이 발효되는데 러시아 푸틴 대통령이 11월 9일, 북한의 김정은이 11월 11일 조약에 서명하였고, 12월 4일 비준서가 교환되어 발효되었다.[74]

그리고 북러조약의 비준과 발효로 우려하던 사건이 실제로 발생하였다. 러시아-우크라이나 전쟁에 북한군의 파병이 현실화된 것이다. 북한군 파병에 대해서는 그동안 무수한 보도와 추측이 난무하였는데, 2025년 4월 26일 러시아에 의해 공식적으로 확인되었다. 러시아는 우크라이나에 빼앗겼던 쿠르스크 영토를 완전히 회복했다고 밝히며 "북한 군인과 장교들은 우크라이나 습격을 격퇴하는 동안 러시아군과 어깨를 나란히 해 전투 임무를 수행했다"면서 북한군의 파병을 처음으로 인정한 것이었다. 그리고 북한도 4월 28일 김정은의 명령에 따라 파병하였다며 참전 사실을 인정하였다.[75]

이 비준이 갖는 가장 큰 문제는 이제는 한반도에 갈등 상황이 발생하였을 경우 러시아의 자동개입이 공식적으로 가능하게 되면서 한반도 문

---

    https://www.hankookilbo.com/News/Read/Print/A2024101503480000791

[73] 『연합뉴스』, 2024.10.15., "'전쟁 처하면 군사원조' 북러조약 비준 절차…푸틴, 법안 제출(종합)", https://www.yna.co.kr/view/AKR20241015002852080?input=1195m

[74] 『SBS뉴스』, 2024.12.05., "북러 '자동 군사개입' 조약 발효…어제 비준서 교환", https://news.sbs.co.kr/news/endPage.do?news_id=N1007899605

[75] 『BBC』, 2025.04.28., "N Korea confirms it sent troops to fight for Russia in Ukraine war" https://www.bbc.com/news/articles/ckg25wxvpy2o

제를 더욱 복잡하게 만들었다는 것이다. 북한은 러시아 파병을 공식 확인하면서 "조로(북러) 사이의 포괄적인 전략적 동반자 관계에 관한 조약의 제반 조항과 정신에 전적으로 부합되며 그 이행의 가장 충실한 행동적 표현"이라며 김정은 국무위원장의 결정에 따라 이뤄진 사항이라는 것을 강조하였다.[76]

한편 2024년 10월 15일에는 북한이 남북 교류의 상징이라고 할 수 있는 경의선과 동해선의 남북 연결 도로 군사분계선 북쪽 일부를 폭파하여 한반도에서 남과 북을 이어주던 육로가 사실상 모두 끊어지는 사건이 발생하였다. 그리고 여기에 대응하여 우리 군이 북한군의 폭파 작업에 경고사격으로 대응하면서 일촉즉발의 전쟁 위험에 처하는 위험한 상황도 발생[77]하였는데, 비무장지대 북측 지역에서 발생한 것으로 우리 군의 피해가 없는데도 대응 사격을 해서 굳이 긴장을 조성한 과잉 대응이라는 의견으로 남남갈등이 발생하기도 하였다. 다행히도 북한 측의 대응 사격이 없어 더 이상 확대되지는 않았지만, 경색된 남북 관계로 인한 불필요한 충돌과 전쟁 위험이 상존하는 상태가 된 것이다. 평양 무인기 사건과 마찬가지로 계속되는 윤석열 정부의 도발과 자극에도 대응하지 않은 북한의 인내심이 참혹한 전쟁의 위험에서 남북을 구하고, 윤석열 정부가 기획했던 '북한의 도발에 대응한' 비상계엄 선포의 빌미를 주지 않은 것은 생각할수록 다행스런 일이다.

다행히 지난 2024년 12월 3일의 어처구니없는 비상계엄 사태의 결과로 윤석열 정부가 중도 퇴진하고, 2025년 6월 3일 대통령 선거를 통해

---

76 『KBS뉴스』, 2025.04.28., "북한, 러 파병 공식 확인…"김정은이 북러조약 근거해 결정", https://news.kbs.co.kr/news/pc/view/view.do?ncd=8239098

77 『SBS뉴스』, 2024.10.15., "북, 군사분계선 앞 '남북 육로' 폭파…군, 경고 사격", https://news.sbs.co.kr/news/endPage.do?news_id=N1007835114&plink=ORI&cooper=NAVER

새로운 정부가 탄생하였다. 새롭게 당선된 이재명 대통령은 취임사를 통해 국익을 최우선으로 하는 실용 외교를 강조하며, 남북 관계에 대해서도 "싸울 필요 없는 평화가 가장 확실한 안보"라며 "한미군사동맹에 기반한 강력한 억지력으로 북핵과 군사도발에 대비하되, 북한과의 소통 창구를 열고 대화 협력을 통해 한반도 평화를 구축하겠다"고 밝혔다.

그리고 6월 11일 이재명 대통령은 대북 확성기 방송 중단을 지시하였고, 바로 다음 날인 12일 북한도 대남 방송을 중단하였다. 대북 확성기 방송은 북한의 대남 오물 풍선 살포를 이유로 2024년 6월 9일 약 6년 만에 대북 심리전 수단으로 재개된 것이었고, 북한도 2024년 7월부터 대남 확성기 방송을 재개하여 접경지역 주민들에게 막대한 소음피해를 주고 있었는데 그것이 중단된 것이다. 아울러 남한의 확성기 방송 중단에 북측이 호응 조치를 내놓으면서 남북 간 대화의 분위기가 조성될 수 있다는 조심스런 관측이 나오기도 하였다.[78]

또한 7월 9일에는 지난 3월과 5월 동해와 서해 해상에서 표류하다 우리 군에 의해 구조되었던 북한 주민 6명을 그들의 의사에 따라 동해상에서 북으로 송환하였다. 구조된 북한 주민들은 그동안 줄곧 북으로 돌아가겠다는 의사를 일관되게 밝혀왔고, 이에 정부와 유엔사가 송환 통보를 보냈으나, 북측에서는 응답하지 않았었다. 그러나 이날 동해상에서 북한 주민들을 북으로 송환하자 북측의 경비정과 예인용 어선이 나와 이들을 맞이하였다. 북한이 공식적인 반응을 내놓지 않았지만, 남한의 변화에 관심을 두고 있다는 것이며, 이것이 단절된 남북 간 소통의 돌파구가 될지 관심이 되는 장면이었다.[79]

---

78 『연합뉴스』, 2025.06.12., "합참 "오늘 北대남 소음방송 없어"…대북 확성기 중지에 호응(종합)", https://www.yna.co.kr/view/AKR20250612032851504?input=1195m

79 『YTN』, 2025.07.09., "표류 북한 주민 6명 동해로 송환…"북 경비정 대기"", https://

물론 아직 남북 관계 개선을 낙관하기에는 이르다. 대남 방송 중단 등 미묘한 변화에도 불구하고 북한은 아직도 대남 관계에 별다른 변화를 보이지 않고 있기 때문이다. 미국과의 관계에 대해서도 아직 별 관심이 없는 태도를 보이는데, 최근에는 트럼프 대통령이 김정은 국무위원장 앞으로 보내려는 친서를 북한 외교관들이 접수를 거절했다는 보도도 있는 상황이다.[80] 반면 북한은 앞서 본 바와 같이 러시아 쿠르스크 지역 재건에 공병과 건설병을 추가 파병하고, 7월 12일 김정은 정권이 야심차게 개발한 원산 관광지구에서 북러 외교장관 회담을 갖고 김정은의 러시아 방문과 경제, 투자, 인도적 지원, 문화, 과학기술, 관광 등 다양한 협력 방안을 논의하며 오히려 러시아와의 밀착 관계를 더욱 강화하고 있다.

아마도 북한과 러시아의 밀착은 러시아-우크라이나 전쟁이 끝나더라도 쉽게 허물어지지 않을 것이다. 러시아 점령지 또는 극동 지역에 대규모 북한 노동자들이 파견되어 복구나 개발 사업에 투입될 수도 있다. 과거 남한 젊은이들이 베트남전에 파병되어 피를 흘렸고, 종전 이후에는 뜨거운 중동의 사막에서 땀 흘리며 국가 경제를 일으켰던 역사가 지금 북한에서 반복되며 북러 밀착이 강화되어 남한과의 관계 개선에 적극 나설 가능성을 더욱 낮게 만든다.

하지만, 이재명 정부가 진정성을 가지고 꾸준하게 대북 관계 개선 노력을 계속한다면 북한도 이에 호응할 것이다. 과거 김대중 정부와 문재인 정부 초기에도 북한은 남한의 포용정책에 대해 반응을 보이지 않았지만, 진정성이 확인된 이후에는 대화의 문을 열었던 사례가 있다.

---

80   www.ytn.co.kr/_ln/0101_202507091846571475
『NK NEWS』, 2025.06.11., "North Korea refusing to accept Trump letter aimed at restarting dialogue: Source", https://www.nknews.org/2025/06/north-korea-refusing-to-accept-trump-letter-aimed-at-restarting-dialogue-source/

냉전 시대 이념에 갇히고 이익을 포장하기 위한 거짓된 '가치'가 아니라, 국가의 미래와 한반도 평화를 위해 무엇이 가장 중요하고 필요한지 심사숙고하고 판단하여 대북 정책을 펼쳐나가야 한다. 아울러 남북의 평화번영뿐만 아니라 이를 통해 강대국들의 이해관계가 얽혀있는 동아시아에 새로운 평화 체제를 주도적으로 만들고 이끌어 나간다는 전략으로 미·중·일·러 주변국들과 다양하게 협력해 나가는 것도 중요할 것이다.

# VI.
# 못다 한 이야기,
# 남북 유소년축구

# 1. 남북 유소년축구 교류의 시작

　남북 유소년축구는 많이 알려지지 않았지만, 남북 스포츠 교류에서 드물고 아주 중요한 민간 교류 사례이다. 스포츠는 비정치적인 분야로 인식되기 때문에 북한 입장에서도 비교적 수용이 용이하였고 전통적으로 남북 관계 개선을 위한 첫 번째 수단으로 종종 사용되었지만, 교류 방식은 대부분 정부 정책에 따라 좌우되었다. 물론 스포츠 교류 역사에서도 종종 민간 교류가 시도되긴 하였다. 하지만 많지 않은 스포츠 민간 교류도 주로 김대중 정부 초기에 대부분 이루어졌다.

　1999년 평양에서 시작된 '남북노동자통일축구대회'가 2007년(창원), 2015년(평양), 2018년(서울)에 열렸고, 1999년 현대아산이 실내종합체육관 건설을 계기로 서울과 평양에서 개최한 '남북통일농구대회', 삼성전자가 2000년 7월 평양 현지 공장 설립을 앞두고 평양체육관 전광판 기증을 기념하여 열린 '통일탁구대회' 그리고 우인방커뮤니테이션의 금강산자동차질주랠리 등이 있었다.[1]

　하지만 아쉽게도 이러한 흐름이 지속되지는 못했다. 남북 스포츠 교류는 일회성, 대규모 행사보다는 다양한 교류가 지속적, 정기적으로 이루어지는 것이 중요하고, 특히 민간 차원에서 활발한 교류가 지속될 때, 정치나 주변 정세의 영향을 덜 받고 보다 큰 효과를 얻을 수 있다. 그런데 이

---

[1] 김화복, "남북스포츠 민간교류 활성화 연구", 『한국체육과학회지』 Vol.20 No.1, 한국체육과학회, 2011, pp.641~642.

제까지 민간이나 기업 차원의 스포츠 교류는 대부분 지속적으로 이어가지 못하고 일회성, 이벤트성 행사에 그쳐 남북한 교류 협력에 실질적인 기여를 하지 못하였다는 한계를 가지고 있다.

스포츠 민간 교류가 대부분 일회성 행사로 그치고 말았지만, 남북한을 둘러싼 국제관계가 어려웠을 때도 중단되지 않고, 오랜 기간 지속된 스포츠 민간 교류 사례가 있다. 남북체육교류협회가 추진한 유소년축구 교류가 그것인데, 남북 관계와 대북정책의 널뛰기 속에서도 2006년 이후 2018년까지 22차례나 남북을 오가며 끊김없이 정착된 유일한 남북 교류 사례이다.[2]

남북체육교류협회의 유소년축구 교류는 오랜 기간 반복적으로 교류가 이루어졌지만, 국가대표팀 경기나 국제대회 남북 경기들처럼 국민에게 그렇게 널리 알려져 있지는 않았다. 또한 22차례 교류를 진행하는 동안 남한에서는 지원의 주체도 다양하고 그에 따라 다양한 팀, 참관단들이 참여하였으나, 북한은 4·25체육단 위주의 교류를 가졌다는 한계가 있기는 하다.

그럼에도 불구하고 남북체육교류협회의 유소년축구 교류는 스포츠 교류에서 많지 않은 소중한 민간 교류의 사례이다. 더구나 대부분의 스포츠 민간 교류가 일회성 또는 이벤트성 교류를 끝으로 흐지부지되었지만, 남북체육교류협회의 유소년축구 교류는 12년 이상 장기간 그리고 22회라는 교류 횟수를 가질 만큼 지속적으로 교류가 이루어졌다는 것에서 의미를 찾을 수 있을 것이다.

동서독 통일에서도 스포츠 교류가 통일과 사회통합에 중요한 역할을 하였는데, 동서독 연맹 주도의 교류나 국제 스포츠 행사의 공동 참여도

---

2 『연합뉴스』, 2019.05.30., "김경성 이사장 "남북 스포츠 교류 늘려 동질감 회복해야"", https://www.yna.co.kr/view/AKR20190530150400060?section=search

컸지만, 무엇보다 민간 차원의 꾸준하고 다양한 종목의 스포츠 교류, 도시들 간의 자매결연을 통한 지역 간 스포츠 교류가 동서독 주민들의 유대감을 키워주는데 중요한 역할을 하였다. 스포츠 민간교류는 1974년 동서독 스포츠계가 합의한 '스포츠 관계 규정에 관한 의정서'에 활력을 불어넣는 중요한 역할을 하였다. 또한 이러한 동서독 스포츠 교류가 다른 사회문화 분야의 교류 협력으로 확대되어 1986년 문화협정이 체결되는 계기가 되었다. 그리고 이는 교류협력을 더욱 활성화시켜 민족 이질화를 불식시키고 민족공동체 형성을 지원하는 중요한 기회를 제공하였다.[3]

남북 스포츠 교류는 다른 분야의 교류보다 다양하고 사례가 많았지만, 국제정세 변화와 정권의 성격에 따라 부침이 심했고, 최근에는 장기간 단절까지 경험하고 있다. 대부분의 교류가 스포츠 단체가 전면에 나서더라도 정부 차원에서 이루어졌기 때문이다. 그래서 스포츠 교류에서도 민간 차원의 교류 확대가 절실히 필요한 이유이다. 민간단체 또는 지역 단위 등 다양한 주체에 의한 남북 스포츠 교류가 정착되어야 정권이 바뀔 때마다 중단과 재개가 반복되는 혼란을 피할 수 있을 것이다.

동서독 스포츠 교류에서도 1980년 모스크바 올림픽 보이콧을 계기로 동서독 스포츠 교류가 급격히 줄어들었는데, 이러한 위기를 극복한 것도 다양한 수준의 민간 스포츠 교류였다. 양독 연맹 주도의 교류, 국제 스포츠 행사의 공동 참여 등은 줄어들었지만 수영, 펜싱, 복싱 등 다양한 종목의 민간 교류가 전개되고, 스포츠 종사자들의 상호 방문, 공동세미나 그리고 자매 도시들 간의 친선경기 형식을 띤 스포츠 이벤트 등이 꾸준히 전개되면서 침체될뻔한 스포츠 교류를 다시 활성화 시켰다.

그리고 민간, 지역 단위의 '아래로부터'의 교류는 참여자들의 공감과

---

[3] 유호근, "스포츠교류의 국제정치: 동, 서독의 사례를 중심으로", 『글로벌정치연구』 제4권 제2호, 한국외국어대학교 글로벌정치연구, 2011, p.83.

동의를 얻기 쉽고, 다양한 참여자들이 교류 과정에서 상호 이해와 동질성 회복을 더 직접적으로 체감할 수 있는 계기가 될 것이기에 중요성이 매우 크다고 하겠다. 따라서 남북 관계에서도 민간 차원의 스포츠 교류가 활성화되고, 더 많은 단체, 기업, 지자체 등이 참여할 수 있도록 정책적, 제도적인 뒷받침이 필요하다.

남북체육교류협회의 남북 유소년축구대회 교류는 2006년 5월 북한 4·25체육단과 분단 이후 처음으로 민간이 체결한 제1차 '남북체육교류계약서'[4]에 따라 남북 유소년축구 정기교류전을 개최하면서 시작되었다. 남북 유소년축구 정기교류전은 2007년까지는 통일부 승인으로 남북 교류기금을 지원받아 진행되었다. 이 시기에는 유소년축구 교류를 정부 차원에서 지원하고 북한 청소년축구의 활성화를 위하여 문화체육관광부에서 남북체육교류협회를 통하여 평양 능라도 경기장 내에 청소년 전용 축구장을 지원하기도 하였다.[5]

그러나 2008년 이명박 정부 이후에는 이미 승인받았던 남북 교류기금 지원이 중단되며 어려움을 겪기도 하였다. 그러나 민간 교류로서 10년 이상 오랜 기간 지속될 수 있었던 것은 무엇보다도 계약당사자인 남북체육교류협회와 4·25체육단이 남북이 민간 차원에서 서로 계약을 존중하고 지키려는 노력으로 교류전이 정례화될 수 있었다는 점에서 의미가 크다.

정부의 예산 지원이 중단된 이후에 남북체육교류협회는 자체 자금을 마련하거나, 경기도, 인천광역시, 강원도, 연천군 등 지자체의 후원을 받아 남북 유소년축구 정기교류를 지속적으로 추진하였다. 이때부터는 후

---

4 김경성, 『공은 둥글다 우리는 하나다』, 북스타, 2020, p.102.
5 문화체육관광부, 『2008 체육백서』, pp.289~290.

원 단체의 성격에 따라 대회명을 변경하면서 남북 유소년축구 정기교류전을 정착시켰다. 중앙정부의 지원이 중단된 이후 지방자치단체의 지원을 통해 대회를 지속했던 경험은 남북 스포츠 교류 협력 사업이 지방자치단체 수준에서도 추진할 수 있는 사업이며, 민간 차원의 보다 광범위한 노력으로 교류 협력 사업이 확대될 수 있다는 가능성을 보여주었다. 동서독 스포츠 교류에서도 도시 간 자매결연에 의한 교류가 중요한 역할을 했었다. 그리고 2014년부터는 대회의 지속성과 전통을 위해 '아리스포츠컵 국제유소년축구대회'라는 명칭으로 변경하여 대회를 계속해 오고 있다.

남북체육교류협회는 2006년부터 북한과 체육 교류 계약을 체결하고 상당히 많은 스포츠 교류 협력 사업을 추진해 왔는데, 북한과 교류의 시작은 김경성 대표[6]가 운영하던 중국 쿤밍의 홍타 스포츠센터에 2005년 5월에 독일 월드컵 북한대표팀이 전지훈련을 오면서 시작되었다. 북한 국가대표팀은 주로 4.25축구팀으로 구성되어 있었는데, 이후 4·25체육단 소속 유소년부터 성인팀까지 훈련을 오면서 지원과 교류가 활성화되었다.[7]

홍타 스포츠센터에서의 지원 이후 2006년 4월 북한 4·25체육단은

---

[6] 남북체육교류협회 김경성 이사장은 이념과 체제를 넘어 축구를 통해 남북 교류를 되살리겠다는 의지로 일제 강점기부터 시작된 '경평축구'의 냉맥을 잇기 위한 노력을 해왔다. 국가보안법 위반 여부를 따지는 정보기관의 사찰에 시달리기도 했지만, 한국 국적을 가지고 2007년 세계청소년월드컵에서는 북한 선수단의 단장을 맡기도 하는 등 오랜 기간 남북 축구 교류에 노력하면서 특이한 이력을 갖기도 하였다. 특히 이명박 정부 시기인 2008부터 시작된 사찰로 국가보안법 위반 혐의로 기소되어 17년간 수사와 재판을 받았다. 1심에서 징역 1년 6개월의 자격정지 2년의 실형을 받았으나, 2025년 1월 16일 수원지방법원 항소심 재판부는 "피고인이 편지를 보내거나 조화를 보낸 행위가 국가 존립의 안전과 자유 민주주의에 위해를 줄 현격한 경우에 해당한다고 합리적 의심할 여지 없이 증명됐다고 볼 수 없고, 달리 증거가 없다"며 국가보안법 위반 혐의에 대해 무죄 판결을 내렸다. (『KBS뉴스』, 2025.01.17., "'김정일 찬양 편지' 남북체육교류협회 이사장, 항소심서 일부 무죄로 뒤집혀", https://news.kbs.co.kr/news/pc/view/view.do?ncd=8154640&ref=A )

[7] 김경성, 『불굴의 아리랑』, 북스타, 2012, pp.69~71.

김경성 대표를 단장으로 하는 남측 선수단을 초청하여 역사적인 남북 축구 정기교류전이 출발하게 되었고, 2006년 5월 북한 4·25체육단과 해방 이후 처음으로 민간인이 '남북체육교류계약'을 맺는 것으로 이어졌다.[8] 그리고 김경성 대표는 '남북체육교류계약'을 실천할 수 있는 사단법인 남북체육교류협회를 2006년 7월 25일 통일부의 승인을 받아 설립·출범하였다.[9]

남북체육교류협회 김경성 대표는 4·25체육단과 체결한 "남북체육교류계약"은 일제강점기 항일 정신을 키우며 민족의 축제 역할을 했던 "경평축구교류전"을 참고하여 탄생하였다고 한다. 그 계기는 축구 경쟁조차도 남북 체제대결로 생각했던 1960년대 남북의 축구 영웅들, 아시아 황금의 다리라 불리던 양지축구단 공격수 이회택과 북한 천리마축구단 골키퍼 리찬명(66년 잉글랜드 월드컵 8강의 주역)이 김경성 대표가 추진했던 남북 축구 교류에서 만나며 인연이 시작되었고, 여기에 일제강점기 경평축구교류전의 정신을 이어받아 축구가 다시 한번 민족을 하나로 묶는 역할을 하자는 의미로 시작되었다.

> **양지축구단과 천리마축구단**
>
> **양지축구단**은 냉전시대 남북대결의 대표적인 산물이다. 양지축구단은 대한민국의 정보기관인 국가정보원의 전신이며, 당시 청와대 다음가는 권력기관이었던 중앙정보부에 의해 1967년 3월에 창단되어 1970년까지 운영되던 축구단이다. 양지축구단의 역사는 남한이 북한과 체제대결을 벌이던 1960년대 반공주의 운동과 밀접한 관계가

---

8 『한겨레신문』 2018.03.17., "'잃어버린 10년' 남북축구 끈 지켜낸 '외곬 사업가'", https://www.hani.co.kr/arti/sports/soccer/836506.html?_ga=2.13552949.32061 1864.1695129967-1218861696.1615769972

9 통일부 승인 주요사항은 사업자: (사)남북체육교류협회와 상대자 4.25체육단, 사업내용: 남북유소년축구선수단 상호교환 경기, 사업비: 매년 10억8천만원씩 5년간 54억원 지원 등이다. 다만, 지원기간이 2007~2011년이었으나, 2008년 이명박 정부 출범 이후 정부 지원은 중단되었다.(김경성, 『공은 둥글다 우리는 하나다』 북스타, 2020, pp.101~104.)

있다. '양지'라는 이름 자체가 '음지에서 일하고 양지를 지향한다'는 중앙정보부의 슬로건에서 따온 것이다. 일부에서는 당시 남북대결을 위해 창설되었던 실미도 부대와 비교하기도 한다.

양지축구단이 창단된 계기는, 1966년 잉글랜드 월드컵에서 북한 축구 국가대표팀이 이탈리아 축구 국가대표팀을 꺾고 8강에 오르는 파란을 일으킨 것이 계기가 되었다. 당시 북한과 체제대결을 벌이고 있던 박정희 정부는 이에 큰 위협을 느꼈고 북한의 국가대표팀에 맞설 축구단 양성의 필요성을 절감하여 당시 중앙정보부장 김형욱이 육,해,공군,해병대 축구단에서 복무중인 장병들을 차출하고 입대 가능 연령대의 실업구단 소속 선수들을 징발해 1967년 3월 29일에 양지축구단을 창단했다.

양지축구단 운영은 김형욱이 직접 개입하며 최고의 대우를 아끼지 않았는데, 파격적인 월급은 물론, 당시 국가대표팀조차 허가없이는 사용할 수 없었던 이문동 천연잔디 구장을 선수들 마음대로 사용하였지만 한편 '이기라면 이기고, 죽으라면 죽어라'며 강한 정신력을 요구하였다. 이러한 전폭적인 지원을 바탕으로 1969년에는 상상할 수도 없었던 한국 축구역사상 처음으로 105일간의 유럽 전지훈련을 떠나기도 하였다.

양지축구단은 북한 축구팀과 맞대결에서 승리를 목적으로 창단되었으나, 막상 운영되는 동안 북한과의 경기 기회는 생기지 않았다. 다만, 양지축구단은 여러 국제 대회에 참가하면서 큰 성과를 거뒀는데, 1967년 메르데카컵 우승, 1969년 아시안 챔피언 클럽 토너먼트(현 AFC 챔피언스리그) 준우승을 차지하는 등 당대 아시아 최고의 구단이 되었다. 또한 당시 국가대표팀의 절반 이상을 차지했던 양지축구단 선수들의 활약으로 1970년 멕시코 월드컵 아시아 1차 예선에서 일본을 꺾는 성과를 내기도 하였다.

그러나 1969년 말 김형욱이 해임되고, 이후 국제정세 변화로 남북 화해 분위기가 조성되면서 1970년 3월 17일 양지축구단은 해체되었다. 정치적 의도로 창단되었다 해체된 구단의 한계였지만, 국가적으로 육성되었던 구단이었기에 당대 최고의 선수들이라 불렸던 이세연, 김호, 김정남, 서윤찬, 정병탁, 조정수, 김기복, 김삼락, 이회택, 임국찬 등이 선수로 활동했고, 70년대에는 상상할 수 없었던 1대1 선수 관리 체계나 식단 관리, 당시 최고급 훈련 시설 등 선진적 축구 환경을 양지축구단에 도입했고, 이를 경험한 선수들에게 이것은 큰 유산이 되었다.

**천리마축구단**은 1966년 잉글랜드 월드컵에 출전하여 아무도 예상하지 못했던 8강 진출 이변을 창조한 당시 북한 축구 국가대표팀을 일컫는 말이기도 하고, 2002년 영국의 다니엘 고든 감독이 1966년 북한의 월드컵 8강 진출과 그 후일담을 담은 기록영화 제목이기도 하다.(유뷰브에서 '천리마축구단'으로 검색하면 볼 수 있다.)

1966년 잉글랜드 월드컵 당시 북한이 본선에 진출했으나 한국 전쟁에 참전했던 영국 입장에서 북한의 참가는 껄끄러운 일이었다. 그래서 영국 정부는 처음에는 북한 대표팀의 비자 발급을 하지 않겠다고 했다가 FIFA로부터 부당하다는 결정을 받고 비자를 발급하기도 했고, 경기에서 북한 국기를 내걸지 않겠다고 했다가 번복하기도 했으며, 토너먼트 중에는 첫 경기와 마지막 경기(결승전)만 빼고 북한 국가를 틀지 않겠다고 결정하기도 할 정도로 견제를 받았다.

북한이 속한 4조에는 구 소련, 칠레, 이탈리아가 포함되어 있었고, 조별 리그 경기는 영국 북부의 대표적인 노동자 도시 미들즈브러에서 열렸다. 북한 대표팀이 미들스브러로 이동하는 기차 안에서 긴장을 풀기 위해 '천리마 군단' 응원가를 부르는 모습이 영화에 나온다.

미들스브러 주민들은 최약체인 북한이 구 소련과 첫경기에서 0:3으로 패했지만, 평균 신장 165Cm밖에 안되는 선수들이 건장한 구 소련 선수들에 기죽지 않고 대등한 경기를 펼치는 장면을 보고 북한을 응원하게 되었고, 칠레와 1:1로 비긴 후 마지막 이탈리아와 경기에서는 18,000명 관중이 북한을 홈팀처럼 응원하였다. 그리고 마침내 북한이 1:0으로 이탈리아를 이겨 8강에 진출하자 8강전이 열리는 리버풀까지 미들스브러 시민 3,000~5,000명이 북한팀의 빨간색 유니폼을 입고 원정 응원에 나서기까지 했다. 당시 미들스브러에서는 북한팀의 예상을 뛰어넘는 활약에 미들스브러 시장이 북한팀을 만찬에 초대할 정도로 인기가 높았다.

포르투갈과 8강전에서 북한은 먼저 전반에 3골을 넣으며 출발했으나, 브라질의 펠레와 함께 1960~70년대 최고의 공격수로 꼽히며 당시 대회 득점왕에 올랐던 에우제비오에게 4골을 내주며 3:5로 역전패 하였다. 당시 국제 경기 경험이 부족하였던 북한이 시간을 끌며 이기고 있는 상황을 이용하기 보다는 최선을 다해 뛰는 것밖에는 몰랐던 결과였다. 인터뷰에서 리찬명은 "아 우리가 좀 더 잘했으면 좋았을텐데 하는 아쉬운 마음이 들었습니다." 라며 북한의 돌풍이 8강에서 멈춘 것에 대한 아쉬움을 표했다.

1966년 잉글랜드 월드컵에서 북한이 이룬 8강은 2002년 한일 월드컵 이전까지 남북을 통틀어 우리나라 축구에서 최고의 성적이었다. 2002년 한일 월드컵 당시 이탈리아와 16강전 경기에서 '붉은 악마'가 선보였던 'AGAIN 1966'은 당시 북한이 강호 이탈리아를 꺾고 8강에 올랐던 영광을 재현하자는 것이었다.

북한 4·25체육단과 체결한 「남북체육교류계약서」에 따라 설립된 남북체육교류협회는 북한의 4·25체육단 등 북한 체육 관련 단체와 남북 스포츠 교류사업을 추진했다. 협회의 중점사업은 남북 유소년 축구대회 개최이며, 2006년부터 한반도 정세와 관계없이 남북 청소년 선수들이 기량을 겨루는 축구대회를 꾸준히 개최했다. 2014년부터는 남한과 북한을 포함해 여러 나라 축구팀이 참가하는 '아리스포츠컵국제유소년축구대회'로 명칭을 정하여 대회를 키웠다. 이렇게 진행된 남북 유소년축구 교류는 2006년 이후 2018년까지 22차례 정기교류가 진행되었다.[10] 이는 남북 간 최초로 10년 이상 지속된 정기교류로 역사적 기록을 남겼다는 점에서 남북 스포츠 교류 협력 사업에 있어 큰 성과로 평가받을 수 있

---

10  김경성, 『공은 둥글다 우리는 하나다』 북스타, 2020, pp.100~164.

겠다.

　남북체육교류협회는 설립된 이후 2007년부터 4·25체육단과 활발히 축구분야의 남북 교류를 추진하였다. 양 단체는 2007년부터 2011년까지 향후 5년간 매년 상·하반기 각각 1회씩 남북 교환경기를 개최하기로 합의하였는데, 교류 첫 행사로 2007년 3월 20일부터 4월 20일까지 북한 청소년 축구팀 23명(15~17세)이 방한하여 제주와 수원, 전남 순천과 광양, 서울 등지에서 2007 FIFA청소년(U-17) 월드컵 대비 전지훈련을 실시하였다.[11]

　특히 이 기간 중에는 한미연합훈련이 진행되고 있어 한때 연기되거나 무산될 위기에 처하기도 하였으나, 남북체육교류협회가 북한을 설득하여 예정대로 진행되었다. 북한 청소년 축구팀 선수단은 중국 쿤밍의 홍타 스포츠센터에서 전지훈련을 준비하고 방남하였는데, 전지훈련 목적으로는 최초로 남한에 오게 되었다. 2007년 3월 20일 오전 5시 김경성 대표 인솔하에 리찬명[12] 단장, 안예근 감독을 포함한 북한 선수단 일행은 인천공항에 도착하여 수많은 환영인파의 환대와 기자단의 포토라인 인터뷰를 마치고, 김포공항을 거쳐 제주공항에 도착하여 또다시 제주 시민들의 뜨거운 환영을 받았다.

　이후 제주에서 10일, 수원에서 5일, 서울에서 10일 등 전지훈련에 돌입하였고, 전지훈련 기간 중인 3월 30일에는 남한 청소년대표팀과 평가전을 가졌다. 제주 월드컵경기장에서 2만여 명의 관중들의 한반도기와 '통일', '아리랑' 등 열띤 응원 속에 진행된 1차 평가전 경기에서는 구자명

---

11　문화체육관광부, 『2008 체육백서』, 2009, p.522.
12　1966년 잉글랜드 월드컵에서 북한 축구가 8강에 오를 때 주전 골키퍼였다. 특히 예선전 마지막 경기에서 당시 최강 이탈리아의 결정적인 슛을 여러 개 막아 내는 등 북한이 아시아 최초로 월드컵 8강에 오르는데 박두익과 함께 두 주역이었다.

과 윤빛가람의 골로 남한이 2대0으로 승리하였다. 4월 2일에는 수원 월드컵경기장에서 남북 청소년 대표 2차 평가전이 개최되었다. 이때도 남한이 2대1로 승리하였는데, 북한 선수 홍금성이 다리가 부러져 아주대학교 병원에서 수술을 받기도 하였다. 이렇게 한 달간의 남한 전지훈련을 마친 북한 청소년축구 대표팀은 4월 20일 쿤밍으로 가서 홍타 스포츠센터에서 1개월간 훈련을 더한 다음 북한으로 돌아갔다.

그리고 북한 청소년대표팀 최초의 남한 전지훈련을 성사시켰던 남북체육교류협회 김경성 대표는 5월 17일 서울 하얏트호텔에서 열린 2007 FIFA 세계청소년(U-17)월드컵 축구대회 조추첨에서 북한축구협회 요청으로 북한 대표로 조추첨에 참가하였고, 추첨 결과 잉글랜드, 브라질, 뉴질랜드와 같은 B조에 편성되었다.[13]

15세 이하 북한 청소년팀 34명도 2007년 6월 1일부터 14일까지 방한하여 강진에서 한국, 중국, 강진중팀과 친선경기를 가졌다. 그리고 남한 청소년팀의 방북도 이어져 6월 23부터 7월 3일까지 12세 이하 유소년팀 26명이, 그리고 11월 3일부터 14일까지 22명이 평양을 방문하여 친선경기를 가졌다.[14] 이렇게 스스럼없이 남북을 오가며 남북 청소년들에게 이전에 볼 수 없었던 새로운 세상을 보여주고, 서로 알아가며 친해지는 기회를 만들어 주었던 남북체육교류협회의 스포츠 교류는 이념을 뛰어넘었기에 가능하였다.

남북체육교류협회의 노력으로 북한 대표팀은 8월 18일부터 9월 9일까지 서울 등 8개 도시에서 개최된 2007 FIFA청소년(U-17)월드컵에도 참가하였다. 남한 국적으로 북한 선수단 단장을 맡은 남북체육교류협회 김

---

13  김경성, 『불굴의 아리랑』, 북스타, 2012, pp.79~123.
14  문화체육관광부, 『2011 체육백서』, 2012, pp.605~606.

경성 이사장은 북한 선수단 31명을 이끌고 8월 7일 인천공항을 통해 입국하여 전남 광양에서 전지훈련을 실시하였다. 전지훈련 기간 중 창원시 청팀과 연습경기도 가졌는데 북한 청소년팀이 1:0으로 이겼다.

잉글랜드, 브라질 뉴질랜드와 죽음의 조 B조에 속한 북한은 첫 상대 잉글랜드와 1대1로 비겼고 두 번째 브라질과 경기에서 1대6으로 패하여 탈락 위기에 몰렸으나 뉴질랜드와 경기에서 1대0으로 이기며 험난한 조별리그를 거쳐 16강에 진출하였다. 그러나 8월 29일 울산 종합운동장에서 열린 8강에서 당시 우승 후보였던 스페인에 0대3으로 패하여 대회 2연속 8강 진출에는 실패하였다. 하지만 당시 한국과 일본이 모두 조별리그에서 탈락한 것에 비하면 커다란 성과를 거두었다.

2007년 10월 13일부터 25일에는 북한 청소년팀 22명이 전남 강진에서 개최된 제2회 국제유소년친선축구대회(10.16~25)에 참가하기 위해 또다시 방한하였다. 2007년 한해에 두 번째로 북한 선수단을 맞은 강진군에서도 정성을 다해 지원하였고, 선수들도 두 번째 방문이라 익숙하게 적응하였다.

이 대회에는 한국(2개 팀)을 비롯해 북한, 브라질, 프랑스, 일본, 중국, 동티모르 등 7개국 8개 팀 200여 명의 선수가 참가하였는데 남한 화랑팀과 북한이 만난 결승전에서 화랑팀이 1:0으로 이겨 우승하고 북한이 준우승하였다. 남북체육교류협회의 이러한 노력을 통한 교류는 무엇보다 남북한 축구 꿈나무들이 자주 만나서 함께 땀 흘리고 꿈을 키워가며 화해와 평화 그리고 협력을 배워가는 기회가 되었다.

2007년의 유소년축구 교류는 이후에도 계속되어 강진 대회를 마친 11월 3일 다시 남한 축구선수단이 평양을 방문하였다. 남북체육교류협회의 노력으로 MBC국제축구학교와 인천유나이티드 유소년팀의 연합팀이 북한 유소년팀과 친선경기를 위해 방북한 것이었다. 여기에는 대회를 후원했던 인천광역시뿐만 아니라, MBC, KBS 등도 함께 방북하여 남북 유소년축구 경기 내용을 TV를 통해 전국에 보도하였다.

하지만 언제 어떤 일이 발생할지 예측이 어려운 남북 관계, 국제정세 변화 속에서 남북 유소년축구 교류가 순탄치만은 않았다. 남북 유소년축구 교류 초기인 2006년에는 10월 태국 방콕에서 열리는 킹스컵 국제청소년축구대회 13세 이하 남북단일팀 구성을 위해 중국 쿤밍 훙타 스포츠센터에서 3개월 전부터 남북 유소년 선수들의 훈련을 진행하였다. 그러나 대회 6일을 앞두고 2006년 10월 9일 북한의 1차 핵실험이 발생하여 모든 노력이 한 순간에 물거품이 된 적도 있었다. 이후에도 2008년 금강산 관광객 피격 사건, 2009년 북한의 2차 핵실험과 이명박 정부의 남북교류 허용 중단, 2010년 천안함 사건, 장거리 로켓 발사로 인한 대북 제재 등 남북 관계는 한시도 평탄할 날이 없었고 남북 유소년축구 교류도 수많은 어려움을 겪었다. 그렇지만 2006년부터 2018년까지 12년 동안 남북에서 14차례, 중국에서 8차례 총 22차례의 유소년축구 교류는 멈추지 않고 계속되었다.

2008년 6월에는 남북체육교류협회가 MBC 국제축구학교 선수들, 동티모르 어린이들과 함께 평양을 방문하여 4.25유소년, 소백수 유소년(13세 이하) 선수들과 세 차례 평가전을 가지며 4·25체육단과 정기교류전을 가졌다. 이는 이명박 정부로 정권이 교체된 이후 평양에서 처음 열린 남과 북 그리고 동티모르 어린 꿈나무들의 경기였는데, 예정되었던 통일부 지원금이 중단되면서 어렵게 성사되기도 하였다.

정부의 지원이 중단된 이후에도 남북한 축구 꿈나무들의 교류를 위한 사업은 계속 추진되었는데, 이때 경기도, 인천광역시, 강원도, 연천군 등 지자체의 후원이 있었기에 축구 꿈나무들의 교류가 지속될 수 있었다. 특히 2008년 7월 11일에 있었던 금강산 관광객 피살사건으로 유소년축구 교류에도 커다란 위기가 닥쳤는데, 경기도의 지원으로 2008년 10월에 경기도 유소년축구클럽 선수들이 평양을 방문하여 친선경기를 가질 수 있었다. 이 친선경기를 위해서 이명박 정부 탄생 이후 지자체 공무원의 첫 번째 북한 방문이 이루어지는 기록을 남기기도 하였다.

이후에도 지자체들의 지원은 축구 교류가 지속되는데 중요한 버팀목이 되었다. 2009년 1월에는 경기도와 수원시의 지원으로 중국 쿤밍에서 수원고 축구팀과 북한의 4.25청소년 대표팀이 공동 훈련을 하며 3차례 평가 전을 가졌고, 2월에는 인천 대건고와 북한 청소년대표팀이 공동 훈련을 하며 2차례 평가 전을 갖기도 하였다. 그리고 이 기간 중에 수원시청 인천유나이티드, 북한 4.25축구종합팀의 친선 축구 경기가 함께 열려 TV에 방영되는 등 어려운 상황에서도 남북 유소년축구 교류는 계속되었다.[15]

하지만 2009년 4월 5일 북한에서 광명성 2호 인공위성을 발사하였고, 5월 25일에는 2차 핵실험을 감행하여 온 세계가 발칵 뒤집히는 사건이 발생하면서 결정적인 위기가 닥쳤다. 미국과 일본은 대한민국 정부와 함께 북한을 강력하게 비난하였고, 국제사회 대북 제재가 시행되면서 남북 관계는 더욱 급격히 경색되었다. 그 결과 어렵게 이어지던 남북 스포츠 교류도 일시적으로 중단되게 되었다.

하지만 절망적이라고 생각하는 순간에도 포기하지 않으면 또 다른 기회가 탄생하는 법이다. 2009년 6월 17일 남북한이 2010년 남아공 월드컵에 동반 진출하는 쾌거를 이뤄낸 것이었다. 남북한은 지역 예선에서 같은 B조에 속해 있었다. 예선 마지막 날 대한민국은 이란과 북한은 사우디아라비아와 경기를 남겨두고 있었다. 이란에게 0대1로 끌려가던 후반 35

---

[15] 김경성, 『불굴의 아리랑』, 북스타, 2012, pp.195~212.

분 박지성이 왼발 슛으로 동점골을 만들어내며 대한민국은 4승 4무 무패로 조1위, 북한도 사우디아라비아와 경기에서 0대 0으로 비기며 3승 3무 2패 조2위로 1966년 잉글랜드 월드컵 이후 44년 만에 월드컵에 진출하면서 남북한이 동시에 남아공 월드컵에 진출하게 되었다.

 당시에 이란과 예선 마지막 경기를 앞두고 이미 본선 진출이 확정되었던 남한으로서는 이란과 경기에 굳이 전력을 다할 필요가 없었다. 하지만 월드컵 대표팀이 남과 북이 함께 남아공에 가자는 결의를 다지고, 이란에 선제골을 내주고도 막판까지 포기하지 않고 경기에 전념하던 중, 후반 36분 경기 종료 9분을 남기고 드디어 박지성의 골로 동점 골을 만들어내어 북한의 남아공 월드컵 본선 진출의 길을 마련해 주었다. 동점 골을 넣어 북한의 월드컵 진출 희망의 불씨를 살려주었던 박지성 선수는 경기가 끝난 후 방송 인터뷰에서 이어서 진행될 북한과 사우디 경기에 대해 북한이 사우디전을 통해 월드컵에 진출할 것이라 전망하면서 그렇게 된다면 "한민족으로서 너무나 기쁜 일"이라고 말하며 동반 진출을 기원해 주었다.

### 남아공 월드컵과 남북 축구

 2010년 남아공 월드컵은 국내 감독으로는 최초로 선수, 트레이너, 코치를 모두 거치고 감독을 맡았던 허정무 감독이 대표팀을 이끌고 있었다. 허정무 감독은 당시 지역 예선 두 경기를 남기고 본선 진출이 확정되어 있었지만, 감독으로서 본선에서 더 좋은 성적을 위해 유럽 전지훈련을 통해 경기력을 더 키워가며 자칫 방심할 수 있는 대표팀 관리에 고심하고 있었다. 이런 상황에서 이란과 경기를 앞두고 마지막까지 최선을 다해 북한과 함께 월드컵에 나가자는 분위기는 대표팀에게 중요한 동기부여가 되었고, 더 적극적으로 조직을 가다듬고 훈련하며 끝까지 최선을 다했던 것이 남아공 월드컵 본선 무대에서 대한민국 축구 역사상 최초로 원정 16강을 달성하는데 중요한 요인이 되었다고 회상하였다.

 2010년 남아공 월드컵 지역 예선에서 남북한이 같은 조에 속해 두 차례 축구 경기를 벌였는데, 허 감독은 선수 시절에도 국제대회에서 북한 선수들과 경기를 한 경험이 있었다. 해방 이후 최초의 축구 남북 대결이었던 1978년 방콕 아시안게임 결승전이 그것이다. 당시 출전한 대표팀은 '화랑'팀이었고 감독 함흥철, 코치 김정남 그리고 함께 뛴 선수는 주장 김호곤, 차범근, 이영무, 조영증, 박성화 등이 있었다. 그런데 그

> 당시에는 남북 체제경쟁이 심했던 시기였기 때문에 절대로 지면 안되는 경기였고, 이것은 북한 선수들도 마찬가지였다고 한다. 결과적으로 남북 모두 지나치게 상대에 대해 긴장한 탓에 서로 정상적인 기량을 발휘하지 못하고 0:0으로 비겨 공동우승으로 마무리되었다. 허정무 감독은 그렇게 선수와 감독으로서 북한과 경기를 모두 경험했는데, 경기뿐만 아니라 팬들과의 만남도 소중한 추억이라고 했다. 허정무 감독이 러시아 월드컵에 참관하러 갔을 때는 그를 알아본 북한 유학생들이 호텔까지 찾아와 밤 늦도록 축구 이야기를 나누고, 어렵게 공부하는 북한 유학생들을 격려해 준 일도 있다고 한다. 그렇게 축구는 남북 모두에게 인기높은 스포츠로 자리하고 있다.

그리고 결국 사우디와 경기에 비기며 남아공 월드컵 본선에 진출하게 된 당시 북한 대표팀의 스트라이커인 정대세 선수와 미드필더 안영학 선수가 동점 골을 넣어준 박지성 선수에게 감사를 표하기도 하였다. 정대세 선수는 브라질과 남아공 월드컵 본선 첫 경기에서 국가가 나오는 동안 한없이 감격의 눈물을 흘려 화제가 되었는데 해당 영상은 뉴욕타임즈 월드컵 사진 10선에 뽑히기도 하였다. 안영학은 2006년부터 2009년까지 국내 K리그 부산 아이파크와 수원삼성 블루윙스, 정대세는 2013년부터 2015년까지 국내 K리그 수원삼성 블루윙스에서 선수로 뛰었다.

남아공 월드컵 남북한 공동진출이 이루어진 상황에서 경기도가 남북 공동진출 기념 국제유소년축구 대회 개최를 남북체육교류협회에 제안하였다. 경기도의 지원으로 대회를 준비하였지만, 통일부의 방북 금지 조치로 남한이나 북한에서 직접 경기를 할 수는 없게 되어, 대신 중국 쿤밍 홍타 스포츠센터에서 대회를 개최하였다.

대회는 2009년 7월 17일부터 8월 14일까지 인천 유나이티드 유소년 축구단, 북한 4·25 남녀 유소년축구단, 태국 유소년, 중국 운남성 유소년 선발팀을 초청하여 공동 훈련을 하고 국제 친선경기로 진행하였다. 당시 2009년 5월 북한의 2차 핵실험으로 국제사회 대북 제재가 강화되고 모든 것이 얼어붙은 상황이었기에 쉽지 않았지만, 축구 꿈나무들의 남북 유소년축구 교류는 이런 정치적 갈등에도 불구하고 계속되었다. 공동 훈련 기간 중에 남북 유소년 선수들은 함께 땀 흘리고, 함께 생활하며 친구가 되었고, 격려차 방문하였던 경기도 관계자들도 미래의 꿈나무들이 함께 구슬땀을 흘리며, 같이 꿈을 키워가는 현장을 보며 적극적인 지원을 마다하지 않았다.

하지만 어렵게 교류를 이어가던 스포츠 교류가 다시 위기에 봉착하는 사건이 또다시 발생하였다. 북한이 2009년 9월에 태풍으로 인한 홍수로 황강댐 물을 방류하면서 남한 야영객이 불어난 강물에 사망·실종되는 사건이 발생한 것이다. 이 사건으로 경기도의 남북 축구 교류 지원도 더 이상 진행되기 어려워 결국 중단되었다. 그래도 남북체육교류협회는 남북이 동반 진출한 2010년 6월 남아프리카공화국 월드컵에서 남북한 축구 꿈나무들의 공동응원을 준비하는 등 어떻게 하든 남북 유소년축구 교류를 이어가고자 노력하였다.

하지만 이 모든 노력을 물거품으로 만들어 버리는 더 큰 태풍이 몰려오면서 유소년축구 교류가 다시 위기에 빠졌다. 2010년 3월 26일 백령도 인근에서 초계 임무를 수행하던 천안함이 피격당하며 46명이 전사하는 사건이 발생하였다. 천안함 사건 두 달 후인 5월 24일 이명박 정부는 대북 제재 조치를 발표하였다. 남북 간 교역과 교류를 중단하고 아무리 인도적인 목적이라고 하여도 정부의 사전협의 없이는 대북 지원을 할 수 없도록 하는 '5·24조치'였다. 5·24조치로 남북의 모든 교류가 중단되었다.

5·24조치가 내려지기 전에도 천안함 사건은 당장 코앞에 닥친 교류부터 중단시켰다. 원래 2010년 4월에는 경기도 수원컵 국제유소년축구대회가 예정되어 있었고, 여기에는 한국(2개 팀), 북한(4.25 유소년축구단), 미국, 중국, 일본, 러시아 등 북핵 관련 6자회담 참가국과 월드컵 개최국인 남아공이 참가할 예정이었다. 그러나 천안함 사건으로 북한 선수단의 방남

이 거부되었고, 대신 태국이 참가하여 겨우 대회를 마칠 수 있었다.

사상 처음 남북이 공동 진출한 남아공월드컵 공동응원은 물 건너갔고, 2010년 광저우 아시아경기대회에서 남북단일팀은커녕 공동 입장도 성사되지 못했다. 또한 광저우 아시아경기대회 기간 중인 11월 23일 연평도 포격사건까지 발생하면서, 경기장에서 남북 관계자들은 서로 말도 하기 어려운 상황으로 남북 관계가 악화되었다.

유소년축구 교류가 좌초될 절망적인 상황이었지만, 2010년 6월 지방자치단체 선거에서 새롭게 당선된 인천시장이 적극적인 대북 교류 협력 정책을 펼치면서 다시 새로운 돌파구가 마련되었다. 인천시의 지원으로 남북체육교류협회는 2011년부터 중국의 쿤밍과 하이난, 광저우에서 인천평화컵국제유소년축구대회를 개최하였다.

2011년 2월 15일부터 22일까지 8일간 중국 쿤밍에서 한국 인천팀, 북한 4·25팀, 태국 BBC팀, 중국 운남성팀 4개국이 참가하는 제1회 인천평화컵국제유소년(U-13) 축구대회가 개최되면서 남북 유소년축구 교류가 다시 이어지게 되었다.[16] 이로써 천안함 사건과 연평도 포격 사건으로 엄중했던 정세 속에서도 순수한 어린 축구 꿈나무들의 스포츠 교류는 다시 살아나게 되었다.

2012년 1월에도 인천시의 지원으로 제2회 인천평화컵국제유소년축구대회가 중국 쿤밍 홍타 스포츠센터에서 개최되었다. 남한 인천팀, 북한 4·25팀, 일본 요코하마팀, 중국 쿤밍팀이 15세 이하 유소년축구팀이 참가하는 대회였다. 이때 북한은 4·25 종합팀, 4·25 유소년팀, 소백수 종합팀이 홍타 스포츠센터에서 전지훈련 중이었기에 대회 외에도 다양한 교류가 가능한 상황이었다.

---

[16] 『한겨레신문』, 2012.02.01., "북한, 남북유소년축구 돌연 출전 거부", https://www.hani.co.kr/arti/society/society_general/516970.html

그런데 모든 것이 너무 잘 풀릴 때 조심해야 한다는 말이 현실이 되었다. 성공적인 대회를 기대하며 준비가 진행되던 상황에서 관심이 집중된 1월 31일 남한 인천팀과 북한 4·25팀 경기 직전에 예상치 못한 일이 발생한 것이다. 경기장에는 인천시 관계자를 비롯하여 경기도 연천군, 강원도 고성군 등 지자체 관계자들과 및 KBS, MBC, 채널A 등 언론사들이 경기를 기다리고 있었다. 그런데 갑자기 북한 측의 거부로 경기가 취소되었다. 2011년 말에 있었던 김정일 국방위원장 사망 시 조문 문제로 악화되었던 남북 관계 영향으로 이명박 정부와는 민간교류를 포함해 어떤 교류도 하지 않겠다는 북한 정부의 방침에 따라 거부 지시가 있었던 것이다. 이렇게 모두가 기다리던 남북 유소년 경기는 아쉽게 무산되었고, 대신 송영길 인천시장과 4·25 단장은 공동 기자회견을 통해 4월 쿤밍이나 인천 등에서 빠른 시일 내에 무산된 경기를 다시 치르기로 약속하는 것으로 만족해야 했다.[17]

남북 관계 악화로 인하여 남북 교류는 중단되었지만 남북체육교류협회는 다시 인천시와 협력으로 2014년 인천아시아경기대회에 북한 선수단 참가를 위한 사업을 추진하였다. 또한 남북체육교류협회 김 이사장은 정부의 5·24조치로 평양의 아리스포츠 축구화 생산공장이 중단되자, 인천시의 도움으로 2011년 11월 공장을 중국 단둥으로 옮겨 남·북·중 경제협력 사업으로 계속하면서 스포츠 교류를 이어갔다. 그리고 제품명인 '아리'를 딴 아리스포츠컵 국제유소년축구대회를 2011년부터 2014년까지는 인천평화컵 국제유소년축구대회(13~16차전) 이름으로 중국 쿤밍, 하이난, 광저우 등에서 개최하여 축구 교류를 계속해 나갔다.

---

[17] 김경성,『불굴의 아리랑』, 북스타, 2012, pp.276~278/통일부,『2013 통일백서』, 2013, p.110.

> **아리스포츠 축구화공장**
>
> 남북체육교류협회의 북한 축구지원에 대한 보답으로 북한으로부터 2008년 1월 29일 평양 사동구역 장찬동에 35만㎡의 토지를 부여받고, 남한 정부의 사업승인 (2008년 10월 10일)을 받아 세워졌던 아리스포츠 축구화공장은 남한의 축구화 장인의 기술과 북한 노동자들의 열정이 함께 만들어낸 것이었는데, 단둥으로 옮겨진 이후에도 북한 노동자의 수작업으로 제작되었다. 그러나 2016년 1월 북한의 4차 핵실험이 발생하자 박근혜 정부에서 2월 16일 개성공단과 함께 모든 남북교류사업을 중단시키면서 역사 속으로 사라지게 되었다.
>
> (『한겨레신문』, 2012.06.10., "남북협력 수제 축구화 공장 "평양으로 가고파", https://www.hani.co.kr/arti/politics/defense/537015.html. / KBS, 2014.07.29., "중국내 남북 경협의 현장 '아리 축구화' 공장", https://n.news.naver.com/mnews/article/056/0010054659)

유소년축구대회 13~16차전을 추진하는 과정에서도 북한 김정일 위원장 사망(2011년 11월), 북한 3차 핵실험(2013년 2월) 등으로 교류가 중단될 위기가 있었지만, 그러한 고비마다 순수한 유소년 꿈나무들의 축구 교류는 다행히 멈추지 않고 계속되었다. 그 과정에서 쌓인 남북 신뢰 관계가 2014년 인천아시아경기대회에 북한 선수단과 고위급 인사가 참가하는 계기가 되었다. 그리고 중국 쿤밍에서 매년 훈련지원을 받은 북한 축구는 2014년 인천아시아경기대회에서 여자축구가 금메달, 남자축구는 은메달을 획득하는 성과를 달성하였다.

2014년부터는 '아리스포츠컵 국제유소년축구대회' 이름으로 경기도 연천(2014년 1회), 북한 평양(2015년 2회), 중국 쿤밍(2017년 3회)에서 개최하여 일촉즉발의 남북 긴장 상황에서도 접촉 창구를 계속 유지시켰다. 경기도 연천에서 개최된 2014년 11월 제1회 대회에서 대북 전단 문제로 연천에서 남북 포격전이 발생하는 등 군사적 갈등이 고조된 상황을 스포츠 교류가 완화시키는 계기가 되기도 하였다.

그리고 이때 '아리스포츠컵국제유소년축구대회'라는 명칭으로 1회 대회부터 다시 시작하면서 가장 중요하게 생각한 것이 남북 관계는 언제 어떻게 변할지 모르기에 최악의 남북 관계 상황에도 스포츠 교류가 단절되지 않고 계속될 방안을 찾는 것이었다. 그리고 그 해결 방안은, 물론 이전에도 중국이나 일본 팀들이 대회에 참가한 경우가 있지만, 정식 "국제대회"로 만들어 다양한 나라의 선수들이 참가할 수 있도록 하고 특히 군사적 긴장이 고조된 상황에서도 북한이 참가할 수 있는 명분을 주는 것이었다. 남북 둘만의 대회는 정치적인 영향으로 쉽게 중단될 수 있고, 북한의 참가도 어렵게 만들지만, 여러 나라가 관계되고 국제 기준을 준수하며 정례화된 대회는 쉽게 중단되기 어려울 것이기 때문이었다.

경기도 연천에서 개최된 제1회 아리스포츠컵 대회:
국제 기준에 따라 인공기가 게양되었다. (사진: 남북체육교류협회)

이렇게 정식 국제대회로 전환하여 시작된 제1회 아리스포츠컵국제유소년축구대회에는 남한의 경기도 풍생중, 인천 광성중, 강원도 주문진중, 북한 4·25체육단 유소년축구팀과 중국 광저우 유스팀, 우즈베키스탄 분요도르크팀 등 4개국 6개팀이 참가하였다. 박근혜 정부 시기에 이루어진 민간단체 첫 남북 교류였으며, 이명박 정부에서 중단된 북한 선수단의 방남이 이 대회를 통해 7년 만에 이루어졌다. 그리고 국제대회 기준에 따라 참가국인 북한의 인공기를 정식으로 게양했는데, 이것에 대해서도 안된다는 압력과 시비가 많았다. 하지만 서로 "국제대회" 기준을 준수하고 존중할 때 교류가 지속될 수 있다는 신념에서 관철시켰다. 그리고 이미 이것보다 1년 앞선 2013년 9월에 평양에서 개최된 '2013 아시안컵 및 아시아 클럽역도선수권대회'에서 태극기가 게양되고 애국가가 연주되었다는 것을 감안하면 국제 기준에 따르는 것이 오히려 당연한 것이었다.

그리고 2015년 8월 21일 평양 5·1경기장에서 제2회 아리스포츠컵 국제유소년축구대회가 열렸다. 평양에서 열린 이 대회는 남북 갈등 상황 속에서 스포츠가 어떻게 평화의 메신저 구실을 하는지를 여실히 보여주었다. 당시 휴전선에서 북한의 목함지뢰가 폭발하면서 국내의 대북 감정이 악화되었고, 8월 20일에는 남한의 대북 확성기 가동을 이유로 연천지역 남북 양쪽에서 포격이 벌어지기도 하는 상황이었다. 대회를 하루 앞두고 평양 시내에서는 '서울 불바다'를 주장하는 시위가 벌어졌고, 남한 정부는 선수단을 철수시키라는 지시를 내렸으나, 이러한 우려에도 불구하고 안전하게 대회가 마무리 되었다.[18]

하지만 남북체육교류협회 김 이사장은 "남북 양쪽을 설득해 대회를 강행했고, 결국 21일 경기도 대표팀과 중국 유소년팀, 강원도 대표팀과 우즈베키스탄 유소년팀의 개막전이 열렸다. 경기장을 채운 수만의 북한 관중은 대치 상황과는 별개로 '동포 이겨라'라고 응원했다. 전쟁을 피하는 유일한 길은 스포츠라는 생각에 뭉클했다"고 당시를 회상했다.[19] 최악의

---

[18] 『중앙일보』, 2015.08.21., "평양 유소년축구대회 참가 중인 중학생 선수단 무사" / 『조선일보』, 2015.08.21., "남북 포격전에 평양에 머문 韓 유소년 축구팀 신변 우려" / 『조선일보』, 2015.08.25. "'평양 유소년 축구대회' 참가했던 경기도·강원도 선수단 25일 귀국", / 『한겨레신문』, 2015.08.21., "남북한 포격?…경기 잘 치르고 있으니, 걱정 마세요." / 『한겨레신문』, 2015.08.25., "남북 축구팀에 북 관중들 격려 박수"

[19] 『한겨레신문』 2018.03.17. "'잃어버린 10년' 남북축구 끈 지켜낸 '외곬 사업가'", https://www.hani.co.kr/arti/sports/soccer/836506.html?_ga=2.13552949.320611864.1695129967-

남북 관계 상황에서도 중단되지 않고 교류를 이어갔다는 것이 큰 의미였다.

당시는 북한의 비무장지대(DMZ) 목함지뢰 도발로 한반도가 일촉즉발의 상황으로 치달았던 때였는데, 평양에서 개최된 국제유소년축구대회에 참가 중인 남북의 청소년들은 어깨동무를 하고 환하게 웃으며 축구를 즐겼다. 한반도가 전쟁 위험의 상황에도 순수한 스포츠 교류의 약속을 서로 지켜 청소년들이 함께 축구를 즐기며 평양에서 안전하게 개최되었다는 데 커다란 의미가 있는 사건이었다.

실제로 이 대회를 마치고 귀국한 어린 선수들이 한 첫 마디는 북한 친구들을 다음 대회에서 또 보고 싶다는 것이었다. 그리고 대회를 후원했던 당시 경기도지사도 평양 국제 유소년축구대회가 남북의 청소년들이 한 자리에서 만날 수 있었던 소중한 자리였으며, 남북 긴장이 고조되던 상황에서도 이들이 같이 땀을 흘리고, 서로 생각을 주고 받으면서 자유롭게 소통하는 그 순간에는 서로를 겨눈 총부리도, 한반도를 갈라놓은 이념도 존재하지 않았다며, '탈정치, 룰에 의한 게임'이라는 스포츠를 통한 교류였기에 가능했다고 말하였다. 그리고 북한의 관중들에게 우리 청소년들의 열정을 보여주며 박수도 받고, 북한의 또래들과 우정을 나눈 이 청소년들이야말로 평화의 전령사이며 무력보다는 대화가 남북 관계 개선에 도움이 된다는 것을 한반도 청소년들이 보여줬다고 언론에 기고하였다.[20]

하지만 이런 어려움 속에서도 끊임없이 진행되었던 대회도 2016년 다시 잠시 중단되었다. 2016년 1월 6일 북한의 제4차 핵실험으로 박근혜 정부는 민간 남북 교류와 대북 지원 중단 방침을 세웠다. 남북체육교류협

---

1218861696.1615769972

[20] 『중앙일보』, 2015.09.13., "남북 청소년 어깨동무와 통일 열쇠", https://www.joongang.co.kr/article/18652043#home

회와 경기도는 중국 윈난성 쿤밍에서 남한, 북한, 중국, 우즈베키스탄 등 6개국 8개팀이 참가하는 국제유소년축구대회를 열 계획이었으나, 통일부와 협의하는 과정에서 남북 교류 금지 방침에 따라 중단할 수밖에 없었다.[21]

이렇게 남북 관계 악화에 따라 중단되었던 남북 유소년축구 교류가 재개된 것은 문재인 정부가 출범하고 나서였다. 2017년 12월 2년 만에 중국 쿤밍 경기장에서 제3회 아리스포츠국제유소년(U15) 축구대회가 개최되었다. 대회에는 3개국 6개팀이 참가하였는데 북한은 4.25유소년축구단과 여명유소년축구단 2개팀이 참가하여 남북 유소년축구 교류가 재개되었다.[22]

그런데 제3회 대회가 성사된 2017년 말도 한반도는 위기 상황이었다. 문재인 정부가 대북 유화정책을 펼쳤지만, 북한이 2017년 7월 4일과 28일 사거리 10,000Km로 미국 서부를 공격할 수 있는 대륙간탄도미사일(ICBM) 화성-14호 시험발사, 2017년 9월 3일 제6차 핵실험 그리고 11월 29일에는 사거리가 더 늘어 미국 본토 대부분을 공격할 수 있는 대륙간탄도미사일(ICBM) 화성-15호를 시험발사 하면서 국제사회 대북제재는 더욱 강화되고 한반도는 일촉즉발의 전쟁 위기 상황에 직면하고 있었다. 남북 직통선까지 단절된 상황에서 북한의 핵실험과 ICBM발사로 인한 전쟁 위기는 평창 동계올림픽을 앞두고 있던 문재인 정부에게는 커다란 고민거리였고, 평창 동계올림픽의 성공을 위해서도 남북 관계 개선이 반드

---

21 『연합뉴스』, 2016.01.18. "남북 참가 유소년 축구대회도 무산…北 도발 여파", https://www.yna.co.kr/view/AKR20160118060400060?section=search

22 『한겨레신문』, 2017.12.19., "남북 축구 교류 재개…2년 만에 중국 쿤밍서 청소년 대회 개막", https://www.hani.co.kr/arti/area/area_general/824127.html?_ga=2.9855287.320611864.1695129967-1218861696.1615769972 / 『연합뉴스』, 2017.12.04., "남국 국제유소년 축구 중국 쿤밍서 함께 뛰나", https://www.yna.co.kr/view/AKR20171204076900062?section=search

시 필요한 상황이었다.

    이런 상황에서 남북체육교류협회는 민간 차원에서 북한 관계기관을 설득하여 2017년 12월 중국 쿤밍에서 제3회 아리스포츠컵 국제유소년축구대회를 개최하였다. 대회 기간 중 강원유소년축구팀을 인솔했던 2018 평창동계올림픽 개최 단체장 최문순 강원도지사는 북한과 비공개 남북 고위급회담을 성사시키며 정식으로 2018 평창동계올림픽에 북한 선수단 참가를 요청했다.[23] 그리고 이렇게 성사된 축구대회를 계기로 남북 대화와 교류의 물꼬가 트였고, 북한의 김정은 국무위원장이 2018년 신년사를 통해 평창 동계올림픽 참가를 발표하는데 중요한 역할을 하였다. 북한은 2018년 평창 동계올림픽에 동계올림픽 사상 최대 규모의 선수단, 응원단 그리고 고위급대표단을 파견하였고 평화올림픽을 표방한 평창 동계올림픽의 흥행과 성공에 중요한 역할을 하였다. 스포츠 교류가 국가적 갈등을 극적으로 해소하는 가장 효과적인 수단이라는 것을 다시 한번 증명해 준 사례라고 할 것이다.

    또한 이렇게 재개된 유소년축구 교류를 계기로 남한 프로축구 K리그1 강원FC가 북한 여명축구단과 2018년 2월 같은 장소인 중국 쿤밍에서 친선경기를 갖는 등 교류가 확대되었다. 강원FC와 여명축구단의 축구 교류는 제3회 아리스포츠컵 국제유소년 대회 과정에서 강원FC 구단주인 최문순 도지사와 북한 문웅 4.25체육원장(차관급)이 합의하면서 성사되었는데[24] 유소년축구 교류를 통해 실질적으로 남북 관계가 개선되고 교류가 확대되는 것을 실증적으로 보여주었다.

---

23 『KBS NEWS』, 2017.12.20., "다시 만난 유소년 남북 축구팀…"평창 참가" 제의", https://m.sports.naver.com/kfootball/article/056/0010530204

24 『연합뉴스』, 2018.02.03. "강원FC, 북한 여명축구팀과 중국서 친선경기…1-1 무승부", https://www.yna.co.kr/view/AKR20180203032800007?section=search

《(사)남북체육교류협회 주관 스포츠 교류 현황》

| 구분 | 시기 | 장소 | 교류내용 | 비고 |
|---|---|---|---|---|
| 1차전 | 2006.05 | 평양 | 남한 유소년 13세 이하 팀 방북 경기 | |
| 2차전 | 2006.11 | 평양 | 초등연맹선발 12세 유소년대표팀 방북 (최연소 방북 기록) | 북한 1차 핵실험 이후 방북 경기이나 정상 진행 |
| 3차전 | 2007.03 | 제주, 광양, 수원, 서울 | 북한 청소년 축구대표팀 1개월간 방남 대회 참가 아닌 최초 전지훈련 목적 방남 | 한미연합훈련 기간 중 교류 |
| 4차전 | 2007.06 | 전남 강진 | 최연소(15세 이하) 방남 남: 중학교축구연맹선발팀, 북: 4.25유소년축구팀 2차례 친선경기[25] | |
| 5차전 | 2007.06 | 평양 | 같은 달에 남북을 왕래하는 최초 사례 최연소(12세 이하) 방북 교류 기록 | 기간 중 마라톤, 탁구 합동훈련 합의 |
| 6차전 | 2007.08 | 전남 광양 | 남한에서 개최되는 대회 참가 위해 방남 북한 17세 이하 축구팀 전지훈련 후 FIFA 대한민국 17세 이하 월드컵 참가 | 북한 아시아 국가 유일 16강 진출 |
| 7차전 | 2007.10 | 전남 강진 | 북한 4.25유소년 축구단 1주간 남북 공동 훈련 후 강진군 주최 국제 유소년축구 대회 참가(준우승) | 남, 북, 브라질, 프랑스, 일본, 중국 등 8개팀 참가 |
| 8차전 | 2007.11 | 평양 | 인천프로축구단(인천유나이티드) 유소년팀 북한 유소년팀과 3차례 친선경기와 2주간 공동훈련[26] 기간 중 남북 프로 친선경기 합의 | 2007.12월 인천유나이티드 vs 4.25축구팀 중국 쿤밍에서 친선경기 |

25 『조선일보』 2007.06.09. "유소년 축구, 北4.26에 승리", https://www.chosun.com/site/data/html_dir/2007/06/09/2007060900130.html)

26 『조선일보』 2007.10.30. "인천 유소년팀, 평양에서 북한과 친선경기 펼쳐", https://www.chosun.com/site/data/html_dir/2007/10/30/2007103001111.html

| 구분 | 시기 | 장소 | 교류내용 | 비고 |
|---|---|---|---|---|
| 9차전 | 2008.06 | 평양 | 남한유소년(U13) 축구팀 방북 | |
| 10차전 | 2008.10 | 평양 | 통일부 기금 중단 이후<br>지자체 후원 첫 사례<br>경기도선수단(경기유소년축구클럽) 방북 | 금강산 관광객 피격사건 이후 교류 |
| 11차전 | 2009.01 | 중국 쿤밍 | 수원고와 인천대건고팀 북한 4.25 청소년팀과 친선경기 | 경기도와 수원시 후원 |
| 12차전 | 2009.07 | 중국 쿤밍 | '경기도 수원컵 국제유소년축구대회'<br>수원선발 유소년팀, 북한 4.25유소년팀<br>(같은 기간 남북 여자유소년팀 친선경기) | 북한 2차 핵실험에 따른 남북 지역 불허로 제3국 개최 |
| 13차전 | 2011.02 | 중국 쿤밍 | 제1회 인천평화컵 국제축구대회<br>인천광성중, 북한4.25유소년팀 | 5.24조치 후 최초 남북 교류 |
| 14차전 | 2012.01 | 중국 쿤밍 | 제2회 인천평화컵 국제축구대회<br>인천광성중, 북한4.25유소년팀,<br>중국 운남성 선발팀, 일본 프로축구 요코하마 마리노스 유소년팀 참가[27] | 김정일 사망 직후 |
| 15차전 | 2013.01 | 중국 하이난 | 제3회 인천평화컵 국제축구대회<br>인천광성중, 북한4.25유소년팀,<br>중국 하이난성 하이커우시 소년팀,<br>태국 촌부리FC 유소년팀 | 2012.12월 북한 장거리미사일 발사 |

---

27 『OSEN』, 2012.01.26. "인천, 중국서 국제 유소년 대회 개최", http://www.osen.co.kr/article/G1109345388

| 구분 | 시기 | 장소 | 교류내용 | 비고 |
|---|---|---|---|---|
| 16차전 | 2014. 01~02 | 중국 광저우 | 제4차 인천평화컵 국제축구대회<br>남: 인천광성중, 북한4.25유소년팀<br>여: 인천가정여중,<br>　　북한4.25여자유소년팀 | 2013.2월<br>3차 핵실험 이후<br>교류 |
| 17차전 | 2014.11 | 경기도 연천 | 제1회 아리스포츠컵 국제유소년축구대회<br>경기 풍생중, 인천 광성중,<br>강원 주문진중<br>북한 4.25유소년축구팀 및 우즈베키스탄 분요도르크, 중국 광저우 유스팀(4개국 6개팀), 7년 만의 북한 선수단 방남, 박근혜 정부 민간단체추진 첫 방남교류 | 남북 군사적 긴장<br>(전단살포 및 포격전) 속 교류<br>접경지 군사적 위기상황 완화 |
| 18차전 | 2015.01 | 중국 청두 | 남: 경기도 남자 유소년<br>　　(MBC꿈나무재단선발),<br>　　경기도 설봉중 여자유소년팀,<br>　　강원FC 유소년팀,<br>　　인천유나이티드프로축구단<br>북: 4.25축구종합팀,<br>　　청소년팀, 유소년팀,<br>　　여자유소년팀 및 중국,<br>　　우즈베키스탄 | 민간단체+<br>3개광역지자체<br>(경기도, 강원도,<br>인천광역시)<br>공동사업 |
| 19차전 | 2015.08 | 평양 | 제2회 아리스포츠컵 국제유소년축구대회<br>7년 만의 남한 선수단 방북 승인<br>경기도유소년, 강원도유소년, 북한 4.25유소년, 평양국제축구학교유소년팀. 브라질, 크로아티아, 우즈벡, 중국 등 6개국 8개팀 | 남북포격전으로<br>준전시사태<br>선포 기간,<br>을지훈련 기간,<br>DMZ목함<br>지뢰사건 |
| 20차전 | 2017.12 | 중국 쿤밍 | 제3회 아리스포츠컵 국제유소년축구대회<br>남: 강원도 선발팀, 강원도 원주팀<br>북: 4.25축구팀 | 9월 6차 핵실험 |

| 구분 | 시기 | 장소 | 교류내용 | 비고 |
|---|---|---|---|---|
| 21차전 | 2018.08 | 평양 | 제4회 아리스포츠컵 국제유소년축구대회<br>축구 정기 교류전 위해 최초 육로 방북<br>후원: 하나은행, 강원도, 연천군<br>참가: 강원도 선발팀, 경기도 연천팀, 하나은행 여자팀, 4.25축구팀, 평양국제축구학교, 4.25여자팀, 벨라루시, 러시아, 우즈벡, 중국 등 6개국 8개팀<br>(여자팀 별도 남북 친선경기) | 4·27<br>남북정상회담 |
| 22차전 | 2018.10 | 강원도<br>춘천 | 제5회 아리스포츠컵 국제유소년축구대회<br>북측 대표단 최초 육로 방남<br>후원: 하나은행, 강원도, 강원도교육청, 춘천시<br>참가: 강원도팀, 하나은행팀, 하나은행 여자팀, 4.25축구팀, 여명축구팀, 4.25여자팀, 이란, 우즈벡, 베트남, 중국 등 6개국 8개팀<br>(여자팀 별도 남북 친선경기) | 9월<br>평양 남북<br>정상회담 |

## 2. 다시 한반도로 돌아온 남북 유소년축구 교류

　　남북을 떠나 개최되었던 유소년축구 교류가 다시 남북을 오가며 교류가 재개된 것은 2018년 8월이었다. 남북체육교류협회가 주최하고 하나은행이 후원한 제4차 아리스포츠컵 국제유소년축구경기대회가 2018년 8월 13일부터 18일까지 평양 김일성종합경기장에서 열렸고, 여기에 참가하는 선수단을 포함한 기자단, 참관단, 대회 운영위원 등 168명에 이르는 대규모 방북단이 8월 10일 육로를 통하여 개성을 거쳐 평양을 방문하였다.[28]

　　저자도 이 대회에 은행 실무자로 8월 10일부터 19일까지 9박 10일간 평양을 방문하여 북한을 직접 경험하게 되었다. 이 대회에 남한은 강원도 팀으로 강원FC 유소년팀(주문진중), 연천군 유소년팀, 북한은 4.25 유소년팀, 려명 유소년팀이 참가하였고, 러시아(블라디보스톡), 벨라루스(FC샤흐토르), 우즈베키스탄(FC분요드코르), 중국(베이징) 유소년팀 등 6개국 8개팀이 참가하였다. 그리고 한국여자축구연맹 선발 선수들로 구성된 하나은행 어자축구단도 동행하여 북한 여자유소년 선수들과 친선경기를 가졌다.

---

[28] 『한겨레신문』, 2018.08.09., "남북 유소년축구 13~18일 평양서 국제대회", https://www.hani.co.kr/arti/sports/soccer/856953.html?_ga=2.244296071.320611864.1695129967-1218861696.1615769972 / 『연합뉴스』, 2018.08.10., "평양 유소년축구대회 참가 선수단 등 168명 대규모 방북", https://www.yna.co.kr/view/AKR20180810092000060?section=search

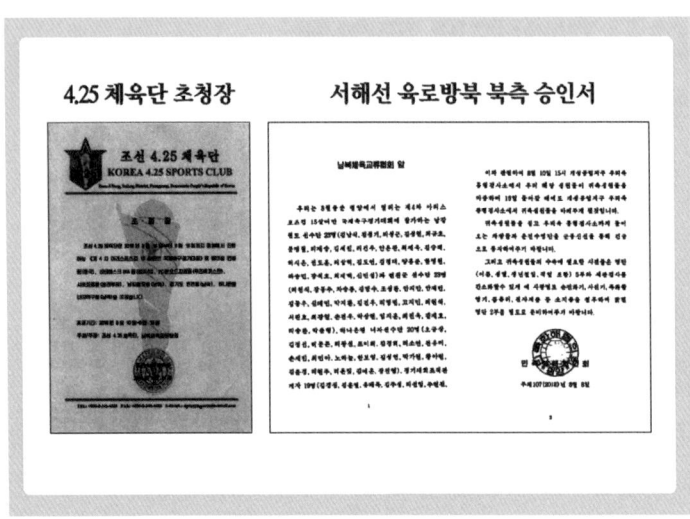

북한 4·25체육단 초청장과 육로방북승인서
(자료: 남북체육교류협회)

    제4회 아리스포츠컵 국제유소년축구대회를 위한 방북단 일행은 2018년 8월 10일 남북출입사무소를 통과하여 육로로 개성을 거쳐 평양에 도착했다. 육로를 통해 남북을 오가는 절차는, 남쪽의 출입사무소에서 간단한 교육과 출경 수속을 받은 후 버스로 군사분계선을 넘어 북측 출입사무소에 도착하면 다시 입경 수속을 받는 절차로 진행된다. 아주 짧은 시간이지만 버스를 타고 군사분계선 철문을 지날 때는 뭔지 모를 긴장감과 함께 북한 땅을 밟는다는 기대와 설렘이 교차하였다.

    입경 수속에서 대규모 방북단의 인원과 짐을 확인하는 것은 짧은 시간에 할 수 있는 일이 아니었다. 특히 방북단 일행이 가지고 간 노트북 등 전자기기 검색에 많은 시간이 소요되어 모든 수속이 마무리되는데 세시간 가까이 소요되었다. 그런데 출입사무소는 한꺼번에 200명 가까운 인원이 있기에는 비좁은 공간이었다. 8월 한여름에 에어컨이 가동되지 않는 건물 안에 방북단과 북한 직원까지 대규모 인원이 있다 보니 찜통에

들어가 있는 듯 무더위는 극심했다. 지구 온난화로 지금은 여름 더위가 더 심하지만, 2018년 여름도 당시에는 기상관측 기록에 남을 정도로 유난히 무더운 여름이었다.

연신 부채질하며 땀을 흘리던 중 출입사무소 안에 남한 제품의 에어컨이 있기에 북한 직원들에게 물었더니, 개성공단이 가동될 때 남한에서 설치해 준 것이라고 한다. 그러면서 개성공단이 운영될 때는 이곳에서 사용하는 전기를 남한에서 보내줘서 시원하게 사용했는데 지금은 전기도 끊겨서 이렇게 무더위를 견뎌야 하는 것이 힘들다며 다시 예전처럼 남북 관계가 잘 풀려서 전기를 받을 수 있으면 좋겠다고 한다. 전혀 예상치 못한 대답이었다. 남한에서 전기를 보내주어 편했다는 것과 다시 도움을 받고 싶다는 말을 서슴없이 하는 것을 보면서 '이거 뭐지?' 하며 놀랐다. 그것이 북한에서 받은 첫인상이었다.

수속을 마친 일행은 이번에는 북측이 제공하는 버스 등에 나누어 타고 평양을 향해 다시 출발하였다. 우리 일행은 은행 여자축구단 선수들과 함께 같은 버스를 탔고, 버스에는 북한의 남녀 안내원들이 같이 타게 되었다. 이 안내원들은 북한에서 일정 내내 우리와 함께 다녔다. 처음에는 안내원들과 서로 어색하여 공식적인 말 외에는 선뜻 대화를 주고받을 생각을 하지 않았으나 나중에는 서로 친해져서 가족 이야기까지 나눌 정도로 편해졌다.

북측 출입사무소를 출발한 버스는 곧바로 개성시 남동부에 위치한 개성공업지구(개성공단)를 지나게 되었다. 대표적인 남북 경협 사업이었지만 2016년 1월 북한의 4차 핵실험에 대한 대응조치로 2016년 2월 16일 가동이 전면 중단된 이후 모든 것이 정지된 채 유령 도시처럼 멈추어 있었다. 남북 협력의 상징으로 활발하게 가동되며 남한의 자본과 기술에 북한의 노동력을 합하여 남북한 모두에게 커다란 경제적 이익을 가져다주었던 공장들이 이제는 모두 문을 닫고 거리에는 지나가는 사람 하나 없는 광경이 너무 안타까웠다. 그리고 경제적 이익을 떠나 남북 주민들이 함께 일하며 소통하고 서로를 알아가는 공간이 닫혔다는 것이 더 안타까웠다.

그렇게 개성공단을 지난 버스는 잠시 후 개성시에 진입하였다. 특별시인 개성시의 도심은 깨끗하지만 규모는 남한의 지방 중소도시 정도 되는 듯했다. 나중에 평양에서도 느낀 것이지만 북한의 도시들은 거리가 깨끗하게 청소되어 있고 가로수 정비가 참 잘되어 있는 것이 인상적이었다. 버스가 개성 시내를 지나는 동안 거리를 지나는 주민들을 볼 수 있었는데, 주민들이 우리 일행이 탄 버스 행렬을 보고 긴장하거나 경계하기보다는 호기심 어린 눈빛으로 바라보는 것이 순박해 보였다.

개성을 지난 버스는 평양개성 고속도로로 접어들었다. 간혹 버스나 트럭이 보였지만 듣던 대로 고속도로에 자동차는 찾아보기 힘들었다. 황해도를 지날 때 고속도로 주변은 산보다는 나지막한 구릉이나 넓은 평야 지대였는데 드넓게 펼쳐진 들판에는 벼를 심은 논보다 옥수수밭이 더 많은 것이 인상적이었다. 남한에서는 평야 지대에 그렇게 넓은 옥수수밭이 있는 경우가 드물어 이국적인 느낌이 들었다.

개성에서 평양까지 가는 고속도로 주변에는 남한과 같이 규모가 큰 도시들은 보이지 않았다. 고속도로 중간중간 1980년대 전후 남한의 시골 같은 서정적이고 작은 마을들이 간혹 보이는 정도였다. 그렇게 옥수수밭이 펼쳐진 평야 지대를 달린 후 평양 근처에 가까워지면서 오히려 산들이 보이기 시작하였다. 개성에서 5시경에 출발한 버스는 여름 해가 뉘엿뉘엿 넘어갈 즈음 평양 인근에 도착하였고, 숙소인 평양 양각도 호텔에 도착할 즈음에는 어두워지고 있었다. 버스 안에서 처음 마주한 평양의 밤거리는 예상과 달리 가로등과 건물의 야경이 제법 펼쳐져 있는 어둡지 않은 도시였다.

개성평양 고속도로 주변 모습

호텔에 도착했을 때는 오랜만에 방북한 남한 방문객을 맞으려는 듯 호텔 직원들이 밖에 나와 손을 흔들며 환영해 주었다. 호텔에 도착한 일행은 각자의 방을 배정받는 동안 대부분 처음 도착한 평양 호텔의 모습을 둘러보며 무엇이 남한과 다른가 궁금해 하는데, 함께 간 유소년 선수들의 웃고 떠드는 모습에서는 긴장은 찾아볼 수 없고 마치 수학여행을 온 것 같은 호기심 가득한 모습들이었다.

각자의 방에 여장을 푼 일행은 호텔 연회장에서 첫날 저녁 식사를 함께하고 하루를 마감하였다. 평양에 머무는 동안 호텔의 봉사원들도 이전부터 알았던 사이처럼 친절히 대해주었고, 남한과 다른 음식이나 분위기 등에 대해 물어보면 주저하지 않고 적극적으로 설명해 주어 머무는 동안 이곳이 북한이라는 생각을 잊은 경우가 많을 정도였다.

유소년축구대회 정식 일정은 8월 15일부터 18일이었지만, 선수들은 도착 다음 날부터 배정받은 훈련장에서 적응훈련에 들어갔다. 훈련장은 대회가 열리는 김일성종합경기장이나 4·25체육단 축구장을 이용하였다. 양각도 호텔에는 남한 선수단과 방북단 일행뿐만 아니라 중국, 러시아, 우즈베키스탄, 벨라루스 선수단들도 함께 머물렀고, 행사나 식사 때는 북한 선수들도 함께 하였다.

낯선 분위기에 적응하고 익숙해지는 것은 어른들 보다는 역시 어린 선수들이 더 유연하고 빨랐다. 호텔에는 당구장, 수영장, 사우나, 음식점 등 편의시설들이 있었는데, 어린 선수들에게는 수영장과 당구장이 가장 인기 있는 시설이었다. 훈련이나 별다른 일정이 없을 때는 이곳에서 당구나 수영 등을 즐기며 경기 피로를 풀고 여러 나라 선수들이 자연스럽게 어울려 즐기곤 하였다. 어린 선수들에게는 여기가 평양이라는 사실이 전혀 중요하지 않거나 잊고 있는 듯했다.

그렇게 여러 나라 특히 남북한 어린 선수들이 함께 지내며 서로 아무런 경계심도 없이 어울리고 즐기는 모습에서 화합을 위해 교류가 얼마나 중요한지 다시 한번 생각하게 되었다. 더 나아가 스포츠 교류가 국경을 넘어 인류 공통의 언어로 세계 평화에 기여할 수 있다는 것을 직접 눈으로 확인하는 기회였다.

또한 그 속에서 자연스럽게 만나는 북한 종업원들에게서 민족의 동질성을 느끼는 기회도 되었다. 하루는 수영장과 같이 있는 사우나에 쉬고 있는데, 봉사원 한 명이 좀 전에 목격한 남한 선수들에 대해 이야기하는 것을 듣게 되었다. 당구장에서 남한(봉사원들 표현으로는 '남조선') 선수들과 러시아 선수들이 내기 당구 시합을 했는데, 러시아 선수 아이들이 질 것 같으니, 당구가 끝나기 전에 갑자기 도망가려고 했고, 이에 남한 아이들이 큐대를 집어들고 나가지 못하게 문을 막으며, 계산 안하고 어딜 도망가냐고 따지자, 러시아 선수들이 하는 수 없이 당구 비용을 다 내고 갔다며

"역시 '우리' 조선 아이들이 당차고 강하다"며 자신의 일처럼 자랑스럽게 이야기하는 것이었다. 평양 호텔의 봉사원들도 남북이 같은 한민족이라는 자부심을 가지고 있는 것이 느껴져 듣고 있는 저자의 마음도 뿌듯해졌다.

제4회 아리스포츠컵국제유소년축구대회

공식 대회 일정은 15일부터였지만, 13일부터는 8개 팀이 1, 2조로 나뉘어 조별리그가 진행되었다. 각 2팀씩 참가한 남한과 북한은 각 조에 모두 소속되어 님한 강원도팀, 북한 평양국제축구학교팀, 벨라루스팀, 우즈베키스탄팀이 1조, 남한 연천군팀, 북한 4·25팀, 중국팀, 러시아팀이 2조가 되어 조별 예선이 13일 1차전, 14일 2차전이 진행되었다.

그리고 드디어 8월 15일 공식 개막식과 함께 3차전이 진행되었다. 김일성 종합경기장에서 개최된 개막식에는 경기장 수용인원을 모두 꽉 채운 5만 명이 넘는 학생과 평양 시민들의 열기로 경기장은 떠나갈 듯 뜨거웠다. 관중 대부분이 교복 차림의 학생들이었기에 많은 학생들이 동원되었을 것으로 보였지만, 일반 시민들도 꽤 많이 관람을 왔고 남한 방문단에 대해서도 스스럼없이 손을 흔들며 환영해 주었다.

손을 잡고 경기장을 도는 남북의 유소년축구 선수들과 관중들 그리고 안내원과 함께

개막경기로 진행된 남한 연천군팀과 북한 4·25팀 선수단의 경기는 경기장을 가득 메운 5만여 북한 관중들의 열띤 응원 속에 진행되었다. 경기가 끝나고 남북 어린 선수들이 함께 손을 잡고 경기장 트랙을 돌 때는 우리에게도 친숙한 "반갑습니다"와 '우리의 소원은 통일'을 노래하며 박수와 함께 뜨겁게 환영해 주었다. 갈라졌던 민족이 스포츠로 하나되는 감동적인 순간이었다.

함께 땀을 흘리며 경기를 한 이유도 있겠지만 남북한 어린 선수들은 어른들보다 훨씬 빠른 시간에 친구가 되어 어울렸다. 그리고 남한 선수들과 방문단을 한마음으로 뜨겁게 환영해 주는 관중들을 보면서 역시 우리는 한민족이구나 하는 가슴 벅찬 감동이 밀려왔다. 어린 선수들이 경기 중에는 한 치의 양보도 없이 치열하게 경기하였지만, 경기가 끝나고 나서는 친구처럼 함께 손을 잡고 뛰는 모습은 남과 북이 아닌 이웃 학교 학생들 같았다. 유소년축구 하나로 방북단은 물론 북한 주민들이 다 함께 같은 민족이라는 뜨거운 동질감을 느끼는 소중한 기회였다.

16일 하루 경기를 쉬고 휴식을 가진 선수들은 17일과 18일에 준결승, 결승 등의 경기를 가졌다. 아쉽게 남한팀은 모두 결승에는 진출하지 못하고, 결승전은 모두 북한팀 4·25팀과 려명 유소년팀의 대결에서 4·25팀이 승리하여 우승을 차지하였다.

대회가 끝난 뒤 시상식에서 개인 MVP로 선정된 남한 강원도팀의 전도훈 선수는 시상대에 오르며 우승 메달을 걸고 서 있던 4·25팀은 물론 려명팀 등 북한 선수들과 일일이 하이파이브하며 친구처럼 서로를 축하해 주었다. 그리고 이어진 방송 인터뷰에서도 "막상 경기를 뛰고 서로 친해져 보니까 저희와 다를 것도 없고 많이 친해진 것 같아요."라며 함께 했던 며칠 사이 축구로 남과 북의 어린 선수들이 하나 되고, 이념을 뛰어넘어 순수한 친구가 되어 있다는 것을 보여주었다.

선수들이 훈련하는 동안 함께 간 방문단은 여유 시간에는 북한 여러 곳을 관광할 기회도 있었다. 모든 사람들이 기대하는 옥류관 평양냉면은 필수 코스였고, 그 외에도 평양의 유명한 음식점들과 대학, 공장, 박물관, 능라곱등어관,[29] 문수물놀이장, 만경대학생소년궁전 그리고 묘향산 보현사 등 꽤 여러 곳을 둘러볼 수 있었다.

평양은 버스, 무궤도 전차, 지하철과 자전거가 주요한 대중교통 수단으로 보였는데, 깨끗한 신형 택시들도 많이 보였던 것도 약간 의외였다.

---

[29] 곱등어: 돌고래의 북한말

서울처럼 길이 막힐 정도는 아니지만 출퇴근 시간에는 버스 등 차량과 자전거 행렬이 복잡할 정도로 통행도 많았다. 남한의 구형 소렌토를 닮은 차량이 눈에 띄었는데, '뻐꾸기'라는 이름을 달고 있었다. 과거에 남북 경협사업으로 설립된 평화자동차에서 만든 차량이었다.

평양에서 머무는 동안 이동하면서 가장 눈에 들어오는 거리는 미래과학자거리와 려명거리였다. TV나 방송 등에서 보았던 김일성광장, 평양역, 인민대학습당, 동평양대극장 등 익숙한 건물도 있지만, 당시에 이곳은 새롭게 조성된 지 얼마 되지 않은 평양의 핫한 거리였다. 미래과학자거리는 교수, 교사, 과학자들을 위해 조성된 고층아파트 거리였는데, 곳곳에서 '미래중시, 과학중시', 또는 '최첨단을 돌파하라'라는 구호들과 함께 '중앙정보통신기재판매소', '목란비데오상점', '미래가정용품상점' 등 전자기기 관련 상점들도 많았다. 남한에서도 많이 알려진 '려명거리'는 파스텔톤의 녹색과 흰색이 조화를 이룬 세련된 고층아파트뿐만 아니라, 인근에 김일성종합대학 등 대학들이 있어서인지 특히 젊은이들이 많이 보이는 가장 인상적인 거리였다.

그리고 평양에도 서울과 같은 '종로'거리가 있었고, 백화점, 옥류관 외에도 다양한 식당, 꽃집, 약국 그리고 거리의 음료 가판대 등 상점들이 보여 어느 정도 상거래가 이루어지는 것으로 보였다. 실제로 한번은 대동강 수산물시장에서 식사를 하고 건물 안에 있는 마트도 들렸는데, 규모는 좀 작지만 남한의 일반 마트와 비슷하게 구성되어 있었다. 우리 일행들도 호기심에 여러 가지 물건을 샀는데 계산도 바코드를 인식하며 자동으로 정산하고 있었다.

미래과학자거리, 려명거리 등 평양의 풍경

국제사회로부터 고립되어 있지만 어느 정도 평양도 변화가 진행되고 있는 것이 느껴졌다. 안내원 친구들 설명에 따르면 평양에서 술과 같은 품목은 카드로 배급이 된다고 한다. 예를 들면 술은 매월 일정량이 카드에 자동으로 배정되고 집에 사가거나 술집에서 마실 때마다 차감된다는데, 나이에 상관없이 남자에게만 배급된다는 것에서 아직 남자중심의 사회구나 하는 것이 느껴졌다. 그렇게 죽구를 세기로 평양에 대해서도 새롭게 알아가며 이해를 넓혔던 기억이 새삼스럽게 느껴지는데, 아마도 지금은 더 많이 변했을 것으로 생각된다.

처음 개성 북측 출입경사무소에서 버스를 갈아탈 때부터 함께 한 안내원들은 일정이 모두 끝나고 다시 출입경사무소에서 헤어질 때까지 함께 하였다. 처음 버스별로 북측 안내원들과 만났을 때는 서로 어색하고 서로 긴장이 되어 공식적인 말 외에는 별로 대화가 없었지만, 10일간의 일정을 함께하면서 서로 정이 들고 친해져 스스럼없이 편하게 대화도 나누고, 함께 사진을 찍고 찍어 주기도 하였다. 한번은 내가 버스 안에서 차창 밖의 거리 사진을 찍는데 커튼이 방해되자, 북측 안내원이 커튼을 잡아주며 편하게 사진 촬영할 수 있게 도와주는 일까지 있었다. 남한에서 알던 것과는 전혀 다른 모습이었다.

버스를 타고 단체로 이동하기에 쉽지는 않았지만, 북한 여러 곳을 다니는 동안 잠깐씩 북한 주민들과 대화를 나눌 기회도 있었다. 그런데 오가며 우연히 만나는 주민들도 별다른 경계심 없이 자유롭게 대화에 응해주는 모습이 처음에는 오히려 우리가 놀랄 정도였다. 묘향산에 다녀오는 길에 잠시 휴식을 위해 길가에 버스를 멈춘 적이 있었다. 일행 몇명이 도로에서 좀 떨어진 시골 밭길에 들어섰다 어린아이를 업고 가는 할머니를 만났는데, 우리가 남한에서 왔다는 말에도 놀라지 않고 순박하게 인사 나누며 웃어주던 모습에서 우리 시골의 할머니들 모습이 떠올랐다.

평양에서도 안내원들 없이 시민을 만날 기회가 있었다. 묘향산에 다녀온 날 점심 식사 후 전체 일행이 두어 시간 정도 숙소 호텔에서 휴식을 취하며 자유시간을 가질 때였다. 나와 동료 두 명이 호텔 인근 도로를 산책하던 중 양각도에서 강북으로 건너가는 다리에 막 접어들었을 때 갑자기 소나기를 만나 되돌아와 나무 밑에서 비를 피하고 있었다. 그때 함께 나무 밑에서 소나기를 피하던 평양 시민들과 자연스럽게 이야기를 나눌 수 있었다. 비를 피하기 바빠 처음에서 서로 의식하지 못했지만, 서로 가까이 서 있다 보니 자연스럽게 대화를 나누게 되었다. 먼저 자전거를 타고 가다 멈추어 있던 50~60대 중년분에게 말을 걸어봤는데, 남한에서 왔다고 하니 "동포구만!"하면서 반갑게 받아 주어 대화가 시작되었다.

그분은 우리를 중국인 관광객으로 생각했다고 한다. 생각해 보니 우리가 묵었던 양각도 호텔에도 외국인 관광객들이 꽤 있었고, 서양인 관광객들도 많이 보였었다. 그분이 우리를 중국인으로 생각했던 이유는 평양 시민들은 누구나 김일성, 김정일 휘장을 달고 있는데 우리는 없다 보니 당연히 외국인 관광객으로 생각했고, 얼굴이 비슷하니 중국인이겠지 생각했다는 것이다. 그런데 예상치 못하게 '조선말'로 말을 걸어오니 반가웠다며, 남에서 왔다는 말에도 대화를 나누는데 경계하거나 크게 놀라지도 않았다.

비를 피하다 우연히 거리에서 만난 평양시민

오히려 이야기를 나누다 보니 생각보다 남한에 대해 잘 알고 있었고, 남북이 교류하고 남한이 도와주어야 북한도 발전할 수 있다는 말을 자연스럽게 하는 것에서 우리 일행이 놀라웠다. 그분 이야기로는 북한에서는 매주 직장이나 지역에서 '총화 시간'이라는 것이 있는데, 예전에는 남한 사람을 만나면 만나서 무엇을 했는지 이야기하며 반성부터 해야 했기에 만났다는 것을 숨기려 했으나, 이제는 오히려 숨기지 않고 자랑하며 이야기한다고 한다. 아마도 그런 분위기 때문에 스스럼없이 우리와 대화가 되었던 것 같다. 그전에 북한을 다녀왔던 분들도 그런 모습은 이전과 상당히 달라진 것이라고 말할 정도로 2018년의 분위기는 매우 화기애애하였다.

거리에서 만난 사람들뿐만 아니라 호텔 직원 등 모든 사람들에게서 친절함과 편안함을 느낄 수 있었다. 호텔 직원 중에는 매일 방 청소와 세탁물 관리를 해주었던 '옥순'이라는 이름의 직원이 있었는데, 세탁물을 내놓을 때 남한에서 가져간 기념품을 놓아두어도 처음에는 받지 않고 그대로 남겨두었지만, 서로 인사를 나누고 친해지고 나서 전해주니 쑥스러워하면서도 고맙다며 받아 주었다.

저자가 은행원이었다 보니 북한의 은행에 대해서도 많이 궁금했는데, 호텔 로비 중층에 '대성개발은행'이라는 간판이 있는 것을 발견하고 들어가 보았다. 창구 직원이 서너명 있었는데, 북한 은행원들도 과거 남한의 전형적인 은행원처럼 흰 셔츠에 정장을 입고 있었고, 창구 직원들에게 나도 남한의 은행원이라고 했더니 더 친절히 반겨주었다. 무엇보다 북한 은행에서 남한 사람이 거래를 할 수 있는지 궁금하였다. 그래서 환전이 되는지 물었더니 북한 화폐로 환전은 안되지만 다른 화폐로는 된다고 하여 달러를 위안화로 교환하였다. 전표를 전산이 아닌 손으로 작성하는 것 말고는, 여권을 확인하고 출납인을 찍는 것 등등 우리 환전 절차와 비슷했다. 여권 확인 과정에서 내 여권에 북한 입국 도장이 없는 것을 보고, "왜 여권에 입국 사실이 없냐"고 묻기에 개성공단을 통해 육로로 와서 여권에 출입국 도장이 없다고 했더니 그러냐며 거절하지 않고 친절하게 환전을 해주었다. 우리도 외국인은 환전할 때 여권 확인이 필요한 것과 마찬가지였다. 그럴 필요가 없는 날이 빨리 오기를 다시 한번 생각하게 되는 기회였다.

벌써 많은 시간이 흘렀지만, 그 당시 북한을 다녀오고 난 이후 남는 가장 큰 기억이라면 사람과의 만남이었다. 북한에 머무르는 열흘 동안 함께 했던 안내원 친구들과는 서로 가족 이야기까지 할 정도로 정이 들고 친해졌다. 북측 안내원 중 '철룡 선생'이라 불렸던 안내원은 체격도 좋고 거칠게 생겼지만 이야기를 나누다 보니 한없이 여리고 착한 친구였다. 부인은 미술을 전공한 화가이고 아들이 둘이라고 하였다. 또 다른 안내원 중에 직급이 좀 높았던 금평 선생은 처음에는 상당히 까다로운 사람이어서 말을 트는데 시간이 걸렸다. 하지만 가까워지고 난 이후는 더 없이 부드러운 친구였다. 그 친구와 묘향산 보현사 입구 매점에서 사서 함께 나눠 먹은 돌배가 지금도 생각이 난다.

2018년 유난히도 뜨거웠던 여름을 함께 하며 열흘간 우리를 안내했던 북한 친구들과 오랜 시간 함께 하며 느꼈던 것은 그들도 우리와 함께하고 교류하며 통일이 되기를 원한다는 것이었다. 남한에서는 특히 젊은 층에서부터 통일의 필요성에 대해 부정적인 인식이 늘어나는데, 아직 북한 사람들은 남한의 젊은이들보다 통일에 대한 사명감이나 기대가 훨씬 큰 것 같았다.

환영식, 개막식, 환송식 등등 남북한 관계자가 모두 함께하는 만찬이 여러 차례 있었는데, 그런 날에는 공식 만찬이 끝난 이후에도 몇 시간씩 안내원들을 포함한 남북한 관계자들이 호텔 식당에서 평양 소주, 송악 소주와 대동강 맥주를 마시며 밤늦게까지 함께 시간을 보냈다. 그런 시간을 자주 갖다 보니 서로 편한 친구가 되고 간혹 민감한 이야기들도 스스럼없이 나눌 수 있었다.

예를 들면, "남북문제는 우리끼리 서로 알아서 풀면 되는 것이지 왜 남측은 자꾸 미국의 눈치를 보냐"고 안내원 친구들이 따지기도 했고, 우리는 "그게 그렇게 생각처럼 간단한 게 아니다. 국제관계도 고려하고 외교 문제도 있고... 등등 여러 가지 상황을 고려해야 하는 것이지 그게 우리가 미국 눈치를 봐서 그런 것이 아니다, 북한도 이런 기회에 과감히 문을 열고 세계 흐름에 동참해야 한다" 등등 서로의 주장을 누구 눈치 볼 것 없이 편하게 나누었다. 간혹 생각이 다를 때는 목소리가 커지기도 하였지만 꾸밈없는 그런 대화를 통해 서로를 조금씩 더 이해할 수 있게 되었다.

그렇게 열흘간의 방문 기간을 마치고 처음에 갔던 것처럼 다시 버스를 타고 평양에서 개성으로 내려오는 동안은 이제 헤어져야 한다는 생각에 버스 안이 숙연해졌다. 첫날 개성에서 평양으로 갈 때는 쉬지 않고 갔는데, 마지막 날 평양에서 개성으로 내려올 때는 고속도로 중간에 있는 온정리 휴게소라는 곳에 잠시 쉬었다. 고속도로에 차량이 많지 않기 때문에 남한과 같이 휴게소 규모가 크지는 않았지만, 제법 음료수, 과일, 간식이나 기념품 등을 갖추어 놓고 있었다. 휴게소에 잠시 쉬는 시간도 함께하는 아쉬운 시간이기에 안내원 친구들과 우리는 친구나 가족과 여행하다 들린 것처럼 서로 음료수나 과일, 간식거리를 사주며 함께 기념사진 한 장이라도 더 찍으려고 분주하였다.

그렇게 처음에 왔던 길을 거꾸로 달려 개성을 지나 북측 출입경사무소에 도착하여 수속하는 동안은 여기저기에서 서로 부둥켜 안고 울먹이는 친구들도 많았다. 우리도 함께했던 금평, 철룡, 영민 선생 등 안내원 친구들에게 "이제 이렇게 교류가 시작되고 있으니 조만간 다시 만나겠죠"라며 안아주고 서로 어깨를 두드리는데 안내원 친구들이 눈물을 흘렸고, 어느새 우리 얼굴에도 눈물이 흐르고 있었다.

그리고 수속을 마치고 출입경사무소 경계를 넘어 왔지만 선뜻 건물을 나서지 못하고 서로 한참 동안 손을 흔들며 한동안 바라보며 서 있었다. 그렇게 아쉬움을 뒤로 한 채 북측 출입경사무소 앞에 와있던 남한 버스를 타고 다시 우리는 군사분계선을 넘어 남한으로 내려왔다.

2018년 8월을 뜨겁게 보내며 제4차 대회를 성공적으로 마무리한 이후, 제5회 아리스포츠컵국제유소년축구대회가 2018년 10월 29일부터 11월 2일까지 강원도 춘천 송암스포츠타운에서 개최되었다. 지난 8월에 남한 방문단이 육로로 방북했던 것과 마찬가지로 5회 대회에 참가한 북한 선수단과 임원 등 80여 명이 10월 25일 사상 최초로 육로를 통하여 방남하여 인제 스피디움에 숙소를 정하고 머물며 대회에 참가하였다. 대회는 남북한과 중국, 러시아, 우즈베키스탄, 베트남 등 6개국 8개 팀이 참가하여 남한 강원도 선발팀, 북한 4·25체육단, 중국, 베트남이 A조로 그리고 남한 하나은행 중등연맹 선발팀, 북한 려명체육단, 우즈베키스탄, 이란이 B조로 나뉘어 진행되었다.

춘천 송암축구장에서 열린 제5회 아리스포츠컵국제유소년축구대회
(사진: 남북체육교류협회)

10월 29일 송암스포츠타운 주경기장에서 개막식과 함께 남한의 강원도 선발팀과 북한의 4·25체육단팀의 첫 경기가 열렸다. 경기장에는 북한 선수들의 경기를 보기 위해 많은 시민들이 찾아와 수용인원 2만 5천명의

경기장을 가득 메웠고, 열띤 응원으로 남북 선수들을 응원하였다. 뜨거운 공방 속에 팽팽하게 진행되던 경기에서 4·25팀이 먼저 첫 골을 기록하였는데, 북한팀이 먼저 골을 넣자 관중석에서 북한 선수들에게 격려와 함성을 보내주는 등 화기애애한 분위기에서 경기가 진행되었다. 5일간 뜨거운 열기 속에 진행된 대회는 11월 2일 결승전에서 북한의 4·25체육단 팀이 하나은행 중등연맹팀을 2:0으로 이기고 우승을 차지하며 막을 내렸고, 다시 한번 축구를 통하여 남북 화합의 장을 만들었다.[30]

당시에 방남했던 북한 선수단은 인재 숙소에서 춘천의 경기장까지 1시간 30분 이상 걸리는 거리를 오가며 경기를 치렀는데도 피곤한 기색없이 열심히 경기에 임했고, 함께 대회에 참가했던 남한 선수들과 서로 장난도 치고 사진도 같이 찍으며 오래전부터 친구였던 것처럼 잘 어울렸다. 그리고 대회를 마치고 떠나기 전날 만찬에서 북한 선수들은 "백두에서 한라로 우린 하나의 겨레"로 시작하여 "안녕히 다시 만나요"로 끝나는 북한 가요 '다시 만납시다'를 불러 모두의 가슴을 뜨겁게 만들었다.

---

[30] "대회에 참가하였던, 북한 4.25체육단 안유지(14)군은 "남조선은 먼줄 알았는데 와보니까 정말 가깝다"며 "계속 자주 왔다갔다 했으면 좋겠다"고 소감을 밝혔다." 『연합뉴스』, 2018.10.25., "북한 4·25체육단 방남…춘천 국제유소년축구대회 참가(종합)", https://www.yna.co.kr/view/AKR20181025088851060?section=search

## 3. 또다시 아이들의 축구를 기다리며

유소년축구 교류는 그렇게 2018년 남북을 오가며 한반도를 통일의 열기로 뜨겁게 달구었다. 그러나 2019년 원산과 강원도를 오가며 대회를 이어가려던 아리스포츠국제유소년축구대회 계획은 실현되지 못하였다. 하노이 북미대화가 결렬되고 남·북·미 관계가 급격히 경색되었기 때문이다. 여기에 북한이 더 이상 남한이나 미국과 대화를 통한 경제협력에 기대를 갖지 않고 자력갱생을 선택하면서 남북 대화와 교류가 단절되게 되었다.

이러는 상황에서 COVID-19 펜데믹이 덮치면서 국제적 이동과 교류가 제한되고 특히 북한은 아예 국경을 폐쇄하면서 남북 대화나 교류의 단절은 물론 민간 차원의 유소년축구 교류도 기약없이 중단되는 상황에 이르렀다. 더구나 이후 들어선 윤석열 정부는 북한의 비핵화와 경제적 급부를 맞바꾸는 대북 '상호주의'를 원칙으로 한미일 공조를 통한 대북 압박을 강화하는 강경한 대북정책을 펼쳤다. 그 결과로 이미 단절된 남북 관계가 더 냉각되고 단절의 골은 깊어지며 적대적으로 흘러 전쟁 위험을 걱정해야 할 정도로 악화되었다.

악화된 남북 관계는 정치, 경제는 물론 문화, 예술, 스포츠 심지어 인도적 지원까지 어느 분야 할 것 없이 모든 남북 교류를 완전히 중단시키게 되었다. 남북 교류가 한때 1~2년 정도 전면적으로 중단된 경우가 있었지만, 이번처럼 오랜 기간 완전히 중단된 경우는 1970년대 이후 처음이다. 극단적인 관계 단절은 남북 관계가 냉각되고 경색되었을 때 이를 풀어가는 마중물 역할을 충실히 하며 10년 이상 이어졌던 남북 유소년축구 교류마저도 끝내 피해 가지 못하고 만들어 중단되고 말았으며, 2025년 현재까지 7년 가까이 재개되지 못하고 있다.

지금은 잠시 중단되어 있지만, 남북체육교류협회의 유소년축구 교류는 남북 간의 다양한 민간외교 성과를 보여주었다. 유소년축구 교류사업은 남북체육교류협회와 북한 4·25체육단 간의 민간 협약으로 출발하였고, 초기에는 정부의 지원이 중요한 역할을 하였다. 중앙정부의 지원이 중단된 이후에는 지방자치단체의 지원으로 교류를 지속할 수 있었고, 민간기업과 프로축구 구단 등이 참여한 이후에는 내용이나 규모 면에서 커다란 발전을 경험하기도 하였다.

유소년축구 교류는 10년을 넘기며 지속되는 과정에서 여러 번 단절을 경험하기도 하였다. 남북 관계의 긴장과 경색은 중앙정부의 지원을 중단시키고 때로는 지방자치단체의 지원을 어렵게 만들기도 하였다. 하지만 이러한 과정에서도 남북체육교류협회와 북한 4.25 체육단의 합의된 계약에 대한 존중과 실천 의지는 어려운 상황에서도 교류가 지속될 수 있는 원동력이 되었다. 그 중요한 사례로 DMZ 목함지뢰 사건과 포격전이 오가는 2015년 일촉즉발의 전쟁 위기 속에서도 평양에서 안전하게 개최된 대회의 성공은 상호 신뢰를 강화하고, 남북 정부의 관계 개선을 이끌어내는 중요한 역할을 하기도 하였다.

무엇보다도 오랜 기간 지속되었지만, 많은 경우 해외에서 진행되던 대회를 한반도 안에서 그것도 남북을 모두 육로로 오가며 대회를 진행하였던 2018년의 뜨거웠던 기억은 대회에 참가했던 선수들에게 더 뜨겁게 서로를 이해하며 느낄 수 있는 소중한 추억과 경험을 남겨주었을 것이다. 그리고 선수단과 함께 군사분계선을 넘어 남한과 북한 땅을 밟아보고 이전에 볼 수 없었던 경치와 서로의 모습을 보았던 방문단 일행 그리고 대회 경기장을 찾았던 남북의 주민들 모두에게 뜨거운 민족 동질감을 남겨주었다. 그렇기에 2018년을 끝으로 중단되어 지금까지 다시 열리지 못하는 대회가 더욱 아쉽고 안타깝게 느껴진다.

물론 남북체육교류협회의 유소년축구 교류가 남북 스포츠 교류 성공을 위한 완벽한 모델은 아닐 것이다. 하지만 오랜 기간 수많은 중단 위기에도 교류를 이어왔다는 점이 중요했는데, 이러한 노력이 결실을 맺지 못하고 어린 축구 꿈나무들의 교류조차 장기간 중단된 상황은 스포츠 교류가 민간단체의 교류 의지에도 불구하고 정치로부터 완전히 자유롭지 못한 한계를 보여주고 있다. 유소년축구 교류도 남북 관계의 구조적인 특성으로부터 영향을 받기 때문에 지방자치단체는 물론 민간기업이나 단체도 지원에 있어 항상 불안정한 상황에 놓여있고 그 결과 사업의 재개와 중단이 계속되고 있다.

남북 스포츠 교류가 동서독의 스포츠 교류, 미국과 중국의 핑퐁외교와 같이 정치적 갈등을 해소하고 관계를 개선하는데 기여하고 마중물 역할을 하려면 정권의 성격에 따라 완전히 정반대의 상황으로 내몰리는 일이 반복되어서는 안될 것이다. 무엇보다 먼저 가장 순수한 어린 축구 꿈나무들의 교류가 단절되지 않고 이어질 수 있는 남북 스포츠 교류 구조를 만드는 것이 반드시 필요한 일이다.

정권이 바뀌거나 군사적 긴장이 고소되더라도 교류할 수 있는 구조가 만들어진다면 스포츠 교류만큼 남북한이 정치적 부담 없이 지속적으로 관계를 이어갈 수 있는 것은 없다. 1970년대 동서독 스포츠기본조약이 그랬듯이 스포츠 교류의 숨통을 열어 놓으면 궁극적으로 정치의 문제도 해소할 수 있는 것이다.[31]

---

[31] 『한겨레신문』, 2018.03.17. "'잃어버린 10년' 남북축구 끈 지켜낸 '외곬 사업가'", https://www.hani.co.kr/arti/sports/soccer/836506.html?_ga=2.13552949.320

밤이 깊어지면 또 다른 새날도 가까워지는 법이다. 미국에서는 남북 관계 냉각이 시작된 지난 2019년 하노이 북미회담의 한 축이었던 트럼프가 다시 대통령으로 당선이 되어 북한과의 대화를 모색하고 있는 것으로 보도되고 있다. 워낙 트럼프 대통령이 예상치 못한 행동을 많이 하기에 어디로 튈지 알 수 없고, 아직은 트럼프의 친서를 북한 외교관들이 접수를 거절하고 있는 상황이기에 북미 대화와 교류를 섣불리 낙관하기에는 이르지만 변화의 조짐이 보이기 시작하고 있다. 또한 한국에서도 이재명 정부가 새롭게 출범하면서 실용 외교를 추진하며 남북 관계 개선에 대해서도 적극적인 모습을 보여주고 있기에 남북 대화와 교류를 위한 국제정세나 국내 상황으로도 모두 유리한 상황으로 변화하고 있다.

지난 수십 년간 북한에 대한 생각에서 한미 양국의 지도자나 정부가 비슷한 입장을 가진 경우가 많지 않아 남북 관계 개선에 많은 어려움이 있었다. 그런데 이번에 새로 들어선 한미 양국의 지도자가 같은 생각이라는 점은 매우 다행스러운 일이다. 포용적인 대북정책을 펼쳤던 김대중, 노무현 정부시기 미국은 조지 W 부시 정부로 북한에 대해 '악의 축'이라는 표현을 할 정도로 적대적이었기에 두 차례의 남북정상회담에도 불구하고 실질적인 남북 관계 진척이 어려웠다. 반면 '전략적 인내'를 기조로 대북정책을 펼쳤던 미국의 버락 오바마 정부 시기에 남한은 이명박, 박근혜 정부 시기로 보수적이고 강경한 대북정책을 펼치며 오히려 남북 관계가 악화되었다. 문재인 정부는 도널드 트럼프 정부 1기 초반에는 대북정책에서 호흡이 맞는 듯하였으나, 2019년 하노이 북미회담이 결렬되고, 한미 간 남북 협력과 비핵화를 추진하는 과정에서 소통과 공조를 위해 만들어진 협의체인 한미 워킹그룹의 지나친 간섭으로 한국의 자체적인 대

---

611864.1695129967-1218861696.1615769972

북외교에 걸림돌이 되며 남북관계 발전이 저해되었다는 평을 받고 있다. 그런데 트럼프 2기 정부와 이재명 정부는 모두 북한과 대화에 관심이 크다는 점에서 남북 관계 개선과 한반도 주변 정세 안정에 대한 기대를 크게 하고 있다.

하지만, 남한과 미국의 태도 변화에도 불구하고 북한 김정은 정권이 쉽게 대화에 응할 것이라는 전망을 내놓기에는 그동안 결별의 골이 너무 깊다. 게다가 북한은 하노이회담이 결렬되고, 이후 2019년 6월 30일 판문점에서 문재인 대통령의 중재로 다시 김정은-트럼프의 짧은 회동이 있었으나 더 이상 북미 관계가 진척되지 않자, 남한과 미국에 대한 기대를 버리고 자력갱생으로 전략을 전환하였다. 그리고 러시아와 협력은 북한에게 국제사회 대북제재에서 벗어나 새로운 발전의 기회를 제공하고 있기 때문에 트럼프 1기 정부 때와 같이 쉽게 대화에 나서지는 않을 것으로 보인다.

평양과 서울에서 어린 축구 꿈나무들이 함께 땀을 흘리며 공을 차고, 남북한 주민들이 한마음으로 응원하고 통일을 외치던 그때가 7년 가까이 지난 지금 남북이 극단적으로 단절된 현 상황과 비교가 되어 유난히 뜨거웠던 2018년의 여름이 아득히 먼 옛날처럼 느껴진다. 2019년 북미대화 결렬 이후 남북 관계도 냉각되고 단절이 되었지만, 단절의 이유를 북미대화의 결렬에만 돌릴 수는 없기에 그동안 남북 관계를 이끌어온 정부의 정책 방향에도 많은 아쉬움이 남는다.

특히 지난 윤석열 정부는 가치 외교를 명분으로 국제관계를 이분법적으로 재단하고 지나치게 한미동맹과 한미일 협력에 의존한 냉전적 이념에 기반한 외교 전략과 대북정책을 구사하여 한반도 정세를 한미일 대 북중러의 신냉전 대결 구도로 몰아갔다. 이러한 신냉전 구도로 전환은 오히려 국제사회 대북 제재를 무력화시켰고, 북핵 문제 해결은 더 요원해졌다. 그 결과로 오히려 한반도 정세가 안보 위협과 군사적 긴장이 고조되는 지경에 이르렀고, 김정은 정권에게는 내부 결속을 다지고 새로운 생존 방안을 마련하고 추진하기에 아주 좋은 기회를 만들어 주었을 뿐이다.

한반도를 둘러싼 동북아 긴장 상태가 악화되고 남북 관계 단절이 장기화하면서 북한은 2023년 말 남북 관계를 '적대적 두 국가 관계', '전쟁 중에 있는 두 교전국 관계'로 규정하고 대남 정책의 방향을 완전히 바꿔버렸다. 게다가 북한의 이러한 정책 변화에 대해 정부 당국자나 언론은, 김일성 이후 3대를 내려오며 북한 주민들에게 심어주었던 '통일'과 '민족'에 대한 유훈을 김정은 정권이 한순간에 바꿀 수 없을 것이라며 심각하게 생각하지 않는 분위기도 있었다.

그러나 북한의 그러한 정책 변화는 하루이틀만에 이루어진 것이 아니었다. 2019년 하노이 정상회담이 결렬된 이후부터 차근차근 준비해 온 것으로 보인다. 한국전쟁 이후 지난 70년간 누적된 남북의 대립과 긴장 구조를 종합하여 내린 결론일 것이다. 그리고 이러한 정책의 변화는 북한 내부는 물론 중국 등 해외에 나가 있는 북한 주민들에게까지 전파되어 시행되고 있었다. 그것을 저자가 지난 2024년 9월 초에 중국 연길 지역을 다니며 직접 느낄 수 있었다.

연길에서 묵었던 호텔 1층에 북한 식당이 있는데, 저녁 식사를 위해 들어가다 "한국 사람 받지 않습네다"라는 말과 함께 문전박대를 당했다. '남한'도 '남조선'도 아닌 명확히 '한국'이라는 용어를 쓰며 차갑게 거절하였다. 그런 분위기라는 것을 듣고는 갔지만 북한 접경지역에서 경험한 '남한과의 결별' 상태는 예상보다 훨씬 심각했다. 현지 중국동포에 따르면 남한과 결별을 위한 북한 정부의 정책이 10만 명 정도 되는 연변 지역의 북한 노동자들에게까지 이미 모두 전달되었기 때문에 그렇다고 설명한다.

1945년 분단이 되었지만, 그래도 남북은 모두 통일을 국가의 과업으로 생각하며 같은 민족이라는 동질감을 유지해 왔는데, 계속되는 대립과 단절로 인해 이제는 동질감조차 없어지려는 것이다. 그리고 동질감의 망각은 전쟁의 비극을 경험한 한반도에서 암묵적인 상호 절제로 어렵게 유지되어 온 잠정적이고 임시적인 평화마저 송두리째 흔들어 버릴 수 있는 위험에 처하게 만들 수 있다. 동질감의 상실이 '적대적 두 국가'론을 탄생시킨 것이다.

하노이 북미회담이 결렬된 이후 북한은 남한과 미국을 통해 발전해 보겠다는 기대를 버리고 자력갱생으로 전환했다. 여기에 더하여 남한에서 한미일 협력을 강조하며 압박이 강화되자 북한은 2023년 12월 남북 관계를 '교전 중인 적대적 두 국가'로 규정하고 통일, 화해, 동족 개념을 지워나가며, 남한이나 미국 대신 러시아와 손을 잡고 국가 발전을 모색하게 된 것이다.

북한은 남한에 대해 서로 상관하지 말자며 결별의 길을 가고, 남한은 강경 일변도의 대북정책을 고수하며 일촉즉발의 대결상태가 지속되어 왔다. 결국 글로벌 10위권, 문화강국 대한민국이 유치하게 대북 전단과 오물 풍선으로 북한과 싸우며 국제사회의 조롱거리가 되었고 국민은 전쟁 위험으로 불안해하는 상황을 감수해야 하는 것이다. 심지어 남한의 무인기가 평양에서 주락하는 사건까지 발생하며 일촉즉발의 전쟁 직전 상황까지 벌어졌다. 다행히 북한의 인내로 전쟁이 발발하지 않았지만, 말문이 막히는 무책임하고 어처구니없는 일이 벌어졌다.

한반도에서 전쟁은 남북한 모두에게 재앙이고, 가장 큰 피해를 당하는 것은 국민이다. 우리는 이미 한국전쟁을 통해 세계열강의 이해관계가 얽힌 한반도에서 전쟁은 남과 북 어느 한쪽의 승리로 끝날 수 없다는 것을 배웠다. 한반도에서 전쟁은 곧 비참한 남북 공멸을 가져올 뿐이다.

우리가 전쟁을 피하기 위해서는 북한을 '적'으로만 치부할 것이 아니라, '민족공동의 이익과 번영을 지향하는 잠정적 특수관계'로 인정해야한다. 이러한 인식은 이미 지난 1991년 노태우 정부가 북한과 합의하여 채택한 '남북기본합의서'에도 명시되어 있다. 악수하며 교환한 합의 사항이 헌신짝처럼 버려지는데서 신뢰가 쌓일 수는 없는 것이다. 신뢰의 기본은 아무리 어려운 상황이더라도 한번 약속한 것을 깨지 않고 지키는 것에서 시작된다.

북한을 어떻게 믿냐는 생각으로는 영원히 평행선을 달릴 수 밖에 없다. 아량과 배려는 가진 쪽이 베풀 수 있는 것이다. 남한은 이미 GDP 규모나 국력에서 북한과 비교가 안될 정도로 수십 배의 격차를 보이고 있다. 국제사회 선진국으로서 월등한 능력을 가진 우리가 배려와 아량으로 포용할 때 '적대적 두 국가'로 나아가려는 북한을 국제사회 정상 국가로 이끌어 내고, 관계 개선과 핵 문제 해결도 가능할 것이다. 우리는 그럴만한 충분한 역량을 가지고 있다.

지난 2022년 발표된 서울대 통일평화연구원의 『김정은 정권 10년, 북한주민 통일의식』 조사에 따르면, 북한이탈주민을 대상으로 "미국, 일본, 남한, 중국, 러시아" 중 "북한에 살고 계실 때 어느 나라를 가장 가깝게 느꼈습니까?"라는 질문에, 2020년 조사에서 65% 이상이 중국을 가장 우호적인 국가라고 응답했다. 이는 지난 2013년 조사에서 보여준 85%보다는 크게 감소는 했지만 여전히 압도적인 1위였다. 반면에 남한은 19%에 불과했다. 서로 대화조차 없이 단절된 상태로 대립하고 갈등하고 있는 남한을 단지 같은 민족이라는 이유만으로 우호적으로 봐달라는 것은 어쩌면 우리 입장에서만 북한을 생각하는 오만하고 무리한 요구라는 것을 보여주는 한 단면이다.

1990년 동서독이 통일할 때 동독 주민들에게 선택지는 서독밖에 없었다, 하지만 지금 북한 주민들에게는 다양한 선택지가 있다. 자력갱생의 길을 걸을 수도, 중국이나 러시아와 본격적으로 협력할 수도 있으며, 미국 트럼프 정부와 직접 손잡을 수도 있다. 김정은 정권이 붕괴되면 북한은 당연히 우리의 것이 될 것이라는 생각은 우리만의 착각에 불과하다. 지금은 북한 주민의 삶과 인권을 위해 남북 협력이 필요하지만, 장기적으로는 남한의 지속 가능한 발전을 위해서도 반드시 북한과 협력해야 한다. 고려와 조선을 거쳐 그나마 어렵게 회복한 한반도의 반쪽을 우둔하고 편협한 아집 때문에 잃어버리는 우를 범해서는 안 될 것이다.

우리가 남북 관계에 대한 인식만 새롭게 전환한다면, 남북이 함께 발전할 훨씬 많은 방법을 찾을 수 있다. 미국의 트럼프 대통령은 러시아-우크라이나 전쟁과 이스라엘-하마스, 이란 전쟁이 어느 정도 정리가 되면 북한 김정은과의 정상회담을 다시 추진할 것이다. 이미 여러 기사에서 물밑 접촉의 정황이 파악되고 있으며 트럼프도 부인하지 않고 있다. 트럼프의 성격상 큰 틀에서 협상의 방향과 성과는 가져가겠지만, 이후 직접적인 북한 투자와 개발 비용은 일부라도 남한이 부담하는 방향으로 갈 수도 있다. 그러한 기회를 어떻게 잘 살리고 활용해야 할지도 고민해야 할 것이다.

그뿐만 아니라 러시아와 관계에 있어서도 남북이 협력해야 할 기회가 장차 많아질 것으로 보인나. 러시아는 푸틴 대통령의 5신 이후 대외정책의 우선순위가 유럽에서 아시아로 전환되는 중이다. 푸틴이 2024년 3월 5선 직후 방문한 국가가 중국(5월), 벨라루스(5월), 우즈베키스탄(5월), 북한(6월), 베트남(6월) 등이다. 이 중에 벨라루스를 제외하고 모두 아시아 국가라는 것이 그것을 말해준다. 러시아-우크라이나 전쟁으로 유럽 국가들과 갈등이 깊어진 이유도 있겠지만, 이제는 유럽보다는 새로운 미래에 더 유망한 아시아로 눈을 돌리는 것으로 보인다.

특히 러시아는 정부만 남한에 관심이 매우 높은 것이 아니라, 러시아 국민들의 한국에 대한 이미지도 매우 우호적이라는 것이 우리에게는 더없이 좋은 기회가 될 수 있다. 러시아인들의 한국에 대한 호감도는 자동차, 가전제품은 물론 컵라면, 초코파이, 냉동만두 등 다양한 K-푸드를 선호하는 것에서도 확인이 된다. 가장 대표적으로 1991년 러시아에 진출한 '팔도 도시락'은 COVID-19로 러시아 경제가 휘청거릴 때도 수출이 꾸준히 늘었다. 러시아-우크라이나 전쟁 이후에도 철수하지 않았고 2023년에는 팔도의 러시아 법인 매출이 4,915억원으로 전년보다 65%나 증가하여 러시아 용기면 부분 시장점유율이 62%를 넘으며 러시아 국민에게 '팔도 도시락'이 컵라면을 의미하는 보통명사가 될 정도로 가장 유명한 브랜드가 되었다.[32]

무엇보다 러시아-우크라이나 전쟁이 한창 진행 중이고, 국내에서도 우크라이나에 무기 지원 여부가 논쟁이 되었던 시기에 러시아 푸틴 대통령은 상트페테르부르크국제경제포럼(SPIEF) 행사의 일환으로 세계 16개 주요 뉴스 통신사 대표들과 만난 자리에서 한국에 대해 유화적인 태도를 취하며 한국이 우크라이나에 무기 공급을 안해 대단히 감사하고, 한러 관계가 악화하지 않기를 희망한다고 밝혔다. 그리고 한국이 우크라이나 지원과 대러제재에 참여하고 있는 것에는 불만 표시도 있었지만 양국 관계가 악화되는 것을 바라지 않으며 미래 관계를 복원하기를 희망한다는 점을 강조했다.[33] 그만큼 러시아 대외정책에서 한국을 매우 중요한 파트너로

---

[32] 『한국무역신문』, 2025.02.21., ""러시아인들을 사로잡은 K-푸드는?"- 한류 인기 상승이 한국 식품 판매에도 영향 끼쳐", https://weeklytrade.co.kr/news/view.html?section=1&category=136&item=&no=94458
[33] 『조선일보』, 2024.06.06., ""韓 우크라 무기공급 안해 대단히 감사"…집권5기 푸틴, 한국과 관계개선 기대", https://biz.chosun.com/international/international_economy/2024/06/06/JTZAOWCQ35DDJNJ42JOMAQ7LWY/

생각하고 있다는 것을 알 수 있다.

　아직 전쟁이 끝나지 않은 상황이지만 이미 여러 분야에서 언급되고 있는 협력 사업으로는 에너지 관련 사업과 연해주 및 시베리아 개발 사업에 러시아는 남한이 참여하기를 원하는 것으로 알려졌다. 물론 최근 북러 밀착으로 그것이 가능하겠냐는 반론도 있겠지만, 러시아의 한반도 정책 방향은 러시아의 경제적 이익을 위해 남북 모두와 협력을 도모하는 전략을 추진할 것으로 예측된다. 러시아는 에너지와 시베리아 개발 사업에 남한의 자본과 기술력, 그리고 북한의 노동력 지원이 필요한 상황이기 때문이다. 오랜 기간 단절의 골이 깊어 지금 당장 직접 남북이 대화하고 교류하는 것이 어렵다면 한반도 주변국과의 다자간 협력의 기회를 활용하여 자연스럽게 대화와 교류의 기회를 만들어 가는 것도 중요할 것이다.

　더구나 다행인 것은 미국과 러시아의 관계도 그렇게 나쁘지는 않은 상황이라는 것이 우리에게는 큰 도움이 된다. 물론 경제적 이익이 첨예하게 대립하게 된다면 미국이나 러시아도 각자의 편에 설 것을 요구하겠지만, 아직까지 트럼프와 푸틴의 관계는 그런대로 괜찮은 편이다.

　2025년 6월 16일 캐나다에서 열린 G7 회의에 참석했던 트럼프 대통령은 "G7은 원래 (러시아가 빠지기 전까지) G8이었다"며 "(러시아를 그룹에서 제외한 것은)정치적 차원을 넘어 매우 큰 실수였다"고 주장했고, "만약 러시아가 G7에 남아 있었다면 (2022년 우크라이나)전쟁은 일어나지 않았을 것"[34]이라고 말할 정도로 러시아와 관계를 중요시하는 것으로 보인다. 따라서 과거 윤석열 정부에서처럼 미국 편이냐 중국 편이냐를 두고 국내에서 갈등하며 에너지 낭비를 할 필요가 없을 것이다. 우리는 이제 우리가 가진 능력과 장점을 발휘하여 미국과 러시아의 관계를 우리 국익과 한반

---

[34] 『중앙일보』, 2025.06.17., "G7 복귀한 트럼프 "中 참여 반대 안해…러시아 배제한 건 실수"" https://www.joongang.co.kr/article/25344285

도 안정 그리고 동아시아 평화를 위해 가장 좋은 방향으로 폭 넓게 활용할 방안을 찾고 연구해야 할 것이다.

하노이 북미 정상회담 결렬 이후 단절되고 냉각된 남북관계, 북미관계가 점점 더 악화되어 2024년에는 대북 전단과 오물 풍선을 서로 날리며 비방하고 끝내는 무인기가 평양 상공에서 추락하는 등 일촉즉발의 전쟁 상황까지 내몰렸다. 그리고 글로벌 정세도 러시아-우크라이나 전쟁은 아직도 계속되고 있고, 이스라엘-팔레스테인 분쟁은 이스라엘-이란 전쟁으로 확대되는 등 아직도 불안정하다. 그러나 다행히 2025년 이후 한반도를 둘러싼 국제 정세는 서로의 필요에 의해 대화와 협력으로 나아가야만 하는 방향으로 흘러가고 있고, 미국이나 남한의 새로운 정부도 실용적 대화를 주장하고 있다. 우리에게는 아주 오랜만에 찾아온 더없이 좋은 기회의 시간이다.

이제 남은 것은 북한을 대화의 장으로 이끌어내는 것이다. 하지만 앞서 보았듯이 북한 김정은 정권이 쉽게 남북대화나 북미대화에 나설 것이라 기대하기 어려운 상황이다. 특히 정치, 군사적인 무거운 분야에서 접근은 더욱 어려울 것이다. 정치나 군사적으로 대화가 되고 협력이 이루어져야 안보 위기에서 벗어나고 국민이 전쟁 걱정없이 생활하겠지만, 이미 상당 기간 대화나 교류없이 불신만 커져 있는 상황에서는 먼저 서로의 신뢰가 쌓이지 않으면 진행되기 어려운 일이다.

신뢰는 화려한 말로 쌓을 수 있는 것이 아니다. 작지만 상대를 배려하고 이해하려는 의미있는 노력과 행동이 쌓여야 생기는 것이다. 그런 이유에서 지금 이 시기에 스포츠 교류와 같이 작지만 함께 상호작용하며 공감할 수 있는 교류를 통해 자연스럽게 남북 관계를 개선하는 것이 다른 어느 때보다 중요한 시점이다. 정치적, 외교적으로 가장 유용한 수단이면서도 비정치적이라 인식되고, 실패하더라도 부담이 가장 적은 것이 스포츠 교류이기 때문이다. 또한 그동안 극단적인 단절과 대립으로 남북 모두에게서 상실되어 가던 민족 공동체 의식을 되살리는고 신뢰를 회복하는데도 스포츠만 한 것은 없다.

그러나 정치적 부담이 가장 적은 스포츠 교류라 할지라도 '적대적 두 국가'를 선언한 북한이 지금 시점에서 교류를 수용하기는 쉽지 않을 것이다. 대외적으로는 물론 대내적으로 주민들에게 이미 전달된 정책을 특별한 환경 변화 없이 거두어들이기는 쉽지 않기 때문이다. 북한의 '적대적 두 국가' 정책의 현실은 저자가 북중 국경지대에서 경험을 통해 확인했는데, 최근 중국을 다녀온 분들의 이야기도 마찬가지였다. 오랜 기간 교류하고 사업을 같이 했던 북한 인사들조차도 만남을 주저하고 노출되는 것을 매우 걱정한다는 것이다. 남한 정부가 바뀌고, 미국 트럼프가 대화 재개를 요청하는 상황에서도 북한이 쉽게 대화에 응하지 않을 것을 보여주는 단면이다. 북한이 대화에 응할 조건이 마련되기 전까지는 남북의 직접 대화나 교류는 쉽지 않을 전망이다.

이러한 상황은 스포츠계도 마찬가지일 것이다. 남한 스포츠계가 선의로 손을 내밀고 스포츠 교류 기회를 만들어 초청한다고 해도 북한 스포츠계가 쉽게 응할 수 없을 것이기 때문이다. 그렇기에 '적대적 두 국가'의 상황에서 스포츠 교류 재개를 위해서는 북한이 참여해야 할 이유나 명분을 만들 또 다른 노력이 필요하고, 그 방안으로 주변국들이나 국제 스포츠 단체와의 협력 또는 국제스포츠 대회를 적극 활용하는 방법 등도 다양하게 고려해야 할 것이다.

그래서 그나마 어렵게 10여 년을 이어왔던 남북체육교류협회의 유소년축구 교류마저 단절되었던 것이 더욱 안타깝다. 유소년축구 교류는 처음에는 남북체육교류협회와 북한의 4·25체육단의 계약으로 시작되었지만, 변화가 심한 남북관계 속에서 남북 양 당사자 간의 교류만으로는 한계를 가진다는 것을 일찌감치 깨닫고 2014년 대회부터는 "국제" 대회로 개최하여 국제 기준을 따라 진행했다. 그 원칙과 기준을 되살려 교류를 추진한다면 해결 방안을 찾을 수도 있을 것이다.

그런데 마침 남한은 2027년 하계유니버시아드대회를, 북한은 2026년 아시아주니어탁구선수권대회와 2028년 아시아탁구선수권대회를 유치해 놓고 있다. 자연스럽게 남북이 스포츠를 통해 대화하고 교류할 더없이 좋은 기회가 만들어져 있다. 이런 절호의 기회를 잘 살려 스포츠가 냉각된 남북관계를 회복하는 마중물로서 역할을 충실히 할 수 있기를 희망한다.

현재 상황에서 스포츠 교류를 중요하게 생각하는 이유는 스포츠는 북한에서도 중요한 정책 분야로 김일성 시대부터 중요시되어 왔고, 특히 김정은 시대 들어 인민 생활 향상과 사회통합을 위해 더욱 중요시하고 있으며 대외관계 개선에도 스포츠를 적극 활용하고 있기 때문이다. 2018년 평창동계올림픽 참가가 가장 대표적인 스포츠 외교 사례이다. 그 전에 2013년에는 평양국제축구학교를 설립하여 축구를 활용한 스포츠외교관 양성을 시도하고 있는데, 2023년 항저우 아시안게임에서는 이 학교 출신들이 북한 대표팀 주축을 이뤄 활약했고, 2024년 9월 콜롬비아에서 진행된 2024 FIFA U-20 여자월드컵에서 우승하기도 하였다. 북한이 오랜만에 탁구 국제대회를 유치한 것도 이러한 스포츠 외교를 통해 국제사회에서 정상 국가로 인정받으려는 정책의 하나로 생각된다.

북한 정부가 국제환경이 변화하기 전에 남북이 직접 대화하고 교류하는 것을 승인하지 않겠지만, 스포츠 외교 차원에서 국제스포츠 단체의 요구을 무시하기는 어려울 것이다. 특히 1979년 이후 49년 만에 탁구 메이저 국제대회인 2028년 아시아탁구선수권대회를 유치한 북한 입장에서는 대회의 성공적인 개최가 매우 중요한 과제다. 그리고 북한은 대회의 성공적인 개최가 중요할수록 다른 국제대회, 설령 그 대회가 남한에서 개최되더라도 적극적으로 참가해야 하는 것이 당연한 의무이다.

따라서 지난 2018년의 9·19 평양공동선언에서 합의되었던 2032년 올림픽공동개최 유치는 물 건너갔지만, 남북이 각자 유치한 이러한 국제스포츠 대회의 기회를 남북이 현명하게 잘 활용한다면 중단된 남북 스포츠 교류를 다시 이어가고 냉각된 남북 관계를 회복하는데 소중한 기회가 될 것이다. 여기에는 이미 개최가 확정된 2027년 하계유니버시아드대회, 북한의 2026년 아시아주니어탁구선수권대회와 2028년 아시아탁구선수권대회를 적극 활용하는 것은 당연한 일이고, 2036년 올림픽 공동유치 노력 등 더 많은 국제대회를 적극 유치하고 추진하는 것도 필요할 것이다.

이와 함께 북한의 개방을 이끌어 내고 교류를 활성화하는데 더없이 유용한 국제 스포츠 이벤트를 때마침 남북이 모두가 유치한 행운의 기회를 잘 활용하기 위해서는 먼저 우리가 남남갈등을 해결하고 과감히 마음을 열어야 한다. 북한을 '적'으로만 생각한다며 남북 관계는 영원히 해결할 수 없다. 이념의 우물 안에서 과감히 나와 넓은 안목에서 남북 관계를 바라볼 용기가 필요하다. 북한보다 월등한 경제력과 힘을 가진 남한이 먼저 손을 내밀고, 함께 협력할 방법을 찾아야 남북이 함께 발전하고 번영하며 새로운 동아시아 질서 변화를 주도할 수 있는 것이다.

우리가 북한에 대하여 마음을 여는 것은, 예를 들면 국제관계 속에서는 북한을 정상적인 국가로 인정하는 것도 필요하다. 북한이 국제 스포츠 대회에 적극 참여하려는 이유 중의 하나도 국제사회에서 정상국가로 인정받고자 하는 전략도 있기 때문이다. 그런데 우리가 북한을 정상국가로 인정하는 것이 아주 새삼스러운 것은 아니다. 이미 지난 1994년 김영삼 정부에서 마련되고 30여 년 동안 우리의 통일방안으로 정착되어 내려온

'민족공동체통일방안'에서 첫 번째 '화해협력' 단계에서 서로의 실체를 인정한다고 규정하였다.

북한이 우크라이나 전쟁에 전격적으로 포탄과 전투병을 투입하면서 김정은 위원장이 중국 전승전 기념식에 참석하기 전까지는 북한과 중국의 관계가 매우 악화되어 있었고, 일반인의 관광이나 비즈니스를 불허할 정도로 북한과 중국 정부 간의 갈등이 개선되지 않고 있었다. 그럼에도 북중에서 열리는 국제스포츠 대회나 국제 회의 등에는 상호 초청과 참가가 허용되고 북한도 참가하였는데, 이러한 점은 북한이 남북 관계를 '적대적 두 국가'로 규정하여 대남기구를 전면 폐쇄하고 남한 사람이나 단체에 대한 접근을 금지하는 상황을 풀어나가는데 우리가 참고하고 활용할 것들이 많아 보인다.

미중 갈등이 심화되고, 갈수록 국제사회의 자국이익 우선주의와 경쟁이 심화되고 있다. 또한 미국 트럼프 정부가 유일 패권을 포기하면서 글로벌 질서의 다극화는 더 빨라지고 있다. 그런데 우리는 한때 중국과의 기술력 격차가 컸다고 여겨졌던 많은 부문에서 이미 추월을 당했고, AI 시대는 미국과 중국 양강이 주도권 선점을 위해 치열하게 경쟁하고 있다. 이 상황을 빨리 따라잡지 않으면 AI 분야에서 우리가 원하는 3강 구도를 형성하는 것이 쉽지 않을 수도 있다.

더구나 우리는 지난 몇 년간 OECD 평균 경제성장률에도 미치지 못하는 저성장에 빠졌다. 세계 10위권 경제대국으로 성장하고 문화 한류를 등에 업고 선진국 대열 진입을 기대하던 문턱에서 자칫 주저앉을 위기에 처한 것이다. 그러기에 더더욱 남북 교류와 협력이 북한만을 위한 '퍼주기'라는 착각에서 벗어나야 한다. 우리의 미래를 위한 투자이고, 우리가 지금 직면한 위기를 돌파하기 위해서 북한과의 협력이 절실히 필요한 상황이라는 점을 유념해야 할 것이다.

21세기 새로운 국제질서 재편과 변화의 시대에 남한은 이전과 같은 지속 가능한 발전에 한계와 위기를 맞이하고 있다. 우리에게 닥친 기술경쟁력 위기, 안보 위기, 지정학적 위기, 인구 소멸의 위기를 극복하고 지속 가능한 발전을 위해 다극화 시대에 맞는 새로운 패러다임의 창조가 요구되는 시기이다. 북한을 고립시키고 한미일-북중러 구도로 대립할 것이 아니라 우리 스스로 다극화 시대에 맞는 남북 관계와 동아시아 평화 질서를 만들어 가기 위한 패러다임 전환이 필요한 것이다. 북한을 적이 아니라 한반도 문제를 함께 풀어나갈 동반자로 생각하고, 한미일-북중러 대립 구도가 아니라 미국, 중국, 일본, 러시아 모두와 협력한다면 한반도와 동아시아 평화 번영을 훨씬 쉽게 만들어갈 수 있을 것이다.

  최근까지 정치적으로는 남북 관계가 끝을 알 수 없는 단절과 냉각으로 악화되는 상황이었지만, 그 상황을 전환 시킬 수 있는 작은 희망의 불씨는 역시 스포츠에서 보여주었다. 지난 5~6년간 남북 관계가 냉각되고 단절된 이후 남북 스포츠 교류도 단절되고, 국제대회에서 만나는 남북한 선수단이나 관계자들도 대화조차 나누기 어려웠다. 그런데 지난 2024년 파리올림픽 탁구 혼합복식 시상식에서 보여준 남한의 신유빈-임종훈 선수와 북한의 리정식-김금영 선수가 서로의 성적을 축하해 주고 다정하게 악수하고 환하게 웃으며 셀카를 찍는 모습은 남북의 젊은 선수들이 끝을 알 수 없는 암흑 속에서도 새로운 미래에 대한 희망의 불빛을 보여주는 중요한 사건이었다.

  유소년 축구대회를 통해 12년 이상 22차례의 민간 남북 스포츠 교류를 이끌어왔던 남북체육교류협회도 남북 관계 개선의 마중물 역할을 위해 다시 뛰기 시작했다. 2018년 제5회 대회 이후 7년 가까이 교류가 중단된 아리스포츠컵국제유소년축구대회를 미국, 중국 등 주변국들의 지원과 협력을 통해 다시 개최하려는 노력이 진행되고 있다.[35] 조만간 미국, 북한의 원산 그리고 다음에는 남한 어딘가에서 남북미를 포함한 중국, 일본, 러시아 등 여러 나라 축구 꿈나무들의 축제가 다시 열리게 될 것이다. 그리고 그것은 남북 교류협력과 한반도 평화를 앞당기는 소중한 마중물이 될 것이다.

앞서 말한 연길의 호텔에서도 북한 식당에서는 거절당했지만, 호텔 로비의 북한 카페는 다행히 첫날 중국인과 동행하여 들어간 이후에는 머무는 동안 자유롭게 들어갈 수 있었다. 한번은 내 실수로 찻잔을 쏟았는데, 북한 직원이 친절하게 달려와 테이블을 치우고 따뜻한 차로 바꾸어 다시 가져다주었다. 남북 관계라는 '차'도 더 이상 식기 전에 따뜻한 대화 분위기로 돌아가길 희망한다. 그리고 남북한 모두가 함께 즐기고 한마음이 될 수 있는 스포츠 교류가 마중물이 되어 그것을 좀 더 앞당겨주길 기대한다.

---

35 『통일뉴스』, 2025.07.14., "다시 한번 "작은 공으로 큰 공을 움직이자"", https://www.tongilnews.com/news/articleView.html?idxno=213974

# Epilogue

한반도 긴장 상태는 국가 경제와 산업 경쟁력 향상에도 결코 도움이 되지 않는다. 그렇지 않아도 미중 갈등과 첨단산업 규제 속에서 경영전략 수립에 어려움을 겪고 있는 기업들에게는 이러한 안보 불안은 치명적인 경쟁력 약화를 초래하고 우리 기업들을 글로벌 경쟁에서 뒤처지게 만든다. 우리가 지속 가능한 발전을 이어가기 위해서는 한반도가 전쟁과 안보 위협에서 벗어나야 하는데, 그것은 남북 관계 개선과 교류 협력 없이는 불가능하다.

그런데 최근 몇 년간 우리 상황은 너무 엄중했다. 1970년대 이후 이렇게 오랜 기간 남북대화가 완전히 단절된 기간이 없었다. 더구나 지금은 대화 단절의 기간만 장기인 것뿐만 아니라 그동안 유지되었던 남과 북이 하나라는 생각까지 서로 지워가고 있는 상황이 더 문제다. 북한은 정권 차원에서 '적대적 두 국가'를 주장하며 서로 간섭하지 말자고 주상하고, 윤석열 정부는 북한에 대화를 요구했지만, 지나친 대북 강경책으로 인하여 대화 제의의 진정성에 대해 북한에 신뢰를 주지 못했다.

미중 갈등이 심화되고 러시아-우크라이나 전쟁, 이스라엘-하마스 분쟁 그리고 최근에는 인도-파키스탄 전쟁과 이스라엘-이란 전쟁까지 지역 분쟁이 증가하며 탈냉전 세계화가 퇴조하고 자국 이익을 최우선으로 하는 다극화 시대로 국제 정세가 급변하고 있다. 또한 윤석열 정부시기 가치 중심의 신냉전 대립 구도는 국제사회 대북 제재를 무력화하는 결과를 초래하였고 한미일 협력체제 강화는 북한과 러시아가 급속히 밀착하며 협력하게 만드는 역효과를 초래하고 말았다. 러시아와의 협력으로 북한은 더 이상 미국과의 관계 개선에 집착하지 않게 되었고, 남한의 대화와 교류 요구에도 더욱더 매몰차게 거부할 수 있게 되었다.

변화된 국제 정세에서 우리에게는 해결은커녕 더욱 복잡하게 꼬인 북핵 문제를 안고 안보 위기가 고조된 남북 관계를 관리해야 하는 숙제가 남겨졌다. 한미일 대 북중러의 신냉전 대립 구도가 고착화될 경우 남북 교류협력과 통일은 더욱 요원해지고, 북한이 주장하는 적대적 두 국가 체제가 현실화될 위험이 커질 것이다. 분단 체제는 북한 주민들의 인권을 위해서도 하루빨리 해소되어야 할 민족의 숙제이며, 한반도의 지속 가능한 발전과 동아시아 평화공존을 위해서도 남북 관계 개선과 교류 협력이 절실하다.

남북 관계에서 북한은 정치·군사적으로 경계하여야 할 대상이지만 또 한편 한반도 평화와 번영을 함께 만들어 나가야 할 동반자이다. 따라서 우리는 북한의 양면을 균형 있게 보아야 하는데, 분단이 길어질수록 남북의 이질감과 부정적 의식은 커지고 국력의 차이에서 오는 북한 주민들의 박탈감도 더욱 심화되고 있다. 분단 상황에서도 세계 10위권의 경제력을 가진 남한이지만 대외적으로는 미중 갈등과 국제질서 변화, 대내적으로는 출산율 급감에 따른 국가 소멸 위기로 지속 가능한 발전이 어려운 상황에 직면하였다. 실제로 2023년 우리의 경제성장률은 1%대로 추락한 1.4%를 기록하였다. OECD 평균 1.8%에도 미치지 못하는 심각한 상황이다. 같은 해 미국과 중국의 경제성장률이 각각 2.9%, 5.2%인 것과는 현격한 차이로 뒤져있다. 남북 모두 발전과 새로운 도약을 위한 전기가 필요한 순간인데, 그것을 해결해 줄 가장 손쉽고 효과적인 돌파구는 그동안 단절되었던 남북 교류 협력을 통해 서로의 장단점을 보완해 가며 상생 발전하는 것이다.

그러나 남북 교류 협력은 당위성만으로 이루어질 수는 없다. 남북 간에는 정서적 갈등도 심각하지만, 특히 남북이 같은 민족이라는 동질감조차 희박해지고 있는 남한의 20, 30대에게는 남북 협력이나 통일이 더욱 더 공감하기 어려운 문제로 자리하고 있다. 그래서 남북 교류협력과 통일을 위해서는 차이와 특수성을 인정하며 이질적인 두 사회의 결합을 위해 참여와 동의를 이끌어내며 부단히 노력해야 하는 것이다.[1] 하지만 그동안 우리는 남북 관계의 특수성, 정치적 측면에서만 본 북한의 특수성, 국내정치적 목적을 위한 남북 관계 그리고 북한의 대외정책 연구에 초점이 맞춰져 있었기 때문에 개발 협력 대상으로서 북한을 제대로 바라보지 못했다.[2]

이념과 고정관념 그리고 감정을 제거하고 본다면 북한은 우리뿐만 아니라 많은 선진국들에게 상당히 매력적인 투자 대상 국가이다. 아직 개발되지 않은 국가 중에서 북한만큼 높은 수준의 교육을 받고 훈련된 인력을 갖춘 나라는 흔치 않다.[3] 특히 북한은 2012년 교육개혁을 통해 12년제 의무교육으로 개편하면서 정보기술(컴퓨터)을 정규교육 과정으로 편입하여 IT분야 인재양성을 강화하였고, 이렇게 양성된 IT 인재들이 각종 국제 프로그래밍 대회에서 상위권을 차지하는 것은 물론 국가 공무, 농업, 경제 관리, 교육 부문의 정보화와 얼굴 인식, 음성 인식 등 AI기술 발전에서

---

[1] 윤영관, "총론: 독일의 통합 경험과 한국", 윤영관(편), 강원택 외, 『독일 통합과 한국』, 서울대학교 국제문제연구소 총서 31, 사회평론아카데, 2019), p.14.

[2] 김태균, "북한개발협력을 위한 이론적 소고(小考): 국제사회론을 중심으로", 손혁상 외, 『북한개발협력의 이해: 이론과 실제』, 국제개발협력학회 연구총서 I, 오름, 2017, p.36.

[3] 김유향, "북한 IT현황과 남북 IT협력의 과제", 김상배(역음), 김상배 외, 『4차 산업혁명과 남북관계: 글로벌 정보화에 비춘 새로운 지평』 서울대학교 국제문제연구소 총서 20, 사회평론아카데미, 2018, pp.146~149.

성과를 나타내고 있다.

    실제로 북한의 젊은 고급 IT 인력들이 중국에 나와 남한 기업들이 발주한 IT 개발 사업을 몇 단계 재하청 과정을 거쳐 가장 저렴한 가격에 수행하는 경우가 있다는 것은 공공연한 비밀이다. 안타까운 점은 북한이 고립되고 폐쇄되어 있기 때문에 최고수준의 교육을 받은 고급 인력들이 정상적인 활동뿐만 아니라 해킹과 같은 불법 활동에도 손쉽게 활용된다는 것이다. 북한이 개혁·개방이 되고, 남북 교류가 원활히 이루어진다면 이들은 우리가 AI 선진국으로 발전하는데 중요한 역할을 할 인재들이며 우리 기업들의 경쟁력 제고에도 절실히 필요한 고급 인력들이다.

    또한 오랜 분단으로 이질성도 있지만, 역사와 문화를 공유하며 같은 언어를 사용하는 시장은 지구상 어디에도 존재하지 않는다. 그런데 국제사회 제재가 해제되면 북한에게는 남한과의 협력이 필요 없을 수도 있다. 이미 중국은 상당 부분 북한 시장을 선점하였기에, 기득권을 주장할 것이다.[4] 또한 러시아는 북한과 2024년 6월 19일 정상회담을 통해 "포괄적인 전략적 동반자 관계에 관한 조약"을 체결하고 탈냉전 이후 최고 수준의 협력관계를 만들어 가고 있다.[5]

    그리고 그런 협력이 실제로 현실화 되고 있다. 러시아-우크라이나 전쟁에 북한의 파병이 일회성으로 끝나지 않고 다른 협력으로 확대되는 것이 단적인 사례이다. 지난 2025년 6월 17일에 세르게이 쇼이구 러시아 국가안보회의 서기가 2주일 만에 다시 평양을 방문하여 김정은과 회담을 통해 추가로 러시아로 지뢰 제거 작업을 위한 공병 1,000명, 파괴된 사회

---

[4] 최장호·김다울, 외 『김정은 시대 북한의 대외관계 10년: 평가와 전망』, "대외경제정책연구원 연구보고서 22-12", 2022, p.39.

[5] 『연합뉴스』, 2024.06.20., "[북러 회담] 북러 '포괄적인 전략적 동반자 관계에 관한 조약' 전문", https://www.yna.co.kr/view/AKR20240620114000504?input=1195m

기반시설 복구를 위한 군 건설병 5,000명을 파견하기로 합의했다는 보도가 있었다. 쿠르스크에 전투 병력을 파병한 데 이어 이 지역 재건에 필요한 병력까지 추가 파견하는 것이다. 쇼이구 서기는 또 "양국 정상은 전투에 참여한 북한 병사들의 공훈을 기리는 기념 사업을 진행하기로 했다"며 "이와 관련, 이번 방문에서 러시아 측 참여하에 평양에 기념관과 박물관이 포함된 기념 복합단지 건립 문제도 논의됐다"고 했다.[6]

또한 북한이 관광산업 활성화를 위해 야심차게 개발한 원산에 러시아 외무상을 초청하여 북러 외교회담을 개최하며 관광 외에도 경제, 투자, 문화, 과학기술 등 다양한 분야의 협력 방안을 논의하고 있다. 국제사회 대북 제재가 해제되지 않은 상황이지만, 이에 상관하지 않고 북한과 러시아는 급속도로 밀착하며 협력 범위를 넓혀가고 있다. 그렇지만 북한이 남한과는 거리를 두고 있어 여기에 어떻게 남한이 다가가야 할지 해결 방안이 쉽지 않은 상황이다.

미국에서 다시 트럼프 정부가 들어선 이후 남북 관계 개선에 대한 기대가 커진 것도 사실이다. 하지만 앞서 살펴본 바와 같이 북한의 외교와 대남정책이 완전히 바뀐 상황에서 설령 북미대화가 진행되고 관계 개선이 이루어지더라도 곧바로 남북 관계 개선이 이루어지기를 기대하는 것은 쉽지 않을 것이다. 미국과 관계 개선에 제3국의 도움이 필요하다면, 북한은 그동안 대화가 단절되고 관계가 악화된 남한보다는 러시아를 통해 미국에 접근하려고 할 가능성이 더 크다. 그동안의 적대적인 대북 정책으로 한반도 문제 해결에 남한의 자리와 역할이 없어졌다는 것이 안타깝고 답답한 일이다.

---

6 『조선일보』, 2025.06.18., "쇼이구 만난 김정은, 러에 공병 6000명 추가 파병한다", https://www.chosun.com/international/international_general/2025/06/17/J6U54A2HFRFBVHXB7IHGZ4BUC4/

짧은 기간이지만 북한을 방문해 보았던 저자의 경험으로 볼 때, 통일에 대한 열망과 의식이 남한과 비교하면 아직은 북한 주민들에게는 더 많이 남아있고 간절함도 상당히 컸다. 하지만 남한의 통일의식이 변하였듯이 북한 주민들의 동족 의식이나 통일에 대한 열망도 변하지 않기를 기대할 수는 없을 것이다.[7] 따라서 더 이상 같은 민족이라는 감정만으로 북한 시장이 개방되었을 때 남한의 자리를 요구하기는 어려울 것이다. 우리가 주저하고 있는 사이에 그 기회는 중국은 물론 러시아, 미국, 일본 등 다른 어느 나라에 먼저 넘어갈 수도 있다.[8]

안타깝게도 북한은 이미 남한과 결별하고 단절을 진행시키고 있다. 더 이상 단절이 진행되기 전에 관계를 개선시켜야 할 것인데, 단절의 기간과 깊이가 큰 만큼 되돌리기 쉽지는 않을 것이다. 이러한 심각한 경색 국면은 과감한 사고 전환을 통한 정치적 결단으로 해결하는 것이 확실한 방법일 것이다. 하지만 그것이 쉽지 않기에 스포츠와 같은 비정치적인 분야의 교류를 통해 조금씩 신뢰를 쌓아가며 관계 개선의 분위기를 조성하는 것도 유용한 방법이 될 것이다. 실제로 지난 수십년 간 남북 교류에서 스포츠가 그런 역할을 해왔고, 국제관계에서도 스포츠를 통해 정치적 대화의 물꼬를 튼 사례도 많이 있었다.

그런 면에서 2018년 '9·19 평양공동선언'에서 채택되어 추진하였으나 국제관계 악화와 준비 부족으로 실패한 2032년 하계올림픽 남북공동

---

[7] 이미 김정은 정권은 2023년 7월부터 남한을 '남조선'대신 '대한민국'으로 칭하고 급기야 12월에는 '적대적 두 국가'론을 선언하고, 2024년 초부터는 헌법에서 '민족대단결', '평화통일' 등의 표현을 삭제하도록 지시하기에 이르렀기에 이런 상황이 지속된다면 동질성 상실의 변화는 속도를 더할 것이다.

[8] 러시아는 2024년 3월 28일 UN 안보리에서 대북제재 전문가 패널의 활동기간 연장에 거부권 행사하여 국제사회 대북제재를 무력화 하였고, 북한에는 러시아에서 지원한 연료와 물품들이 넘쳐난다는 보고가 있다. 「The New York Times」, 2024.03.24. "Why Russia Is Protecting North Korea From Nuclear Monitors", https://www.nytimes.com/2024/03/29/us/politics/russia-north-korea-nuclear-weapons.html.

유치 시도는 매우 안타까운 일이다. 그런데 다행히 지금 남북은 올림픽과 월드컵은 아니지만 꽤 규모가 있는 국제대회를 유치해 놓고 있다. 남한에서 개최되는 2027년 충청 하계유니버시아드대회와 북한이 유치한 2026년 아시아주니어탁구선수권대회와 2028년 아시아탁구선수권대회가 그것이다. 북한이 적극적으로 남한과의 결별과 단절을 진행하고 있어 북한과 관계를 개선하는 것이 쉽지 않은 상황에서 국제 스포츠대회를 활용한 시도는 꽉 막힌 대화와 교류를 풀어가는데 소중한 기회가 될 것이다.

아직도 우리 사회에는 남북 관계 개선을 반대하는 인식이 매우 뿌리 깊게 자리하고 있다. 일본 제국주의로부터 해방 과정에서 분단과 극심한 이념적 대립 그리고 전쟁까지 경험한 역사를 되돌아볼 때 그러한 인식이 자연스러울 수도 있다. 하지만 증오와 대립, 갈등을 안고 평화와 번영을 기대하는 것은 한계가 있고 가능하지도 않다. 우리는 북한을 적으로 여기고 대립하는데 주변국들이 한반도 평화를 위해 노력해 줄 이유가 없기 때문이다.

안타깝게도 지난 7~80년 넘는 기간 동안 남북 관계는 주로 정권의 안정이나 집권을 위한 정치적 도구로 이용되었고 그 결과 색깔론으로 대표되는 이념논쟁만 격화되었을 뿐, 정작 국민에게는 아무런 도움이 되지 못했다. 단적인 사례가 2024년의 대북 전단과 오물 풍선 그리고 무인기 사건이다. 이로 인한 남북 갈등과 전쟁 위험으로 국민은 안보 불안과 긴장 속에서 떨어야 했으며, 국가 신인도가 추락하며 경제적으로도 더 어렵게 되었다.

북한과 교류 협력은 단지 북한의 개방과 북한 주민들의 인권 향상만을 위한 것이 아니라 국내외적 위기를 극복해야 하는 남한에도 절대적으로 필요한 것이라는 것을 명심해야 한다. 우리는 지금 미래를 예측하기 어려운 미중 갈등과 급격히 변화하는 국제관계 그리고 트럼프 정부의 예상을 뛰어넘는 무역정책 등 외부 요인뿐만 아니라, 출산율 급락에 따른 급격한 인구 감소와 구조 변화, 세대 갈등 등 내부 요인으로 성장과 발전이 정체되어 있고 국가 경쟁력이 하락할 위기에 처해 있다. 이러한 위기를 극복하고 새로운 도약의 기회를 위해서 북한이라는 동반자와 새로운 시장이 절실히 필요한 것이다.

특히 새로운 AI 시대를 맞아 우리의 국가 경쟁력은 과거와 달리 위기에 봉착해 있다. 식민지 수탈과 전쟁을 겪고도 굳건히 일어나 민주화와 산업화를 이룩했고, 뛰어난 기술력으로 IT 시대를 선도하며 글로벌 10권 국가로 성장했지만, 새로운 AI 시대를 이끌어가는 미국과 중국에 비교하면 너무나 멀리 뒤쳐져 있는 것이 현실이다. 그러다 보니 기획재정부 발표에 따르면 한국이 스위스 국제경영개발대학원(IMD) 국가 경쟁력 평가에서 27위를 기록하며 작년보다 7계단 하락했다. 여러 가지 평가 항목 중 특히 기업 효율성 분야가 23위에서 44위로 21계단 떨어지며 전체 순위를 끌어내렸다. 인프라 분야도 11위에서 21위로 떨어졌는데, 기술, 과학, 교육 및 디지털·기술 인력 인프라 등 모든 부문이 하락세를 보였다.[9]

지금 우리는 기술경쟁력이 위기라는 것을 현실적으로 느낄 수 있다. 인터넷 시대 Google과 Google 지도가 전 세계 대부분의 나라를 점령했을 때, 우리는 Naver를 위시한 우리만의 플랫폼으로 당당히 맞섰다. 그런데 새로운 AI 시대 ChatGPT, DeepSeek등이 나온 지 한참이 지났고, 점점 AI 시장을 잠식해 나가고 있지만, 인재들이 의대로만 몰리는 지금 상황에서는 인터넷 시대와 같은 우리의 AI 플랫폼이 언제 나올지 기미조차 보이지 않는다.

탈냉전시대 노태우 정부의 이데올로기를 초월한 북방정책, 세계화시

---

[9] 『연합뉴스』, 2025.06.17., "韓 국가경쟁력 27위로 7계단 하락…기업효율성 21계단↓ '뚝'", https://www.yna.co.kr/view/AKR20250616141400002?input=1195m

대 글로벌 협력을 강화하고자 했던 김대중 정부와 노무현 정부의 포용정책으로 대한민국은 세계 10위권 국력을 가진 글로벌 중추국가로 성장하였다. 하지만 이제는 새로운 질서로 변화하고 있는 다극화 시대가 전개되고 있다. 미중의 첨예한 갈등과 EU, BRICS, T25 등 다양한 국제협력체제의 등장과 확대는 우리에게 이전과 같은 냉전 시대 사고로는 적응할 수 없는 새로운 도전에 직면하게 만들었다. 새로운 전환의 시대 어떻게 적응하고 흐름을 선도할 수 있느냐에 따라 대한민국의 미래가 달라질 것이다. 1990년대 탈냉전시대의 흐름에 동참하지 못하고 스스로 고립을 자초했던 북한의 사례를 심각히 반면교사로 삼아야 할 것이다.

### EU가 미국의 적(?)

보호무역주의에서 시작된 미중 갈등은 미중갈등에만 국한되지 않고, 특히 미국과 무역에서 높은 수준의 흑자를 기록하는 국가들을 모두 대상으로 하였는데, EU도 그 대상이 되었다. 미국과 EU 간의 통상갈등이 진행되는 과정에서 트럼프 대통령은 EU를 적(foe)으로 언급하기도 하였다.

(『CBS NEWS』 2018.07.15., ""I think the European Union is a foe," Trump says ahead of Putin meeting in Helsinki", https://www.cbsnews.com/news/donald-trump-interview-cbs-news-european-union-is-a-foe-ahead-of-putin-meeting-in-helsinki-jeff-glor/?intcid=CNM-00-10abd1h)

### BRICS

미국 주도의 세계질서에 대한 새로운 견제세력으로 부상하고 있는 BRICS는 처음에는 브라질(Brizil), 러시아(Ressia), 인도(India), 중국(China)을 의미(BRICs)하였고, 2010년 남아프리카공화국(Republic of South Africa)가 가입하면서 BRICS로 불리게 되었다. 그리고 2023년 정상회의에서 BRICS는 아르헨티나, 이집트, 이란, 에티오피아, 사우디아라비아, UAE를 2004년 1월부터 새로운 회원국으로 받아들이기로 하였고 더 많은 나라들이 가입을 원하고 있다고 발표하였다.

(『BBC NEWS』 2023.08.24., "Brics summit: Is a new bloc emerging to rival US leadership?", https://www.bbc.com/news/world-africa-66609633)

다만, 아르헨티나는 2023년 11월 선거에서 극우성향의 하비에르 밀레이 대통령이 당선되면서 BRICS 가입을 철회하였고, 사우디아라비아는 아직 가입 절차에 들어가지 않았다. 그리고 2025년 1월에 인도네시아가 BRICS에 정식 가입하여 2025년 현재 추가 가입국(이집트, 에티오피아, 이란, UAE, 인도네시아) 5개국을 포함하여 총가입국은 10개국이다.

Epilogue 325

> T25
>
> 영국 이코노미스트는 초강대국 사이에서 한쪽 편을 들지 않고 양쪽과 거래하듯 (Transactional) 실용적으로 중립을 지키는 큰 나라 25개를 묶어 'T25(Transactional 25)'라고 이름 붙였다. 브라질, 아르헨티나, 멕시코, 이스라엘, 사우디아라비아, 아랍에미리트(UAE), 카타르, 튀르키예, 인도, 인도네시아, 베트남, 싱가포르, 말레이시아, 남아프리카공화국, 나이지리아 등이다. 이들은 미중 대결에서도 비동맹을 유지한다. 이들은 세계 인구의 45%를 차지하며, 전 세계 GDP에서 차지하는 비중은 1992년 11%에서 2023년 18%로 증가하였으며 EU보다 높다. 이들은 어떤 블록에 가담하지 않고 오히려 실용주의적이고 기회주의적인 특징과 행동에 의해 규정된다.
>
> (『The Economist』, Apr 11th 2023, BEIJING AND JOHANNESBURG, "How to survive a superpower split: We analyse the crafty countries that don't want to pick sides", https://www.economist.com/international/2023/04/11/how-to-survive-a-superpower-split)

지금 우리는 첨단 과학기술을 기반으로 하는 치열한 국제 경쟁 시대에 살고 있다. 미중 경쟁과 갈등의 중심에도 반도체 등 첨단 기술력을 확보하느냐, 저지하느냐를 두고 다투고 있고, 그 결과에 따라 패권의 향방이 달라질 수도 있는 것이다. 이런 상황에서 우리는 4차 산업혁명의 시대를 이끌어갈 AI, 반도체, 배터리, 바이오 등 최첨단 기술에서 미국, 중국, 대만, 일본 및 EU와 경쟁하고 있다. 그리고 여기에 BRICS, 아세안, Global South 국가들도 무시할 수 없게 성장하였다.

이런 상황에서 우리는 이들 국가와 경쟁뿐만 아니라 남북 관계, 안보 위기를 동시에 걱정하며 경쟁에 나서야 하는 이중, 삼중의 부담을 안고 있다. 치열하게 경쟁하는 것도 쉽지 않은 상황에서 남북문제를 포함한 한반도 갈등 상황에 발목이 잡혀있는 것이다. 더 이상 남북 및 남남 갈등으로 분단국가의 비극에 빠져있을 수는 없다. 우리가 글로벌 경쟁에서 뒤처지지 않고 새로운 미래를 이끌어 가기 위해서는 지난 80년 가까이 한국의 발전에 걸림돌이 되었던, '코리아 리스크'를 이제는 털어버려야 할 때인 것이다.

우리가 '코리아 리스크'를 털어버리고 국제사회에서 자유롭게 경쟁하기 위해서는 한반도 평화가 가장 중요하다. 한반도 평화는 스스로 분단을 극복하고, 평화로운 협력을 통해 한반도와 동아시아를 4차 산업혁명의 시대를 이끌어가는 새로운 발전모델로 발전시킬 수 있을 때 이루어질 것이다. 그것을 위해 가장 먼저 해야 할 것이 북한과 관계 개선을 통해 한반도에 평화 체제를 구축하는 일이다. 즉, 북한의 개혁·개방은 북한 주민들을 위해서 필요하기도 하지만, 남한의 발전과 생존을 위해서도 반드시 필요한 것이라는 인식의 전환과 공감대 형성이 있어야 한다.

북한을 한반도 평화와 번영을 함께 만들어 나가야 할 동반자로 인정하는 것은 먼저 북한에 대해 제대로 아는 것으로부터 출발한다. 분단이래 우리는 북한에 대해 객관적으로 바라볼 기회가 없었다. 우리는 흔히 북한 정권이 세뇌교육을 통해 북한 주민을 통제하고 독재체제를 공고히 한다고 말한다. 맞는 말이지만, 남한 역시 최소한 1991년 남북기본합의서가 체결되기 전까지는 반공 교육을 통해 이데올로기라는 안경을 쓰고 북한을 바라보게 만들었다. 그리고 그렇게 형성된 반공교육의 영향은 지금도 우리 사회 깊숙이 자리하고 있다. 또한 북한에 대한 정보가 지나치게 통제되어 있고, 그나마 SNS 등에 있는 정보도 사실 확인이 되지 않고 왜곡된 정보들이 너무나 많이 유통되고 있다.

그런 정보들은 특히, 젊은 세대들을 쉽게 물들여 객관적으로 북한의 모습을 보지 못하게 하고 그로 인해 잘못된 인식을 갖게 하는 것이 남남갈등을 일으키고 악화시키는 중요한 원인이 된다. 북한에 대한 정보 부족과 객관적 사실이 확인되지 않은 편향된 정보의 범람은 이를 여과없이 습득한 국민에게 북한에 대한 부정적인 인식이 확대되게 만든다.

그리고 이런 현실은 여기에 머무르지 않고, 더 나아가 남북 관계나 통일에 대한 무관심으로까지 확산되게 만든다. 따라서 북한에 대한 사실 그대로의 정보 유통과 북한을 제대로 알리는 적극적인 노력이 필요하다. 상대를 제대로 알지 못하면 상대를 인정할 수도, 동반자로 받아들일 수도 없다. 가장 시급한 것이 북한에 대한 객관적이고 사실적인 정보를 국민이 충분히 알 수 있도록 공개하고, 국민도 확인되지 않은 정보는 사실 여부를 확인하며 최대한 객관적인 눈으로 보려는 노력을 키워 나가야 할 것이다.

우리가 북한을 있는 그대로 객관적으로 바라볼 수 있을 때 북한을 한반도 평화와 번영을 함께 만들어 나갈 동반자로 인정할 수 있고, 그러한 인식을 가지고 있어야 대화와 교류에 대한 우리의 제안을 북한이 신뢰하고 대화의 장으로 나올 수 있을 것이다. 결국 지금같이 모든 것이 단절된 상황을 대화와 협력의 단계로 전환하기 위해 가장 필요한 것은 북한을 제대로 그리고 객관적으로 인식하고자 노력하고, 그런 인식의 바탕에서 동반자로 인정하는 것이 시급한 일이다.

미중 갈등은 갈수록 증폭되고 있고, 러시아-우크라이나 전쟁과 이스라엘-팔레스타인 분쟁 등 수년간 지속되는 전쟁이 종식될 기미가 없이 오히려 이스라엘과 이란의 새로운 전쟁이 발생하는 등 국제 정세는 한치 앞을 내다보기 어려운 상황이 연속되고 있다. 여기에 트럼프 2기 정부의 무차별적인 관세 폭탄으로 글로벌 질서는 더욱 혼돈에 빠지고, 각국은 자국의 이익을 지키기에 급급한 상황이다.

이런 상황에서도 북한의 김정은 정권은 러시아와 협력을 강화하며 북한 경제 발전에 상당히 신경을 쓰고 있는 것으로 보인다. 물론 북한과 러시아의 지나친 밀착과 우크라이나 파병 등은 우려되는 점이 있으나, 지난 1960~70년대 남한이 베트남전 파병을 통해 경제를 한순간에 일으켰던 사례에 비추어 보면, 국제사회 제재로 고립된 북한에게는 러시아와 협력이 경제개발을 위한 절실한 선택일 수밖에 없었을 것이다.

남한에서 최근 실용외교를 강조하는 이재명 정부가 탄생하였다. 실용주의를 바탕으로 남북의 평화·공존이 우리 안보를 위한 가장 현실적이고 실용적인 선택지라며 북한과의 관계 복원에 노력하겠다고 밝혔다. 그리고 대북 확성기 방송 중단 등 작지만 조심스런 관계 개선 노력들을 진행하고 있다. 여기에 북한은 김여정 부부장의 담화를 통해 "아직은 남한과 마주앉을 일도, 논의할 문제도 없다"[10]는 입장을 밝혔지만, 담화문의 수위, 대남 방송 중단이나 표류 주민 송환 과정 등에서 볼 때 북한도 긴장 완화와 대화 재개를 위한 남한 정부의 노력에 관심을 갖고 진의를 파악 중인 것으로 보인다.

이제는 하루라도 빨리 남북이 그동안의 대립과 갈등에서 벗어나 대화와 협력을 통해 민족동질성을 회복하고 공동번영의 길로 나아가는 방안을 함께 모색하고 협력해야 한다. 서로의 협력으로 남북 관계를 개선하고 남북이 교류와 협력을 통해 함께 발전하고 번영하며, 미국, 중국, 일본, 러시아 등 주변국들과 함께 동아시아 평화체제를 구축한다면 혼란스런 다극화 시대에 새로운 평화공존의 이정표를 제시할 글로벌 리더 국가로 성장할 수 있을 것이다.

지금의 우리는 7~80년 전에 분단과 전쟁을 경험했던 세계 최빈국이 아니다. 이미 세계 10위권의 경제력과 군사력은 물론 K-pop, K-movie, K-food 등 한류로 대표되는 문화 선진국이다. 거기에 지난 몇 년간 성장률이 정체되어 위기를 맞긴 했지만, 4차 산업혁명의 시대를 이끌어길 반도체, 바이오, 배터리 등 첨단산업 모든 분야에서 글로벌 경쟁력을 가진 거의 유일한 국가이다. 즉, 일류 국가로서 필요한 Hard Ware, Soft Ware는 물론 Smart Ware까지 모두 갖춘 국가이다. 그리고 군대를 앞세운 비상계엄 상황에서도 평화롭고 질서있는 시민들의 힘으로 민주주의를 확

---

10　『한겨레신문』, 2025.07.28., ""한국과 마주앉을 일 없다"는 김여정 담화…행간엔 '한미 훈련 주시'", https://www.hani.co.kr/arti/politics/defense/1210335.html

고히 지켜낸 모범적인 국가로, 이제는 전 세계 모든 개발도상국은 물론 선진국들까지 우리의 성숙한 공동체 의식과 국가 체제를 배우려 하는 모델이 되었다.

다만, 유일하게 아쉬운 점이 남북 대립과 갈등을 해결하지 못한 분단국가라는 사실이 우리가 국제사회 리더로서 한 단계 더 나아가는 데 장애가 되고 있다. 결국 남북 분단과 갈등의 해소는 우리가 현재 위기를 극복하고 경쟁력을 회복하여 국제사회 리더로서 올라서느냐 마느냐 하는 전환점이 될 것이다. 남북 관계 개선과 이를 통한 한반도와 동아시아 평화 체제 구축은 북한 주민들의 경제난 해소와 인권 개선은 물론 남한의 국가 발전을 위해서 반드시 필요한 일이다.

또한 북한을 국제사회 정상국가로 이끌어 동아시아 평화를 달성하는 것은 남한이 식민지, 빈곤과 독재를 극복하고 경제 발전과 민주화를 동시에 이룬 모델국가에서 한걸음 더 나아가 갈등과 전쟁까지 극복하고 글로벌 만들어 가는 방법까지 보여주는 것이다. 그리고 그 과정을 통해 다극화 시대를 맞아 혼란스런 국제사회가 나아갈 비전을 제시하며 글로벌 리더 국가로 우뚝 서는 길이 될 것이다.

스포츠 교류는 과거 갈등을 넘어 대화와 협력의 통로를 열어온 효과적인 수단이었다. 그러나 깊은 불신의 벽에 가로막힌 '적대적 두 국가' 상황은 과거와 같은 스포츠 교류로 극복하기 쉽지 않다. 무너진 신뢰는 사회 전반의 노력이나 정부 차원의 정치적 결단이 있어야 회복할 수 있다. 먼저 남북이 서로를 '적'이 아닌, 공존의 파트너로 상대를 인정하고, 국제스포츠 무대와 주변국 협력을 통해 북한이 대화의 장에 나올 여지를 마련한다면, 스포츠 교류는 다시 한번 평화를 향한 통로가 될 수 있다.

최근 북한은 북러 협력을 통해 경제 위기에서 벗어나면서 국제사회 정상 국가로 인정받기 위한 노력을 서서히 펼치기 시작하였다. 중국의 전승절 행사에 김정은 위원장이 직접 참석하는 것도 그러한 노력의 하나로 보인다. 지난 8월 한미 정상회담에서 트럼프는 올해 안으로 김정은과 만나고 싶다는 희망을 강력히 피력했다. 올해 10월 말에는 경주에서 APEC 정상회의가 열린다. 많은 사람들이 과연 김정은 초청했을 때 올 것인가에 관심이 크다. 하지만 참석할 명분이 있어야 할 것이다. 예를 들면 우리가 의장국으로서 회원국들과 협력으로 북한의 APEC 가입을 도와준다면 가능할 수도 있을 것이다. 2026년 APEC 의장국은 중국이다. 올해 우리가 북한의 APEC 가입을 도와주지 않아도 내년에 북한은 APEC 회원국이 될 가능성이 매우 높다. 우리가 망설이면 그 생색은 중국이 내년에 거창하게 낼 것이다. 우리 앞에 차려진 절호의 기회를 살려 북한이 강력히 희망하는 국제사회 정상 국가로 나아가는 길을 우리가 도와주고 생색도 낼 수 있는 일이다. 그 과정에 경평축구의 역할도 기대해 본다.

2024년 9월 연길에 가기 전에 북중러 3국이 국경을 맞대고 있는 훈춘에 먼저 들렀는데, 그곳에서는 북한에서 파견된 직원들이 근무하는 한옥 호텔에 묵었다. 그곳도 당시 악화된 남북 관계로 중국인을 통해 예약하여 하루를 묵을 수 있었는데, 호텔이나 북한 식당의 북한 직원들과 편하게 대화를 나누기는 어려운 분위기였다. 상황이 그렇기에 우리도 가급적 말을 아꼈지만, 호텔 체크인이나 식사 주문을 받는 북한 종업원들도 필요한 일은 우리보다는 동행한 중국인들과 대화하려고 하였다.

하지만 다음날 숙박을 마치고 체크아웃하는데 북한 여직원이 호텔 로비에 있는 피아노로 '고향의 봄'을 연주하는 것이 들렸다. 호텔 여직원들도 북한 당국의 지시를 따라야 했기에 예전처럼 서로 편하게 대화를 나눌 수는 없었지만, 우리가 누군지 알기에 손님도 거의 없는 아침 시간에 일부러 남북이 모두 좋아하는 '고향의 봄'을 연주한 것으로 생각되었다. 타고 갈 차량이 조금 늦게 도착하여 호텔 로비에 잠시 앉아 그 직원의 피아노 연주를 감상하며 보이지 않게 눈인사를 나누었는데, 그래야만 하는 상황이 안타깝고 애틋한 감정이 들었다. 서로 편하게 왕래하고 대화하며 함께 좋아하는 음악을 편하게 들을 수 있는 그런 날이 빨리 오기를 간절히 바란다.

북한 종업원들이 근무하는 훈춘의 한옥 호텔과 피아노 연주하는 북한 종업원

# 찾아보기

## ㄱ

가치 외교 238, 303
개발 협력 319
개혁개방 20, 72, 73
경영전략 317
경쟁력 약화 317
경쟁력 향상 317
경제강국 15
경제성장률 165, 314, 318
경제위기 14, 131, 161, 165, 192
경제적 급부 235, 299
경제적 불평등 192
경제적 이윤 46
경제협력 18, 43, 150, 166, 167, 172, 194, 228, 232, 270, 299
고정관념 24, 42, 319
과학중시 15, 290
관계 개선 6, 19, 25, 42, 57, 65, 67, 68, 73, 115, 116, 121, 128, 141, 161, 164, 165, 169, 170, 198, 200, 202, 203, 205, 216, 223, 226, 229, 233, 242, 248, 253, 274, 275, 300, 302, 303, 306, 315, 317, 318, 321, 322, 323, 327, 329, 330
관계 회복 12, 22, 24, 45, 68

관광산업 321
관세 정책 47, 195
관세 폭탄 193, 236, 328
교육개혁 319
교육중시 15
국가 경쟁력 14, 324
국가 소멸 위기 25, 41, 318
국가 신인도 323
국제스포츠 단체 25, 312
국제스포츠 대회 25, 30, 311, 313, 314
국제올림픽위원회(IOC) 20, 78, 105, 215, 220, 221
국제적 고립 13
국제 질서 18, 231
국제 프로그래밍 대회 17, 319
극동지역 43
글로벌 경쟁 13, 24, 41, 317, 326, 329
글로벌 공급망 72, 191, 193, 236
글로벌 금융위기 191, 192, 193, 196, 236
글로벌 리더 국가 5, 25, 329, 330
금강산 총격 사건 23
금융자본주의 192
김일성종합대학 17, 290

## ㄴ

남남갈등 5, 7, 11, 39, 72, 124, 126, 149, 150, 169, 187, 207, 211, 246, 313, 327

남북 관계의 특수성 319

남북기본합의서 114, 125, 127, 128, 131, 132, 162, 306, 327

남북노동자축구대회 21, 173, 198

남북단일팀 20, 37, 84, 85, 86, 96, 97, 99, 100, 113, 134, 136, 137, 138, 140, 141, 142, 143, 145, 154, 156, 157, 178, 183, 197, 204, 205, 206, 207, 208, 211, 212, 213, 264, 269

남북분단 120

남북체육교류협회 23, 254, 256, 257, 258, 260, 261, 262, 263, 264, 267, 268, 269, 270, 271, 273, 274, 276, 281, 300, 301, 311, 315

남한과의 결별 86, 304, 323

내독거래 49

냉전시대 20, 233, 240, 258

냉전적 이념 241, 303

## ㄷ

다극화 18, 22, 24, 25, 41, 47, 195, 236, 237, 238, 239, 240, 241, 314, 315, 317, 325, 329, 330

대구 유니버시아드대회 22, 184, 187

대남기구 314

대남 전단 10

대북 강경책 235, 317

대북 압박 99, 200, 201, 202, 299

대북전단 10, 39

대북 정책 122, 249, 321

대북제재 23, 44, 168, 198, 214, 225, 228, 229, 241, 275, 303

대성개발은행 294

대화의 장 19, 42, 47, 48, 214, 310, 328

데탕트 20, 63, 66, 72, 110, 121

독립투쟁 18

동반자 38, 63, 122, 242, 315, 318, 324, 327, 328

동방경제포럼 43

동방정책 25, 49, 56, 58

동서냉전 20, 30, 58, 63, 72

동아시아 평화체제 239, 329

동족 의식 45, 322

두 교전국 관계 242, 304

## ㄹ

러시아 국가안보회의 320

러시아-우크라이나 전쟁 13, 40, 43, 191, 237, 238, 239, 245, 248, 307, 308, 310, 317, 320, 328

리먼브라더스 192

## ㅁ

마중물 26, 48, 300, 301, 312, 315, 316

목함지뢰 사건 23, 300

무역갈등 22, 194

무인기 사건 244, 245, 246, 323

미국 우선주의 47, 192, 193, 237, 238
미녀응원단 21, 22, 180, 181, 182, 183, 184, 185, 186, 187
미래과학자거리 15, 290
미중갈등 18, 194, 325
민간교류 7, 183, 184, 255, 270
민간외교 300
민간 협약 300
민족 공동체 37, 59, 213, 244, 311
민족공동체통일방안 125, 314
민족 동질감 47, 141, 301
민족 동질성 21, 168, 178, 188
민족의식 46, 54
민주화 11, 13, 24, 30, 89, 100, 101, 120, 121, 126, 239, 324, 330

## ㅂ

반공교육 4, 327
반세계주의(anti-globalism) 192
발전 단계 14, 57
발전 전략 14
베를린 장벽 붕괴 49
베를린협정(Berliner Abkommen) 49, 55
변화를 통한 접촉 25
보호무역주의 193, 236, 325
부양비 14
북극항로 43
북미정상회담 22, 23, 202, 214, 224, 225, 226, 227, 229, 230, 234, 235
북방정책 20, 21, 114, 115, 116, 119, 131, 156, 157, 324

북한이탈주민 17, 306
분단의 희생양 24, 41
분쟁지역 13
브렉시트(Brexit) 192
블록화 47
비관세 장벽 193
비상계엄 47, 244, 246, 329
비정치적 19, 30, 60, 102, 132, 200, 253, 310, 322
비핵화 공동선언 114

## ㅅ

사고의 전환 18, 24, 25, 209
사회통합 19, 32, 37, 38, 46, 58, 254, 312
산업화 11, 13, 324
상트페테르부르크국제경제포럼(SPIEF) 308
상호작용 19, 20, 50, 58, 310
상호주의 122, 163, 172, 235, 299
새로운 시장 14, 324
색깔론 323
생산연령인구 14
생존전략 22, 201, 235
성장 동력 14, 24
세계청소년축구대회 21, 151, 153, 156
세계탁구선수권대회 20, 66, 86, 113, 133, 135, 136, 137, 138, 139, 140, 141, 143, 151, 156, 211
세계화 13, 22, 33, 34, 35, 63, 101, 191, 192, 193, 195, 216, 219, 236, 237, 317, 324

세뇌교육 4, 327
세대 갈등 41, 324
소떼 방북 21
소비위축 14
스포츠기본조약 301
식민지 18, 24, 145, 146, 239, 324, 330
신냉전 19, 241, 303, 318
신뢰 회복 19, 48, 61
신보호무역주의 193
신자유주의 191, 236, 237
실용 외교 247, 302
실용주의 19, 22, 47, 72, 222, 326, 328
실크로드 43

## ㅇ

아리스포츠컵국제유소년축구대회 257, 260, 271, 272, 297, 315
악의 축 168, 184, 302
안보 불안 24, 45, 46, 317, 323
안보위험 11
암묵적인 상호 절제 305
암호화폐 15
얼굴 인식 319
연대감 19
영토분쟁 18
예비 인준(provisional recognition) 83
오물풍선 10, 11, 39
외화벌이 15
월스트리트 점령(Occupy Wall Street) 192
유엔 안보리 이사회 43

유일 패권 22, 47, 71, 236, 237, 240, 314
음성 인식 319
의무교육 15, 17, 319
이념논쟁 323
이념의 굴레 47, 144
이념적 대립 323
이민정책 14
이스라엘-이란 전쟁 237, 310, 317
이스라엘-하마스 분쟁 40, 237, 317
인구 감소 13, 14, 15, 41, 324
인구 소멸 315
인구 위기 14
인권 향상 323
인도적 지원 22, 163, 165, 169, 248, 299
인도-파키스탄 전쟁 317
인재양성 319
인재 전쟁 17
인재중시 15
인천 아시아육상선수권대회 22, 187
일대일로(一帶一路) 43
일체감 19, 37

## ㅈ

자국이익 우선주의 195, 314
자력갱생 13, 22, 235, 299, 303, 305, 307
자유주의 193
자율주행 17
잠정적 특수관계 306
저성장 314

전략적 인내 302

전쟁 위험 22, 23, 24, 45, 198, 227, 230, 243, 246, 274, 299, 305, 323

접촉을 통한 변화 25, 56, 163

정권의 안정 20, 89, 102, 323

정규교육 17, 319

정보기술 17, 319

정보화 319

정상 국가 306, 312, 330, 331

정상 회담 201

정책 오류 19

정치적 도구 32, 111, 323

제2차 세계대전 12, 49, 63, 64, 81, 104, 193

제국주의 68, 239, 323

제재와 압박 19, 225

종전선언 225

주변 국가 25

중국특색사회주의 191

지구 온난화 43, 283

지속 가능한 발전 13, 41, 47, 241, 307, 315, 317, 318

지정학적 요충지 13

집권 연장 20, 88

## ㅊ

천안함 사건 23, 264, 268, 269

첨단과학기술 17

첨단산업 규제 317

체제대결 20, 105, 110, 115, 126, 258, 259

총화 시간 293

최빈국 18, 41, 329

출산율 13, 14, 318, 324

출입경사무소 291, 296

## ㅋ

코드쉐프(codechef) 17

코리아 리스크 12, 326

쿠르스크 245, 248, 321

## ㅌ

탈냉전시대 162, 233, 324, 325

탈세계화 192, 193

통일농구대회 21, 173, 175, 177

통일의식 37, 45, 306, 322

통일평화연구원 306

투자 대상 14, 42, 43, 319

투자 시장 14

투자은행 192

## ㅍ

패권 경쟁 18, 63, 193, 236

패권국가 13, 47, 191, 194, 237

패러다임 전환 116, 315

퍼주기 314

펜데믹 299

평가절하 193

평양교원대학 17

평양국제축구학교 287, 312

평화공동체 18, 240

평화공존 12, 18, 25, 162, 166, 240, 318, 329

포괄적인 전략적 동반자 관계 13, 44, 245, 246, 320
프랑크푸르트협정 49
프로그래머 17
핑퐁외교 20, 63, 66, 67, 68, 69, 70, 72, 301

## ㅎ

하노이 북미대화 299
하노이회담 22, 230, 303
한미동맹 149, 196, 231, 303
한미 워킹그룹 228, 229, 231, 302
한미일 공조 299
한반도 비핵화 200, 225
해킹 15, 320
핵 무장 13
햇볕정책 21, 162, 163, 164, 167, 173, 216
홍타 스포츠센터 257, 261, 262, 264, 267, 269
화해협력 125, 200, 314

## A

AI 선진국 320
AI 시대 17, 314, 324
APEC 정상회의 25, 331

## B

BRICS 47, 194, 195, 237, 325, 326

## C

ChatGPT 324
COVID-19 191, 299, 308

## D

DeepSeek 324

## G

G2 13, 72, 191, 192, 195, 237
G7 회의 309
G8 309
GDP 15, 41, 58, 306, 326
Global South 47, 237, 326

## H

Hard Ware 329

## I

ICBM 23, 199, 275
IT 인력 320

## K

K-culture 24
K-food 329
K-movie 24, 329
K-pop 24, 329

## M

MAGA 47, 193

## O

OECD 14, 39, 192, 239, 314, 318

## S

Smart Ware 329
Soft Ware 329

## T
T25  325, 326

## W
WTO  191

## 번호
1인당 GDP  15

4 · 25체육단  23, 254, 256, 257, 258, 260, 261, 264, 286, 297, 298, 300, 311

4.27 판문점선언  224, 225, 226, 227, 230

4차 산업혁명  41, 236, 326, 327, 329

6·15 남북공동선언  21, 162, 167, 168, 169, 174

9·19 평양공동선언  313, 322

2018년 평창동계올림픽  312

2018 평창동계올림픽  22, 23, 276

2024년 파리올림픽  142, 315

2026년 아시아주니어탁구선수권대회  312, 313, 323

2027년 하계유니버시아드대회  312, 313

2028년 아시아탁구선수권대회  312, 313, 323